民族地区农文旅融合
驱动乡村振兴研究

主 编 覃建雄

西南交通大学出版社
·成 都·

内容简介

本论著依托相关课题研究,以习近平新时代中国特色社会主义思想为统领,以"两山"理论和高质量发展为背景,从现代生态旅游理论视角,以青藏高原尤其是川滇西部民族地区为案例,介绍了农文旅融合驱动乡村振兴相关研究成果,具体包括农文旅融合地质背景、农文旅融合发展环境、农文旅融合发展研究、农文旅融合促进乡村振兴等四篇。第一篇从全球背景、成因视角和时空观点,通过青藏高原形成演化、人类变迁及相关重大问题的讨论,阐述了民族地区农文旅融合的地质背景;第二篇通过主体功能区理论、民族地区旅游业竞争力、旅游度假区时空分布及其成因规律分析,阐述了农文旅融合的自然生态、历史人文及经济社会环境;第三篇通过现代生态旅游系统理论,从民族旅游、文旅融合、农旅融合、地质融合尤其是农文旅融合视角,对民族地区乡村产业深度融合机制、发展模式及路径进行了探讨;第四篇以生态旅游、农文旅融合、精准扶贫、脱贫转型及乡村振兴之间的内在成因机理为线索,论述了基于生态旅游的农文旅融合驱动农村脱贫转型和乡村振兴机制及实现路径。本论著尽可能地反映近年来国内外在农文旅融合研究领域的理论研究进展,以期为民族地区农文旅融合驱动乡村振兴实践提供理论指导和科学依据。

本论著可作为资源、环境、地学、农学、生态、经济、旅游、可持续发展等相关领域研究的参考用书,可作为区域开发、规划、乡村振兴、政策管理等工作者的参考资料,以及高等院校教师、研究生和高年级本科生的学习参考教材,也可供管理部门、旅游企业、科研机构等相关人员参考。

图书在版编目(CIP)数据

民族地区农文旅融合驱动乡村振兴研究 / 覃建雄主编. 一成都:西南交通大学出版社,2021.5
ISBN 978-7-5643-8025-0

Ⅰ. ①民… Ⅱ. ①覃… Ⅲ. ①民族地区 – 农村 – 社会主义建设 – 研究 – 中国 Ⅳ. ①F327

中国版本图书馆 CIP 数据核字(2021)第 083756 号

Minzu Diqu Nong-Wen-Lü Ronghe Qudong Xiangcun Zhenxing Yanjiu

民族地区农文旅融合驱动乡村振兴研究

主编　覃建雄

责 任 编 辑	居碧娟
封 面 设 计	GT 工作室
出 版 发 行	西南交通大学出版社
	(四川省成都市金牛区二环路北一段 111 号
	西南交通大学创新大厦 21 楼)
发行部电话	028-87600564　028-87600533
邮 政 编 码	610031
网 址	http://www.xnjdcbs.com
印 刷	成都蜀通印务有限责任公司
成 品 尺 寸	210 mm × 285 mm
印 张	19.25
字 数	490 千
版 次	2021 年 5 月第 1 版
印 次	2021 年 5 月第 1 次
书 号	ISBN 978-7-5643-8025-0
定 价	98.00 元

　　党的十九大报告将乡村振兴作为国家战略，全国乡村振兴战略规划提出"以文促旅，以旅兴农，使农业和旅游相得益彰；以农造景，以景带旅，以旅促农，农旅融合"，引起了人们对乡村农文旅融合发展的高度关注。实施乡村振兴战略必须走城乡融合发展之路、乡村产业振兴之路、乡村生态发展之路、乡村文化复兴之路、美丽乡村发展之路及中国乡村特色发展之路。各级政府通过加强农文旅融合，就鼓励发展休闲农业、民宿产业及农文旅融合等作出了系列部署，有力推动了乡村振兴步伐，促进了美丽乡村高质量发展。农文旅融合发展成为农业农村发展大势所趋，也是城市消费需求热点之所在。尤其在新冠肺炎疫情和内循环背景下，通过民族地区农文旅融合驱动乡村振兴的同时，发挥农文旅融合发展在促进升级消费、拉动内需、复工复产复业中的独特作用，意义重大。

　　民族地区发展实际客观上要求农文旅融合发展。乡村振兴最艰巨、最迫切的任务在民族地区，民族地区乡村振兴最核心问题就是"造血功能"。那么，民族地区"造血功能"在哪里？如何充分挖掘民族地区的生态价值、民族文化价值和旅游价值等特色资源优势，通过农文旅融合激发其内生动力，实现民族地区农文旅融合发展进而高质量驱动乡村振兴？这是学界一直关注和探索的热门问题。事实上，就民族地区而言，文旅融合无法发挥"农"的生态价值，农旅融合无法体现"文"的灵魂作用，而农文融合则缺少了"旅"的驱动功能。只有农（生态价值）、文（民族文化价值）、旅（旅游价值）深度、高效交融——农文旅高质量融合，民族地区的资源价值和特色优势才能得到充分发挥，才能更好地激发其内在潜力。民族地区农文旅融合通过激活农、文、旅三者各自的产业优势，释放民族地区资源价值、经济潜力和要素活力，而产生"1+1+1>3"综合效益的深度、高效融合发展，是涉及民族地区乡村振兴内生动力的根本问题。可见，充分挖掘民族地区的生态价值、民族文化价值和旅游价值，通过民族地区农文旅融合机理研究，激活民族地区农文旅融合内生动力，进而助推民族地区乡村振兴高质量发展，至关重要。

民族地区乡村振兴战略不断推进事实上要求农文旅融合发展。乡村兴则国家兴，乡村衰则国家衰。实施乡村振兴战略，是解决新时代我国社会主要矛盾、实现"两个一百年"奋斗目标和中华民族伟大复兴中国梦的必然要求，具有重大现实意义和深远历史意义。民族地区乡村振兴的关键是乡村产业振兴，乡村产业振兴的关键是乡村产业融合，乡村产业融合的重要切入点是农文旅融合，而农文旅融合的最佳载体就是民族村寨。可见，民族地区民族村寨农文旅融合是民族地区乡村振兴的重要突破口和切入点。随着乡村振兴战略实施的不断深入，以及旅游独特作用在乡村振兴过程中的不断凸显，有关民族地区农文旅融合及其驱动乡村振兴的研究，有望成为未来新的研究热点，主要包括：① 民族地区农文旅融合机理研究；② 民族地区农文旅融合效应研究；③ 民族地区农文旅融合与乡村振兴耦合研究。其中，① 是解决乡村振兴内生动力的根本问题；② 是解决乡村振兴质量效应的核心问题；③ 是解决乡村振兴实现路径的关键问题。三者层层递进、互为因果，构成民族地区农文旅融合驱动乡村振兴亟待解决的三个焦点问题。可见，通过农文旅融合深入研究为民族地区乡村振兴提供理论指导和科学依据迫在眉睫。

国内外研究现状实际上要求进行民族地区农文旅融合研究。农文旅融合系旅游产业融合理论发展和乡村振兴战略不断推进的产物。随着乡村振兴战略的提出，"农业+文化+旅游"发展模式备受关注，并作为一种新兴经济现象，呈现蓬勃发展的态势。在此背景下，农文旅融合概念应运而生，一经面世便广受学界青睐。纵观农文旅融合研究，其发展理念较早，但概念出现晚，研究文献少，总体处于起步阶段，并呈现三个范式：一是早期基于农业、文化、旅游融合理念的实践案例，如20世纪20年代的美国加州Fresno城乡生态文化旅游融合、30年代的日本MOKUMOKU产业生态文化旅游融合、50年代的法国Provence乡村生态文化旅游融合、80年代的我国台湾主题民宿乡村生态旅游融合等，此时尚无农文旅融合概念的出现；二是近期（即2016年农文旅融合概念提出以后）基于不同层面的农文旅融合发展初步探讨，如农文旅一体化模式、农文旅融合发展模式、农文旅融合发展对策措施,应该说此阶段农文旅融合概念的提出与21世纪初开始的农旅融合和文旅融合研究奠定的基础是分不开的；三是近年来基于不同视角的农文旅融合理论初步研究，如农文旅融合综合评价、农文旅产业链研究、农文旅产业协调发展研究、基于农文旅融合的乡村振兴模式探索。这些研究主要侧重于农文旅融合发展模式、协调发展、综合评价、发展对策等，但仍有待进行内生动力、融合机理、耦合机制等研究，有待农文旅融合效应评价研究，尤其是有待农文旅融合与乡村振兴耦合机制研究。

针对上述背景，本论著依托 2020 年度四川省社科规划项目"川西青藏高原涉藏地区农旅融合效应时空格局演变规律及提升对策"（SC20B126）以及四川省社科重点研究基地国家公园研究中心重点项目"大熊猫国家公园生态旅游研究"（GJGY2019-ZD002），以习近平新时代中国特色社会主义思想为统领，在"两山"理论和高质量发展背景下，结合相关课题研究，从现代生态旅游理论视角，以青藏高原尤其是川滇西部民族地区为案例，介绍了农文旅融合驱动乡村振兴相关研究成果，具体包括农文旅融合地质背景、农文旅融合发展环境、农文旅融合发展研究、农文旅融合促进乡村振兴四篇。第一篇从全球背景、成因视角和时空的观点，通过青藏高原形成演化、人类变迁及相关重大问题的讨论，阐述了民族地区农文旅融合的地质背景；第二篇通过主体功能区理论、民族地区旅游业竞争力、旅游度假区时空分布及其成因规律分析，阐述了农文旅融合的自然生态、历史人文及经济社会环境条件；第三篇通过现代生态旅游系统理论，从民族旅游、文旅融合、农旅融合、地旅融合尤其是农文旅融合视角，对民族地区乡村产业深度融合机制、发展模式及实施路径进行探讨；第四篇以生态旅游、农文旅融合、精准扶贫、脱贫转型及乡村振兴之间的内在成因机理为线索，论述了基于生态旅游的农文旅融合驱动脱贫转型及乡村振兴机制及实现路径。本论著尽可能地反映近年来国内外在农文旅融合研究领域的理论研究进展，以期对民族地区农文旅融合驱动乡村振兴实践提供理论指导和科学依据。

本论著在编写过程中，引用了众多专家学者相关的文献和专著,在此对他（她）们的劳动一并表示衷心感谢！本书是一种尝试，更是一种探索。作者水平所限，书中疏漏、错讹之处在所难免，在此恳请广大专家、学者和同行批评指正！

覃建雄

2021 年元月于蓉城

目 录
CONTENTS

导　言

党的十九大报告中明确提出了"中国特色社会主义进入新时代，我国社会主要矛盾已经转化为人民日益增长的美好生活需要和不平衡不充分的发展之间的矛盾"的重大判断。要解决好发展的不平衡不充分问题，就要精心谋划写好乡村振兴这篇大文章。乡村振兴战略的提出，不仅是新农村战略建设的转型升级，更是新时代乡村现代化发展的新路径。实施乡村振兴战略是在中国特色社会主义进入了新时代、我国社会主要矛盾已经发生根本性变化的背景下提出的，具有丰富的内涵和重大的意义。实施乡村振兴战略是党的十九大报告作出的重大战略决策，为新时代农业农村改革发展及乡村振兴明确了方针、指明了方向、明确了重点。同时，也为民族地区农文旅融合发展实践及理论研究提供了前所未有的机遇。

一、乡村振兴战略提出的背景

党的十九大提出实施乡村振兴战略，是党中央着眼国家事业全局，深刻把握现代化建设规律和城乡关系变化特征，顺应亿万农民对美好生活的向往，对"三农"工作做出的重大决策部署，是决胜全面建成小康社会、全面建设社会主义现代化强国的重大历史任务，是新时代做好"三农"工作的总抓手。党的十九大到二十大是"两个一百年"奋斗目标的历史交汇期，既要全面建成小康社会、实现第一个百年奋斗目标，又要乘势而上开启全面建设社会主义现代化国家新征程，向第二个百年奋斗目标进军。党中央提出"实施乡村振兴战略"这一部署，是从国家事业发展全局做出的一项重大战略决策。各级政府始终将"三农"问题置于关系国计民生的战略高度和核心地位，始终把解决好"三农"问题作为全党工作重中之重。

实施乡村振兴战略，是开启全面建设社会主义现代化国家新征程的必然选择。这是党的十九大报告对"三农"地位的总判断，既有"重中之重"地位的再强调，又有"关系国计民生的根本性问题"的新定调。这表明，"三农"作为国之根本，"三农"工作重中之重的地位依然没有变，特别是在新时代解决人民日益增长的美好生活需要和不平衡不充分的发展之间的矛盾，实现决胜全面小康的关键、重点和难度都在"三农"，"三农"工作重中之重的地位不仅不能削弱，而且更要加强。实施乡村振兴战略是我国全面建成小康社会的关键环节，是实现中华民族伟大复兴中国梦的客观要求，也是我们党落实为人民服务这一根本宗旨的重要体现。

实施乡村振兴战略，是实现"两个一百年"奋斗目标的必然要求。党的十九大报告清晰擘画了全面建成社会主义现代化强国的时间表、路线图。实施乡村振兴战略，正是以习近平同志为核心的党中央在深刻把握我国现实国情农情、深刻认识我国城乡关系变化特征和现代化建设规律的基础上，着眼于党和国家事业全局，着眼于实现"两个一百年"奋斗目标和补齐农业农村短板的问题导向，对"三农"工作作出的重大战略部署、提出的新的目标要求，必将在我国农业农村发展乃至现代化进程中写下划时代的一笔。

实施乡村振兴战略，是实现全体人民共同富裕的必然要求。中国特色社会主义进入新时代，中国社会主要矛盾的根本性变化对中国将来的发展提出了新要求、新指引。在新的历史时期，必须坚持以人民为中心的发展思想，不断促进人的全面发展、全体人民共同富裕。但也不得不清醒地看到，当前，我国乡村仍然面临着发展滞后的严峻形势，乡村振兴战略正是就此问题提出来的。我国有 5000 多年的悠久历史，乡村是中华民族传统文明的发源地，在经济社会发展中一直占有重要地位，乡村的富庶是盛世的重要标志。

乡村振兴战略强调坚持农业农村优先发展，是对乡村地位和作用的充分肯定，是实现中华民族伟大复兴的中国梦的历史使命。乡村振兴是建设社会主义现代化强国的必然要求。我国城镇化水平不高、农村人口总量庞大的现实国情决定了没有农业农村现代化，就不会有国家的现代化，也不可能实现全体人民共同富裕的社会主义本质目标。

二、乡村振兴战略的意义

乡村是具有自然、社会、经济特征的地域综合体，兼具生产、生活、生态、文化等多重功能，与城镇互促互进、共生共存，共同构成人类活动的主要空间。乡村兴则国家兴，乡村衰则国家衰。我国人民日益增长的美好生活需要和不平衡不充分的发展之间的矛盾在乡村最为突出，我国仍处于并将长期处于社会主义初级阶段的特征很大程度上表现在乡村。全面建成小康社会和全面建设社会主义现代化强国，最艰巨最繁重的任务在农村，最广泛最深厚的基础在农村，最大的潜力和后劲也在农村。实施乡村振兴战略，是解决新时代我国社会主要矛盾、实现"两个一百年"奋斗目标和中华民族伟大复兴中国梦的必然要求，具有重大现实意义和深远历史意义。

党的十九大作出中国特色社会主义进入新时代的科学论断，提出实施乡村振兴战略的重大历史任务，在我国"三农"发展进程中具有划时代的里程碑意义。坚持农业农村优先发展，按照产业兴旺、生态宜居、乡风文明、治理有效、生活富裕的总要求，建立健全城乡融合发展体制机制和政策体系，统筹推进乡村经济建设、政治建设、文化建设、社会建设、生态文明建设和党的建设，加快推进乡村治理体系和治理能力现代化，加快推进农业农村现代化，走中国特色社会主义乡村振兴道路，让农业成为有奔头的产业，让农民成为有吸引力的职业，让农村成为安居乐业的美丽家园。

实施乡村振兴战略是建设现代化经济体系的重要基础。农业是国民经济的基础，农村经济是现代化经济体系的重要组成部分。乡村振兴，产业兴旺是重点。实施乡村振兴战略，深化农业供给侧结构性改革，构建现代农业产业体系、生产体系、经营体系，实现农村三大产业深度融合发展，有利于推动农业从增产导向转向提质导向，增强我国农业创新力和竞争力，为建设现代化经济体系奠定坚实基础。

实施乡村振兴战略是建设美丽中国的关键举措。农业是生态产品的重要供给者，乡村是生态涵养的主体区，生态是乡村最大的发展优势。乡村振兴，生态宜居是关键。实施乡村振兴战略，统筹山水林田湖草系统治理，加快推行乡村绿色发展方式，加强农村人居环境整治，有利于构建人与自然和谐共生的乡村发展新格局，实现百姓富、生态美的统一。

实施乡村振兴战略是传承中华优秀传统文化的有效途径。中华文明根植于农耕文化，乡村是中华文明的基本载体。乡村振兴，乡风文明是保障。实施乡村振兴战略，深入挖掘农耕文化蕴含的优秀思想观念、人文精神、道德规范，结合时代要求在保护传承的基础上创造性转化、创新性发展，有利于在新时代焕发出乡风文明的新气象，进一步传承和丰富中华优秀传统文化。

实施乡村振兴战略是健全现代社会治理格局的固本之策。社会治理的基础在基层，薄弱环节在乡村。乡村振兴，治理有效是基础。实施乡村振兴战略，加强农村基层基础工作，健全乡村治理体系，确保广大农民安居乐业、农村社会安定有序，有利于打造共建共治共享的现代社会治理格局，推进国家治理体系和治理能力现代化。

实施乡村振兴战略是实现全体人民共同富裕的必然选择。农业强不强、农村美不美、农民富不富，关乎亿万农民的获得感、幸福感、安全感，关乎全面建成小康社会全局。乡村振兴，生活富裕是根本。实施乡村振兴战略，不断拓宽农民增收渠道，全面改善农村生产生活条件，促进社会公平正义，有利于增进农民福祉，让亿万农民走上共同富裕的道路，汇聚起建设社会主义现代化强国的磅礴力量。

三、乡村振兴战略目标和规划实施

民族要复兴，乡村必振兴。全面建设社会主义现代化国家，实现中华民族伟大复兴，最艰巨最繁重的任务依然在农村，最广泛最深厚的基础依然在农村。

2021 年，农业供给侧结构性改革深入推进，粮食播种面积保持稳定、产量达到 1.3 万亿斤以上，生猪产业平稳发展，农产品质量和食品安全水平进一步提高，农民收入增长继续快于城镇居民，脱贫攻坚成果持续巩固。农业农村现代化规划启动实施，脱贫攻坚政策体系和工作机制同乡村振兴有效衔接、平稳过渡，乡村建设行动全面启动，农村人居环境整治提升，农村改革重点任务深入推进，农村社会保持和谐稳定。

到 2025 年，农业农村现代化取得重要进展，农业基础设施现代化迈上新台阶，农村生活设施便利化初步实现，城乡基本公共服务均等化水平明显提高。农业基础更加稳固，粮食和重要农产品供应保障更加有力，农业生产结构和区域布局明显优化，农业质量效益和竞争力明显提升，现代乡村产业体系基本形成，有条件的地区率先基本实现农业现代化。脱贫攻坚成果巩固拓展，城乡居民收入差距持续缩小。农村生产生活方式绿色转型取得积极进展，化肥农药使用量持续减少，农村生态环境得到明显改善。乡村建设行动取得明显成效，乡村面貌发生显著变化，乡村发展活力充分激发，乡村文明程度得到新提升，农村发展安全保障更加有力，农民获得感、幸福感、安全感明显提高。

到 2035 年，乡村振兴取得决定性进展，农业农村现代化基本实现。农业结构得到根本性改善，农民就业质量显著提高，相对贫困进一步缓解，向共同富裕迈出坚实步伐；城乡基本公共服务均等化基本实现，城乡融合发展体制机制更加完善；乡风文明达到新高度，乡村治理体系更加完善；农村生态环境根本好转，生态宜居的美丽乡村基本实现。

到 2050 年，乡村全面振兴，农业强、农村美、农民富全面实现。

四、乡村振兴战略总体要求和任务

实施乡村振兴战略要按照产业兴旺、生态宜居、乡风文明、治理有效、生活富裕的总要求，建立健全城乡融合发展体制机制和政策体系，加快推进农业农村现代化。乡村振兴不仅是经济的振兴，也是生态的振兴、社会的振兴，文化、教育、科技、生活的振兴，以及农民素质的提升。产业兴旺，就是要推进农业供给侧结构性改革，延伸农业产业链、价值链，提高农业综合效益和竞争力。生态宜居，就是要适应生态文明建设要求，因地制宜发展绿色农业，促进农村生产、生活、生态协调发展。乡风文明，就是要大力弘扬社会主义核心价值观，树立文明新风，全面提升农民素质，打造农民的精神家园。治理有效，就是要健全自治、法治、德治相结合的乡村治理体系，确保广大农民安居乐业、农村社会安定有序。生活富裕，就是要努力保持农民收入较快增长的势头，让广大农民群众和全国人民一道进入全面小康社会。

农业农村农民问题是关系国计民生的根本性问题，中国要强，农业必须强；中国要美，农村必须美；中国要富，农民必须富。当前，我国最大的发展不平衡是城乡发展不平衡，最大的发展不充分是农村发展不充分。乡村振兴战略，正是党中央着眼"两个一百年"奋斗目标和农业农村短板的问题导向作出的战略安排。乡村振兴战略就是要坚持农业农村优先发展，进一步调整理顺工农城乡关系，在要素配置上优先满足，在资源条件上优先保障，在公共服务上优先安排，加快农业农村经济发展，加快补齐农村公共服务、基础设施和信息流通等方面短板，显著缩小城乡差距。

实施乡村振兴战略，需要深入推进农村各项改革。巩固和完善农村基本经营制度，深化农村土地制度改革，完善承包地"三权"分置制度，保持土地承包关系稳定并长久不变，第二轮土地承包到期后再延长三十年；深化农村集体产权制度改革，保障农民财产权益，壮大集体经济；确保国家粮食安全，把中国人的饭碗牢牢端在自己手中；完善农业支持保护制度，在增加农业支持总量的同时，着力优化支持结构，提高支农政策的效率；发展多种形式适度规模经营，培育新型农业经营主体，健全农业社会化服务体系，实现小农户和现代农业发展有机衔接；促进农村一二三产业融合发展，支持和鼓励农民就业创业，拓宽增收渠道；加快农业转移人口市民化，促进农民工在城镇落户。

五、农文旅融合助推民族地区乡村振兴

长期以来的实践业已证实，旅游业已成为民族地区的战略性支柱产业和举足轻重的特色产业。通过农旅融合、文旅融合、农文旅融合来促进区域经济社会快速发展，效果显著。当前在民族地区大力加强文化建设，积极推动文旅融合发展，必将在民族地区的特色产业发展、生态文明建设、乡风文明培育、社会治理现代化等各个方面产生综合性促进效应，为各族群众创造更加富足美好的生活，推进民族地区乡村振兴早日实现。

将民族地区农业资源、民族文化及原生态自然环境资源作为旅游资源来发展旅游产业，让游客在独特的原生态自然和人文生态环境中体验、了解、欣赏民族地区景观的丰富多彩，是民族地区旅游活动的特色和优势。改革开放以来，特别是近20年来，农旅融合、文旅融合乃至农文旅融合发展已经成为我国西部广大民族地区实施精准扶贫与实现小康社会的独特路径，也形成了中国特色的旅游脱贫转型和乡村振兴的特色，同时在新农村建设、美丽乡村建设、精准扶贫、乡村振兴等发展战略中发挥了积极而独特的作用，取得了显著的成绩，农文旅融合已经成为民族地区乡村振兴的特色发展之路。

在国家大力实施乡村振兴战略的当下，民族地区农文旅融合发展迎来了新的发展契机，同时也将发挥更为重要的作用。农文旅融合的重要基础和核心资源是农（生态资源）、文（民族文化）、旅（旅游价值）的高质量融合。尤其是作为中华文化的重要组成部分，多姿多彩、各具特色的

少数民族文化历史悠久、内涵丰富，包括各民族的衣食住行生产等物质文化、婚丧节庆礼仪等社会文化、文学艺术信仰等精神文化。这些多姿多彩的民族文化与原生态农业资源及旅游业之间与生俱来的内生动力，在民族地区乡村振兴中发挥着无可替代的作用。

民族地区乡村振兴的关键是乡村产业振兴，乡村产业振兴的关键是乡村产业融合，乡村产业融合的重要切入点是农文旅融合，而农文旅融合的最佳载体就是民族村寨。可见，民族村寨农文旅融合是民族地区乡村振兴的重要突破口和切入点。随着2021年中央一号文件提出全面推进乡村振兴和乡村振兴战略实施的不断深入，以及旅游独特作用在乡村振兴过程中的不断凸显，有关民族村寨农文旅融合及其驱动乡村振兴的研究，有望成为新的研究热点。充分挖掘民族地区的生态价值、民族文化价值和旅游价值，通过民族地区农文旅融合机理研究，激活民族地区农文旅融合内生动力，助推乡村振兴高质量发展，具有重要意义。

参考文献

[1]　中共中央　国务院.国家乡村振兴战略规划（2018—2022）.北京：人民出版社，2018.
[2]　中共中央　国务院.关于全面推进乡村振兴 加快农业农村现代化的意见.2021.

第一篇

农文旅融合地质背景

世界自然遗产景区在全球的空间分布特征及规律研究
——兼论旅游地质安全风险评估

覃建雄　陈　露

世界自然遗产系指被联合国教科文组织（UNESCO）《保护世界文化和自然遗产公约》（以下简称《世界遗产公约》）确认列入《世界遗产名录》和全人类公认的具有突出意义及普遍价值的自然景观，包括天然名胜或自然区域、地质地文结构、生物保护区、生物进化等 4 类[1]。截至2019年底数量达到 252 处（含双重遗产 39 处），涉及除南北极以外的六大洲，分布在 97 个缔约国。目前，有关世界自然遗产的研究，主要集中在价值、功能、保护、开发、管理等方面，而有关世界自然遗产的空间分布研究，如全球世界遗产的年度分布[2]、世界遗产空间分布的统计分析[3]、基于经纬度的世界自然遗产的空间分布特征[4]、濒危世界遗产的空间分布与时间演变特征研究[5]、非洲世界遗产的分布特征[6]、中国世界遗产的空间分布特征[7]、我国世界遗产特征分析及空间分布原因分析[8]、中国世界遗产数量及空间分布特征研究[9]、基于结构类型和集中度的中国遗产型景区空间分布研究[10]。这些研究主要集中于从年度数量[2]、经纬度分布或采用统计分析法[3]对某个国家或大洲进行世界遗产的空间分布特征分析，对本文研究具有一定的提示和借鉴意义。然而，有关世界自然遗产型景区（下文简称"自遗景区"）的空间分布规律研究仍寥寥无几，尤其是缺乏有关基于旅游地学视角的自遗景区空间分布规律方面的研究文献。

有鉴于此，本文运用成因旅游、旅游学理论，结合文献研究法、频率分析法、对比分析法，分析自遗景区在全球的空间分布特征，揭示自遗景区在全球的空间分布规律，进而了解不同地质板块背景中自遗景区的地质安全性及旅游风险性，从而为世界自然遗产申报与评定、保护与管理以及自遗景区旅游规划发展提供相关依据。

一、数据来源与研究原理及方法

（一）研究原理及思路

自遗景区作为地球综合自然过程的产物，是地质地貌作用及其应力的直接反映。由于地质板块性质和背景不同，以及地球演化的不同时期，其构造成因及作用特征不同，所形成的自遗景区的组合类型、特征及分布各异。所以，不同成因类型的自遗景区，其成因背景、形成过程、控制因素也不同[11]。自遗景区是具有突出意义及普遍价值的自然景观和开展旅游活动的场所，其成因组合类型及特征是反映其成因来源和分布规律的示踪剂[12]。因此，自遗景区在地质板块的性质和背景、空间组合类型、特征及分布可以反映自遗景区的成因背景、形成过程和控制因素，进而可以揭示其在全球构造中的空间分布规律。通过自遗景区在全球的空间分布规律研究，可以了解其所在地区的地质演化过程及未来地质变迁，进而反过来揭示所在地区的地质安全性和旅游风险性[13]。

本文的研究思路是，通过自遗景区内在相关信息的综合分析，尤其是所在构造板块的性质和板块背景，以及与全球地震带的空间区位关系，揭示其在全球的空间分布规律及其成因属性，进而暗示其地质安全性和旅游风险性。自遗景区内在相关信息主要包括：① 自遗景区所处的国家和地区、空间位置和经纬度数据；② 自遗景区的地层岩性及物质组成；③ 自遗景区所处地质板块背景性质和地质区位；④ 自遗景区与全球地震带的时空关系等。

（二）研究方法及数据来源

根据上述研究原理及思路，论文从成因背景、全球时空及系统动力学视角，运用成因旅游及旅游地学理论，结合文献研究法、频率统计法、对比分析法等，对自遗景区在全球的空间分布特征及规律进行研究。具体通过自遗景区内在相关信息的综合分析，结合自遗景区在全球板块中的位置，以及自遗景区与全球地震带的空间关系，分析自遗景区在全球构造空间发育的影响因素，研究其空间分布特征及规律，分析它们之间的成因动力学相关性，进而进行其空间分布规律性的成因分析。

在进行空间分布规律研究时，为同时揭示自遗景区的地质安全性和旅游风险性，应尤其关注自遗景区分布与全球地震带及其地质安全风险关系研究。首先，厘清其与全球地震带的位置关系：地震带内的、地震带附近还是远离地震带。其次，分清自遗景区所在板块的地质背景、成因及特征，包括所在板块的地质区位、边界类型、成因属性，以及板块的活动频率、活动强度、活动规律、活动趋势等。在此基础上，结合利用事件量级匹配原则确定地震震级的方法[14]（秦四清等，2016），揭示自遗景区空间分布特征及规律及其旅游地质安全风险关系。

研究数据主要源于世界遗产中心网站（http：whc.unesco.org/en/guideline）、《世界遗产公约》及其实施操作指南、《世界遗产名录》等，以及其他相关研究成果。在选取数据时，为了确保数据的代表性和典型性，遵循自遗景区与地质演化过程的内在成因连续性，选取两者具有直接成因的自遗景区作为本研究的主要数据来源。

二、自遗景区在全球的空间分布特征及组合类型

通过将全球 252 处自遗景区在地图上投点，得出自遗景区在全球的空间分布与全球地震带之间的关系（如表1所示）。从和表1中可看出，自遗景区主要集中分布于全球构造板块的边界交汇处，即主要分布于全球三大地震带及其附近，并呈现不同程度的规律性：逐渐远离全球地震带，自遗景区分布的数量有逐渐减少的趋势，并在成因类型、自遗景区的品质等方面，也发生不同程度的变化规律性。

根据自遗景区在全球板块的分布位置和特征，结合板块背景、属性和成因，以及与全球构造空间格局、展布规律及全球地震带分布的关系，将自遗景区空间分布划分为五种类型的成因-空间景观体系[15]（genetic-spatial landscape system）类型，分别是：① 环太平洋地震带分布的成因-空间景观体系（简称环太平洋型自遗景区）；② 沿喜马拉雅-地中海地震带分布的成因-空间景观体系（简称欧亚型自遗景区）；③ 沿大洋中脊地震带分布的成因-空间景观体系（简称大洋中脊型自遗景区）；④ 沿稳定板块边界分布的成因-空间景观体系（简称板块边缘型自遗景区）；

⑤ 分布于稳定板块内部的成因-空间景观体系（简称板块内部型自遗景区）。其中，①和②属于活动边缘型自遗景区，③属于拉张边缘型自遗景区，④和⑤属于相对稳定型自遗景区。

表 1　自遗景区在全球的空间分布与全球地震带的关系

世界遗产地	空间分布	与全球地震带关系	安全系数
武陵源	中国湖南湘西	华南板块内部	C
九寨沟、黄龙	中国四川阿坝	喜马拉雅地震带	B
三江并流	中国云南西部	喜马拉雅地震带	B
四川大熊猫栖息地	中国四川西南部	喜马拉雅地震带	B
三清山	中国江西	东南沿海地震带	B
青城山-都江堰	中国成都西部	龙门山地震带	B
峨眉山-乐山	中国川西南地区	喜马拉雅地震带	C
中国南方喀斯特（贵州荔波、重庆武隆、云南石林）	中国贵州、重庆、云南	扬子板块西南部	D
中国丹霞（广东丹霞山、浙江江郎山、江西龙虎山、福建泰宁、湖南崀山、贵州赤水）	中国广东、浙江、江西、福建、湖南、贵州	华南板块内部	D
澄江化石地	中国云南澄江	环太平洋地震带、青藏高原地震带交界	B
新疆天山	中国新疆天山	新疆地震区	B
可可西里	中国青海玉树	喜马拉雅地震带	B
神农架	中国湖北西部	华南板块内部	D
梵净山	中国贵州铜仁	扬子板块西南部	D
中国黄（渤）海候鸟栖息地	中国江苏盐城	东南沿海地震带	D
下龙湾、峰牙-己榜国家公园	越南	环太平洋地震带	B
屋久岛、白神山地、知床半岛、小笠原诸岛、富士山	日本	环太平洋地震带	A
盖奥拉德奥国家公园	印度	印度洋板块与亚洲版块结合处，地震多发地带	B
萨亚尔	哈萨克斯坦	亚欧板块中部	D
苏莱曼圣山	吉尔吉斯斯坦	亚欧板块中部	D
图巴塔哈群礁	菲律宾	环太平洋地震带	B
汉拿山国立公园、城山日出峰、拒文岳、济州火山岛	韩国	环太平洋地震带	B
辛哈拉加森林保护区	斯里兰卡中部高地	印度洋板块与亚洲版块结合处，地震多发地带	B
童艾纳雷松野生生物保护区、东巴耶延山-考爱山森林	泰国	环太平洋地震带	B

续表

世界遗产地	空间分布	与全球地震带关系	安全系数
洛仑兹国家公园、苏门答腊热带雨林、乌戎库隆国家公园	印度尼西亚	地中海-喜马拉雅地震带	B
索科特拉群岛	也门	印度洋板块西北边缘	C
格贝克利石阵	土耳其	地中海-喜马拉雅地震带	B
别洛韦日自然保护区	白俄罗斯	欧洲板块中部	C
科米原始森林、堪察加火山群、阿尔泰山脉、西高加索山、库尔斯沙嘴、中锡霍特山脉、乌布苏湖盆地	俄罗斯	欧亚板块北部	C
喀尔巴阡山原始山毛榉森林	乌克兰	地中海-喜马拉雅地震带（间接）	C
库尔斯沙嘴	立陶宛	欧亚板块中西部	D
莱茵河中上游流域、德累斯顿易北河谷	德国	地中海-喜马拉雅地震带（间接）	C
少女峰-阿莱奇冰川-比奇峰、圣乔治山、萨多纳环形地质结构	瑞士	地中海-喜马拉雅地震带（间接）	C
别洛韦日自然保护区	波兰	欧亚板块西部	D
奥格泰莱克喀斯特岩洞和斯洛伐克的喀斯特地貌	匈牙利	地中海-喜马拉雅地震带	C
喀尔巴阡山原始山毛榉森林	斯洛伐克	欧亚板块中西部	D
伊卢莉萨-特冰湾	丹麦	北极圈格陵兰岛	B
克瓦尔肯群岛	芬兰	欧亚板块的西北地区	C
维加群岛、西挪威峡湾	挪威	挪威火山岛	A
辛格韦德利国家公园、瑟尔塞岛	冰岛	大洋地震带	A
新喀里多尼亚环礁、圣米歇尔山及其海湾、韦泽尔峡谷洞穴群、巴黎的塞纳河畔、比利牛斯山脉-珀杜山	法国	地中海-喜马拉雅地震带	B
斯凯利格·迈克尔岛	爱尔兰	大西洋岛屿	C
圣基尔达岛、亨德森岛、戈夫岛和伊纳克塞瑟布尔岛	英国	大西洋岛屿	C
布特林特	阿尔巴尼亚	喜马拉雅地震带	B
杜米托尔国家公园	黑山	喜马拉雅地震带	B
斯雷伯尔纳自然保护区、皮林国家公园	保加利亚	喜马拉雅地震带	B
什科茨扬溶洞	斯洛文尼亚	斯洛文尼亚	B
普利特维采湖群国家公园	克罗地亚	喜马拉雅地震带	C
提洛岛、圣山	希腊	地中海-喜马拉雅地震带	B

续表

世界遗产地	空间分布	与全球地震带关系	安全系数
马德留-佩拉菲塔-克拉罗尔谷	安道尔	地中海-喜马拉雅地震带	C
多瑙河三角洲	罗马尼亚	喜马拉雅地震带	B
威尼斯及其潟湖、阿马尔菲海岸景观、伊奥利亚群岛	意大利	地中海-喜马拉雅地震带	B
多南那国家公园、加拉霍奈国家公园、比利牛斯-珀杜山、泰德国家公园	西班牙	地中海地震带	B
阿杰尔高原、姆扎卜河谷	阿尔及利亚	地中海地震带	C
伊其克乌尔国家公园	突尼斯	地中海地震带	C
阿瓦什低谷、奥莫低谷、锡门国家公园	埃塞俄比亚	地中海地震带	C
科莫埃国家公园、塔伊国家公园	科特迪瓦	非洲大陆西部	D
图尔卡纳湖国家公园	肯尼亚	东非大裂谷	B
尼奥科罗-科巴国家公园	塞内加尔	非洲大陆西端	D
马纳波尔国家公园	津巴布韦	非洲大陆东南部	D
巴伯顿·玛空瓦山脉	南非	低到中等地震活动区域	C
塞伦盖蒂国家公园、塞卢斯野生动物保护区、恩戈罗自然保护区	坦桑尼亚	印度洋板块与非洲大陆交界处	D
加兰巴国家公园、维龙加国家公园、卡胡齐-比埃加国家公园、萨隆加国家公园	刚果	东非大裂谷	B
阿尔金岩石礁国家公园	毛里塔尼亚	非洲大陆西部	C
阿尔达布拉环礁	塞舌尔	印度洋岛屿	C
阿根廷冰川国家公园、瓦尔德斯半岛、伊斯奇瓜拉斯托/塔兰穆帕亚自然公园	阿根廷	环太平洋地震带	B
伊瓜苏国家公园	阿根廷和巴西	环太平洋地震带	B
拉帕努伊国家公园、复活节岛国家公园	智利	环太平洋地震带	A
卡皮瓦拉山国家公园、亚马孙河中心保护区、大西洋东南沿岸森林保护区、潘塔纳尔保护区、巴西的大西洋群岛	巴西	环太平洋地震带（间接）	B
奇里维克特国家公园	哥伦比亚	环太平洋地震带	B
加拉帕戈斯国家公园、桑盖国家公园	厄瓜多尔	环太平洋地震带	A
卡奈马国家公园	委内瑞拉	环太平洋地震带	B
瓦斯卡兰国家公园、玛努国家公园、里奥阿比塞奥国家公园	秘鲁	环太平洋地震带	A
纳汉尼国家公园、伍德布法罗国家公园、落基山脉国家公园群、格罗莫讷国家公园	加拿大	北美大陆北部	C
贝里斯堡礁	伯利兹	北美大陆中部	D

世界遗产地	空间分布	与全球地震带关系	安全系数
科科岛国家公园、塔拉曼卡山脉-拉阿米斯泰德保护区	哥斯达黎加	环太平洋地震带	B
雷奥普拉塔诺生物圈保留地	洪都拉斯	环太平洋地震带	B
比尼亚莱斯山谷	古巴	环太平洋地震带	C
蒂卡尔国家公园	危地马拉	环太平洋地震带	B
加利福尼亚湾群岛及保护区、美洲王蝶生态保护区	墨西哥	环太平洋地震带	B
达连国家公园	巴拿马	环太平洋地震带	B
硫磺石山要塞国家公园	圣基特和尼维斯岛	环太平洋地震带	B
国家公园：梅萨维德、大烟雾山、大沼泽地、猛犸洞穴、红杉树、黄石、大峡谷、约塞米蒂	美国	环太平洋地震带	B
大堡礁、豪勋爵岛、芬瑟岛、麦夸里岛、赫德岛和麦克唐纳群岛、赫德岛和麦克唐纳群岛、大蓝山山脉、波奴鲁鲁、宁格鲁海岸	澳大利亚	印度洋岛屿	C

注：地质安全风险系数：A 为极高风险；B 为高风险；C 为中等风险；D 为一般风险；E 为低风险。

三、自遗景区在全球的空间分布特征及规律研究

（一）环太平洋型自遗景区的空间分布规律研究

1. 空间组合分布类型及特征

该类型自遗景区按空间组合及展布情况，可以分为三种成因-空间-形态组合亚类[15]（Genetic-spatial-morphological assembly）：① 太平洋东岸亚类：位于太平洋东岸，属于洋壳-陆块汇聚碰撞成因产物，以海岸山脉叠加火山景观为主的科迪勒拉山系为特色的景观组合，可进一步细分为山脉型+列岛型景观和火山岛屿景观[11]。② 太平洋西岸亚类：分布于太平洋西岸，以菲律宾群岛、日本群岛、琉球群岛等为主要景观特色，进一步细分为海沟型景观、岛弧型景观及温泉型景观。③ 太平洋海域亚类：即由海洋景观及各种岛屿景观组成的景观组合，太平洋作为"万岛大洋"，分布有以夏威夷群岛、马绍尔群岛、中途岛等为特色的大洋海域火山（地震）岛屿景观组合，主要为火山岛屿型和地震岛屿型景观。这些景观组合由于所处太平洋海岸或中央海域，风光无限，大多已被开发成为世界著名的度假旅游胜地[16]。

其中，著名的山脉型+列岛型景观组合主要有维提岛、塔希提岛、瓦胡岛、关岛、法属波利尼西亚、西萨摩亚、图瓦卢、瓦努阿图、威克岛、奥克兰群岛、所罗门群岛、马里亚纳群岛、新几内亚、马鲁古群岛、菲律宾群岛、楚科奇半岛、台湾岛、塞班岛、夏威夷群岛、沙巴岛、斐济岛、琉球群岛、九州岛、本州岛、北海道岛、千岛群岛、堪察加半岛、阿留申群岛、火山岛、科科岛等。这些岛屿风光旖旎，气候宜人，大多已开发成为世界著名旅游胜地。但由于与

环太平洋板块活动引起的地震、火山作用密切相关，地震活动频繁，地质安全风险系数大，旅游安全风险极高。

著名的海沟型景观组合主要有阿留申海沟、布干维尔海沟、克马迪克海沟、日本海沟、千岛海沟、马里亚纳海沟、中美海沟、秘鲁-智利海沟、菲律宾海沟、琉球海沟、汤加海沟、雅浦海沟。海沟景观作为板块消亡产物，通常与岛弧共生联系在一起。海沟属于深切的海底峡谷景观，水深、地形复杂，随着未来海洋科技尤其是海洋深潜技术的发展和应用，这些海沟将会开发成为海底探险、海沟科考、特殊科考等的重要场所。

典型的火山岛弧型景观组合主要有日本富士山、樱岛火山、阿苏火山，夏威夷基劳维亚火山、基拉韦厄火山、冒纳罗亚火山，厄瓜多尔通古拉瓦火山，阿根廷卡尔不科火山，墨西哥科利马火山，菲律宾马荣火山，智利比亚里卡火山等，作为大陆和海洋板块汇聚而形成的露出海面的火山岛屿景观，这些景观组合大多都已开发成为当今世界最著名的活火山探险科考旅游胜地。

具有代表性的火山温泉型景观组合主要有日本温泉之乡——箱根温泉、地狱谷温泉、别府温泉，中国台湾知本温泉，以及美国猛犸象温泉（世界上已探明的最大的碳酸盐沉积温泉）、大棱镜温泉（美国最大温泉）、火山口湖（美国最深的湖泊），以及太浩湖（北美最大的高山湖泊）等。这些火山温泉型景观大多数已经被开发为世界著名的温泉疗养度假胜地，如世界著名的十大温泉疗养度假胜地。但总体而言，这种火山温泉型旅游目的地，由于处于地震火山带上，其旅游地质安全风险极高。

2. 空间组合分布规律

环太平洋型自遗景区在空间上呈环带状，相对集中分布于太平洋板块与大陆板块碰撞的交接处，在该交接处分布着大部分浅源地震带和中深源地震带，以及几乎全部深源地震带，揭示该类型自遗景区的空间分布与地震带分布及活动强度存在着某种正相关关系。作为全球规模最大且最为活跃的火山地震带，环太平洋型自遗景区所在区域构造活动的总数约占全球的 80%，且大部分为高频率的浅源地震，这些浅源地震使得该世遗景观组合体系及其附近区域存在巨大的潜在安全风险。耐人寻味且令人担忧的是，在这个地质安全风险最大的全球地震带上，分布着占世界上 60%~80% 的多样性、多元性、丰富度、四季全时的世界精品旅游疗养度假胜地。

具体而言，太平洋东岸亚类自遗景区主要受太平洋和菲律宾板块接触带分布的控制，始于阿留申群岛，途径阿拉斯加湾向东南，经过加利福尼亚、墨西哥、哥伦比亚、厄瓜多尔、秘鲁和阿根廷进入太平洋，最后延伸到土阿莫土群岛。太平洋板块以较大速率朝北西西方向运动，并以海沟的形式向东俯冲至陆壳之下。与此同时，环太平洋板块则以较小的速率朝南东东方向迁移，从而造成所谓的双向移动板块汇聚格局[17]（姜辉等，2010；Scherrerab et al，2015）。太平洋板块向大陆板块俯冲的边界为环太平洋西部的日本海沟，沿环太平洋板块边界的地震最为活跃，这表明在时间序列上全球板块的构造活动具有准同步性[18]（过娟秀，1989），从而造就了独具特色的太平洋东岸亚类自遗景区。

太平洋西岸亚类自遗景区，始于堪察加半岛，向西南方向经千岛群岛、日本琉球群岛、中国台湾岛、菲律宾、印度尼西亚，向东一直延伸到所罗门群岛，经斐济和汤加群岛，直到土阿莫土群岛与东段汇合。环太平洋板块最北面的千岛弧太平洋板块以 8~9 厘米/年的速率正向俯冲千岛群岛，该俯冲带的宽度呈现出从东北向西南逐渐加大，震源深度由浅变深。由于不同板块边界类型存在着不同的地震频度、强度、震源深度和分带性，因此太平洋西岸亚类自遗景区在时空上的特征与其地质构造活动有着非常密切的关系。环太平洋西岸板块之间不同的构造应力机制造成了与太平洋东岸亚类不同成因类型的自遗景区。

秦四清等（2015）将环太平洋地震带划分为 15 个地震区，从中可推知环太平洋型自遗景区所在区域的地震活动风险规律。其中，台湾岛-菲律宾群岛一带和琉球群岛-台湾岛一带的自遗景区均已达到临界状态，巨震随时有可能发生，旅游地质安全风险极大。墨西哥城、爪哇岛-马鲁古群岛和梅莱凯奥克一带的自遗景区，距临界状态较近，未来将有巨震发生，旅游地质安全风险明显。阿留申群岛-温哥华-旧金山-爪达拉哈拉、波哥大-阿里卡-瓦尔迪维亚、苏瓦-惠灵顿、新几内亚岛-所罗门群岛、北马里亚纳群岛、北海道-堪察加和圣萨尔瓦多-圣何塞一带的自遗景区，未来很可能有巨震发生，旅游地质安全风险很大。

（二）亚欧型自遗景区的空间分布规律

1. 空间组合分布类型及特征

亚欧型自遗景区主要有苏门答腊半岛、马来半岛、中南半岛、横断山脉（孟加拉湾）、喜马拉雅山脉、帕米尔高原、伊朗高原、小亚细亚半岛（阿拉伯半岛北部）、里海、巴尔干半岛、黑海、阿尔卑斯山脉（地中海）、伊比利亚半岛等。结合自遗景区的成因过程、空间分布和形态特征，亚欧型自遗景观可划分为以下五种成因-空间-形态类型[15]。

（1）喜马拉雅山全球最高山脉景观体系

该类景观体系最大的特点是,形成了从印度洋北东岸横跨欧亚非大陆直达大西洋东岸的类型最丰富、山地特色最突出、分布最广泛的全球最高山脉-高原-湖泊-冰川-火山岛屿-综合景观体系——欧亚板块山地景观体系。最具代表性的主要有：喜马拉雅山脉——世界上最高海拔、最大最雄伟的山地景观体系，以世界最高峰——珠穆朗玛峰为重要大地景观标志，全长 2450 千米，东亚大陆与南亚次大陆的天然界山，具有世界唯一的构造地质地貌景观体系，以及最雄伟壮丽、形态多姿的冰塔林景观，令人惊叹不已的高山冰川地貌景观。

据吴珍汉等[19]的研究，该类景观体系构成了我国四个构造地貌阶梯和构造地势阶面地貌景观体系：①由帕米尔、阿尔金山、祁连山、横断山脉和喜马拉雅山脉所围限，顶面较平，平均海拔 5000 米以上，西高东低，形成世界屋脊地貌景观；②环绕青藏高原北部和东部的次一级高原地貌景观体系。

（2）帕米尔-伊朗高原山地景观体系

帕米尔在塔吉克语里是"世界屋脊"的意思，波斯语意为"平顶屋"。地处中亚东南部、中国的最西端。帕米尔高原地跨中国新疆西南部、塔吉克斯坦东南部、阿富汗东北部，是昆仑山、喀喇昆仑山、兴都库什山和天山交会的巨大山结景观。东帕米尔的地形较开阔坦荡，由两条西北—东南方向的积雪山脉和一组河谷湖盆构成，海拔 5000 ~ 6000 米。西帕米尔由若干条大致平行的东北—西南方向的山脉谷地构成，地形相对落差大，以高山深谷为特征。

与之毗邻的伊朗高原系亚洲西南部的高原地带，是世界古代文化的发源地之一，由阿拉伯版块与欧亚大陆版块碰撞之后形成多折山脉带地形。地处南亚次大陆西北部、印度洋的阿拉伯海、波斯湾、阿拉伯半岛、高加索、里海、中亚与帕米尔高原之间，范围包括西亚中部高原及四周山地。目前，最著名的旅游景区主要有慕士塔格峰、乔戈里峰、巴楚红海湾景区、喀拉库勒湖、白沙湖、石头城、红其拉甫口岸等。

（3）小亚细亚-巴尔干半岛山地景观体系

巴尔干在土耳其语里为"山脉"的意思，人类文明早期发祥地之一，位于南欧东部，西临亚得里亚海，东濒黑海，南滨伊奥尼亚海和爱琴海，东南隔黑海与亚洲相望，北以多瑙河、萨瓦河为界，西至的里雅斯特，与西班牙、葡萄牙所在的伊比利亚半岛及意大利所在的亚平宁半岛并称为南欧三大半岛。主要山脉景观有西部沿海的狄那里克阿尔卑斯山脉、东北部的巴尔干山脉、南部的罗多彼山脉（半岛的最高峰）。巴尔干山以南有马里查河盆地、登萨河盆地。东北部为多瑙河下游平原大地景观。

与之毗邻的小亚细亚半岛位于土耳其境内，主要由安纳托利亚高原和土耳其西部低矮山地组成。北临黑海，西临爱琴海，南濒地中海。南缘是托罗斯山脉，北缘是克罗卢山和东卡德尼兹山（两山合称庞廷山脉），东侧是亚美尼亚高原，形成三面环山、一面敞开，地势自东向西逐渐降低的大地景观特征。著名景区主要有波斯托伊纳、布莱德湖、伊斯坦布尔、卡帕多奇亚等。

（4）阿尔卑斯山脉山地景观体系

位于欧洲中南部，自亚热带地中海海岸法国的尼斯附近向北延伸至日内瓦湖，然后再向东北伸展至多瑙河上的维也纳，有"欧洲脊梁"之美誉。阿尔卑斯山脉呈弧形，长 1200 千米、宽 130～260 千米不等，是平均海拔约 3000 米的巨大山脉大地景观体系，是欧洲最大的山脉，为一巨大的分水岭，欧洲许多大河如多瑙河、莱茵河、波河、罗讷河等均发源于此。其中超过 4000 米海拔的山峰 82 座，最高峰是勃朗峰，海拔 4810 米。

阿尔卑斯山脉是世界著名的风景区和旅游胜地，有"大自然的宫殿""真正的地貌陈列馆"之美誉。这里还是冰雪运动的圣地、探险者的乐园。阿尔卑斯山脉著名的山脉景观主要有阿尔卑斯山最高峰——勃朗峰、阿尔卑斯山脉最著名山峰——马特洪峰、世界著名高山滑雪场——杜富尔峰、瑞士最高峰——多姆峰、阿尔卑斯山脉最漂亮山峰——魏斯峰、艾格峰等，此外还有四森林州湖、苏黎世湖、博登湖、马焦雷湖和科莫湖等著名旅游景区。

（5）地中海及其相关山地湖泊景观体系

地中海系欧洲、非洲和亚洲大陆之间的一块海域，西面通过直布罗陀海峡与大西洋相连，东西共长约 4000 千米，南北最宽处约为 1800 千米，是世界最大的陆间海景观。地中海以亚平宁半岛、西西里岛和突尼斯之间的突尼斯海峡为界，分东、西两部分。地中海是世界上最古老的海之一，也是古代文明的发祥地之一，这里有古埃及的灿烂文化，有古巴比伦王国和波斯帝国的兴盛，更有欧洲文明的发源地。

地中海中沿岸海岸线曲折、岛屿众多，主要的岛屿景观有马略卡岛、科西嘉岛、萨丁尼亚岛、西西里岛、克里特岛、塞浦路斯岛和罗得岛等。地中海中的岛屿包括：马略卡岛、科西嘉岛、萨丁尼亚岛、西西里岛、克里特岛、塞浦路斯岛、罗得岛、马耳他岛等。重要的海域景观主要有：爱琴海（爱琴那岛、伊兹拉岛、波罗斯岛、米其龙士岛、仙度云尼岛）、阿尔沃兰海、巴利阿里海、利古里亚海、第勒尼安海、亚得里亚海、爱奥尼亚海、爱琴海、马尔马拉海等。此外，还包括尼罗河、罗讷河、台伯河、阿迪杰河、阿诺河等重要的河流景观。

2. 空间组合分布规律

亚欧型自遗景区也称喜马拉雅地中海地震景观带，大致从印尼西部、缅甸，经横断山脉、喜马拉雅山脉，越过帕米尔高原，经中亚到达地中海及其沿岸。该地震景观带东起澳大利亚以北地区，往西经印尼苏门答腊地区，沿中印边界地区经伊朗、土耳其、意大利到地中海地区，一直延伸到大西洋的亚速尔群岛[20]。该地震景观带沿线涉及的板块构造有缅甸板块、欧亚板块、印度板块、阿拉伯板块与非洲板块，直线距离达 1.4 万余千米，构造背景复杂，板间与板内地震并存[14]。

亚欧型自遗景区是世界上现今构造变形最强烈、强震活动最频繁的地区之一，其发生的地震约占全球地震的 15%[21]。按在板块中的位置，分为板块间的自然景观体系和板块内的自然景观体系，前者形态及空间分布主要受到板块边界控制，后者形态及空间分布主要受板内断裂分布控制，板间与板内地震区的分界线受控于较大尺度板块边界断裂的走向线。通常，板间地震区自然景观体系的空间尺度及地震风险程度，远大于板内地震区自然景观体系。

由于受到板块边界断裂的影响和控制，亚欧型自遗景区通常分布有相关的火山岛屿及温泉景观体系。相关的火山岛屿及温泉景观主要有：埃特纳火山、马尔西利海底火山、斯特龙博利火山、留尼汪岛富尔奈斯火山、腾冲火山、爪哇岛火山、佛罗勒斯岛默拉皮火山、布罗莫火山、卡瓦伊真火山、克里穆图火山，马六甲海峡、普吉岛、巴厘岛、爱情岛、圣托里尼岛、提洛岛、加那利群岛、特内里费岛、图巴塔哈群礁、新喀里多尼亚环礁、伊奥利亚群岛，以及埃维昂依云温泉、黑维斯温泉等，这些火山岛屿及温泉景观目前已经开发成为世界著名的旅游度假疗养胜地[22]。

亚欧型自遗景区空间分布的特点是，形成延绵分布的大尺度空间高大山脉大地景观体系，并伴有相关的冰川-峡谷景观。相关的冰川-峡谷景观主要有：阿莱奇冰川、巴尔托洛冰川、马特洪峰冰川、帕斯特尔兹冰川、费德钦科冰川、贝利托莫雷诺冰川、莫雷诺冰川、雷尼尔冰川、冰山湖、Pasterze 冰川、米堆冰川、普若岗日冰川，以及雅鲁藏布江大峡谷、卡利甘达基峡谷、九寨沟、黄龙、大熊猫栖息地、加德满都谷地等，这些都是理想的世界旅游胜地。

（三）大洋中脊型自遗景区的空间分布规律

该类自遗景区位于全球海中张裂性板块边界的一系列火山结构系统，是世界上最长的海底山脉大洋景观带，长达 80 000 千米。通常大洋中脊景观高于两侧洋底，相对高度为 2000～3000 米，局部露出水面成为火山岛屿（如冰岛）。该地震景观带亦称海岭地震景观带，海岭景观一般位于大洋中部。作为板块生长边界，经常有大量的火山喷发，从而引发地震，这种地震可能诱发海啸，从而间接地影响到人类活动。该地震景观带从西伯利亚北岸靠近勒那河口开始，穿过北极经斯匹次卑根群岛和冰岛，经过大西洋中部海岭，最后到达印度洋乃至东太平洋的一系列狭长的海岭景观地带，是全球最长的一条地震景观带。按所处的板块位置可分为大西洋中脊地震景观带、印度洋海岭地震景观带、东太平洋中隆地震景观带。

其中，大西洋中脊地震景观带自斯匹次卑尔根岛，经冰岛向南沿亚速尔群岛、圣保罗岛等，到达南桑德韦奇群岛、色维尔岛，沿大西洋地震带分布，向东与印度洋南部分叉的海岭地震景观带相连[23-24]，并从亚速尔群岛向东横穿地中海，经过红海，进入东非大裂谷景观带北端。印度洋海岭地震景观带由亚丁湾开始，沿阿拉伯-印度海岭，南延至中印度洋海岭：向北在地中海与地中海-南亚地震景观带相连；向南到南印度洋分为两支：东支向东南经澳大利亚南部，在新西兰与环太平洋地震景观带相接；西支向西南绕过非洲南部与大西洋中脊地震景观带相接。东太平洋中隆地震景观带从中美加拉帕戈斯群岛，向南至复活节岛一带，分为东西二支：东支向东南在智利南部与环太平洋地震景观带相接；西支向西南在新西兰以南与环太平洋地震景观带和印度洋海岭地震景观带相连。

由于中洋脊地震带能量爆发形式多为火山喷发,因此地震发生频率并不频繁且形成了独特的地震景观带。纵向延伸的中央裂谷景观和横向断裂景观带是大洋中脊最突出的地貌景观特征。裂谷地貌一般是沿正断层经过显著错断所形成的,伴有地震和火山活动的巨型凹地景观。沿大洋中脊顶部发育的裂谷称中央裂谷景观。裂谷两侧为突起的裂谷山脊景观。中央裂谷是地球上最大的张裂带景观,其正断层的走向与中脊及其裂谷景观平行;断层面多向中脊轴部倾斜,横断面呈 U 字或 V 字形[23]。谷深和谷宽与海底扩张速度有关:慢速扩张的中脊,其裂谷深达 1.5 ~ 3 千米,断距约 200 余米,谷地外形清晰,大西洋和印度洋中脊大多发育这种裂谷;中速扩张的中脊形成浅水的裂谷景观;快速扩张的中脊一般不见裂谷的痕迹,只有断距小于 50 米的断崖,如东太平洋海隆景观带。大洋中脊上广泛发育与中脊走向垂直或斜交的横向断裂带地貌景观。断裂景观带在海底地形上表现为海槽、断崖和海岭等大洋景观。海槽的深度可超过相邻的中央裂谷[24]。被断裂带截断的各段中脊呈错开状分布[24]。

与大洋中脊地震景观带有关的特色景观主要是海岭(海丘)即水下山脉,少数是露出海面的火山岛、岛链[25],典型的主要包括:斯匹次卑尔根岛、冰岛、亚速尔群岛、马德拉群岛、加那利群岛、佛得角群岛、圣保罗岛、南桑德韦奇群岛、色维尔岛、马达加斯加岛、科摩罗群岛、塞舌尔群岛、查戈斯群岛、马尔代夫群岛、亚丁湾、南乔治亚岛、凯尔盖朗群岛、加拉帕戈斯群岛、复活节岛等。

这些远离大陆的大洋岛屿景观,因分散于一望无际的汪洋大海之中,并受广阔海洋包绕,适于阳光沙滩、海洋体验、海猎活动等,具有绝对的私密性和独立性,目前不少海洋岛屿已被开辟为世界著名度假胜地,未来会有越来越多的岛屿被开发成为世界精品岛屿度假旅游目的地。随着未来远洋交通尤其是深海交通的普及和利用,大洋中脊型世遗景观将成为人们远洋考察、深海探险、海底科考的重要场所。

(四)板块边界型自遗景区的空间分布规律

这里特指除了环太平洋地震带、亚欧地震带、大洋中脊地震带以外,其他地球板块边界发育的自遗景区。其他板块边界主要包括:环大西洋板块边界、环印度洋板块边界,其次是北冰洋板块边界和南极洲板块边界,再次是板块内部亚板块之间的自遗景区,如环太平洋地震带中 15 个地震区[14]、亚欧地震带中的 18 个地震区或亚板块之间分布的自遗景区。由于该类板块边界位于相对稳定的被动大陆边缘,自然景观主要以中低山、丘陵、平原、湖泊、岛礁、滩岛及海岸岛屿等为主。

与大西洋板块边界相关的自遗景区,主要包括:① 沿非洲板块西缘分布的自然景观,从好望角向北经过几内亚湾再向北到达阿特拉斯山脉的自遗景区;② 沿欧洲板块西缘分布的自遗景区,从直布罗陀海峡向北经过伊比利亚半岛、大不列颠岛屿,到达斯坎迪纳维亚半岛景观;③ 沿北美板块东缘分布的自遗景区,从头巴芬岛,向南经过拉布拉多半岛、纽芬兰岛,到达佛罗里达半岛、巴哈马群岛和安的列斯群岛;④ 沿南美洲板块东缘分布的自遗景区,从北端的加拉加斯,向南经过南美洲东岸到达马儿维纳斯群岛、火地岛、南乔治亚岛等。

与印度洋板块边界相关的自遗景区,主要包括:① 印度洋西岸的厄加勒斯角向北,经过索马里半岛、哈丰角、阿拉伯半岛东缘的景观系列;② 印度洋北缘的波斯湾,向东经过伊朗高原、印度半岛、斯里兰卡岛、孟加拉湾的景观系列;③ 印度洋东北部与喜马拉雅地震带的东端重合,从苏门答腊岛、爪哇岛,向南越过帝汶海,到达澳大利亚和塔斯马尼亚岛的景观系列。目前,这些自然景观组合体系正在被开发为世界旅游度假胜地。

与北冰洋板块有关的岛屿景观主要有冰岛、格陵兰岛、斯瓦尔巴群岛、法兰式约瑟夫地群岛、新地岛、北地群岛、新西伯利亚群岛、埃尔斯密半岛、伊丽莎白女王群岛、班克斯岛、维多利亚岛等；与北冰洋海曲折岸线相关的丰富多样的陡峭岩岸及峡湾型海岸，以及磨蚀海岸、低平海岸、三角洲、泻湖海岸和复合型海岸景观。随着世界交通工具进步和世界旅游的普及，这些北方岛屿未来将成为人们夏季避暑度假的旅游胜地。

该成因类型的自遗景区较为发育，如北美洲的五大湖、密西西比河，梅萨维德、大烟雾山、大沼泽地、猛犸洞穴、红杉树、黄石公园、科罗拉多大峡谷、约塞米蒂、纳汉尼、伍德布法罗、落基山脉、格罗莫讷等，南美洲的亚马孙河、卡皮瓦拉山国家公园、亚马孙河中心保护区、大西洋东南沿岸森林保护区、潘塔纳尔保护区、伊瓜苏国家公园、阿根廷冰川国家公园、塔兰穆帕亚自然公园等。

（五）板块内部自遗景区的空间分布规律

这里特指除了上述地震带以外的其他类型的自遗景区，该类自遗景区主要分布于亚洲、欧洲、北美洲、南美洲等各大陆板块内部，主要受板块内部构造褶皱和断裂空间分布的控制。这些区域因为地质条件比较稳定，地理单元起伏较小，自然环境条件较好，适于耕种，农业发达，最宜于人类繁衍生息，因而这些区域除了聚集大量人文遗迹景观以外，各种自然景观广泛分布，主要以大江大河、沙漠、草原、丘陵、平原等大地景观体系为特色。

欧洲大陆的自遗景区主要包括：多瑙河、伏尔加河、鄂毕河、叶尼塞河、乌拉尔山脉、阿尔泰山、贝加尔湖，多南那国家公园、加拉霍奈国家公园、普利特维采湖群国家公园、皮林国家公园、杜米托尔国家公园、什科茨扬溶洞、斯雷伯尔纳自然保护区、布特林特、喀尔巴阡山原始山毛榉森林、别洛韦日自然保护区等，这些都是著名的自遗景区和旅游胜地。

亚洲大陆的自遗景区主要有：长江-黄河（中下游）、天山山脉、武陵源、青城山-都江堰、峨眉山-乐山、三清山、中国南方喀斯特、中国丹霞、澄江化石地、新疆天山、神农架、梵净山、黄（渤）海候鸟栖息地、科米原始森林、堪察加火山群、阿尔泰山脉、西高加索山、库尔斯沙嘴、中锡霍特山脉、乌布苏湖盆地等，这些都是世界著名的自遗景区及旅游胜地。

非洲大陆的自遗景区主要包括：非洲大草原、刚果河、尼日尔河、措迪洛山，加兰巴国家公园、维龙加国家公园、卡胡齐-比埃加国家公园、萨隆加国家公园、塞伦盖蒂国家公园、马纳波尔国家公园、尼奥科罗-科巴国家公园、塞卢斯野生动物保护区、恩戈罗自然保护区等，这些都是世界著名的自遗景区和旅游胜地。

其中，沙漠型自遗景区主要分布在非洲北部、阿拉伯半岛、中国西北、大洋洲中西部、北美洲南部、南非、南美洲等地，主要为一望无际的沙漠大地景观。最著名的有撒哈拉沙漠、阿拉伯沙漠、利比亚沙漠、澳大利亚沙漠、中蒙戈壁沙漠、巴塔哥尼亚沙漠、鲁卜哈利沙漠、卡拉哈里沙漠、大沙沙漠、塔克拉玛干沙漠等，这些是世界著名的沙漠探险、科考的最佳旅游胜地。

世界著名的草原大地景观主要包括：欧亚大草原、呼伦贝尔大草原、羌塘草原、乌拉盖大草原、乌兰巴托大草原、非洲热带大草原、塞伦盖蒂大草原、堪萨斯州大草原、北美大平原等。世界著名的平原大地景观主要包括：亚马孙平原、东欧平原、西伯利亚平原、拉普拉塔平原、北美中央大平原、图兰平原、恒河平原、印度河平原、华北平原、松嫩平原等。这些大草原和平原型大地景观都是未来航空旅游的重要旅游胜地。

四、旅游地质安全风险分级与评价

（一）旅游地质安全风险级别划分

1. 评价原则及主要依据

主要从严重性、可能性、可发现性等原则，对不同板块背景的自然景观的旅游地质安全风险进行评价。相关的评价指标主要包括：① 地史时期中该区发生的地震次数及影响程度；② 近现代火山喷发数量、规模及影响程度；③ 所处地震带的类型、级别及空间位置；④ 所处的板块背景、属性、位置及特征；⑤ 所在区域未来地震或火山活动的可能性。关于自然景观所在板块空间位置，主要是指自然景观分布在地震带内还是在地震带以外，包括两个层次的变量含义：一是自然景观位于地震带以内，但因地震带属于广阔的地理空间概念，地震带内部还有核心区、腹地区域和边缘区域之分；二是自然景观不属于地震带以内，但与地震带又有一定的空间关系，彼此间具有一定的空间距离，又可分为近、中、远等几种情况，从而对自然景区的地震影响程度存有差异性；三是地震带的级别，包括全球级别、洲际级别、国家或区域级别、地区级别等。

2. 地质安全风险级别指标体系

综合考虑自然景观所在地质板块位置，依据上述①、②、③、④四大评定因素，将旅游地质安全风险级别划分为五个级别，从风险高到低分别为：A、B、C、D、E五个等级（表1）。每一个级别的判定指标体系具体如下：

A为极高风险。发生的地震次数最多、影响程度最大；火山喷发数量最多、规模及影响程度最高；位于全球第一、第二地震带的核心区位置，如环太平洋地震带上活火山512座，占全球活火山数量的80%，全球约80%的地震发生在该地震带上，囊括了世界上几乎所有的深源地震，地壳运动及火山作用频繁，尤其是北美加州沿岸、堪察加半岛、日本、菲律宾和印尼等的自然景观。B为高风险。发生过地震、出现过火山喷发，具有一定的频率、规模及影响程度；位于全球第二地震带及其核心位置；全球第一地震带边缘或附近；处于全球第三地震带核心位置。最典型的是喜马拉雅地中海地震带，分布在板块的消亡边界上，形成世界上规模最大的高山、高原和山地，全球地震的15%发生在该区域。C为较高风险。发生过地震，有火山喷发，但次数、规模及影响程度明显降低；属于全球第三地震带核心位置；或者位于全球第一、第二地震带附近；或者位于洲际、区域级地震带以内，如加那利群岛为代表的海岭地震带（大洋中脊地震带），全球约5%的地震能量释放发生在这条地震带中，皆以浅源地震为主。D为一般风险。位于相对稳定大陆板块边缘，可能发生过、未发生过地震、火山，分布有潜在的地震（火山）地质方面的信息，具体如被动板块边缘的平原、丘陵地区。E为低风险。位于相对稳定大陆板块内部，未发生过地震、火山事件，或者未发现有类似迹象，如被动大陆边缘中央的平原、盆地等。

（二）自然景观旅游地质安全风险评价

根据上述评价依据和指标体系，对全球著名自然景观和世界自然遗产，进行相应的旅游地质安全风险评价，具体结果详见表1所示。

属于A级地质安全风险级别的自然景观，以地震或火山作用相关的活火山、海沟、岛弧、火山岛、地震岛、地热岛、群岛等为主，主要分布于环太平洋地震带、第一地震带与第二地震带交汇处，尤其是北美加州海岸地区、不列颠哥伦比亚和育空、日本诸岛。代表性景观主要有：夏威夷群岛、菲律宾群岛、日本群岛、厄瓜多尔，阿留申群岛、西西里岛、利帕里群岛、马里亚纳海沟、琉球海沟、日本海沟、帕卡亚火山、比亚里卡火山、黄石火山，以及冰岛蓝湖地热温泉、大棱镜温泉、知本温泉等。

属于 B 级地质安全风险级别的自然景观，主要以各种地震岛屿、岛礁、海滩、滨海、海湾、温泉（热泉）、山地冰山、地震湖泊、高山峡谷、构造山脉等为特征，主要分布于喜马拉雅地中海地震带，其次分布于环太平洋地震带附近。代表性景观主要包括：罗托鲁阿火山温泉、埃维昂依云温泉、黑维斯温泉，东非大峡谷、雅鲁藏布江大峡谷，喜马拉雅山脉、阿尔卑斯山脉、少女峰-因特拉肯、比利牛斯-珀杜山，地中海、火山口湖、太浩湖，瓦特纳冰川、索尔黑马冰川、阿莱奇冰川，九寨沟、黄龙，爱琴岛、巴芬湾、暹罗湾等。

属于 C 级地质安全风险级别的自然景观，主要表现为高原山地、国家公园、自然保护区、山地河谷、构造湖盆、海岸岛屿、高山瀑布等，主要分布于区域稳定板块的边缘，以及第一、第二地震带附件，代表性景观主要包括：武陵源、峨眉山、三清山、神农架、梵净山、大熊猫栖息地、措迪洛山、别洛韦喀尔巴阡山、阿尔泰山脉，纳汉尼国家公园、伍德布法罗国家公园、落基山脉国家公园群、普利特维采湖群国家公园、伊其克乌尔国家公园，茶卡盐湖、青海湖，亚马孙河，宁格鲁海岸、台湾岛东岸等。

属于 D 级地质安全风险级别的自然景观主要表现为平原湖泊、大草原、大沙漠、大型曲流河、平原丘陵景观等，主要分布于稳定大陆的中央及其附近区域。典型性景观主要包括：中国南方喀斯特、中国丹霞，萨亚尔、库尔斯沙嘴，马纳波尔国家公园、别洛韦日自然保护区、塞卢斯野生动物保护区、恩戈罗恩戈罗自然保护区、甘南大草原、非洲大草原、潘帕斯草原，阿拉伯沙漠、鲁卜哈利沙漠，长江中下游、密西西比河、莱茵河、尼罗河、黄（渤）海候鸟栖息地，以及贝加尔湖、大奴湖、克内尔湖、马瑟森湖等。

属于 E 级地质安全风险级别的自然景观以各种沙漠、绿洲景观、平原、盆地为主，主要分布于稳定大陆的腹地区域。代表性的旅游景观主要有：撒哈拉沙漠、利比亚沙漠、澳大利亚沙漠，瓦卡奇纳绿洲、法拉弗拉绿洲、巴哈利亚绿洲、卡提夫绿洲、艾恩戈迪绿洲、艾尔哈撒绿洲、华卡齐纳绿洲、莫扎比绿洲、思瓦绿洲、舍比凯绿洲、加波罗恩绿洲，呼伦贝尔大草原、巴音布鲁克草原、锡林郭勒大草原、鄂尔多斯大草原等。

五、结论与讨论

从世界范围上看，全球自然景观空间分布规律及旅游地质安全风险评价如下（如图 1 所示）：① 环太平洋地震带分布的科迪勒拉山系、所罗门群岛、新几内亚岛、台湾岛、琉球群岛、日本群岛、堪察加半岛、阿留申群岛、楚科奇半岛、夏威夷群岛等自然景观，一般处于极高级别的旅游地质安全风险的地区；② 地中海-喜马拉雅山地震带上的印尼爪哇岛、苏门答腊岛、马来半岛、中南半岛、横断山脉、喜马拉雅山、帕米尔高原、伊朗高原、亚细亚半岛（阿拉宝半岛北端、波斯湾、里海、死海、黑海）、地中海、阿尔卑斯山脉、伊比利亚半岛等旅游胜地，系属于高级别的地质安全风险地区；③ 大洋中脊地震带相关的斯瓦尔巴群岛、冰岛、爱尔兰岛、亚速尔群岛、马德拉群岛、马纳里群岛、地中海、红海、东非裂谷区、塞舌尔群岛、科摩罗群岛、马尔代夫群岛、马斯科林群岛、凯尔盖朗群岛、奥克兰群岛、查塔姆群岛、复活节岛，属于较高风险级别的地质安全地区；④ 稳定大陆边缘地带——非洲大陆西海岸、南美洲东海岸、澳大利亚海岸、北美洲大陆东北海岸、亚洲大陆东海岸、欧洲大陆北岸等，这些地区的旅游胜地处于地质安全风险为中等的地区；⑤ 稳定大陆内部区域——欧洲大陆内部（西西伯利亚、中西伯利亚、东欧平原）、非洲大陆（北部大沙漠、非洲大草原）、亚洲大陆（黄河长江中下游地区）、澳大利亚（维多利亚大沙漠）、北美洲中部大平原、南美洲中西部高原，属于地质安全风险系数较小的地区，但这些地区旅游景区的品质相对较低。

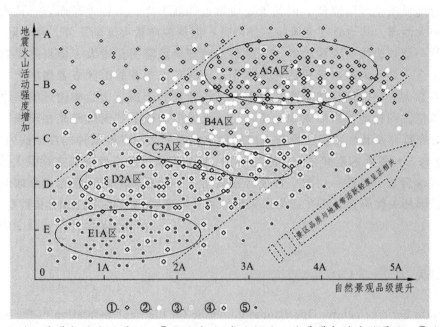

① 为环太平洋地震带相关自然景区；② 为地中海-喜马拉雅山地震带相关自然景观；③ 为大洋中脊地震带相关自然景观；④ 为稳定板块边缘相关的自然景观；⑤ 为稳定板块内部相关的自然景观。A5A 为极高风险的精品景区；B4A 为高风险的高品质景区；C3A 为较高风险的较高品质景区；D2A 为一般风险的普通景区；E1A 为较低风险品质一般的景区。

图 1　自然景观品质与地震带活动强度之间的相关性

从板块背景及属性来看，自然景观分布与地质安全风险具有如下规律：① 就板块位置而言，从板块边缘向板块中央，其地质稳定性增加，地质安全风险降低，但景观质量逐渐下降，如欧亚板块，位于板块内部的东欧平原、北美大平原、中西伯利亚、西西伯利亚乃至中国北方广大地区，其地质条件相对稳定，但相应地缺少精品的世界旅游胜地。相反，逐渐向板块边缘其稳定性减弱，但相应地精品自然景区逐渐增多，如喜马拉雅山地中海地震带既是全球著名的地震带，也是世界著名的旅游胜地集中分布区域。同理，北美板块、非洲板块、南美洲板块、大洋洲板块等，也呈现类似的规律性和相关性。② 就板块边界成因类型而言，从洋壳到陆块，从汇聚边缘→转换边缘→离散边缘→被动大陆边缘，其地质安全风险不断降低，但景观质量也在逐渐下降。如环太平洋地震带和喜马拉雅地中海地震带，就是典型的汇聚边缘型大陆板块边界，位于这些地区上的自然景区构成世界精品自然景区，但相应地这些旅游景区的地质安全风险就很大，如安第斯山脉、落基山脉、喜马拉雅山脉、阿尔卑斯山脉、地中海，以及环绕大洋分布的所罗门群岛、印尼岛链、菲律宾群岛、琉球群岛、日本群岛等，就是世界最美同时也最危险的旅游胜地。属于转换-离散型边界的大洋中脊地震带，主要形成地下海岭（海丘），少数出露海面之上形成岛屿景观，这些景观的旅游景区地质安全风险相对较高，但其景区品质总体相应较高。此外，非洲大陆西缘、南美洲大陆东缘、北美洲大陆东缘、欧亚大陆北缘，主要以被动大陆边缘为主，通常形成相对宽缓的地形地貌景观，地质安全风险系数降低，景观质量也相应下降。

从大地景观成因及特征来看，主要呈现如下规律：从海洋岛→大陆岛→高山峡谷→高原山地→丘陵低山→平原盆地的地理景观，总体而言其地质安全风险总体呈现降低趋势，但其自然景观质量及其旅游价值也逐渐下降。就岛屿而言，从活火山→火山岛屿→地震岛屿→岛礁→海岸岛屿，其旅游地质安全风险降低，但其景观质量也逐渐下降。从各大洋而言，从太平洋→北冰洋→印度洋→大西洋，其地质安全风险总体降低，但景观质量也逐渐下降。从大陆板块到洋壳，即从大陆板块→板块边缘→大洋岛屿，其旅游地质安全风险明显增大，但自然景观质量也明显提升。通俗而言，最美的自然景观往往分布于遥远、难以企及的山区或者岛屿上，这些地方地质安全风险系数大，相应地自然景观品质最高；而越是易于到达、距离越近的平原盆地，其地质安全风险越低，同样地其自然景观越是不足，无形中印证了"无限风光在险峰"的哲理。旅游景区空间分布规律及其地质安全性与板块属性及地震带之间具有某种内在的成因相关性。

可见，全球自然景观的空间分布、旅游品质、地质安全风险以及它们之间的关系，与全球地震带、地质板块背景、属性、位置、特征等密切相关，世界自然旅游胜地与全球地震带及板块背景之间的成因相关性研究，正在成为未来地球科学与旅游科学研究的难点和重要方向。

（2020 年 12 月）

参考文献

[1] World heritage centre. Operational guideline for the implementation of the world heritage convention. [2012-08-17]. http: whc.unesco.org/en/guideline.

[2] 陈飞虎. 全球世界遗产的分布. 宁夏工程技术，2004, 3（3）: 301-302.

[3] 尹国蔚. 世界遗产空间分布的统计分析. 地理与地理信息科学，2009, 25（4）: 104-108.

[4] 曹华盛. 世界自然遗产空间分布特征. 重庆师范大学学报（自然科学版），2013（31）: 162-165.

[5] 潘运伟，杨明. 濒危世界遗产的空间分布与时间演变特征研究. 地理与地理信息科学，2012, 28（4）: 88-110.

[6] 尹国蔚. 非洲世界遗产的分布特征. 地理科学进展，2013, 32（6）: 958-966.

[7] 王昕，韦杰，胡传东. 中国世界遗产的空间分布特征. 地理研究，2010, 29（11）: 2080-2088.

[8] 余正军，田祥利，陈娅玲. 我国世界遗产特征分析及空间分布原因分析. 自然资源学报，2015, 30（10）: 1762-1773.

[9] 贾子薇，吴梦，杨大新，等. 中国世界遗产数量及空间分布特征研究. 西南林业大学学报（社会科学），2017, 1（1）: 100-104.

[10] 涂芬. 中国遗产型景区空间分不研究. 美与时代，2020（9）: 5-8.

[11] 覃建雄. 地质公园旅游开发与管理. 北京: 科学出版社，2012.

[12] 覃建雄. 喀斯特景观与旅游开发. 北京: 科学出版社，2013.

[13] 覃建雄. 现代生态旅游: 理论进展与实践探索. 北京: 科学出版社，2018.

[14] 秦四清，李培，薛雷，吴晓娟.欧亚地震带大震预测（Ⅱ）：板间地震区[J].地球物理学进展，2016，31（4）：1234-1246.

[15] CLAUDIA SEVILLA，JULIO NAVÍO-MARCO，LUIS MANUEL RUIZ-GÓMEZ. Environment，tourism and satellite technology：Exploring fruitful interlinkages. Annals of Tourism Research. 2019（29）：102-110.

[16] QIN Jianxiong. Tourism resort destination systems：genetic classification and spatial management. 2nd International Conference on Information Technology and Management Engineering（ITME）. New York: DE Stech Publications Inc，2017：320-326.

[17] 姜辉，高祥林.欧亚东边缘的双向板块汇聚及其对大陆的影响.地球物理学报，2010，55（3）：897-902.

[18] 过娟秀.试论环太平洋地震特征及其与板块边界类型的关系.东北地震研究，1989，5（1）：1-8.

[19] 吴珍汉，吴中海，胡道功，等.青藏高原古大湖与夷平面的关系及高原面形成演化过程[J].现代地质，2009，23（6）：994-1002.

[20] 茂木清夫，高名修.地震活动性的全球变化.地震地质译丛，1980，26（1）：31-34.

[21] 赵小艳，苏有锦，付虹，邬成栋.欧亚地震带现代构造应力场及其分区特征.地震研究，2007，30（2）：146-151.

[22] QIN Jianxiong. Tourism resort destination systems：genetic classification and spatial management. 2nd International Conference on Information Technology and Management Engineering（ITME）. New York：DE Stech Publications Inc，2017：320-326.

[23] QIN Jianxiong. The relationship between the evolution of united paleocontinent and mineral resources. Lithofacies Paleogeography，1994，14（4）：30-38.

[24] QIN Jianxiong. The main contents and significance of the study of the joint paleoland program. Lithofacies Paleogeography，1994，14（1）：23-30.

青藏高原形成演化、人类变迁及相关重大问题研究

覃建雄

长期以来，围绕青藏高原的问题在地学、人类学、考古学、语言学和生物学等诸多研究领域都存在较大的争议。其中，最引人关注的问题主要包括：① 青藏高原从何而来？② 青藏高原是什么时候以及怎样成为现在这样的？③ 青藏高原地史演化与人类历史变迁有什么关系？④ 人类何时进入的青藏高原？⑤ 最初进入青藏高原的是什么人？⑥ 早期人类是否都已灭绝，还是有基因传承，他们与现存藏族人群有何联系？⑦ 人类进入青藏高原是怎样一种曲折的历程？⑧ 青藏高原上的"高原人群"到底是什么人？与亚洲乃至全球其他人群有何亲缘关系？了解这些，不仅对从事青藏高原研究的广大自然科学和社会科学工作者有所裨益，而且是广大旅游从业者心存的诉求，更是一个真正的生态旅游者应该具备的素质。本文主要从地史（geohistory）和历史（history）的视角，阐述青藏高原民族地区农文旅融合的成因基础、背景条件、重要支撑和重要内容。

一、青藏高原地球全球战略和意义

青藏高原被称为"世界屋脊""第三极"，平均海拔超过 4000 米，是中国最大、世界海拔最高的高原，其边缘的喜马拉雅山脉主峰珠穆朗玛峰 8848.86 米，是世界上最高的山峰。但青藏高原和喜马拉雅山脉并不是一开始就这么高大的，青藏高原和喜马拉雅山脉一带原来是一片大海，后来大陆板块碰撞抬升才变成了今天的样子，并且这最高的高原和山脉在地质历史时代还处在婴儿期，青藏高原是世界上最年轻的高原。青藏高原从产生、演化至今大约 4.5 亿年的地史过程中，对地球地质演化和地质安全、对世界地质、地理、人类、国家、安全等时空格局都发挥了重要作用，且对地球家园的未来走向及安全具有重大的战略意义（如表 1 所示）。

表 1 青藏高原的全球战略和意义

主要领域	全球战略和意义
在全球地理单元空间分布及演化的重要意义	对太平洋、印度洋、地中海乃至大西洋、北冰洋，以及欧亚大陆大江大河、高山湖泊、高原山地的影响。
	对高原涉藏地区、川滇藏、川青甘、秦巴山区、新疆南疆三地州、武陵山区空间分布及形态展布的影响。
	对西南-南部边界的不丹、尼泊尔、印度、巴基斯坦、阿富汗、塔吉克斯坦、吉尔吉斯斯坦等国家空间分布及地形地貌格局及演化的影响。
	青藏高原与高原涉藏地区、西藏高原、青海高原的关系

续表

主要领域	全球战略和意义
在全球大地景观时空格局及演化中的重要意义	对青藏高原的藏北高原、藏南谷地、柴达木盆地、祁连山地、青海高原和川藏高山峡谷区等地理单元的产生及演化的影响。 对北半球重大江河水系形成与演化的影响：长江、黄河、澜沧江、雅鲁藏布江、怒江，以及衍生出下游的江河水系。 对重要山脉景观的形成与演化的影响：昆仑山、喀喇昆仑山脉、唐古拉山脉、横断山脉、冈底斯山、喜马拉雅山脉、念青唐古拉山。 对高原湖泊体系形成与演化的空间分布的影响：青海湖、色林湖、纳木错、班公错等
对北半球世界遗产时空分布的影响	对世界屋脊世界遗产时空分布的影响： 截至 2019 年，与青藏高原相关的世界遗产分布主要有：中国 12 个、巴基斯坦 6 个、尼泊尔 2 个、阿富汗 2 个、印度 25 个。 青藏高原生物多样性占全球生物多样性的 50%~85%，青藏高原文化多样性占全球文化多样性的 55%~83%，青藏高原是全人类的绿色家园。 青藏高原是世界最精品原生态资源和原生态人文景观的时空综合体，是全世界的遗产，是地球上最精彩的部分
对全球自然生态环境的影响	青藏高原在其抬升过程中，一直影响着欧亚乃至全球的气候环境。青藏高原隆升除了影响自身环境，导致第四纪最大冰川，带来世界上最大的高寒草原，而且引起了全球气候的变化，促使北极圈冰盖的扩展。 由于青藏高原阻隔了印度洋的暖湿气流，在强劲的西风带和中亚季候风的影响下，高原以北广袤地域开始从草原化向荒漠化转变。 随着青藏高原持续隆升，高寒草原也开始退化，藏南垫状植被的高寒草原到藏北羌塘—昆仑山一带逐渐向高寒荒漠化演变，造成中国西北地区广大面积的荒漠化，成为制约中国西部生态环境的重要因素。 今中国季候风、气流的展布都受到青藏高原的制约。 青藏高原未来演化对全球生态环境尤其是气候演变及人类安全的影响
对全球文明进程、文明区划及时空格局的影响	青藏高原的存在对欧亚国家、民族及文化的分布格局及时空演化的重要影响； 青藏高原的形成演化对世界文明进程、文明区划及时空格局演化的影响； 青藏高原对草原游牧文明、农耕文明乃至渔猎文明时空分布及安全的影响； 青藏高原对世界文明古国时空分布、演进、朝代更迭的影响； 青藏高原对世界宗教文化区划、时空格局及其演变的影响； 青藏高原对全球世居民部落时空分布及演化的影响； 青藏高原对世界各国地理、历史、经济、文化、社会、民族民俗的影响； 青藏高原对世界各国战略定位及国家命运的影响； 青藏高原对中、南亚发展战略、地区安全及政治格局的影响
青藏高原对我国朝代更迭及人文历史的影响	青藏高原对中华民族历史起源及演化的影响； 青藏高原古气候演化及其对我国人文历史的影响； 青藏高原对我国朝代更迭及人文变迁的影响； 青藏高原对河西走廊（丝绸之路之重要环节）的影响； 青藏高原对茶马古道（南方丝绸之路重要环节）的影响； 青藏高原与三江源、横断山脉及三江并流地区的影响； 青藏高原对西域诸国产生发展及历史演变的影响； 青藏高原演化对西藏、青海等地区诸古部落演变历史的影响； 青藏高原对川滇地区古部落演变历史的影响； 青藏高原对佛教文化起源及演化的影响； 青藏高原对张骞、裴矩"走西域"、玄奘西天取经的影响； 青藏高原对西部民族地区时空分布及演化的影响

二、青藏高原的起源、形成与演化

（一）宇宙起源、地球演化与青藏高原的产生

要了解青藏高原从何而来，首先要了解地球的起源，要了解地球的起源，还得从宇宙大爆炸开始。

若干亿年以前，宇宙的一切都起源于无限小的点，包括空间和时间。这就是宇宙的起始点，也称奇点[①]（The singularity of the universe）。138.2 亿年前，奇点发生大爆炸（亦称宇宙大爆炸），从此开始了宇宙的形成演化过程。宇宙大爆炸产生的时空能量无比强大，所产生的夸克子（Quarks）形成原子核心（Nuclei）。从奇点大爆炸开始，宇宙中最原始的元素——氢、氦、锂就诞生了。所以，氢、氦、锂应该说是地球上最古老的元素。

在宇宙大爆炸 38 万年后，产生了宇宙微波背景辐射（Cosmic microwave）。133 亿年前，第一批恒星诞生，并开始了恒星核的合成作用。此时，化学元素周期表中周期 2—4—6—7 的元素先后形成，但此时地球还没有出现。大约 46 亿年前，原行星（大小如同月球尺度的胚胎行星，它们由千米尺度的微行星因彼此的重力相互吸引与碰撞而形成，根据太阳星云形成的理论，原行星在轨道轻微的扰动下和因此导致的巨大撞击与碰撞下逐渐形成真正的行星）通过吸积作用（accretion）开始形成早期地球——地球的胚胎。大约 45.33 亿年前，原行星蒂雅（Theia）撞击地球，月球诞生。月球的存在，稳定了地球的自转轴。大约 45.67 亿年到 38 亿年前，属于地史时期的冥古宙，此时地球及其周围一片死寂。在 41 亿~38 亿年前大约 2.5 亿~3 亿年的时期，主要为宇宙大轰炸时期，此时地球火山活动频密，空气都是有毒的。冥古宙时期的地球如同地狱，没有氧气，漆黑一片，闪电雷鸣不断。但就是这个游荡于黑暗太空中的行星——地球，在这个没有氧气、充满毒气、动荡不安的最黑暗的时刻，正在悄悄孕育着最古老的生命。

大约 35 亿年前，地球上最早的生命——原始单细胞出现了，原始生命诞生了，复杂分子开始自行复制。大约 5.42 亿年到 4.883 亿年前，即属于寒武纪时期，大约在 5.41 亿~4.85 亿年前，"寒武纪生命大爆发"。大约 6.3 亿~2.5 亿年前，地球上主要是汪洋一片，一望无际，三叶虫雄霸海洋。奥陶纪（4.8 亿~4.4 亿年前）时期，鹦鹉螺是当时最凶猛的海洋生物，同时海洋里首次出现陆生脊椎动物——淡水无颌鱼。大约 4.44 亿~4.16 亿年前属于志留纪，其中大约 4.25 亿年前，现代植物的祖先——顶囊蕨出现。大约 5.3 亿~4.2 亿年前，海口鱼演化成头甲鱼。大约 4.16 亿~3.592 亿年前为泥盆纪，鱼类的时代开始了。这个时代分布着十大恐怖生物：邓氏鱼、海纳螈、含肺鱼、提塔利克鱼、恐鱼、腔棘鱼、房角石、陆地杀手蝎、雷蝎、胸脊鲨。从泥盆纪开始，陆地不断变大，开始出现了最早的昆虫，还有些淡水蛤类和蜗牛。大约 4.2 亿~3.6 亿年前，头甲鱼演化出海纳螈（中间曾是提塔利克鱼），即最早的两栖动物，而两栖动物是地球上所有陆生动物（包括人类）的祖先。而文昌鱼（脊索动物）被公认为是鱼类的祖先。

石炭纪末期到二叠纪，地球上表现为盘古大陆（Pangea）和泛大洋（Panthalassa，或 Panthalassic Ocean），这是两栖动物时代，最古老的两栖动物——鱼石螈出现了。二叠纪末，全球性火山爆发事件导致全球性生物大灭绝事件。大约 2.51 亿~1.996 亿年前即三叠纪——"恐龙时代前的黎明"，出现了最早的似哺乳爬行动物，同时陆地上第一批被子植物诞生了。大约 2.28 亿~2 亿年前，腔

[①] 奇点：奇点有着无限大的密度、无限小的体积、无限高的温度和时空曲率，更包含着无法估计的能量，一切已知物理定律均已在奇点失效。

骨龙属即最早的恐龙出现了。大约 2.58 亿 ~ 1.87 亿年前，犬齿兽这一最早的哺乳类动物出现，世界上最早的鱼龙问世了。第一种会飞的脊椎动物翼龙，可能是这时候出现的。大约距今 1.5 亿年的侏罗纪中期，开始出现原始鸟类。鸟类的直接祖先是一种小型恐龙。哺乳动物出现，相当于人类的第五代古老祖先。最早的哺乳动物是由三叠纪似哺乳爬行动物中分化出来的，这个时期之前地球仍旧是一片汪洋大海。三叠纪末（大约 2 亿年前），由于印支运动的影响，出现延绵的山脉，全球气候出现新转变。这一运动使印度板块不断向欧亚板块方向运动，造成了我国南海北陆的构造格局，并为青藏高原的崛起积蓄动能。

侏罗纪时期，即 1.996 亿 ~ 1.445 亿年前，地球上的盘古大陆（Pangea）开始分离，生物演化进入恐龙的时代。大约 1.445 亿 ~ 0.655 亿年前，也就是白垩纪时期，恐龙雄霸天下，地球上最大的肉食动物是暴龙家族。大约 0.655 亿年前白垩纪与第三纪之交，白垩纪陨石雨事件造成地球上生物大灭绝，即全球第五次生物灭绝事件，又称恐龙大灭绝事件。该事件造成地球上三叠纪晚期以来长期统治地球的恐龙大家族的整体灭亡，从而使地球上的生物界演化进入哺乳动物阶段。恐龙的灭绝为哺乳动物尤其是人类的出现铺平了道路。此时印度板块不断向北方的亚欧大陆运动。也就是说，大约 0.65 亿年前，在中生代与新生代之交，开始孕育青藏高原的崛起之路。

大约 0.558 亿 ~ 0.336 亿年前，地球演化进入了新生代。大约 0.5 亿 ~ 0.4 亿年前，长鼻跳鼠在恐龙大灭绝事件后出现。恐龙大灭绝事件 0.49 亿年前，出现高帝纳猴，这是最早的灵长目。从大约 0.23 亿年前到现代，属于新近纪，地球七大洲开始接近现代位置。这个时候，猿出现了，猿是哺乳动物中的一种，人类最亲近的古老祖先，也是人类最古老的第六代祖先。现代的猿有长臂猿、猩猩、大猩猩和黑猩猩。森林古猿最早出现于非洲，时间是渐新世晚期（也就是距今 2300 万年前）到中新世中期（也就是距今 1500 万年前），开始逐渐繁育于非洲、欧洲、亚洲大陆。之后开始出现了猿人，就是所谓的最早出现的人类。人类从此开始了自己全新的生活。这段时期，青藏高原缓慢积蓄动能，此时的青藏高原已经升到 3000 ~ 3800 米。

最早的人类出现于更新世早期（250 万年前），以坦桑尼亚距今 175 万年的"能人"为代表。后来由于密林减少，古猿猴不得不越来越多地滞留在地面上。后来进化出了直立人——人类的直系祖先，距今 180 万 ~ 300 万年，即生活在非洲、欧洲和亚洲的古人类，一般认为直立人起源于非洲。最早出现于更新世中期（15 000 年前），以北京猿人和爪哇猿人为代表。站立着往来较远路程找寻食物更节省能力，空出的双手，终于有一天让他们开始使用和制造工具。古人（Ancients），即现代人类的间接祖先，亦即早期智人，生活于猿人和新人之间。古人生存于距今10 万 ~ 20 万年至 5 万年前，广泛分布于亚、非、欧洲的许多地区。新人（Homo sapiens），即现代人类的直接祖先，也叫晚期智人或克罗马农人。新人生活在距今约 10 万年到 1 万年前。新人是解剖意义上的现代人。他们的体质跟现代人已经没有多大的区别，脑量跟现代人完全一致。第四纪即 180 万年至今，是青藏高原隆升最快的时期，尤其是从距今 6 万 ~ 4 万年开始。这段时间也是青藏高原快速上升隆起的重要时期，也是地球上末次冰期盛行的时期。

（二）青藏高原的产生及地史演化

总体而言，青藏高原的地史演化包括三大阶段：一是海洋演化阶段；二是陆地阶段；三是抬升隆起阶段。海洋阶段持续了大约 2.5 亿年，从奥陶纪持续到早二叠世末期；陆地阶段从晚二叠世到渐新世，总共持续了大约 225 亿年；抬升隆起阶段从中新世（2300 万年前开始）到末次冰期，具体包括崛起时期、构造定格时期和快速隆起时期。

1. 海洋演化阶段

根据地层记录，青藏高原的地史可追溯到距今约 5 亿年前的奥陶纪，一直持续到 2.5 亿年前的早二叠世末期，除了志留纪末的 4.2 亿年前为短暂的陆地岛屿外，地球上一直是波涛汹涌的辽阔海洋。

这片海域横贯现今欧亚大陆的中南部地区，与北非、南欧、西亚和东南亚的海域相通，称为"特提斯海"（Tethys）或"古地中海"（Mediterranean Sea）。当时特提斯海地区的气候温暖，成为海洋动、植物发育繁盛的海域。其南边为冈瓦纳大陆（Gondwana），包括今南美洲、非洲、澳大利亚、南极洲和南亚次大陆；北边的大陆称为欧亚大陆，也称劳亚大陆（Laurasia），包括今欧洲、亚洲和北美洲。在石炭纪-早二叠世时期，北边的劳亚大陆和南边的冈瓦纳大陆合并在一起，形成一个原始古大陆，也称泛大陆（即 Pangaea），围绕泛大陆的是泛大洋。

2. 陆地演化阶段

该阶段从距今约 2.5 亿年前晚二叠世开始，经历中生代一直持续到距今 2300 万年前的新生代早期的古近纪时期，这期间发生了两次大的造山运动，一是印支运动，二是燕山运动。

距今约 2.4 亿年前，也就是早三叠世末—三叠纪晚期，印度板块开始向北侧的欧亚板块移动，并俯冲接近欧亚大陆板块之下，由于巨大的板块运动挤压力的影响，在两个板块结合处的北侧发生了强烈的褶皱断裂和抬升，促使昆仑山和可可西里地区开始隆升为陆地。随着印度板块继续向北俯冲、插入和挤压，洋壳不断发生断裂。约在 2.1 亿年前，特提斯海北部再次进入构造活跃期，北羌塘地区、喀喇昆仑山、唐古拉山、横断山脉脱离了海浸变成陆地。地史学界把这次板块运动叫作印支运动。最开始的 2.4 亿年前的运动被称为印支运动第一幕；相应地，2.1 亿年前的运动被称为印支运动第二幕（如图 1 所示）。

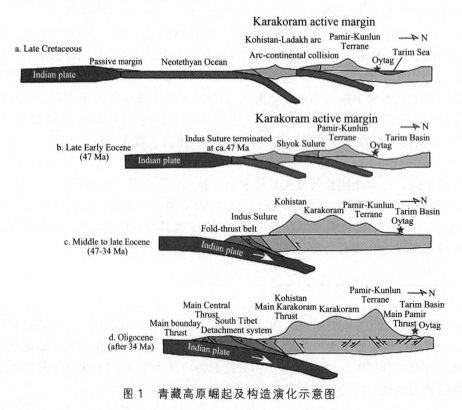

图 1　青藏高原崛起及构造演化示意图

印支运动在中国及其邻区大地构造演化过程中的意义十分重大，在中国东部，印支运动对古地理、古构造格架有重要的影响。印支运动最大的贡献是基本结束了中国南海北陆的分布格局，形成大片宽广的大陆环境。这在中国扬子板块西缘、西北缘的三江、巴颜喀拉、松潘、秦岭地区表现最为强烈，形成规模巨大的印支褶皱带，使华南板块、羌塘微板块以及三江地区的一些微板块与劳亚大陆拼合，并造成亚洲东部三个不同陆块（扬子、中朝、西伯利亚）进一步叠接。

也就是说，青藏高原是从 2.4 亿年前的印支运动开始积蓄动能的，全球几乎所有的山脉，最早都是这个时期隆升起来的。但当时隆起的昆仑山和可可西里，海拔在 100～200 米。印支运动作为特提斯构造带第一次重要的构造活动，是欧亚大陆崛起的开端，也使中国大陆开始山地演化的征程，为长江黄河的形成奠定了重要基础。

大约 1 亿～0.65 亿年，由于燕山运动的影响，受到强有力的挤压，我国西部大片地区褶皱隆起，成为绵亘的山脉。尤其是距今约 0.65 亿年前，今天我国地势起伏的大体轮廓，就是在燕山运动中初步奠定的。经过燕山运动，中国地貌的构造格局已清晰地显现出来。燕山运动对中国大地构造的发展和地貌轮廓的奠定都具有重要意义，在长江上游形成了唐古拉山脉，也使长江开始逐渐形成。此时中国陆域又有扩大，古地中海继续后撤。到距今 0.65 亿年前，昆仑山海拔增高到约 500 米（如图 2 所示）。

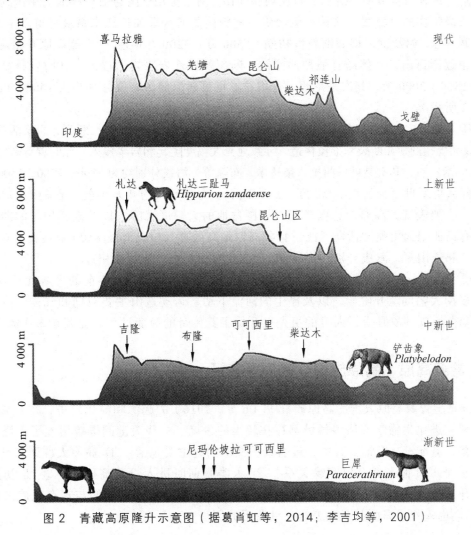

图 2　青藏高原隆升示意图（据葛肖虹等，2014；李吉均等，2001）

3. 抬升隆起阶段

近 3000 万年以来,我国又成为地球上一个地壳运动强烈的地带,高大的喜马拉雅山从海底崛起;不止喜马拉雅山,我国许多地方都表现出地壳的活动增强了,特别是西部地区,隆起上升的现象很显著,许多在燕山运动中已经形成的山岳再次被抬升,这种变动直到今天还没有完全停止下来。

在这一过程中,晚侏罗世大陆汇聚导致岩石圈急剧增厚,随之引发早白垩世岩石圈垮塌和大规模岩浆火山作用,中侏罗世燕辽生物群向早白垩世热河生物群发生更替,成为中国大陆和东亚重大构造变革事件。

在喜马拉雅造山期间,印度板块在经过长途跋涉之后终于撞上了欧亚板块,整个欧亚板块东部再次受到了近南北向的挤压作用。在剧烈的挤压作用下,喜马拉雅山脉和青藏高原迅速抬升,它们都是大型滑脱构造,在滑脱面之上发育了一系列近东西走向的逆掩断层,其中较大的自南向北依次是喜马拉雅主前缘断层带、喜马拉雅山主边界断层带、喜马拉雅山主中央断层带、定日-洛扎断层带、雅鲁藏布江断层带、噶尔-纳木错断层带、班公错-怒江断层带、空喀拉-唐古拉温泉断层带和金沙江断层带等。这些逆掩断层之间形成巨大的褶皱断块山系,自南向北依次是喜马拉雅山脉、冈底斯山脉、念青唐古拉山脉、唐古拉山脉、可可西里山脉等。断层带本身则表现为山脉间和高原上的低地。

就在喜马拉雅山构造期,横断山则连同祁连山、阿尔金山、昆仑山一起成为中国地貌第一级阶梯和第二级阶梯的分界线。这种三级台阶的地貌使黄河水系和长江水系最终得以全面形成。

喜山第一幕,始新世末期到渐新世初期(6500 万 ~ 3200 万年前),青藏高原开始崛起,海水从青藏高原逐渐退出,并伴随有强烈的褶皱、断裂及中性岩浆岩的侵入。此时青藏高原最高处吉隆海拔 1500 ~ 2000 米,其次是尼玛、伦坡拉、可可西里等,海拔分别约为 1400、1200、1000 米(如图 2 所示)。

第二幕,发生于中新世初期(2300 万 ~ 500 万年前),由于强烈褶皱、断裂、岩浆活动和变质作用等,形成大规模的逆冲断裂和推覆构造,导致地壳大幅度隆起和岩浆侵入。此时青藏高原最高处基隆海拔 4800 米左右,其次是可可西里、柴达木、布隆等,海拔分别约为 3800、3700、3500 米左右。

第三幕从更新世至全新世(250 万 ~ 1 万年前),尤其是大约 4 万年前,是青藏高原隆升最剧烈的时期,主要表现为高原的急剧隆起,周围盆地的大幅度沉降,以及老断裂带的继续活动,部分地区有第四纪火山喷发活动。此时青藏高原最高处喜马拉雅海拔 8500 米左右,其次是昆仑山、羌塘、祁连山等,海拔分别约为 5800、5700、4200 米,与现在相近。

应该说明的是,在青藏高原不断抬升隆起时期,尤其是从 260 万年前的更新世开始,青藏高原开始了多期大幅度隆升阶段,以及伴生的河流下切、运动造山主要时期和气候变冷事件。而就在这个动荡不安的岁月里,人类的祖先也开始了其传奇的演变过程,尤其是末次冰期以后。

三、青藏高原"高原族群"来源及变迁

长期以来,青藏高原人群(高原族群)(Lu 等,2016)的起源和演化历史,在人类学、考古学、语言学和进化生物学等诸多领域都存在较大的争议。一些关键问题曾引起了广泛的思考、讨论和研究,但都没有定论。其中,最引人关注的问题主要包括:① 高原人群到底是什么人,与亚洲乃至全球其他人群有何亲缘关系?② 人类是何时进入青藏高原的?③ 最初进入青藏高原的是什么人?④ 早期人类是否都已灭绝,还是有基因传承,他们与现存藏族人群有何联系?⑤ 人类进入青藏高原究竟是怎样一种曲折的历程?

（一）青藏高原族群的起源

有关青藏高原人群的起源和演化历史的研究，越来越受学界的广泛关注。

2014 年，英国顶级学术期刊《自然》（Nature）的一项针对藏族高原适应关键基因（EPAS1）的重测序研究披露，高原人群之所以能够在高原上长期生存，是因为他们从已灭绝的人类——丹尼索瓦人（Denisovans）那里继承了高原适应性基因（Lu 等，2016）。

2016 年 8 月 26 日，《美国人类遗传学杂志》（American Journal of Human Genetics，简写 AJHG），在线发表了中国科学院上海生命科学研究院计算生物学研究所徐书华研究组的研究成果 Ancestral Origins and Genetic History of Tibetan Highlanders[①]（《青藏高原人群的祖先起源和遗传学历史》）（Lu 等，2016）。

该项工作基于藏族人全基因组测序数据，参考全球 200 多个现代人群以及几个已灭绝的远古人类的遗传信息，运用和发展新的计算分析方法（Archaic Seeker），检测和分析了 33 位藏族人和 5 位夏尔巴人的基因组，解析了青藏高原人群的遗传背景，重构了高原人群的祖先起源、基因交流和演化历史[②]，部分揭示了青藏高原人群的演化历史，以及远古人类和现代人类征服青藏高原神秘面纱的一角。

研究结果显示，以藏族和夏尔巴（Sherpa）为代表的青藏高原人群的遗传构成极其复杂，是高度遗传混合的族群。现存高原人群的基因组中可以鉴定出约 90% 的现代智人谱系和 6% 左右的古人类谱系（Archaic Hominoid）。其中，现代智人谱系不同程度地源于多个已分化的人群，包括东亚、中亚、西伯利亚、南亚、西亚以及大洋洲人群等（如图 3 所示）。

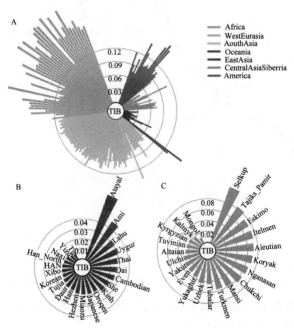

图 3 世界人口中藏族人的遗传基因差异扇形图
（图片来自 Lu et al.，2016）

而古人类谱系的来源非常复杂，其中一些基因片段可能来源于阿尔泰尼安德特人（约 1%）

---

① https：//www.sciencedirect.com/science/article/pii/S0002929716302737.
② 青藏高原：人类族群的"基因大熔炉"。http：//www.360doc.com/content/16/0911/02/451431_589919252.shtml.

和丹尼索瓦人（约 0.4%）或其近缘族群，而另一些基因片段可能源于一些不同于尼安德特人和丹尼索瓦人的其他早期智人或者远古人类（Lu 等，2016）。

在所研究的 200 多个全球现存人群中，东亚人群普遍比其他人群与青藏高原人群在遗传上更近；与藏族和夏尔巴遗传上最近缘的族群是同处高原的土族、彝族和纳西族。

平原人群中，汉族是与藏族遗传最近的族群，两者共享的东亚遗传组分超过其遗传总体组成的 80%。相应地，两个族群的祖先群体分化的时间在 15 000 ~ 9000 年前。

这个时间似乎早于通常认为的东亚农业文明时期，但是从遗传学数据上看，汉族祖先群体从此期间开始发生显著的群体扩张，而高原人群却没有类似的迹象（如图 4 所示）。另外，基于遗传学数据的计算，青藏高原人群的遗传起源可追溯至 6 万 ~ 4 万年前。这个时间窗口属于人类演化史上的旧石器时代中晚期，这也意味着，人类在青藏高原的活动可前推至末次冰期（26 000 ~ 19 000 年前）之前（Lu 等，2016）。

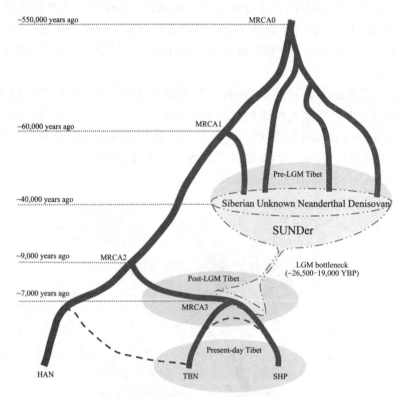

图 4　藏人及夏尔巴人的基因演化起源模型
（图片来自 Lu 等，2016）

早期进入青藏高原的人类不是一个单一的族群，甚至不是一个物种。他们最初也许不是青藏高原的永久性居民，很可能是一些采摘狩猎族群（Hunter-gatherer），只是到一定季节才到高原上采集或猎取食物（Lu 等，2016）。

这些人类族群包括旧石器时代的现代智人——在遗传上与已灭绝的古西伯利亚现代智人有近缘关系，也有早期智人——可能有多个支系，包括考古学已经发现的阿尔泰尼安德特人和丹尼索瓦人，以及其他未知古人类（Lu 等，2016）。这些早期进入青藏高原的人类族群间发生了广泛的基因交流，形成了一个包含现代智人和早期智人多个谱系的遗传构成极其复杂的混合人群（Lu 等，2016）。

青藏高原人类演化存在延续性。谁是早期进入青藏高原的人类？Lu 等（2016）将最早进入青藏高原的族群称为 SUNDer 人群，也可以认为 SUNDer 人群是夏尔巴人和藏族人的祖先（Lu 等，2016）。虽然作为一个族群已经消亡，但是通过与后期进入青藏高原的族群遗传混合，SUNDer 人群的部分基因片段得以保存下来，从而使得青藏高原人类演化具有了延续性。当然，这些古人类基因片段，尤其是那些至今被大多数高原人群携带的古人类高频基因片段得以传承的原因，可能是这些基因片段能帮助人类适应高原环境。作为支持这个观点的证据，该项工作发现高原人群携带古人类片段的比例与人群所在的海拔高度呈现很强的正相关性（如图 5 所示）。

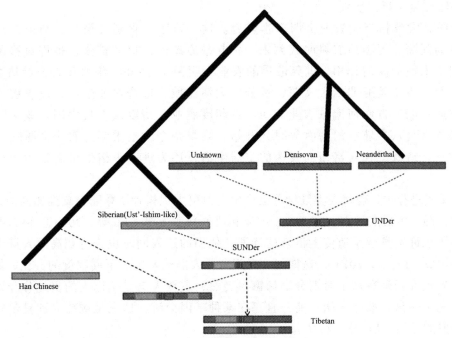

图 5　SUNDer 人群的遗传演化模型概览图
（图片来自 Lu 等，2016）

（二）青藏高原族群的交融演化过程

青藏高原现今的高海拔、高寒、低氧环境条件，往往令人生畏，从而阻止了人们对其丰富的想象。然而，上述 Lu 等（2016）的基因模型分析结果显示出史前世界古人类与青藏高原之间的密切关系，青藏高原令人生畏的自然环境条件似乎未能阻止人类探索这块神秘土地的脚步。在青藏高原人群基因库中检测到来自各个方向的族群血缘，表明古人类几乎跨越了整个欧亚大陆来到青藏高原。以如今所处的时代视角，切开历史的断面，看到的是"条条道路通青藏"（Lu 等，2016）。青藏高原俨然已是跨时空的人类族群"基因大熔炉"——青藏高原人群起源和演化历史的"混合之混合"模型（Lu 等，2016）。

Lu 等（2016）通过研究，初步勾画出了人类开拓青藏高原漫长征程的一个总体轮廓，并构建了一个两次"混合之混合"模型（如图 5 所示）来说明这个演化的历程。由于从基因组学数据中估算的时间节点与末次冰盛期（LGM）存在很大程度的关系，Lu 等（2016）按此大致分为三个阶段。

第一阶段，称为末次冰期前阶段（Pre-LGM）。大约 6 万～4 万年前，青藏高原上已经活跃着旧石器时代人类的不同类群，包括早期智人的不同支系和现代智人的支系（Lu 等，2016）。这些类群经过在青藏高原的长期生活，经受了高原恶劣环境的选择，同时彼此之间发生了遗传混合（第一次混合），那些携带高原适应性基因变异的个体得以生存下来，并世代繁衍生息，逐渐形成了一个高度混合的族群（Lu 等，2016）。

第二阶段，称为末次冰期后阶段（Post-LGM）。SUNDer 经历了末次冰期的严酷考验，人口极度下降，但是并未彻底灭绝，有少数后代留存下来。同时，末次冰期过后，大约在 15 000 年前，新的移民再次开始移民青藏高原。SUNDer 的后代与末次冰期后陆续到来的新的移民人群之间发生了基因交流（第二次混合）。

第三阶段，大致相当于农业文明产生前后。这一阶段一直延续至今，与第二阶段之间可能没有明显的间断。但随后农耕时代到来，引起平原地区人口的扩张，也许对移民青藏高原的浪潮起到了推波助澜的作用。世界最早的农业文明源于 15 000 年西亚人开始培育小麦。典型的农业文明，主要是亚非四大文明，都处于大河流域，适合农业生产，以农耕为主。主要有古埃及农业文明、古两河流域农业文明、古印度农业文明以及古代中国农业文明。我国的农业文明基本上是从半坡、河姆渡等时代开始，最早距今六七千年。农业文明除了带来稳定的收获和财富，造就了相对富裕而安逸的定居生活，还为进一步衍生出高雅的精神文化创造奠定了基础。

在农业文明进程中，现代人类陆续（也许比先前更大规模地）登陆青藏高原高原，大部分是已经分化的人群，包括南亚人、东亚人、中亚和西伯利亚人等（Lu 等，2016）。但这些源自四面八方的新移民也许本身就是遗传上混杂的族群，他们的迁入同时也为青藏高原人群引入了更为复杂的遗传构成（Lu 等，2016）。这期间，青藏高原人群也发生了不同程度的分化，如藏族和夏尔巴人的祖先也许正是在这个时期分道扬镳。当然，藏族人与夏尔巴人的祖先分开以后，两个族群也并未完全隔离，彼此之间可能一直存在某种基因交流。这也是藏族人和夏尔巴人如今看起来非常相似的原因（Lu 等，2016）。

随着不同人类族群之间的分化、隔离、再接触、再融合，这些过程交替发生、交织在一起，最终造就了现存的青藏高原人群（Lu 等，2016）。类似的过程，在全球其他区域也可能普遍存在，并贯穿整个人类演化历史始终（Lu 等，2016）。青藏高原人群的起源和演化过程，是整个欧亚大陆乃至全球人类的演化史研究中不可或缺的部分，对阐明人类遗传多样性产生和进化的机制研究具有重要的参考价值和理论意义[①]。

如此说来，称青藏高原是人类基因的"大熔炉"并不为过。当追溯这些五湖四海、四面八方而来的基因片段的演化时间时，就会发现，正是这个跨越了数万年的遗传融会历程，成就了青藏高原这个跨越时空的"基因大熔炉"。

（三）青藏高原人群——SUNDer 人群的迁徙历程

人为何物？人从何来？世界古人类的产生、迁徙、演化到底是怎样的？这是学界一直关注和探索的关键科学问题。在历史学家、考古学家、人类学家或古人类学家面临困惑的时候，地质学家包括古地理学家、古环境学家、古气候学家在内，他们的加入与参与，通常起到另辟蹊径、"拨开乌云"的作用。

---

① 《青藏高原：人类族群的"基因大熔炉"》，http://www.360doc.com/content/16/0911/02/451431_589919252.shtml.

当前古人类学一种流行的说法是，古猿人最早诞生在非洲，如埃塞俄比亚 20 世纪 90 年代发现的距今 440 万年的"始祖南猿"（A.r.ramidus）和距今 250 万年的"埃塞俄比亚南猿"（Australopithecus aethiopicus），他们沿两条路径从阿拉伯进入中国：一支通过喀喇昆仑山口，沿塔里木盆地南缘经河西走廊进入中国北方，衍生为蓝田猿人、河套人和北京猿人。另一支沿喜马拉雅山南麓进入中国云南，衍生为元谋猿人（葛肖虹，刘俊来，任收麦等，2014）。

其立论的根据都是绕过高耸的青藏高原，自西向东迁徙。显然，他们并未注意到早更新世时期（即约 260 万年前）青藏高原顶面并不高耸，不需要绕行（葛肖虹，刘俊来，任收麦等，2014）。葛肖虹，刘俊来，任收麦等（2014）认为，当时青藏高原顶面尚处于高原主夷平面形成阶段，并未隆升到海拔 5000 米，而是海拔 700~1000 米的准平原面，现今高原顶面的羌塘盆地，在当时几乎与柴达木盆地、共和盆地同为相同海拔高度的泛盆地。昆仑山口所发现的古人类遗迹（2.08±0.04 Ma）暂且称为"西域羌塘人"，当时临湖而居、繁衍生息。他们是来自非洲还是原地而生，有待古人类学家考察（葛肖虹，刘俊来，任收麦等，2014）。

葛肖虹，刘俊来，任收麦等（2014）通过青藏高原隆升对中国构造-地貌形成、气候环境变迁与古人类迁徙的影响研究，勾勒出了中国境内古人类的迁徙路径。葛肖虹，刘俊来，任收麦等（2014）认为，昆仑山口所发现的古人类遗迹表明当时繁衍出距今 208 万年的"西域羌塘人"，属于在低海拔羌塘盆地生活的古人类，上新世晚期—早更新世（约 200 万年前），由于青藏高原的快速隆升，部分"西域羌塘人"适应高寒缺氧环境成为高原人，即西藏人的祖先（曾经有过报道，西藏人和汉人的基因相同说明同源），而大部分"西域羌塘人"适应不了骤变的高原环境，逐渐开始沿古长江、古黄河源头向高原下游迁徙。其中一部分沿着古长江（金沙江）迁徙到云南，后来衍生为距今万年的"元谋猿人"。一部分则沿着古黄河故道的南支在陕西蓝田繁衍为早—中更新世 115 万~53 万年的"蓝田猿人"（葛肖虹，刘俊来，任收麦等，2014）。还有一部分则沿着古黄河故道的北支繁衍为中更新世距今 50 多万年的"河套人"（葛肖虹，刘俊来，任收麦等，2014）。那么，北京周口店中更新统郝家台组中距今约 40 万年的直立"北京人"，与尚未确证的距今约 150 多万年的"泥河湾人"，显然与古黄河故道北支的古人类相关（葛肖虹，刘俊来，任收麦等，2014）。

四、高原族群演化的影响因素

（一）丹尼索瓦人的影响

丹尼索瓦人（Denisova hominin）是人属的一个古人类分支，可能在更新世晚期生活于亚洲大陆（华大基因，2015）。之后研究表明，丹尼索瓦人曾经生活在东亚及东南亚地区，与马来西亚土著人曾发生过基因交流。当他们与藏族人祖先发生基因交流时，丹尼索瓦人可能已经获得了对高原环境适应能力的基因属性。

研究揭示出可能携带了适应高寒缺氧环境基因（EPAS1）的古老型智人——丹尼索瓦人，已先于现代智人来到青藏高原，且在第四纪最大冰期时已成功生活在这一寒冷缺氧的高海拔区域，这为进一步揭示现代藏族人群的 EPAS1 基因来源提供了新线索。

2019 年 5 月，中国科学院青藏高原研究所专家称[1]，于青藏高原东北部甘肃省夏河县发现的古人类下颌骨化石，经最新分析研究被确认属于距今 16 万年的青藏高原丹尼索瓦人。该化石目前是除阿尔泰山地区丹尼索瓦洞以外发现的首例丹尼索瓦人化石，将史前人类在青藏高原活动的最早时间从距今 4 万年向前推至距今 16 万年，这是青藏高原迄今发现的最早人类活动的证据。由于在遗传学上与阿尔泰山地区丹尼索瓦洞的丹尼索瓦人亲缘关系最近，故确定为青藏高原的夏河丹尼索瓦人，确定其为中更新世古老型智人的一种。研究团队建议将最新研究发现的青藏高原古人类命名为夏河丹尼索瓦人，简称夏河人。

来自深圳华大基因研究院、加利福尼亚大学以及华南理工大学等单位的科研人员在世界著名期刊《自然》（Nature）杂志上发表了关于藏族人高原适应性的最新研究成果。通过对世居青藏高原的藏族人群和低海拔汉族人群进行基因重测序研究，发现古老的、早已灭绝的人类群体——丹尼索瓦人或其近亲的基因渗入，可能使藏族人更快地适应了高海拔地区的缺氧环境，从而揭示了通过基因交流帮助人类快速适应极端生存环境的特殊机制。

此前研究[2]认为，藏族群体中，EPAS1 基因出突变直接来源于丹尼索瓦人，该突变被认为可以让当地人在降低血红蛋白数量的同时适应低氧浓度，更好地适应高原环境。不过，含丹尼索瓦人遗传物质最多的应该还是在东南亚-太平洋的一些岛屿上。美拉尼西亚人基因组有 4%～6% 源自丹尼索瓦人（另一项研究 1.11%）。澳大利亚和巴布亚新几内亚世居居民的比例也很高。一项研究[3]认为，包括汉族在内的人群，基因组中含有两段来自丹尼索瓦人的片段。但是由于丹尼索瓦人发现得较少，已发现基因组既少且短，实际比例应该高于现在的估测值[4]（Sharon R. B，2019）。

（二）末次冰期的影响

地球演化 46 亿年以来，四次大的全球性冰期分别是震旦纪冰期、志留纪晚期冰期、石炭纪-二叠纪冰期、第四纪冰期。其中，与人类有关的冰期是第四纪冰期。这一时期大约始于距今 300 万～200 万年前，结束于 2 万～1 万年前，几乎持续了整个第四纪。在此过程中，对人类冲击最大的是末次冰期，即大约开始于 7 万年以前，盛于 3 万～1.5 万年之间的冰期。末次冰期的冰盛期大约在 1.8 万年前。应该说明的是，冰期之间为间冰期（相当于气候暖期），冰期和间冰期之间，包含有多次不同级别和周期的气候冷暖微旋回。如大约 1 万年以来，全球气候总体转暖，分布有几次典型的"暖事件"，分别是冰消期（1.5 万～1.2 万年前）、全新世早中期最适宜（晚暖潮湿）期（0.9 万～0.6 万年前）、中世纪暖期（900～1000 年前）。与此同时，交替分布出现几次气候变冷期，如两次典型的"冷事件"：新仙女木冷事件（1.15 万～1.1 万年前）、0.82 万年前的冷事件以及 0.188 万～0.135 万年前的小冰期。这些冷暖微旋回直接影响着动植物乃至人类的演化和变迁（如表 2 所示）。表 2 中阐述了近 10 万年前的气候变化与末次冰期及其与人类活动

① 青藏高原首次发现 16 万年前丹尼索瓦人化石. https：//www.sohu.com/a/311458271_123753?_f=index_pagerecom_19.

② 我国科学家研究揭示 丹尼索瓦人曾长期生活在青藏高原. 新华网 [引用日期 2020-11-18]https：//baike.baidu.com/reference/2110526.

③ 资料来源：Analysis of human sequence data reveals two pulses of archaic Denisovan admixture. https：//www.ncbi.nlm.nih.gov/pmc/articles/PMC5866234.

④ Sharon R. B，2019.Analysis of human sequence data reveals two pulses of archaic Denisovan admixture. Published in final edited form as：Cell. 2018 March 22；173（1）：53　61.e9. doi：10.1016/j.cell.2018.02.031. https：//www.ncbi.nlm.nih.gov/pmc/articles/PMC5866234.

演化之间关系。

表2 近10万年前的气候变化与末次冰期及其与人类演化关系

冰期名称	地质年代	影响地区	与青藏高原族群的关系
南极冰期	0.7万年前开始	南极地区	随着农业文明发展，更多的新移民融入青藏高原
米兰科维奇冰期	1万～0.7万年前	智利南部延基韦湖	
威赫塞尔冰期	1.03万～0.96万年前	波罗的海	
不列颠冰期/仙女木期	1.28万～1.14万年	北美洲和欧洲境内	1.2万年前，农业文明开始兴起，尤其是两河流域的农业文明
梅里达冰期	始于1.3万年前	委内瑞拉安第斯山脉中部	约1.5万年前，第二波新移民进入青藏高原
"西伯利亚"冰期	1.8万～1.7万年前（末次冰期的冰盛期）	西伯利亚冰川	高原族群经历着多次冰期旋回的考验；随着冰期海平面下降，出现"白令陆桥"，哺乳动物（包括古人类）从西伯利亚进入北美洲
玉木冰期	2.4万～1.6万年前	阿尔卑斯山脉	
派恩代尔冰期	始于3万年前，盛于2.35万～2.1万年前	落基山脉；科迪勒拉山脉	
威斯康星冰期	始于7万年前，盛于3万～1.5万年前	北美、加拿大	
格陵兰冰期	始于11.4万年前	格陵兰地区	6万～4万年前高原族群在青藏高原活动
前末次冰期	16万年前	甘肃省夏河县	夏河人（丹尼索瓦人）进入青藏高原北部

综合地质学、古地理、古环境、古气候、古人类学等研究结果可以发现，早在末次冰期以前，就有古人类进入青藏高原，到5万～1.5万年前的末次冰期，高原族群在经历着自然条件的严酷考验的同时，也有在小级别、短周期间冰期期间，从西边跨进融入青藏高原。而比较大规模进入青藏高原的，是在大约1.2万年以后，末次冰期结束，气候变暖，农业文明兴起，并一直延续到现在。冰期与间冰期同高原族群的演化呈现"耦合"的关系，冰期高原族群部分冻亡，部分离开青藏高原，幸免留下的高原族群接受着环境的严酷考验和洗礼；间冰期气候变暖，新移民进入青藏高原，繁衍生息。

大约250万年前，源自非洲的"埃塞俄比亚南猿"开始向北进入欧亚大陆。大约208万年前，它们来到并栖息于喀喇昆仑山口，成为"西域羌塘人"，成为最古老的青藏高原古人类群落。此后，在环境和气候适宜的时候，主要沿着塔里木盆地南缘经河西走廊进入中原，也沿喜马拉雅山南麓进入中国南方。这一批与100多万年后进入青藏高原的古夏河人是否有关系，至今仍是个谜。

大约16万年前，古夏河人来到青藏高原北部甘肃夏河。大约6万～4万年前，高原族群开始进入青藏高原活动，繁衍生息。这是古石器时代第一批进入青藏高原的高原族群。不幸的是，这批古夏河人不得不经历末次冰期的摧残和考验。第二批高原族群进入青藏高原的时间是末次冰期结束后，大约1.2万年前，那时人类的农业已开始较大进步，尤其是距今6000～5000年前，气候变暖，农业较大发展，人类社会明显进步，越来越多的人从四面八方不断涌入青藏高原。他们不断交融、混合和演化，成为现今的藏族人和夏尔巴人。

（三）气候变化对朝代更迭的影响

纵观人类历史演变，古气候演变对人类历史至关重要，甚至与朝代更迭具有某种相关性。竺可桢（1972）首次对中国近 5000 年来的气候变迁进行了初步研究；张允锋等（2008）对近 2000 年来中国重大历史事件与气候变化的关系进行了初步探讨。山克强（2010）进行了历史朝代兴替的气候冷暖变化背景研究。俞炜华等（2015）基于中国数据的统计与计量文献述评，进行了气候变迁与战争、王朝兴衰更迭的研究。《历史为鉴》（2018）对中国 5000 年来气候变迁与王朝兴衰的规律进行了研究（如图6所示）；覃建雄等（2016）对古气候环境对巴蜀文明的影响进行了研究。

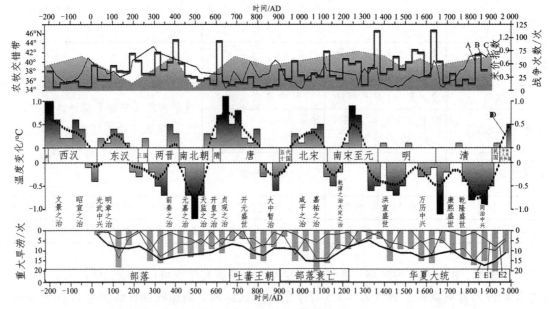

图 6　古气候变化与历史演变周期及青藏高原人文演变之间的对应关系
（据徐德克等，2015；《历史为鉴》，2018）

从图 6 中可以看出前 200 年以来中国古气候变化与农牧业发展、历史人文演变乃至青藏高原历史演化之间的特定关系。在西汉的 2200 年前多年来至今，气候变化呈现四次明显的温暖—寒冷周期，分别是西汉早期—春秋战国（最冷期出现在公元前 500 年）、隋唐—五代十国（最冷期出现在公元 590—960 年）、北宋—南宋（公元 980—1270 年）、元朝—清朝（元朝早期为温暖潮湿期，元中后—明清以寒冷气候为主），而民国到中华人民共和国主要是一个气候逐渐变暖的过程。这些温暖—寒冷周期中包含了多次小级别周期的暖—冷微小旋回。气候温暖时期往往与朝代的繁盛时代相一致，如西汉、隋唐、北宋、元朝等。气候寒冷时期往往与朝代衰败、更迭、战争时期相对应，如两晋、春秋战国、五代十国、南宋中晚期、明中后期、清中后期等（如图 6 所示）。在近 2200 年的发展历程中，中国出现过四次最大的寒冷期，第一次是南北朝时期，第二次是南宋晚期，第三次是明、清交替时期，第四次是清中晚期。同样地出现了四次气候温暖潮湿期，分别是西汉时期、隋唐时期、北宋时期、元初中期。在气候温暖周期，对应于农牧业大发展及农业文明大发展时期；反之，寒冷时期对应于农业相对萧条时期。同时，出现了四次大的旱涝灾害时期，分别是两晋时期、唐末时期、南宋初期、清朝中晚期（如图 6 所示）。可见，气候对生态环境、农业发展、人类演变、朝代更迭具有不同程度的影响。

就青藏高原人文历史演变与气候变化之间的轮回关系而言,公元前 200 年到约公元 550 年属于中国第一个温暖—寒冷大周期,这个时期青藏高原上主要分散分布着诸多小部落,部落纷争最明显的时期对应于气候寒冷时期,即公元 450—550 年的南北朝时期。青藏高原第一个统一王朝——吐蕃王朝兴旺时期,对应于气候温暖的公元 600—800 年,大致与盛唐时期相一致。吐蕃王朝衰败时期为唐末—南宋(即 869—1239 年的分裂割据时期),该时期气候以相对寒冷期为主。从元朝开始至清朝,青藏高原演化进入第四个温暖-寒冷周期,并处于以相对寒冷为主的时期。从民国时期至今,气候逐渐变得更加温暖潮湿,处于第五个气候演化周期的开始,预示着更加繁荣昌盛的新时代的来临。

(四)新构造隆升及地形地貌变化的影响

古人类活动、迁徙,主要从 250 万年前开始,第四纪以来青藏高原的构造变化即新构造运动对古人类迁徙、活动、分布及演化的影响深远而广泛。这需要地质学家、古气候学家和古人类学家的共同探索。

葛肖虹,刘俊来,任收麦等(2014)通过对青藏高原分阶段隆升依据的论证研究认为,在古近纪期间(55 ~ 24 Ma),青藏高原整体并未隆升。青藏高原的初次隆升发生在中新世早—中期(23~17 Ma),上新世晚期—早更新世基本被夷平,形成现今高原面貌的末次快速隆升,发生在上新世晚期—早更新世(3.6 ~ 0.8 Ma)和中更新世之间。从这个研究结果不难看出,208 万年前,源自非洲的"埃塞俄比亚南猿",它们来到并栖息于喀喇昆仑山口,成为"西域羌塘人",并成为最古老的青藏高原古人类群落,以及"兵分两路"分别"穿过青藏高原"进入我国北方和南方的时候,青藏高原并没有隆升起来,当时的海拔高度仅在 700 ~ 1000 米(葛肖虹,刘俊来,任收麦等,2014),也就是说当时"西域羌塘人"并没有穿越如今海拔这么高的青藏高原进入华北和华南,而且当时高差也没如此之大,地形也并非如今如此复杂。

大约 16 万年前,古夏河人来到青藏高原北部甘肃夏河山区的时候,虽然青藏高原明显抬高,但也没有今天海拔这么高。然而,大约 6 万 ~ 4 万年前开始进入青藏高原的高原族群就没有古夏河人这么幸运了,他们经历了末次冰期的严酷摧残和考验。尤其是末次冰期结束后,大约 1.2 万年前进入青藏高原的那一波,那个时期正是青藏高原快速隆升至今日海拔的重要时期,尽管气候有所变暖,但未必抵消得过因海拔太高所带来的气候变冷效应。因为,青藏高原快速隆升时期(新世晚期—早更新世和中更新世之间),正好是末次冰期发生的主要时期,这个时期(尤其是中后期)正好也是青藏高原高原族群迁徙、活动的重要时期。

新构造运动对古人类活动的影响并不像今天人类登上青藏高原那样简单。第四纪古环境条件对古人类活动的影响是极其复杂的。首先是通过构造运动使青藏高原抬升,地形地貌突变,高山峡谷高差变大,从而导致古人类行走不便。其次,新构造运动造成青藏高原海拔提高,进而引起相关区域气候变冷。新构造运动带来的青藏高原快速隆升不仅使高原本身的环境骤变,出现第四纪以来最大的冰川(李吉均等,2001),造成了世界上最大的高寒草原,而且引起了全球气候的变化,从而促使北极圈冰盖扩展(刘东生和丁仲礼,1992;葛肖虹等,2014)。葛肖虹等(2014)认为,"由于青藏高原阻隔了印度洋的暖湿气流,在强劲的西风带和中亚季候风的影响下,高原以北广袤地域开始从草原化向荒漠化转变。而现今随着青藏高原的持续隆升,高寒草原也开始退化,藏南垫状植被的高寒草原到藏北羌塘—昆仑山一带逐渐向高寒荒漠化演变,造成中国西北地区广大面积的荒漠化,成为制约中国西部生态环境的重要因素。而今中国季候风、气流的展布都受到青藏高原的制约"。

五、青藏高原的人文历史演变

（一）重要考古发现

青藏高原是中华民族的源头地之一和中华文明的发祥地之一，在中华文明史上流传的伏羲、炎帝、烈山氏、共工氏、四岳氏、金田氏和夏禹等都是高原古羌人（如表 3 所示）。表 3 在前人研究资料基础上，粗略比较了青藏高原上古羌人、古羌、羌人、氏羌、羌族的主要含义及异同点。

表 3　古羌人、古羌、羌人、氏羌、羌族的主要含义及异同点

名称	主要含义及异同点
羌	古人对居住在我国西部游牧部落的一个泛称
羌族	源于古羌，是中国西部的一个古老的民族，被称为"云朵上的民族"。主要分布在四川阿坝茂县、汶川、理县、松潘、黑水、北川，其余散居于四川甘孜丹巴、绵阳平武以及贵州铜仁的江口和石阡。茂县是全国最大的羌族自治县
羌方	商朝时，殷人对中国西部许多民族部落的统称
氏羌	我国古代西北少数民族氏族与羌族的并称。氏族是以繁殖培育新羊种而得名的古代民族
西羌	氏羌族群世居西边，而留居原地者依然保存其经济和文化传统，广布于中国西北、西南地区。汉晋史籍又称之"西羌"。西羌族群甚多，史载"凡百五十种"
羌人	一般所谓的羌人，多是指汉代以后的西羌部落。羌人曾是古代东方大族，形成于青藏高原、黄土高原地区，与汉人、藏人的关系较深
古羌	西部许多不同民族（族群）的统称。他们有着不同的文化、传统、习俗、服饰、语言等，唯一的相同之处就是逐水草而居
古羌人	上古时期生活在现今中国陇山（贺兰山）山脉以西地区的一个重要的群体

注：表中数据主要源于相关文献总结。

夏河丹尼索瓦人：青藏高原最早人类活动，距今 16 万年。被美国《考古学》杂志评选为 2019 年度世界十大考古发现之一，被《科学新闻》杂志评选 2019 年度十大科学新闻之一，被《科学》杂志评选为 2019 年度十大科学突破之一。丹尼索瓦人从此聚焦了世界目光。

卡若遗址：被藏学界公认为西藏原始文化遗址之一。遗址位于西藏昌都市昌都镇加卡村境内，遗址面积 10 000 多平方米，发掘 2000 多平方米。它处于澜沧江与卡若河交汇的台地上。卡若，藏语意为"城堡"，诉说着青藏高原人类活动 5000 年的历史。

曲贡文化遗址：4000 年前的拉萨先民村居遗址。曲贡文化遗址分布在曲贡村和军区总医院北面的山坡下端，坡上是裸露的山崖，坡下是拉萨河谷地。总面积超过 1000 平方米，是迄今在西藏发现的海拔最高、年代最早、面积较大、文化层堆积较厚、文化内涵极其丰富的多种文化并存的遗址之一，被誉为拉萨的"半坡"。

象雄王国遗址：遗址距今约 1600 多年，在青藏高原显赫一时，原始苯教就形成于此时。公元 7 世纪象雄王国被吐蕃王朝所灭。象雄王国有自己独特的象雄文。其神秘的消亡留下了许多千古未解之谜。

古格王国遗址：位于阿里地区札达县托林镇扎布让村西南约 1 千米处，是古格王国遗留下的规模最大的一处建筑群遗址，同时也是全国第一批重点文物保护单位之一。约始建于公元 10 世纪，是吐蕃王朝第九代赞普朗达玛的重孙吉德尼玛衮在吐蕃王朝崩溃后，率领亲随逃往阿里建立起来的。

（二）人文历史演变

208 万年前（旧石器时代），"西域羌塘人"在昆仑山口一带活动。距今 16 万年前，夏河丹尼索瓦人最早"现身"青藏高原。6 万～4 万年前开始进入青藏高原，成为高原族群。大约 1.2 万年前（新石器时代开始），较多的古人类进入青藏高原。此后，人类一直不间断地进入青藏高原，并在那里生存适应，繁衍生息。卡若遗址和曲贡文化遗址的发掘证明了青藏高原早在距今 7000～5000 年前就已建立了部落（如表 4 所示）。

表 4 青藏高原主体（西藏和青海）历史沿革

古代不同时期	西藏	青海
殷商以前	噶朗古国、象雄古国（公元前 1500 年到公元元年之间的铁器时代）	"三危地"（古羌人所居）
商代到周秦		"西戎氏羌地"
西周时期（公元前 11—前 8 世纪）		雍州地，羌人与匈奴、华夏关系密切
战国时代（公元前 5—前 2 世纪）	孔雀王朝（公元前 324 年—前 185 年）	四方依附的部族
秦代（公元前 221—前 207 年）		
汉代（公元前 206—公元 220 年）	雅砻、象雄、苏毗、羌塘、羊同、尼婆罗、白兰羌等部落	西羌，苏毗古国等部落
三国、西晋、南北朝时期（公元 3～6 世纪）		西平郡、吐谷浑、乙弗勿敌国等部落
隋代（公元 589—618 年）	吐蕃王朝	吐谷浑、多弥国等部落
唐代（公元 618—896 年）		吐蕃王朝
宋代（公元 10—13 世纪）	部落联盟；古格王朝分裂割据时期（公元 869—1239 年）	"唃厮啰"等部落
元代（公元 13—14 世纪）	宣政院	宣政院
明代	乌斯藏	朵甘都司
清代	西藏	青海
中华民国	西藏地方	青海省
中华人民共和国	西藏自治区	青海省

注：表中数据主要源于相关文献总结。

（三）夏尔巴人

Genome Biology（《基因组生物学》）在 2017 年 7 月 15 日，连续发表了两篇有趣的有关少数民族遗传演化历史的研究工作。一篇是中科院马普计算生物所的群体遗传研究者们最新的高原人群演化历史遗传学研究[1]。另一篇是关于印度帕西人从波斯迁徙融入南亚的遗传演化史研究[2]。

---

[1] Differentiated demographic histories and local adaptations between Sherpas and Tibetans
[2] https：//genomebiology.biomedcentral.com/articles/10.1186/s13059-017-1242-y

　　该项工作基于群体基因组学数据，借助计算分析，揭示了夏尔巴人与藏族人的遗传结构和遗传分化，重构了青藏高原两个主要族群的演化历史，揭示了两个族群在高原适应性上的关键遗传差异，为理解高原人群遗传多样性和适应性遗传变异的形成和演化机制提供了科学证据和结论，有助于加强对人类适应极端环境机制的认识。

　　夏尔巴人（Sherpa）在藏语中意为"来自东方的人"，是一支散居在尼泊尔、中国、印度和不丹等国边境喜马拉雅山脉两侧的族群，长期生活在平均海拔4500米的青藏高原上。在漫长的历史演化过程中，夏尔巴人几乎与世隔绝，在外界看来，这是一个充满神秘的族群。中国西藏的夏尔巴人，主要聚居在聂拉木县樟木镇立新村、雪布岗村、定结县陈塘镇、樟木沟和陈塘沟，有约1200人。尼泊尔学者桑杰丹增和中国考察者陈乃文、唐荣尧，都认为他们是西夏人后裔。

　　神秘的珠穆朗玛峰滋养着夏尔巴人，同时也赋予了夏尔巴人神秘的色彩。在夏尔巴人的历史中有着这么一段神秘的往事。相传，在喜马拉雅山脉中有一种叫雪人的神秘生物，而最早发现这种神秘生物的就是当地的夏尔巴人。从20世纪20年代起，登山运动兴起，夏尔巴人为登山者充当向导和挑夫，他们以生命为代价成为世界上在无氧气协助条件下成功登顶珠峰人数最多的族群，夏尔巴人也因此闻名于世。但是，关于夏尔巴人的遗传起源和演化历史，依然迷雾重重。

　　近年来由于基因组技术的飞速发展，关于高原人群和动物的进化适应性机制的研究空前繁荣。这项研究特别关注此前研究较少的夏尔巴人，同时也对此前研究较多的藏族的精细遗传结构做了较为系统的解析。

　　研究证实，尼泊尔和我国境内的夏尔巴人分支存在遗传上的差异，而藏族的遗传结构同语言和文化意义上的"卫藏""康藏""安多藏"有密切的对应关系，反映了地理、语言和文化在人群遗传分化和多样性形成和演化中可能起到重要作用。在关注青藏高原人群的众多学科领域如人类学和进化遗传学中，夏尔巴人与藏族人的关系一直是一个存在争议的问题。在一些场合中，夏尔巴人只是被当作藏族的一个分支。与此矛盾的是，最近也有遗传学研究认为藏族起源于夏尔巴人祖先。总体来讲，关于两个族群的遗传关系、起源和演化历史的研究结论和认识存在诸多争议。该项研究的开展也是源于对这些争议的探讨。

　　通过研究发现，夏尔巴人与藏族类似，也是一个遗传起源和构成极其复杂的人群，基因组中的遗传组分来自东亚、南亚、西伯利亚、中亚等多个祖先群体，但是与藏族相比，夏尔巴人包含更多的南亚成分。有趣的是，我国境内的夏尔巴人群比尼泊尔的夏尔巴人群包含更多的南亚人群成分，表明近期的基因交流在人群遗传多样性的动态演化中产生了重要作用。虽然相对于其他人群来讲，夏尔巴人的遗传构成与藏族的比较接近，但是仍然存在显著差异。

　　尤其是夏尔巴人与藏族的差异，要大于藏族的不同分支如"卫藏""康藏""安多藏"之间的遗传差异（Zhang C，2017）。尼泊尔的夏尔巴人与我国境内的夏尔巴人，比夏尔巴人与藏族的遗传关系更接近，说明夏尔巴人的不同分支可能有共同的遗传起源，而且是在与藏族祖先发生族群分化以后再逐渐扩散到不同的地理区域。

　　从基因组的比较分析中，可以看出夏尔巴与藏族两个族群在遗传上是可以明显区分的不同人群。经过计算，夏尔巴人与藏族的遗传分化时间在11 300～3200年前，而夏尔巴不同的分支与汉族祖先的遗传分化时间约为16 000～6200年前。

　　Chao Zhang等（2017）根据族群的遗传构成、近期基因交流历史和时间估计，重构了夏尔巴人与藏族的遗传关系、族群分化和基因交流模型，有助于深入了解青藏高原人群的起源和演化历史。该研究同时发现，在高原适应性上，夏尔巴人与藏族共享关键的基因变异，但是也存在显著的差异。这些基因的功能与人体应对低氧和紫外线辐射环境有密切的关系。

如参与合成一氧化氮合成酶蛋白家族的编码基因 *NOS1*，以及此前在藏族和高原灰狼中发现的参与血管生成素与血管发育和血管生成生物功能的 *ANGPT1* 基因，在夏尔巴和藏族中均存在显著差异。而编码乙醛脱氢酶相关产物的系列基因之一 *ALDH3A1* 上的一个关键功能性变异（甲硫氨酸变异至亮氨酸，p.Met197Leu），在夏尔巴人群中的频率高达 10%，而根据目前可以获取的数据在藏族和其他人群中均未发现变异或者很罕见。

这些基因在夏尔巴和藏族中的分化，表明高原人群经历了不同的演化历史和自然选择历程，同时也意味着人类的高原适应机制可能极其复杂，而基因组中大量的变异似乎可以组成不同的方案使得生物体具备应对环境改变的能力。反过来讲，这也为研究像环境适应性这样复杂的性状的遗传基础和分子机制增加了更多困难。

六、青藏高原亟待研究的若干重大问题

青藏高原作为地球演化的产物，是地球物质的重要组成部分，青藏高原对全球尤其是欧亚地理、民族、自然、人文、经济、社会具有重大影响，当今世界关注的欧亚大陆桥、欧亚-北美大陆桥乃至世界地质地震格局、世界安全框架等，与青藏高原的形成演化密不可分，尤其是随着海平面逐渐上升、全球气候突变事件乃至未来非常规战争等的威胁，对全人类的和平、发展与安全更具有重大的战略意义。作为西方人向往的东方"诺亚方山"，青藏高原就是地球安全的发动机、安全钮和警报器。目前，人类对青藏高原的了解少之又少，亟待对青藏高原进行全方位的系统研究，这些重大问题的解决亟待全人类的共同努力和协同奋斗（如表5所示）。

表 5　青藏高原相关重大关键科学问题

问题类型	主要问题
地史观问题	青藏高原的起源问题。 青藏高原的形成及演化过程。 青藏高原重大地史事件问题。 青藏高原对全球气候及环境演变的影响。 青藏高原对周边国家时空格局结构的影响。 青藏高原人类起源及重大历史事件。 青藏高原对欧亚国家安全格局的影响。
全球观问题	青藏高原与地球形成演化的关系？ 青藏高原对亚洲国家格局的影响？ 青藏高原形成演化对世界文明区划的影响？ 青藏高原对草原文明及农耕文明分布的影响？ 青藏高原对世界文明古国分布的影响？ 青藏高原对世界宗教文化分布的影响？ 青藏高原对欧亚自然-社会-安全格局的影响？

续表

问题类型	主要问题
成因观问题	青藏高原从中能否揭示有关宇宙、外星人的秘密？ 青藏高原与地球形成演化的关系。 青藏高原与生命起源及简史问题。 青藏高原的未来及其对人类社会的影响。 青藏高原"高原人群"的起源及演变。 青藏高原高原人群什么时候到达青藏高原的？ 青藏高原高原人群与世界其他族群的关系。 青藏高原高原人群为什么更耐寒？
时空观问题	青藏高原对中国历史文化的深远影响？ 青藏高原对中国可持续发展的战略意义？ 青藏高原的前身今世成为揭开历史重大事件真相的钥匙？ 青藏高原相关的当今经济社会重大热点课题？ 青藏高原独特性研究：从自然生态到人类社会？ 青藏高原对我国西部地域文化的影响？ 青藏高原演变对未来人类安全的影响？
科学观问题	青藏高原成为国内外学者关注区域和主题？ 国内科研院所研究的重要对象和地区？ 民族高校研究的重要地区/对象？ 民族高校博士生学术研究的重点对象？ 西南民族地区博士论文必选地区？ 西南民族高校研究生论文依托案例？

（2021 年 3 月）

参考文献

[1] 李吉均，方小敏，潘保田，等. 新生代晚期青藏高原强烈隆起及其对周边环境的影响. 第四纪研究，2001，21（5）：381-391.

[2] 刘东生，丁仲礼. 二百五十万年以来季风环流与大陆冰量变化的阶段性亲合过程. 第四纪研究，1992，1：12-23.

[3] 华大基因. 藏族人高原适应能力或源于已灭绝的丹尼索瓦人. 青海科技. 2015，（05）：82-83.

[4] 葛肖虹，等. 青藏高原隆升对中国构造-地貌形成、气候环境变迁与古人类迁徙的影响. 中国地质，2014，41（3）：698-714

[5] 覃建雄，等. 古气候环境对巴蜀文明的影响//梁银林. 历史文化与旅游发展研究. 北京：民族出版社，2016：4-22.

[6] 竺可桢. 中国近五千年来气候变迁的初步研究. 中国科学，1973（2）：10-18.

[7] 中国5000年来气候变迁与王朝兴衰的规律. https：//www.sohu.com/a/223781296_313170.

[8] 徐德克，吕厚远，储国强，等. 2000年来气候周期性冷暖波动与中国朝代更迭关系初探. 中国古生物学会孢粉学会第九届二次学术年会，2015-10-16.

[9] 张允锋，赵学娟，赵迁远，等. 近2000年中国重大历史事件与气候变化的关系. 气象研究与应用，2008，29（1）：20-22.

[10] 俞炜华，董新兴，雷鸣. 气候变迁与战争、王朝兴衰更迭——基于中国数据的统计与计量文献述评. 东岳论丛，2015，36（9）：81-86.

[11] 山克强. 历史朝代兴替的气候冷暖变化背景. 武汉：中国地质大学，2010.

[12] LU D S, LOU H Y, YUAN K, et.al. Ancestral origins and genetic history of Tibetan Highlanders. The American Journal of Human Genetics，2016，99：580-594.

[13] ZHANG C, YAN LU Y, FENG, Q D, et.al. Differentiated demographic histories and local adaptations between Sherpas and Tibetans. Genome Biology，2017（18）：115.

[14] SHARON R B, BRIAN L B, ZHOU Y.2019.Analysis of human sequence data reveals two pulses of archaic Denisovan admixture. Cell. 2018，173（1）：53 61.

第二篇

农文旅融合发展环境

旅游主体功能区：农文旅融合发展理论框架

覃建雄

旅游主体功能区系指以旅游业为区域主导产业统领区域经济社会全面发展的特定空间区域，基础理论包括可持续经济、生态经济、可持续发展、地域分异、区域空间结构和"反规划"理论。它强调以旅游产业为区域主导产业规划指导区域土地利用方式、资源保护与开发强度、城乡发展形态以及产业要素配置，促进区域空间系统整体功能向最优方向发展。它突破了行政区划的界限、突破了城乡规划和土地规划的约束、突破了传统旅游规划仅作为城乡规划框架下的一个专项规划，上升到跨区域战略发展高度的上位规划，把区域内旅游业发展与城乡空间形态及空间管理等重大问题提升到政策决策层面，直接推动和影响了政府的重大决策。因而，旅游主体功能区为跨区域旅游发展提供了革命性的理论方法体系，为跨区域可持续发展提供了创新性的体制机制，为资源富集型经济欠发达地区可持续开发铺就了全新的发展道路。

一、旅游主体功能区沿革

空间分区最早源于 19 世纪初，依照一定的参照及标准对地理区域空间进行划分。当时主要是根据地质、气候、地形、地貌、土壤、植被等自然要素空间分异规律进行划分的。此后，根据生产力布局的需求，以自然为基础，以经济为导向，开展相应的区域空间研究，逐渐转向空间开发规划研究，如地理区划、自然区划、资源区划、农业区划、经济区划、发展区划、生态功能区划、海洋功能区划、环境保护区划，以及部门专项区划等研究。

在国外的区域发展中，尤其重视将区域空间发展规划作为区域综合发展的前提。如美国提出标准区域概念并将其划分为三个不同层次，即区域经济地区组合、经济地区和成分经济地区；法国的领土整治规划以均衡化作为领土整治目标，引导、指导、控制人口和产业不断向巴黎周边地区转移；欧盟为联盟各国提供统一的地域单元区划，制订了标准地区统计单元目录（NUTS），适用于每个成员国包括多个 NUTS 区域；巴西的区域发展空间分区包括疏散发展地区、控制膨胀的地区、积极发展地区、待开发（移民）区和生态保护区；日本为了有效地保护自然环境和利用现有社会资本，通过立法程序，以《全国性综合开发计划》为顶层空间发展规划。

在国内，国家"十一五"规划《纲要》中明确提出，"根据资源环境承载能力、现有开发密度和发展潜力，统筹考虑未来我国人口分布、经济布局、国土利用和城镇化格局，将国土空间划分为优化开发、重点开发、限制开发和禁止开发四类主体功能区，按照主体功能定位调整和完善区域政策及绩效评价，规范空间开发秩序，形成合理的空间开发结构。"由此推知，区域主体功能区是按区域分工和协调发展的原则划定的具有某种主体功能的规划区域，依据主要涉及区域空间内不同发展地区的相关要素，具体包括资源环境承载能力、现有开发密度和发展潜力。其中，"主体（major）"一是指起综合先导作用的主要功能地区，或是产业结构，或是发展经济，或是城乡空间，或是保护环境；二是在同一个主体功能区内，不能排除其他地区及功能的存在。从此，我国以指导跨区域发展为己任的各种主体功能区理念层出不穷，旅游主体功能区概念也应运而生。

主体功能区对区域乃至全球可持续发展的独特作用主要包括：① 优化空间资源配置。明确区域主体功能区的定位和发展方向，有利于优化空间资源配置，提高空间资源配置效率，形成各具特色的区域结构和分工格局；② 有利于跨区域空间管制。通过跨区域划分不同类型主体功能区，确定其发展方向和空间管理方式，有利于实行并强化资源空间管制，规范和优化资源空间开发秩序，逐步形成合理的资源空间开发结构；③ 便于空间分类管理和区域调控。从可持续发展和适宜性评价的角度，对不同主体功能区实行分类的区域政策和绩效考核，从而有效避免跨区域调控中出现"一刀切"现象；④ 促进人与自然和谐发展。主体功能区划是针对国土资源开发适宜性评价而进行的区域功能空间划分，有利于促进人与自然的和谐发展，引导经济布局、人口分布与资源环境承载力向最优方向协调发展。

二、旅游主体功能区概念、分类、特征与条件

（一）旅游主体功能区概念体系

旅游主体功能区是指依托较为富集的旅游资源，以现代旅游业为战略性支柱产业，引领区域经济社会生态全面发展的特定空间区域。具体而言，是以旅游业发展为区域主导产业，引领、布局资源结构、区域发展、产业布局、规划建设、基础设施、资源保护、生态建设乃至社会服务和保障体系等的可持续发展功能区域。相关的概念包括：旅游主体功能区划、旅游主体功能区规划和旅游主体功能区开发。

根据该概念可知，旅游主体功能区与传统的旅游功能区及旅游功能区规划，无论在内涵还是外延上都是完全不同的：前者系与主体功能区有关联、相对应的区域发展理论范畴，特指以旅游产业为战略性主导产业的特定区域发展空间系统，即大到国家，包括省（区）市（州）县，小到乡（镇）域的以旅游产业作为战略性指导产业的空间区域。而旅游功能区特指某一旅游景区开发规划、建设、管理过程中的旅游功能空间与旅游功能布局，与跨区域战略性支柱产业或主导产业无关。

从性质上看，旅游主体功能区是仅次于对应级别的主体功能区的旅游战略产业为导向的主体功能区，或在对应的主体功能区框架下以旅游业为战略性主导产业的主体功能区，如就四川省而言，旅游主体功能区是仅次于四川省主体功能区的旅游战略性主导产业主体功能区，或在四川省主体功能区框架下以旅游业为战略性主导产业的主体功能区。与旅游主体功能区相对应的旅游主体功能区规划系指仅次于相应级别省域主体功能区的综合性主体功能区规划和专项主体功能区规划，或者在对应区域主体功能区规划框架下的综合主体功能区规划。

实质上，旅游主体功能区是在国家或者省（区）主体功能区框架下的综合主体功能区，其开发建设规划原则上不受其他规划的约束，不受土地、城乡等其他规划的限制，如位于青藏高原东南部、以旅游产业为战略性支柱产业的大香格里拉国际生态旅游区，就是典型的旅游主体功能区，包括藏东南、川西、滇西北等次一级旅游主体功能区，这些地区发展应以对应的区域发展规划和旅游主体功能区规划为上位规划和顶层规划。旅游主体功能区通常旅游资源丰富、生态环境优良，往往跨越行政区划边界，并具有一定的旅游产业发展基础，有时与生态主体功能

区重叠或交叉，在空间形态、城乡建设、文化遗产保护中发挥着特殊作用，并肩负着重要的旅游体制与机制创新改革使命。

（二）旅游主体功能区类型划分

旅游主体功能区按照不同的标准和依据，可划分为不同层次、规模和大小类型。从依托的主体旅游资源属性及其成因来看，旅游主体功能区可以分为三大类型，即生态型、人文型和创新型旅游主体功能区。

生态型旅游主体功能区是指以旅游业为主导产业，以丰富的自然旅游资源和生态环境条件为基础，并以完整的地理空间单元界限为界的主体功能区域。典型的生态型旅游主体功能区系如青藏高原旅游主体功能区、大香格里拉旅游主体功能区、武陵山区旅游主体功能区、大巴山自然生态旅游主体功能区、龙门山生态旅游综合功能区，这些旅游主体功能区与对应的主体功能区规划应一起成为这些地区的顶层战略发展规划，指导跨区域的区域战略发展和建设，而城乡规划、产业布局、土地规划、基础设施及相关的专项规划应该在旅游主体功能区指导下或者框架下实施。

从规模上讲，有些生态型旅游主体功能区面积较大，可跨越省（区），如六盘山旅游主体功能区包括宁夏南部和甘肃东部地区，面积约170平方千米；中国大香格里拉旅游主体功能区包括云南迪庆、四川甘孜、西藏昌都、青海玉树地区，面积110万平方千米；黄河上游旅游主体功能区流域面积38.6万平方千米；武陵地区旅游主体功能区位于中国华南地区中部，南临广西、东临湖南，西临川渝、北临湖北，面积15万平方千米；乌蒙山旅游主体功能区涉及川滇黔三省38个县（市、区），面积约11万平方千米；大巴山旅游主体功能区涉及湘、鄂、渝、黔四省市交界区域，面积达约10万平方千米。而较小的龙门山生态旅游综合功能区面积约0.45万平方千米。

人文型旅游主体功能区是主要依托传统人文旅游资源特色和优势而命名的旅游主体功能区，典型的主要有汶川地震遗址旅游主体功能区、西安旅游主体功能区、澳门旅游主体功能区、云南丽江旅游主体功能区，以及欧美地区相应的旅游业为主导产业的相应城市（如北美的洛杉矶、旧金山、拉斯维加斯、夏威夷、芝加哥、迈阿密、西雅图、多伦多、亚特兰大、波士顿、温哥华、孟菲斯，欧洲的哥本哈根、雷克雅未克、伊斯坦布尔、尼科西亚、格拉茨、维也纳、萨尔斯堡、雅典、斯图加特、汉诺威、佛罗伦萨、威尼斯、奥斯陆、布拉格、布鲁塞尔、里维埃拉、斯德哥尔摩、日内瓦、苏黎世、赫尔辛基、阿姆斯特丹、里斯本、巴塞罗那等），这些旅游主体功能区就是以传统人文资源环境保护为前提，以发展现代旅游业为区域重要产业、优势产业或主导产业。

创新型旅游主体功能区的原始旅游资源赋存不够理想，通过文化创意、技术创新、资本投入、环境再造、生态培育等方式来实现发展，通过与城市新区发展必不可分，如国外的有美国纽约曼哈顿、菲尼克斯、盐湖城，英国伦敦金融城、爱丁堡新城，法国巴黎拉德芳斯，日本东京新宿，西班牙毕堡新城，德国法兰克福新区、汉堡海港城，国内的如香港中环、尖沙咀，北京商务中心区，广州新城、珠江新城，天津滨海旅游主体功能区，深圳华侨城、珠三角CBD，上海浦东新区，重庆两江新区，成都的天府新区，广西亚洲金融中心等。

此外，从与区域中心城市空间关系来而言，旅游主体功能区可以分为三种类型：一是都市拓展型：结合城市空间拓展的需要，按照城旅互动理念规划建设的旅游功能新区，如天津滨海新区旅游产业园；二是城市远郊景区型：依托旅游资源优势发展而成的旅游功能区，通常距离城市中心区较远，如温州永嘉楠溪江旅游主体功能区；三是生态涵养型：在保护前提下发展起来的旅游主体功能区，时常与城市水源地、生态建设相结合产生，如大巴山旅游主体功能区、龙门山旅游主体功能区。应该提及的是，这种划分类型的旅游主体功能区主要针对区域旅游发展开发规划而提出。

（三）旅游主体功能区特征与条件

广义而言，凡是符合下列四个方面特征的空间发展区域均属于旅游主体功能区。旅游主体功能区的基本特征表现在四个方面。

第一，以现代旅游业作为区域主导产业，带动区域经济发展与社会进步。这是对风景名胜区、旅游度假区传统发展模式的突破，是"把旅游业培育成国民经济的战略性支柱产业和人民群众更加满意的现代服务业"国家战略的呼应与体现。同时，这是旅游主体功能区区别于其他类型产业功能区的最主要方面，也是旅游主体功能区建设的最终目标。

第二，肩负区域改革与创新发展的重任，是区域发展机制改革、旅游管理体制创新的试验田。如上所述，旅游主体功能区概念的提出具有革命性的创新，它强调以旅游产业为主导产业带动整个区域城乡建设、空间形态、产业布局、经济发展、社会进步、资源和环境保护等全面协调发展，这是时代赋予旅游主体功能区的责任，是旅游主体功能区发展的根本动力和目标实现的基本保障，也是旅游产业综合改革过程中的具体体现。要实现这个目标，首先要创新发展体制，为确保实现区域旅游业的战略性支柱产业地位保驾护航，其次要创新管理机制，确保区域旅游产业的跨越发展。

第三，面向国内外游客提供适应市场需要的特色旅游产品体系，这是旅游主体功能区建设的直接任务，在这一点上与传统旅游功能区的职责相同，涉及市场主体培育、产业要素完善、业态创新、市场营销、品牌建设等内容，关乎旅游目的地培育和产品升级。由于旅游主体功能区以旅游产业为战略性主导产业，旅游主体功能区不仅是全球重要的综合旅游目的地，提供大量满足市场需求的多元化旅游产品体系，而且通常也是旅游产业发展示范区、旅游业带动区域可持续发展的创新区。

第四，生态型旅游主体功能区发育与分布的区域，往往是生态环境脆弱的资源富集型经济欠发达地区，如国家 14 个集中连片贫困山区（六盘山区、秦巴山区、武陵山区、乌蒙山区、滇桂黔石漠化区、滇西边境山区、大兴安岭南麓山区、燕山-太行山区、吕梁山区、大别山区、罗霄山区等区域的连片特困地区和已明确实施特殊政策的西藏、青藏高原涉藏地区、新疆南疆三地州），其因此成为旅游产业扶贫攻坚主战场。在国家扶贫攻坚战场上，具有区域战略性意义的主导产业便是旅游产业。从某种程度上讲，旅游主体功能区就是旅游产业扶贫开发的试验区和创新区。

那么，哪些地区才能有潜力成为旅游主体功能区呢？在目前实践中涉及的旅游主体功能区，通常还应满足以下几个方面的条件：旅游资源较富集，资源开发和旅游产业发展空间大；受自然条件、生态环境及人文因素的影响，不利于发展工业等大规模开发建设；旅游资源受部门和地域分割，在现行行政管理体制下，特色、优势和潜力难以得到有效发挥；生态系统独特，环境较优良，多数地区被划为限制开发区和禁止开发区，产业选择受到生态环境保护政策的限制。此外，旅游主体功能区通常为自然资源富集、生态环境良好、人文景观集聚的经济发展相对滞后地区，包括革命老区、少数民族地区、边远贫困山区，所以往往成为国家未来集中连片扶贫开发攻坚区域。

在实践中，具备条件、可以成为旅游主体功能区的区域有很多，尤其是具有较好基础的国家公园、自然保护区、风景名胜区、森林公园、地质公园、旅游度假区及各类旅游开发区所在的空间区域，因为这些区域最具备旅游主体功能区要求的上述特征和条件。在现阶段，旅游主体功能区并没有真正实现作为旅游主体功能区应该具备的功能、要素、标准、机制和体制，因为现在所谓的旅游主体功能区是地方政府运用自身拥有的权力和资源进行制度创新的产物，仅仅是旅游功能区而已，而没有达到旅游主体功能区。通常而言，具备条件的区域在经过地方政府授权、挂牌后，才会成为正式的旅游主体功能区。在称谓上，部分地区直接使用旅游主体功能区字样，但由于发展体制的束缚，还没有成为真正意义上的旅游主体功能区，如成都龙门山生态旅游综合功能区，其实质上都是传统的旅游功能区。还有汶川地震旅游区尽管目前是以旅游产业作为区域主导产业，但也不是真正意义上的旅游主体功能区，因为在现有管理体制机制中，旅游管理机构并没有真正成为统筹其他行业的部门，仍然不能发挥主导产业的应有作用和意义。

三、旅游主体功能区的理论基础

可持续经济理论。传统的以追求财富总量为目标的发展实践不仅没有带来预期的社会繁荣，反而引发了一系列社会、经济、生态问题。可持续发展经济学主要解决资源的代际有效配置。可持续发展经济学理论是一种相对理想的理性发展经济学理论。可持续发展经济研究的目标就是确保区域空间作用处于一种合理经济发展形态。通过实施可持续经济发展战略，使社会经济得以形成并实现可持续经济发展模式。可持续发展经济强调生态持续、经济持续和社会持续三方面内容，它们之间互相关联而不可分割。生态持续是基础，经济持续是条件，社会持续是目的。可持续经济发展模式要求在经济圈、社会圈、生物圈的不同层次中，力求达到资源、环境、生态、经济、社会、文化、政治多个子系统相互协调和可持续发展，使区域空间内生产、消费、流通过程都符合可持续经济发展系统的要求，本质上是现代生态经济发展模式。在产业与经济发展上建立生态农业及生态经济与绿色工业及绿色经济，在区域空间形态上建立生态农村与生态城市的经济可持续发展模式。它要求人类在经济发展中讲究经济效益、关注生态和谐和追求社会公平，最终达到人的全面发展。它意味着经济增长必须依靠科学技术进步，改善产品质量，节约能源，减少废弃物，提高总要素生产率，走内涵式扩大再生产道路，实现清洁生产和文明消费。

生态经济理论。生态经济理论强调，经济系统、社会系统和生态系统构成不可分割的天-地-人巨系统，其核心是强调区域经济社会发展要承认资源环境的成本因素。生态经济理论强调以生态经济社会系统为研究对象，以推进资源生态与经济协调发展为目标，将生态环境建设与经济社会发展统一于区域空间发展进程中，注重资源环境生态与经济社会一体化发展的协调理念，从而为区域主体功能区划分提供了理论指导。同时，生态经济理论认为区域生态经济系统是一个开放系统，区域生态与经济发展既包括区域内部协调，也包括区域之间的协调，需要统筹兼顾、综合考虑。依据指标体系进行旅游主体功能区划分时，资源环境承载力所考虑的是生态系统基础支撑力，体现了生态系统可持续发展水平与能力。现有开发密度与发展潜力则主要是从现有发展水平与未来发展趋势等方面考虑经济系统的持续发展能力。生态经济相关理论与区域主体功能区发展理念遥相呼应，为区域主体功能区持续、和谐发展提供了理论支持。生态经济研究内容包括经济发展与环境保护之间的关系；环境污染、生态退化、资源损耗的原因与控制方法；环境治理的经济评价，以及经济活动的环境效应等。

可持续发展理论。可持续发展的目标要求是代内公平、代际公平及其协调发展，其核心和关键是区域空间可持续发展的发展度、协调度和持续度。旅游主体功能区的确定和划分就是以可持续发展为理论基础，亦即在确定区域主体功能分区时，要遵循全面协调、可持续发展的理念。旅游主体功能区的划分过程不仅体现出自然与人文的相互影响，也反映了区域空间发展趋向的一致性，以及人口、资源、环境与经济社会发展的空间协同性。旅游主体功能区全面协调发展的实施和实现就是要通过科学规划、兼顾各方，促进区域系统整体功能向最优方向发展。区域主体功能区划分的主要目标是定位于综合协调社会、环境保护与经济增长，而区域空间系统是由社会、经济和生态系统共同构成的复合巨系统工程。因此，区域发展系统的全面、可持续发展不仅取决于经济、社会、环境各子系统的持续发展，更取决于这三个子系统及其与整体系统之间能否协同演进。

地域分异理论。地域分异规律是主体功能区划的前提。在任何一个区域空间内部，存在一个或数个结节点或核心，通过辐射流联系着辐射区域，这个区域空间是由不同等级、不同层次的核心与其辐射区带构成的。地域分异理论认为，在特定的区域空间内，某一地理单元综合要素（地质、地貌、生物、气候、地质、水文、土壤、民族、宗教、风俗、经济、交通等）在区域内是同质的，而在不同区域之间是异质的。根据地域分异理论，主体功能区划分是依据不同区域自然、经济和人文环境的差异，揭示区域诸多要素客观的地域分异规律，即地域分异决定地域主体功能区的空间格局。主体功能区划正是基于此种差异及相关标准而制定出四类主体功能区，即优化开发区、重点开发区、限制开发区、禁止开发区。其中，优化开发区与重点开发区多分布于资源环境承载力高、经济相对发达的区域，而限制开发区和禁止开发区多分布于生态环境脆弱、经济发展相对落后的地区。可见，地域分异格局基本上奠定了主体功能区的空间分布框架，与我国自然环境及经济社会的地域分异格局基本一致。

区域空间结构理论。空间结构理论主要强调增长极、核心-边缘理论及区域空间演变的一般规律在区域空间发展结构中的作用和意义。因此，空间结构理论是关于区域空间组织及其运行的研究，为识别特定区域的空间组织形式尤其是旅游主体功能区提供了理论支撑。区域空间结构是特定区域空间内各种经济活动的空间分布状态及空间组合形式，是自然、经济、政治、社会、文化、生产、技术和管理空间的综合反映，空间结构状态受到多种因素的影响。它强调区域各种要素的空间组织模式及运行机制，是划分区域空间的主要内容之一。区域主体功能区划分是一种空间结构单元划分，主要是依据区域特征的相似性和差异性，而区域空间结构的相似性和差异性包括不同区域的资源环境特征、经济结构、城市发展、基础设施等在空间上的相似性和差异性，是进行旅游主体功能区划分的重要依据。

"反规划"理论。"反规划"概念是在城市化进程无序扩张背景下提出的，"反规划"理论是相对于传统规划理论而提出来的一种新兴的规划理论。它强调规划应先从控制城市生态基础设施入手，而非传统的建设用地规划。"反规划"强调一种逆向的规划思维过程，用它来引导和框定区域空间发展方向。与传统的规划方法不同，"反规划"理论极力主张空间资源的完整性和地域景观的真实性是区域旅游发展的基础，强调通过优先进行非建设区域（即生态环境背景空间）的控制，然后再进行城市发展空间规划的方法论。反规划理论与主体功能区尤其是旅游主体功能区概念相辅相成，均强调在自然-生物-人文过程协调发展前提下的跨区域可持续发展。"反规划"对旅游主体功能区开发规划具有重大的现实指导意义。

四、旅游主体功能区的重大理论与现实意义

（一）为跨区域旅游发展提供了革命性的理论方法体系

如上所述，旅游主体功能区强调以现代旅游业作为区域战略性主导产业，带动区域经济发展与社会进步，强调以旅游业为主导功能的区域发展的战略规划和上位规划，把区域旅游发展与城乡形态、产业布局及空间管理等重大问题提升到政策决策层面。旅游主体功能区理论发展有利于：① 旅游生产力在旅游主体功能区范围内的重新配置和提高整体竞争力；② 抑制不同行政区域之间的旅游业恶性竞争；③ 科学拓宽资源空间和市场空间；④ 推动落后地区经济发展和脱贫致富。所以，旅游主体功能区概念的提出和理论体系的构建，不仅对区域旅游业发展提供了创新性理论指导，对区域战略发展提出了革命性理念，对旅游开发规划建设行业提出了全新的标准，对资源富集型经济欠发达地区跨越发展具有重大现实意义。

一是创新区域旅游发展理论体系。构建全新的区域旅游发展理论体系——旅游主体功能区开发研究框架，包括旅游主体功能区理论体系、旅游主体功能区理论意义和作用、主体功能区背景下旅游发展战略、旅游主体功能区划、旅游主体功能区划指标体系、旅游主体功能区划方案、旅游主体功能区开发管控对策。

二是创新区域旅游发展理念和模式。① 革新发展理念：通过某一地区旅游主体功能区试行研究，系统评价旅游主体功能区框架下的区域发展思路及其效果，构建全国旅游主体功能试验区和示范区；② 创新发展模式，创新体制机制。探讨如何实现旅游资源型欠发达地区区域发展道路——旅游主体功能区框架下的区域发展道路，探讨相关的组织、体制、机制、政策保障等问题；③ 改革发展模式。拓展我国旅游综合配套改革方向和视角，力图申报全国旅游综合配套改革试点——"全国旅游主体功能区综合配套改革试验区"。

三是创新区域旅游发展改革体制机制。构建全国旅游主体功能区综合配套改革试验区——以旅游主体功能区理论为指导，通过旅游主体功能试验区先行先试，构建旅游主体功能区框架下的新型区域增长极，实现以旅游产业为先导的新型旅游目的地、集中连片扶贫、统筹城乡与区域创新协调发展，提升新型区域增长极的核心竞争力，最终实现创新跨越可持续发展。

四是创新区域旅游发展行业机制。通过旅游主体功能区试验区研究和建设，拓展区域，示范全省，为全国其他相似的旅游资源型经济欠发达地区跨越发展提供经验和示范，引领全国旅游行业发展新时代——掀起全国主体功能区背景和旅游主体功能区框架下的旅游发展规划新浪潮。

（二）为跨区域可持续发展提供了创新性的体制机制

旅游主体功能区理论最大的特点之一，就是强调区域内旅游资源分布的自然规律，注重旅游资源分布的整体性和系统性，从而易于形成跨区域竞争优势。由于旅游主体功能区注重区域发展体系中的旅游战略性主导产业地位，其开发规划、实现机制和管理体制具有创新性、革命性和全新性意义，不仅需要革新区域发展规划的传统理念、创新区域发展的实现机制，而且要以管理体制创新作为实现旅游主体功能区的先决保障条件。

第一，它突破了传统规划体系定位。长期以来，区域发展总是以城乡发展和空间形态布局为先导，城乡规划和土地利用规划处于上层和战略地位，旅游业规划只是作为上述规划框架下的一个次级专项规划，在进行旅游规划时总是要强调与其他上位规划的协调。与此不同的是，旅游主体功能区规划已经上升到区域乃至跨区域发展战略——即旅游主体功能区规划的高度，把区域内旅游业发展与城乡空间形态及空间管理等重大问题提升到政策决策层面，并强调旅游主体功能区规划应成为跨区域发展的战略规划和上位规划，可以直接推动和影响政府的重大决策，进而统领整个区域的经济和社会全面协调发展。它明确了区域发展中的战略方向、总体框架、功能结构以及空间管理架构，能够从宏观上更好地确保资源环境优势向经济、社会以及生态协调发展最优方向的转变。

第二，它突破了城乡规划和土地规划的约束。旅游主体功能区规划系以旅游产业为区域战略主导产业的区域战略规划和上层规划，强调在旅游产业为战略性主导产业规划指导下，布局旅游主体功能区范围内的土地利用方式、资源保护与开发的强度、城乡发展形态以及产业要素配置等。在这种理念指导下，城乡规划、土地利用规划、产业规划以及其他专项规划都要服从旅游主体功能区规划，并以旅游主体功能定位作为空间指引，明确区域内各类开发和建设的目标、尺度以及布局方案。亦即旅游主体功能区范围内，区域发展要以旅游产业为战略性主导产业，引领、统筹其他产业布局、城乡建设、空间结构、经济发展、社会进步，乃至资源开发和环境保护，从而形成以旅游产业和旅游经济为主导和核心的区域空间综合功能发展区。

第三，它突破了行政区划的界限。旅游主体功能区尊重旅游资源与生态环境分布的自然规律，注重自然资源与生态环境分布的整体性和系统性，强调以发挥旅游资源最优综合效能和以核心旅游资源为基础的区域空间资源的统一规划和综合利用，从而有利于构建跨区域和区域核心竞争优势。旅游主体功能区主张采取相互激励和共同约束的规划手段，以区域产业合作与分工为纽带，在跨区域实现旅游业、农业、加工制造业、商贸服务业等产业协调，以及旅游产业内部的功能互补，实现跨行政区规划的核心价值。通过旅游主体功能区理论指导，可以实现如下问题的科学解决：① 行政区间常见的交通阻隔；② 行政区间的制度缺陷和能力不足；③ 行政区间的行政区域分割；④ 行政区间的地区利益障碍；⑤ 旅游组织管理和软件质量相对滞后；⑥ 社会经济基础相对薄弱；⑦ 旅游生产力发展不平衡。

（三）为资源富集型经济欠发达地区科学开发铺就了全新的发展道路

资源富集型经济欠发达地区通常具有成为旅游主体功能区的先天条件。一方面，资源富集地区拥有巨大的资源环境"宝藏"，构成全国资源最丰富、品级最高的旅游资源富集区域之一。另一方面，由于自然环境条件、历史人文背景、经济社会条件、交通及区位条件等影响，同时成为区域集中连片贫困山区。由于传统思维的影响，区域发展方向、发展战略往往发生偏差，发展道路和方式并没有依托于自身的资源特色和优势，造成"劲没处使"。加之，由于体制机制的影响，旅游业先导产业的地位和作用，并没有真正得到充分发挥。甚至没有发挥到旅游业应有的地位和作用，即"使不上劲"。

资源富集型经济欠发达地区客观需求创新发展方式。充分依托旅游资源富集特点和优势，在考虑区域空间特征布局、环境容量及生态承载能力、国土利用要求与战略选择、现有开发能力以及区位重要性和发展潜力等条件的基础上，从区域旅游开发适宜性和旅游资源保护的角度，科学制定区域旅游功能区划的方案，使旅游资源得到科学合理开发利用，带动区域全面跨越发展。旅游业由于具有综合性、关联性、开放性和带动性，故成为区域协调发展的优势和先导产业，成为当今世界发展最快、前景最广的一项新兴产业。

实践证明，全国旅游主体功能试验区先行先试是资源富集型经济欠发达地区创新发展的切入点。一般而言，资源富集型经济欠发达地区跨越发展的重点包括新村建设、基础设施、产业发展、能力提升、生态保护和社会保障六大工程，这与全国旅游主体功能区构建是相辅相成的。一方面，旅游产业是资源富集型经济欠发达地区创新发展的先导产业，旅游主体功能区构建是资源富集型经济欠发达地区创新发展的关键和保障。另一方面，资源富集型经济欠发达地区通常构成了全国旅游主体功能示范区构建的理想地区，其创新发展过程就是其旅游产业大发展的过程。

站在全国实现同步小康社会和全球一体化战略高度，尽快构建以旅游产业为战略性主导产业统领的资源富集型经济欠发达地区创先发展的全国旅游主体功能示范区，以科学指导资源富集型经济欠发达地区创新跨越发展，构建集中连片贫困区治贫扶贫发展创新区，更快地推动全国跨省、跨区域统筹、健康可持续发展，意义重大，势在必行。

五、旅游主体功能区与农文旅融合耦合关系

综上所述，旅游主体功能区是指依托较为富集的旅游资源，以旅游业为战略性支柱产业，引领区域经济社会生态全面发展的特定空间区域，是主体功能区的空间区域概念，同时也是界定区域发展规范和要求的政策概念，它要求区域发展按照主体功能区属性及要求实施实现。农文旅融合是基于农文旅整体资源富集的特定空间区域，最典型的案例就是民族特色村寨，民族村寨就是农业（生态资源）、文化（民族文化资源）和旅游资源完美结合的综合体现，农文旅融合受到旅游主题功能区的界定，主要分布与旅游资源富集的广大乡村地区或者城市区域。无论从内涵还是外延，主体功能区与农文旅融合都具有与生俱来的内在成因联系，主要表现在：一是就空间分布而言，农文旅融合主要发生在民族村寨、特色村寨分部的乡村区域，而这一区域正好与限制开发区或者农副产品开发区域基本相重合，正好与混合型的旅游主体功能区基本相一致。在禁止开发区，诸如国家自然保护区、国家风景名胜区、国家森林公园等相当区域，主要适于发展生态旅游。在主体开发区诸如广大都市、城镇区域的适当区域，可适宜发展农文旅融合。二是就发展方式而言，农文旅融合强调的是农文旅特色优势资源主体得到充分挖掘和充分发挥，通过农文旅高质量融合发展，推动旅游主体功能区的发展。

农文旅融合与主体功能区及乡村振兴具有内在成因耦合关系。农文旅融合的核心理念是可持续发展，也就是说，其重要责任和义务之一，就是帮助促进目的地社区经济社会可持续发展。或者说，旅游扶贫和乡村振兴是农文旅融合自身的重要功能和应该担负的责任和义务。因此，旅游扶贫和乡村振兴成为贫困山区农文旅融合发展的重要使命和目标，而基于农文旅融合基础上的旅游扶贫和乡村振兴规划则成为贫困山区实现脱贫和乡村振兴的理想途径。一方面，通过农文旅融合产品的规划、开发、包装、出售，给贫困社区带来实际的经济收益增加。另一方面，在促进社区经济效益增长的同时，推动社区资源合理利用、生态环境保护与地域文化自信的同步提升，从而实现经济效益、社会效益与生态效益的和谐统一。更重要的是，农文旅融合强调以生态文明观为统领，统筹贫困山区科学扶贫和乡村振兴，促进区域经济社会可持续发展。农文旅融合驱动扶贫和乡村振兴不仅强调旅游者、经营者、管理者、旅游业对贫困社区的自觉责

任心，更要关注贫困社区生态旅游发展过程中经济发展、环境保护、社区服务和生态教育等功能效益的统一性。

农文旅融合因其先进的理念、主张、功能和价值观而呈现出与旅游扶贫和乡村振兴之间的某种与生俱来的成因联系，这就决定了农文旅融合发展模式成为最理想、最重要、最科学、最切实际、最值得推崇的扶贫途径和乡村振兴发展模式之一。主要表现在如下几个方面：一是农文旅融合发生地往往就是贫困山区所在地和乡村振兴主战场，与贫困社区、民族地区、边远山区、革命老区相一致，这些地区通常是高品质生态旅游资源富集区，也是开展农文旅融合的理想场所；二是旅游扶贫和乡村振兴发展是农文旅融合本身的重要内容和组成部分，农文旅融合促进扶贫和乡村振兴发展使命与贫困山区渴望发展的诉求不谋而合；三是农文旅融合的环境保护功能与贫困山区的生态脆弱性前后呼应，农文旅融合发展就是通过就地取材，强调发挥贫困山区资源特色优势，走独具特色的农文旅融合可持续发展之路；四是贫困山区社会文化的复杂性、教育科技和发展理念的滞后性，与农文旅融合强调的生态环境伦理教育功能不谋而合，在注重贫困地区经济发展和乡村振兴的同时，又注重贫困地区资源环境保护与文化生态的共同进步。可见，农文旅融合是贫困山区扶贫攻坚和乡村振兴的最佳模式和路径。

以少数民族地区为代表的我国中西部边远山区和革命老区，多样化的自然地理条件及区域空间差异性，导致了工业化发展模式无法完美地解决中西部山区发展的根本问题。这些地区有其独特的自然环境条件、历史背景和经济社会特性，客观上要求走符合当地具体实情的农文旅融合发展道路和模式。通过农文旅融合发展生态旅游业，使贫困山区扬长避短，发挥原生态自然和人文景观资源的特色和优势，有利于促进贫困山区旅游资源优势向旅游产业优势再向旅游经济优势转化，实现我国工业化以外的另一种可持续发展之路——生态旅游经济发展模式。通过农文旅融合发展生态旅游业，贫困山区生物多样性和文化多样性及其相关的丰富的原生态自然山地和人文景观旅游资源，相对于平原和沿海地区形成了明显的比较优势，有利于促进区域经济社会的发展。通过农文旅融合发展生态旅游业，贫困山区多样化的地理空间和多元化的环境要素形成了沿海和平原城市所不具备的比较优势，在保持山地乡村固有风貌基础上，通过旅游发展提升农业生产的附加值，有利于壮大农业生产的能力、推动农业现代化发展。通过农文旅融合生态旅游业发展，不但弥补了工业化"不能上山"的短处，而且发扬了贫困山区生态旅游资源富集的长处，并能很好地实现发展与保护的协调统一，从而在解决贫困山区乡村扶贫和乡村振兴的过程中发挥特殊的作用和意义。

通过少数民族地区为代表的贫困山区旅游扶贫和乡村振兴规划理论与实践证实，我国中西部边远山区、民族地区和革命老区，作为旅游资源富集的限制开发与禁止开发的贫困山区，科学扶贫和乡村振兴的关键是培育"造血"功能，要有突出当地资源特色的产业带动，这个产业就是绿色产业，严格讲就是农文旅融合。农文旅融合发展生态旅游业由于其产业特色与优势，能够在促进贫困山区经济社会全面发展的同时，实现资源与生态环境的保护与可持续发展，并在2020年后脱贫转型及乡村振兴过程中，仍将发挥其独特的优势产业和主导产业的独特作用。贫困山区乡村振兴与可持续发展战略思路是，坚持生态文明观，以生态旅游业作为战略性支柱产业，带动整个中西部贫困山区城乡建设、空间形态、产业布局、经济发展、社会进步、资源利用和环境保护等全面协调发展。通过生态旅游业发展，带动当地经济社会全面发展，实现精准扶贫和全面小康。在此基础上按照高质量发展要求，进一步充分发挥生态旅游业在乡村振兴发展过程中的优势和龙头作用。要实现这个目标，关键是要创新体制机制，为确保实现生态旅游业作为区域战略性支柱产业的地位、确保区域生态旅游战略性支柱产业的健康可持续发展保驾护航。

（2017年9月）

参考文献

[1] 国务院发展研究中心课题组. 主体功能区形成机制和分类管理政策研究. 北京：中国发展出版社，2008.

[2] BARNEY J. Firm resources and sustained competitive advantage. Journal of Management，1991，17（1）：99-120.

[3] FELDMAN M P. The geography of innovation. German：Springer，1994.

[4] PINCH S，HENRY N，JENKINS M. From industrial districts to knowledge clusters：A model of knowledge dissemination and competitive advantage in industria agglomeration. Journal of Economic Geography，2003，（4）：373-388.

[5] 杨振之. 论旅游功能区规划——以四川汶川地震灾后恢复重建为例. 民族研究，2006，（2）：39-46.

[6] 王联兵，米文宝，刘小鹏. 宁夏旅游业综合竞争力评价及预测分析. 旅游学刊，2005，20（5）：76-80.

我国限制（禁止）开发区旅游扶贫创新发展研究

覃建雄　宋慧娟　罗　丽

　　党中央、国务院提出要走生态文明发展之路，GDP 不再作为限制（禁止）开发地区的经济发展的考核指标。在新的历史时期，针对秦巴山区这种生态环境脆弱、资源富集型的经济欠发达地区，充分依托现有的资源特色和优势，通过科学发展、创新发展和跨越发展，形成独具特色的限制（禁止）开发地区中特困山区旅游扶贫发展模式与机制，对尽早实现全面小康社会目标，具有重要现实意义，同时对自然条件和发展环境相类似的贫困山区进行旅游扶贫创新发展具有一定的借鉴意义。

　　本研究案例地——秦巴山区位于长江上游生态屏障区域，在全国主体功能区划中属于限制开发区和禁止开发区为主的集中连片特困山区和革命老区。同时，作为我国自然生态资源尤其是旅游资源最富集的区域之一，秦巴山区在空间上构成成都、西安、太原、重庆、兰州、武汉六大国际化大都市之间的山地"生态绿岛"。

一、秦巴山区区域贫困现状与特点

　　秦巴山区系长江、黄河的分水岭，我国南方和北方地质、地理、气候、生态和人文的分界线，位于秦岭东南缘的喀斯特山地区域，涉及四川、陕西、甘肃、重庆、河南、湖北六省（直辖市）18 个市 75 个县，总面积 7.5 万平方千米，广泛分布着国家级自然遗产、国家级自然保护区、国家级风景名胜区、国家森林公园和国家地质公园，是我国中西部重要的农产品主产区和重点生态功能区，系我国典型的限制开发区和禁止开发区分布区域。

　　秦巴山区四川境内面积最大，涉及的市县最多，资源环境最具代表性，连片贫困最为突出，是秦巴连片特困山区的典型和缩影：一方面，自然资源富集、生态环境良好、气候条件宜人、人文景观集聚，是我国自然资源和旅游资源最为富集的区域之一；另一方面，又是融革命老区、边远山区和"5·12"汶川特大地震灾区为一体的全国集中连片特困山区，包括 5 个市的 28 个县（市、区）、国家扶贫工作重点县 13 个、省级扶贫工作重点县 9 个（如表 1 所示）。秦巴山区农业人口涉及 1174 乡（镇），14 351 村，111 050 组，543.41 万户，1935.8 万人，占全省人口的26.25%。总体而言，秦巴山区贫困特点突出表现在：

表 1 2019 年秦巴山区区域贫困现状

市	县（市区）	山区县（1）	丘陵县（2）	老区县（3）	重点县（4）国家级	重点县（4）省级	灾区县（5）一般灾区县	灾区县（5）极重灾区县	总人口（万人）	农业人口（万人）	人均纯收入（元）
巴中市	巴州/恩阳		√	√		√		√	138.17		3987
	通江	√		√	√			√	80.09		3614
	南江	√		√	√		√		68.69		3906
	平昌		√	√	√			√	107.04		3810
	全市	2	2	4	3	1	1	3	393.98	334.56	3847
达州市	宣汉	√		√	√				129.50		3252
	万源	√		√	√				43.60		3342
	渠县	√					√		147.60		5349
	达县		√				√		126.00		5762
	大竹		√				√				5956
	开江		√				√				5312
	通川		√				√		50.00		6713
	全市	3	4	2	2		5		680.00	531.8	5084
广元市	利州	√		√		√		√	47.70		4733
	元坝	√		√		√		√	24.00		4012
	朝天	√		√	√			√	19.60		3775
	旺苍	√		√	√			√	42.70		4019
	苍溪	√		√	√			√	78.00		4008
	全市	5		5	3	2		5	212.00	169	4109
南充市	嘉陵		√		√		√		69.48		4259
	高坪		√				√		59.46		4641
	阆中		√	√	√			√	86.90		5252
	营山		√	√		√	√		93.77		4582
	蓬安		√	√			√		69.92		5511
	仪陇		√	√	√		√		111.13		4385
	南部		√	√	√		√		130.68		4955
	全市	0	7	5	4	1	6	1	621.34	513.33	4814
广安市	广安/前锋		√	√	√		√		123.31		4973
	华蓥		√	√			√		36.00		6151
	岳池		√	√			√		119.89		5471
	武胜		√	√			√		82.50		5605
	邻水		√	√			√		102.00		5321
	全市		5	5	1		5		463.70	392.38	5504.2

（1）区域发展极不平衡。片区之间、片区内各县（市）之间的发展差距明显。主要包括：① 从地形地貌条件和地理特征分析，巴中、达州、广元位于秦巴山区腹地区域，相关县（市、区）属于山区型特困县（市、区），而南充市和广安市相关县（市、区）属于丘陵型贫困县（市、区）；② 秦巴山区被视为融褶皱山系景观、喀斯特风光和生物基因库于一体为特色的国家公园——秦巴山国家公园，巴中市域则是秦巴山国家公园的缩影和典型代表；③ 从空间分布上看，秦巴山区核心区域主要位于巴中市域，巴中市域的限制开发区和禁止开发区面积比例最大，其次是广元市和达州市，再次是南充市和广安市；④ 在秦巴山区集中连片特困山区中，四川省域内涉及的市、县最多，在四川范围的秦巴山区域中，巴中、达州、广元三市的贫困县（市区）最多；⑤ 从"三农"状况分析，农业人口数量比例最多的是巴中市（占 85%），其次是广元、广安、南充和达州市（分别为 83.9%、84.7%、82.6%和 78.1%）；⑥ 革命老区县比例最大的是巴中、广安，其次是广元、南充、达州市；⑦ 从人均收入分析，巴中最低（3847 元/人），其次是广元市（4109元/人）、南充市（4814 元/人）、达州市（5074 元/人）和广安市（5504 元/人）；⑧ 再从基础设施条件、发展成本和发展能力分析，巴中市的发展条件相对差、发展成本相对大、发展能力相对弱，其次是达州市和广元市，再次是南充和广安市。

（2）基础设施条件薄弱。目前，片区内主干道网络基本形成，但因山区地形复杂，各级边界众多、交通滞后，区内城市之间长期相互分割，彼此间距离远，交通互达性差，制约对外开放的广度与深度，影响跨区域合作进展。

（3）区域经济水平低。片区内一、二、三产业结构比例与全国相比，第一产业比例明显偏高。片区人均地区生产总值明显低于全国平均水平。城镇化率比全国平均水平低 20%。缺乏核心增长极，缺乏具有明显区域特色的大企业、大基地，产业链条不完整，没有形成具有核心市场竞争力的产业或产业集群。

（4）社会事业发展滞后。教育、文化、卫生、体育等方面软硬件滞后，城乡居民就业不充分。就业和社会保障服务体系不完善。人均教育、卫生支出仅相当于全国平均水平的 51%。中高级专业技术人员严重缺乏，科技对经济增长的贡献率低。

（5）生态环境问题。片区平均海拔高，气候恶劣，旱涝灾害并存，泥石流、风灾、雨雪冰冻等灾害易发。部分地区水土流失、石漠化现象严重。人均耕地面积小。发展与生态保护矛盾尖锐，产业结构调整受生态环境制约大。农户自我发展能力弱。

（6）片区中城市群相对分散、市场经济欠发育、居民旅游意识相对弱，本地客源市场自我支撑基础条件较弱，区域旅游合作自身市场动力不足。区域扶贫发展任务艰巨，任重而道远。

二、旅游业的综合先导性与旅游产业扶贫

（一）旅游业发展在秦巴山区扶贫中的独特作用与意义

1. 旅游业在秦巴山区经济发展的作用

① 培育国民经济战略性支柱产业，发挥旅游综合先导产业作用，提升秦巴山区区域地位；② 扩大秦巴山区服务业规模，增加服务业在秦巴山区国民经济中的比重；③ 加快秦巴山区经济增长方式转变，促进区域产业结构调整，改善投资消费关系；④ 推动秦巴山区新农村科学发展，加快城乡建设步伐；⑤ 促进秦巴山区新型城乡协调发展,促进区域间要素流动和区域联盟；⑥ 扩

大秦巴山区对外服务贸易途径，拓展外汇收支渠道；⑦ 推动秦巴山区第三产业和新兴工业专业化发展，促进旅游与其他产业的融合发展。

2. 旅游业在秦巴山区文化发展中的作用

秦巴山区文化多元、底蕴深厚、特色突出，是构成博大精深中华文化的重要组成部分。然而，秦巴山区的文化发展，尤其是文化产业及其与旅游业互动效果滞后，未能发挥地域文化应有的独特作用。旅游业发展将在秦巴山区文化产业中产生愈加重要的意义，主要包括：① 文化是旅游产业的灵魂，旅游是文化产业的表现形式，旅游业为秦巴山区文化产业发展提供了重要机遇和平台；② 文化是秦巴山区旅游发展的重要载体，旅游业在弘扬秦巴山区传统文化及扩大文化对外交流方面意义重大；③ 旅游业是国民文化生活的重要组成部分，并在满足国民精神文化诉求、提升国民综合素质中具有独特意义。

3. 旅游业在秦巴山区社会发展中的重要作用

就业问题、扶贫致富乃至收入分配问题始终是秦巴山区经济转型过程中必须面临的问题，也是关系到社区群体切身利益的社会问题。秦巴山区作为原生态乡村旅游目的地，旅游业发展对当地就业、扶贫、致富等作用尤为突出，主要包括：① 旅游业可以促进并扩大秦巴山区社会就业，帮助弱势群体就业。据世界旅游组织（UNWTO），旅游业直接就业和相关产业就业系数为 1：4.5；旅游部门直接收入 1 元，相关行业收入就能增加 4.3 元。直接就业：间接就业：导向就业 = 1.0：0.46：0.61，同时在农村劳动力转移、下岗职工再就业、妇女职工就业中发挥独特的作用和意义。② 推动二次分配，缩小收入差距。由于生态旅游资源富集的地区（大多与经济欠发展的贫困山区相互重叠）与旅游客源地区（经济社会发达的大都市和沿海地区）之间需求互动，伴随旅游的发展，财富将会从经济发达地区向贫困山区的流动和聚集。可见，通过旅游业发展极有利于推动国民财富的公平转移，缩小旅游地与客源地之间的收入差距。

4. 旅游业在秦巴山区生态环境保护中的作用

秦巴山区系长江上游屏障、中国国家地理区位中心。缓解日益紧张的生态环境承载压力，建设资源节约型、环境友好型生态产业是秦巴山区实现区域可持续发展的客观需要。作为全国典型的限制开发区和禁止开发区，秦巴山区丰富的自然资源和生态环境为秦巴山区山地生态旅游可持续发展奠定了重要基础。作为对资源可持续利用、对环境影响较小的低碳产业，旅游业是秦巴山区不可替代的战略性支柱产业，对生态环境保护和资源环境可持续发展具有重要意义。

（二）旅游体制机制创新是秦巴山区实现有效扶贫的根本保障

秦巴山区是旅游资源富集的经济欠发展地区，是位于北方、南方六大国际化大都市（成都、重庆、西安、兰州、太原、武汉）之间的区域性"生态绿岛"、革命老区和特困山区，是缺乏世界级龙头景区带动的多主题旅游发展区，秦巴山的四川部分是旅游发展起步较晚、旅游发展相对滞后、区域旅游发展不平衡[①]的旅游资源富集区，也是未来旅游发展的潜力、后劲和前景所在。

实践证明，这种生态环境脆弱、旅游资源富集、经济欠发达的后发型地区，旅游业对其跨越发展具有独特的带动引领作用，而关键是取决于旅游业是否能够真正站在主导的地位、发挥主

---

① 四川省旅游多级发展：南充为二级，广安、广元为三级，达州、巴中为四级。

导的作用，亦即是否具备创新的体制机制，以充分发挥旅游资源特色优势以及旅游业作为主导产业带动其他产业协调发展，提供坚定的保障作用。然而，大巴山片区旅游发展当前最缺乏的就是旅游体制机制创新。

应先行先试，大胆探索大巴山片区旅游发展改革，积极主动争取省部委乃至国家在土地、财税、金融、产业、生态补偿等领域的资金和政策扶持。

三、秦巴山区旅游扶贫创新发展探讨

（一）建立"秦巴山区国家旅游主体功能区综合改革试验区"

1. 旅游主体功能区的性质与特点

旅游主体功能区（tourism major function oriented zone）是指依托较为富集的旅游资源，以现代旅游业为战略性支柱产业，引领区域经济社会生态全面发展的特定空间区域,具体而言，是以旅游业发展为区域战略性支柱产业，引领、布局资源结构、区域发展、产业布局、规划建设、基础设施、资源保护、生态建设乃至社会服务和保障体系等的可持续发展功能区域。旅游主体功能区理论最大的特点之一，就是强调区域内旅游资源分布的自然规律，注重旅游资源分布的整体性和系统性，从而易于形成跨区域竞争优势。由于旅游主体功能区注重区域发展体系中的旅游战略性主导产业地位，其开发规划、实现机制和管理体制具有创新性、革命性和全新性意义，不仅需要革新区域发展规划的传统理念，创新区域发展的实现机制，而且要以管理体制创新作为实现旅游主体功能区的先决保障条件。

旅游主体功能区与传统的旅游功能区（tourism function zone）及旅游功能区规划（tourism major function planning），无论在内涵还是外延都是完全不同的：旅游主体功能区系与主体功能区（major function oriented zone）有关联、相对应的区域发展理论范畴，特指以旅游产业为战略性支柱产业的特定区域发展空间系统，即大到国家、包括省（区）市（州）县、小到乡（镇）域的以旅游产业作为战略性指导产业的空间区域。而旅游功能区特指某一旅游景区开发规划、建设、管理过程中的旅游功能空间与旅游功能布局，与跨区域战略性支柱产业或主导产业无明显关系。

从性质上看,旅游主体功能区是仅次于对应级别的主体功能区的旅游战略产业为导向的主体功能区，或在对应的主体功能区框架下以旅游业为战略性主导产业的主体功能区。实质上，旅游主体功能区是在国家或者省（自治区）主体功能区框架下的综合主体功能区，其开发建设规划原则上不受其他规划的约束，不受土地、城乡等其他规划的限制，如位于青藏高原东南部、以旅游产业为战略性支柱产业的大香格里拉国际生态旅游区，就是典型的旅游主体功能区，它可以包括藏东南、川西、滇西北等次一级旅游主体功能区，这些地区发展应以对应的区域发展规划和旅游主体功能区规划为上位规划和顶层规划。

从规模上讲，有些生态型旅游主体功能区面积较大，可跨越省（区），如六盘山旅游主体功能区包括宁夏南部和甘肃东部，面积约 170 平方千米；中国大香格里拉旅游主体功能区包括云南迪庆、四川甘孜、西藏昌都、青海玉树地区，面积 110 万平方千米；黄河上游旅游主体功能区流域面积 38.6 万平方千米；武陵地区旅游主体功能区位于中国华南地区中部，南临广西、东临湖南，西临川渝、北临湖北，面积 15 万平方千米；乌蒙山旅游主体功能区涉及川滇黔三省 38 个县（市、区），面积约 11 万平方千米；大巴山旅游主体功能区涉及就涉湘、鄂、渝、黔四省（市）交界区域，面积达约 10 万平方千米。较小的龙门山生态旅游综合功能区面积约 0.45 万平方千米。

2. 旅游主体功能区体制机制创新

旅游主体功能区系指以旅游业为区域战略性支柱产业统领区域经济社会全面发展的特定空间区域，基础理论包括可持续经济、生态经济、可持续发展、地域分异、区域空间结构和"反规划"理论。它强调以旅游产业为区域主导产业规划指导区域土地利用方式、资源保护与开发强度、城乡发展形态以及产业要素配置，促进区域空间系统整体功能向最优方向发展。它突破了行政区划的界限、突破了城乡规划和土地规划的约束、突破了传统旅游规划仅作为城乡规划框架下的一个专项规划，上升到跨区域战略发展高度的上位规划，把跨区域旅游业发展与城乡空间形态及空间管理等重大问题，提升到更高一级政府政策乃至国家战略决策层面，从而直接推动和影响各级政府乃至国家的重大决策。可见，旅游主体功能区为跨区域旅游发展提供了革命性的理论方法体系，为跨区域可持续发展提供了创新性的体制机制，为资源富集型经济欠发达地区可持续开发铺就了全新的发展道路。

3. 旅游主体功能区为资源富集型经济欠发达地区科学开发铺就了全新的发展道路

诸如秦巴山区这种资源富集型经济欠发达地区通常具有成为旅游主体功能区设立的先天条件。一方面，资源富集地区拥有巨大的资源环境"宝藏"，构成全国资源最丰富、品级最高的旅游资源富集区域之一。另一方面，由于自然环境条件、历史人文背景、经济社会条件、交通及区位条件等影响，同时成为区域集中连片特困山区。由于传统思维的影响，区域发展方向、发展战略往往发生偏差，发展道路和方式并没有依托于自身的资源特色和优势，造成"劲没处使"。加之，由于体制机制的影响，旅游业先导产业的地位和作用，并没有真正得到充分发挥，甚至没有发挥到旅游业应有的地位和作用，即"使不上劲"。

实践证明，全国旅游主体功能试验区先行先试是资源富集型经济欠发达地区创新发展的切入点。一般而言，资源富集型经济欠发达地区跨越发展的重点包括新村建设、基础设施、产业发展、能力提升、生态保护和社会保障六大工程，这与全国旅游主体功能区构建是相辅相成的。一方面，旅游产业是资源富集型经济欠发达地区创新发展的先导产业，旅游主体功能区构建是资源富集型经济欠发达地区创新发展的关键和保障。另一方面，资源富集型经济欠发达地区通常构成全国旅游主体功能示范区构建的理想地区，其创新发展过程就是其旅游产业大发展的过程。

由于旅游业的综合性、关联性、开放性和带动性，成为区域协调发展的优势和先导产业，并成为当今世界发展最快、前景最广的一项新兴产业。如何站在全国实现同步小康社会和全球一体化战略高度，尽快构建以旅游产业为战略性支柱产业统领的资源富集型经济欠发达地区创先发展的全国旅游主体功能示范区，以科学指导资源富集型经济欠发达地区创新跨越发展，构建集中连片特困区治贫扶贫发展创新区，更快地推动全国跨省、跨区域统筹、健康可持续发展，意义重大，势在必行。

4. 秦巴山区旅游主体功能区全国综合配套改革试验区创建的思路

作为资源富集型经济欠发达地区的秦巴山区客观需要创新发展方式和模式。秦巴山区面对生态脆弱、基础薄弱和生态文明新常态要求，要结合本地具体实际，充分依托自身资源特色和优势，在考虑区域空间特征布局、环境容量及生态承载能力、国土利用要求与战略选择、现有开发能力以及区位重要性和发展潜力等基础上，从区域旅游开发适宜性和旅游资源保护的角度，科学制定区域旅游功能区划的方案。使旅游资源得到科学合理开发利用，从而带动区域全面跨越发展。

（二）建立"秦巴山区国家级旅游产业扶贫试验区"

秦巴山区是旅游资源富集的经济欠发达地区、革命老区和特困山区,区域发展明显不平衡(南充为二级，广安、广元为三级，达州、巴中为四级）的旅游资源富集区，缺乏世界级龙头景区资源的多主题旅游发展区，以及亟待跨越发展的后发优势地区。秦巴山区集中连片特困山区近2000万人、接近全省三分之一人口、人均地区生产总值仅相当于全省的50%。这种地区扶贫开发亟待旅游业作为主导产业带动其他产业协调发展，以确保上述发展急需的体制机制。

力争建立中国旅游扶贫试验区，推动经济社会发展，加快脱贫步伐。将区域经济重要增长点、关联作用突出、区域间互动最为直接的旅游业作为参与区域经济竞争、提升硬实力、实现共同发展的优先产业。通过创建中国旅游扶贫开发试验区，立足已有优势，着力于解决当前制约旅游跨越式发展的主要问题和关键矛盾，在用足、用好、用活现有政策的基础上，争取在金融改革、财税政策、土地利用模式和政策、管理体制和产业政策、民族贸易政策与国际化合作、投资开发配套政策、人才体系建设、特色旅游商品与旅游新业态等八个方面取得较大突破。

中国旅游扶贫试验区的创建思路与发展路径：站在全球生态文明、国家地理区位中心和国家全面建设小康社会的战略高度，实施多级多点、体制创新、旅游扶贫、交通先行、区域联盟、生态优先、城乡共融战略，建设中国大巴山原生态休闲度假与巴人文化体验国际旅游目的地，打造中国大巴山——华夏中央空调品牌，构建大巴山区"一园-五区-两带"发展框架，建设28个重大精品旅游项目，实施8大旅游扶贫工程，构建5大区域旅游合作体系（如表2所示）。

表 2　秦巴山区区域旅游合作研究

体　　系	工　　程	重　要　项　目
合作共建跨区域旅游区（带）	共同开发旅游景区	① 大巴山南麓乡村休闲度假旅游带； ② 大巴山地生态休闲度假旅游区； ③ 大巴山人文生态休闲度假旅游区； ④ 嘉陵江观光休闲旅游产业带； ⑤ 华蓥山生态度假旅游区
共同打造区域旅游产品体系	共同构建重大项目产品体系	① "大巴山乡"乡村旅游产品体系； ② "大巴山水"生态度假产品体系； ③ "大巴山地"自然生态旅游产品体系； ④ "伟人故里"红色旅游产品体系； ⑤ "智慧之旅"三国旅游产品体系； ⑥ "千里巴山"自驾专项产品体系
	共同打造区域精品线路体系	① 大巴山地乡村国际精品游线； ② 大巴山水生态国际精品游线； ③ 三国文化国际精品游线； ④ 红色文化国际精品游线； ⑤ 嘉陵江文化国际精品游线； ⑥ 风水文化国际精品游线

续表

体 系	工 程	重要项目
共同营造区域旅游营销品牌	"中国·大巴山"国际旅游节	① 中国光雾山红叶节； ② 中国巴人文化国际旅游节； ③ 中国嘉陵江国际文化旅游节； ④ 中国女皇故里国际女儿节
	"神奇大巴山"中国·大巴山国际学术研讨会	① 大巴山地质演化国际学术会议； ② 大巴山喀斯特景观旅游国际学术研讨会； ③ 大巴山区域可持续发展国际研讨会； ④ 大巴山旅游发展跨区域协作研讨会； ⑤ 蜀道线路文化遗产国际研讨会
	"红色大巴山"主题体验活动	① "伟人故里　川陕苏区"中国大巴山大型体验活动； ② "重走大巴山"中国大巴山国际自驾旅游节； ③ "大巴山传奇"中国大巴山主题影视剧
共建区域旅游支持体系	旅游通道建设	① 铁路、公路、航空交通； ② 航道疏浚和港口建设； ③ 旅游要素整合配套建设
	资源环境支持体系	① 区域地质地貌、大气、土壤、水体保护； ② 区域生物多样性保护； ③ 喀斯特景观资源； ④ 环境灾害预警与救助体系建设
	旅游信息化建设框架	① 为旅游专业人才引进创造条件； ② 建立基本培训制度，实施岗前培训和在岗培训； ③ 鼓励在岗人员参加脱产专业学习、业余时间专业学习； ④ 实行大巴山区旅游从业人员持证上岗制度； ⑤ 建立人才创新激励制度

（三）争创我国真正意义上的第一个国家公园——"大巴山国家公园"

国外实践已证实，国家公园作为一种对自然与文化区域进行可持续发展与保护的最优化的管理体制，是世界上通行的、行之有效的生态脆弱区、经济欠发达地区和边远山区经济、社会、生态协调发展的主要模式，同时也是资源环境可持续发展的重要途径。100多年来，美国、欧洲、日本等国家根据自身特点和条件，建立起了自己的国家公园系统，在立法执法、规划设计、管理体制、特许经营、环境教育、旅游开发、资源保护等方面积累了丰富的经验，为秦巴山区国家公园体系建设和生态脆弱型经济欠发达地区扶贫创新发展提供了重要经验。同时，十八届三中全会明确提出要加大生态文明建设，建设国家公园体制。这为大巴山国家公园的构建提供了前所未有的发展机遇。

秦巴山区不仅是我国地质、地貌、地理、人文的交汇区域，连接我国南方和北方的桥梁和纽带，是我国南北地理分界线、气候分水岭，也是四川盆地和汉江盆地的界山，是著名第四纪冰川期多种生物的"避难所",是兼具南北山地生物多样性的宝库,同时也是我国南北文化的分水岭、黄河文化与长江文明的交汇处。截至2013年年底,秦巴山区内共有国家级地质公园4处、国家级风景名胜区3处、国家级自然保护区4处、国家级森林公园13个,国家级遗产地名录1处[①],是全国所有山系中同时拥有国家级地质公园、国家级自然保护区、国家级重点风景名胜区、国家级森林公园,是分布最为密集、数量最多的山系,是大巴山脉的缩影和典型代表,是以融褶皱山地景观、喀斯特风光和珍稀动植物于一体为特色的自然生态博物馆。

综上,秦巴山区自然环境相对恶劣、区域发展条件比较受限,在国家主体功能区框架中属于以限制开发区和禁止开发区为主的生态环境脆弱地区,不仅是经济社会发展滞后的革命老区、边远特困山区和国家未来集中连片扶贫开发的攻坚区域,同时也是自然资源富集、生态环境良好、人文景观集聚的后发地区。为此,针对秦巴山区这种资源富集但发展滞后、生态环境脆弱且战略意义重大的经济欠发展地区,应争创我国第一个与世界国家公园接轨的、真正意义上的国家公园。同时,通过大巴山国家公园体系发展和建设,带动资源富集型经济欠发展地区经济社会生态全面协调发展,成为目前为止可供选择的最好的发展模式。

大巴山国家公园发展战略与思路:依托秦巴山区作为我国国家地理区位中心、世界级褶皱山系喀斯特地貌景观体系,以及川陕苏区红色文化(红)、原生态环境(绿)、历史地域文化(蓝)完美融合的核心资源体系,结合秦巴山区独特的地质地貌、区域地理、自然环境和经济社会特征,建设中国一流、世界知名的原生态山水观光休闲度假国际旅游目的地,树立"川陕苏区首府,华夏中央公园"的旅游品牌,形成秦巴山区一核(巴中市)带动两翼(广元市、达州市)、拉动两区(南充市、广安市)的发展框架。

(四)争创"自主创新系列"国家级试验区/示范区

此外,依托大巴山片区资源特色和优势,先行先试,抢抓机遇,争创"创新系列"国家级旅游试验区或者国家级示范区,如建设生态脆弱区区域经济自主创新发展试验区、国家级生态旅游度假示范区、国家级乡村旅游度假试验区、生态文化旅游融合发展国家级试验区、国家级旅游产业创新发展试验区、国家级生态文化旅游示范区、国家文化产业创新发展示范区,以及可持续发展国家级试验区、资源型经济转型综合配套改革试验区等。通过系列"自主创新系列"国家级试验区或示范区的建设,力争在资金、政策、土地等方面获得更大支持:

① 成立秦巴山区旅游综合改革投资公司,有条件时逐步建立专业性开发银行,引进战略合作者打造秦巴山区县旅游高端融资平台;② 设立"四川省旅游发展改革综合试点专项基金",建立相应的财政激励机制,建立旅游资源补偿机制;③ 根据旅游发展需求,在时间、空间上根据轻重缓急、分别对待,建构"三位一体"的土地资源利用模式;④ 按照国际惯例和适应旅游产业开放的大趋势,实行旅游相关服务业开放政策,如赋予举办国际文化、教育、体育产业的地区一定权限;⑤ 探索建立民族贸易旅游经济一体化推进格局,实施"走出去"战略,引进国外大旅行商与著名品牌酒店到秦巴山区,积极推进国际旅游合作;⑥ 应鼓励引进一批大型企业集团前来开发,研究与制订一揽子解决用地指标问题,探索将秦巴山区旅游打包上市的可能性和操作性以及创新金融服务等优惠服务政策,使秦巴山区真正成为可持续发展的热土;⑦ 实施"智慧旅游""旅游标准化""畅行秦巴""旅游法治""旅游人才"五大工程,建立人才培养机制

---

① 光雾山-诺水河。

和知识更新机制；⑧ 加大对新产品和新业态的政策扶持，建立旅游管理创新与产业创新机制；
⑨ 提请四川省政府乃至国家在秦巴山区试行特别地方税的设置和开征，可定名为"国家自然遗
产保护税"；⑩ 对旅游开发给予必要的信贷扶持，提请四川省政府乃至国家对秦巴山区旅游经
济开发给予必要的信贷扶持。

（2020 年 10 月）

参考文献

[1] 覃建雄, 张培, 陈兴. 旅游产业扶贫开发模式与保障机制研究——以秦巴山区为例. 西
南民族大学学报（人文社科版）, 2013, 34（7）: 134-138

[2] QIN Jianxiong. Research on pro-poor tourism in the Qinba mountain district, Northeast
Sichuan. In the discourse specials of International Academic Conference on Integrated
Management of Low-carbon Economy and Smart Scenic Area Informationization, 2012,
12: 216-224.

[3] BENXIANG Zeng, CHRIS RYAN. Assisting the poor in China through tourism
development: A review of research Review Article, Tourism Management, 2012, 33（2）:
239-248.

[4] MICHAEL C. Hall, editors, pro-poor tourism: Who benefits? Perspectives on tourism and
poverty reduction（2007）.Channel View Publications, Tourism Management, 2009,
30（3）: 465-466.

[5] FABIENNE F, JEROEN Van WIJK. Sustainable tourism industry development in
sub-Saharan Africa: Consequences of foreign hotels for local employment original
research article. International Business Review, 2010, 19（2）: 191-205.

青藏高原涉藏地区旅游业竞争力及时空格局实证研究

曹兴华　覃建雄

21 世纪是中国旅游业蓬勃发展的时期。以全域旅游为重要契机，我国旅游业呈快速、强力增长的态势，越来越多的地方政府将旅游业定位为战略型支柱产业，旅游业竞争力成为衡量区域发展能力和潜力的重要标志之一。随着旅游业供给侧结构性改革要求的提出，旅游地如何在复杂的竞合关系中明确自身定位、转变发展方式成为业界与学界共同关注的重要课题。

青藏高原涉藏地区是集民族地区、高海拔地区和集中连片特困区为一体的区域，生存环境恶劣、贫困程度深、地域范围广，是我国扶贫工作冲刺阶段的主攻区域。一方面，青藏高原涉藏地区面积的 67%属于国家重点生态功能区，产业发展方向以确保国家生态安全为根本前提①。集中连片特困区与重点生态功能区的高度重叠意味着青藏高原涉藏地区承受着限期脱贫与保障生态的双重压力。另一方面，青藏高原涉藏地区拥有世界遗产 5 处、A 级景区 135 处、4A 及 5A 级景区 43 处、国家自然保护区 19 处、国家级非物质文化遗产 40 项，旅游资源不可谓不丰富②。中共中央办公厅和国务院办公厅联合发布的《关于支持深度贫困地区脱贫攻坚的实施意见》、国家发改委发布的《"十三五"支持新疆（含兵团）、西藏、四省藏区经济社会发展规划建设项目方案》等文件，将旅游业确定为青藏高原涉藏地区特色优势产业加以培育，并以此助推扶贫工作，实现全面小康。青藏高原涉藏地区的现实情况与国家政策方针共同决定，旅游业是其谋求发展的必然选项之一。近年来，青藏高原涉藏地区普遍将旅游业作为本地区战略性支柱产业。分析旅游业竞争力现状及问题，对实现区域减贫脱贫和促进可持续发展具有重要意义。

一、文献回顾

旅游业竞争力研究始于 20 世纪 60 年代，1966 年迪西（G.R.Deasy）和格瑞斯（P.R.Griess）[1]通过对美国宾夕法尼亚州不同景点之间竞争关系的分析得出旅游资源是影响旅游业竞争力的主要因素。克劳奇（Crouch）和布伦特·瑞奇（Ritchie）[2]结合旅游业特征，借鉴迈克尔·波特（Michael Porter）所提出的钻石模型理论，将宏（微）观环境、核心资源、吸引物、管理及支持归结为影响旅游业竞争力的关键因素，并建立了旅游目的地可持续发展模型。自此，国外学界开始集中关注这一研究领域，包括产业竞争力评价、产业竞争力分析模型构建以及产业竞争力影响因素研究。Hin Seunghun 等[3]将旅游业竞争力定义为吸引游客到访的因素总和，提出智能旅游目的地竞争力的概念并建立评价指标体系；库库莱利（Cucculelli M）等[4]采用主成分分析法和回归分析法构建

---

① 见 2010 年国务院第 46 号文件《全国主体功能区规划》附件一：国家重点生态功能区名录。

② 数据截至 2017 年年底，详见中华人民共和国国家旅游局官网（http://www.cnta.gov.cn/）及《国家级非物质文化遗产名录》。

了旅游业竞争力实证模型；布彻尔（Bucher）等[5]采用因子分析法，甄选出 13 个影响因素，将斯洛伐克共和国和捷克共和国的旅游业竞争力进行比较。国内学者对该问题的研究紧随我国旅游业快速发展的脚步，掀起了侧重于评价体系、评价模型及评价方法的研究热潮：葛全胜等[6]以层次分析法测算了中国陆地边境沿线的百余座县城的县域旅游业竞争力；刘中艳等[7]运用灰色关联法对湖南省省域旅游业分析得出该区域竞争力的大小突出依赖于旅游资源与区位条件；陈灿平等[8]基于时间截面数据采用熵权法对民族地区县域旅游业竞争力展开研究；向旭等[9]建立多指标综合评价模型对国家连片特困的秦巴山脉重庆片区旅游业竞争力时空差异进行评价分析。

综上所述，国内外旅游业竞争力研究日趋成熟，研究体系丰富多维、研究方法综合多元、实证对象类型多样。旅游业竞争力研究既为特定区域在旅游竞合系统中自我定位、扬长避短提供参考，也是反思和审视旅游业发展现状及趋势的基础性研究。已有研究虽成果丰硕，但仍有完善空间，囿于视野范围的局限性，小到以县域为例，大到以省级行政区划为界，跨行政区域成果鲜见。旅游业是诸多因素相互作用、共生共存的复合开放系统，基于成长性因素的考量，旅游业竞争力评价结果与观测时间密切相关，而已有研究多以静态为主，单一时间节点的刻画难以窥其全貌。本研究尝试引入生态位理论，以动态演变的视角对青藏高原涉藏地区 2006—2011 年、2011—2016 年旅游业竞争力进行测评，建立旅游业竞争力空间格局，充实旅游发展理论并解决实践问题，为区域旅游发展提供参考。

二、研究设计

（一）区域概况与数据来源①

青藏高原涉藏地区特指西藏自治区，云南省所辖迪庆藏族自治州，甘肃省所辖甘南藏族自治州和武威市天祝藏族自治县，四川省所辖阿坝藏族羌族自治州、甘孜藏族自治州和凉山木里藏族自治县以及青海省所辖海北、海南、黄南、果洛、玉树 5 个藏族自治州和海西蒙古族藏族自治州。

研究所涉及的指标数据，主要来源于官方网站、实地调研和官方报告：C1～C3 源于国家旅游局官网（http：//www.cnta.gov.cn/）；C4～C8、C14、C15～C18 分别由青藏高原涉藏地区各藏族自治州旅游局、统计局及环保局提供；C9～C13 源于滇、川、甘、青各省及青藏高原涉藏地区各藏族自治州《国民经济和发挥发展统计公报》和《政府工作报告》②。

（二）研究方法

生态位理论是生态学研究的重要理论之一。格里耶（Grienell）[10]于 1977 年首次提出"空间生态位"，其后埃尔顿（Elton）[11]和哈奇森（Hutchinson）[12]分别提出"功能生态位"和"多维超体积生态位"，由此生态位理论成为研究物种关系、群落结构与生命演化的重要理论。生态位宽度指生物体在一定空间范围竞争中所处地位或享用资源能力的总和，其核心概念为所有生物

① 本文中的"青藏高原涉藏地区"特指青海、甘肃、四川、云南 4 省涉藏地区。研究范围及相关数据包括 4 省 10 个藏族自治州，不包括木里、天祝这 2 个藏族自治县。
② 以上数据来源在个别年份所缺失数据根据前后年份的数值及增长率推算得出，不同渠道数据存在差异时以更高级别政府部门公布为准。

单位都具有"态"和"势"两大属性，前者用来解释生物单位目前状态及其与环境的交互，后者则用来解释生物单位的能力如变化速率，综合体现为生物单位在生态系统中的地位和作用，二者共同决定生态位宽度。旅游资源的不可移动性和生命周期性决定了旅游系统的区域性特征和类生命特征同自然生态系统相类似，也是可以用"生态位"定义的有机体，系统中各旅游地相互间都有符合自身实际发展状态并能以生态位理论界定其"空间位置和功能"的"位"，而生态位宽度的大小反映在旅游系统中即旅游业竞争力的强弱。

本研究以生态位"态"和"势"两个基本属性角度为基准点，对青藏高原涉藏地区旅游生态位宽度进行计算，计算公式为：

$$N_i = \frac{S_i + A_i P_i}{\sum_{j=1}^{n}(S_j + A_j P_j)} \qquad (1)$$

式中，$i, j = 1, 2, \cdots, n$；N_i 表区域旅游生态位；S_i 表区域 i 的态；P_i 表区域的势；A_i 和 A_j 则是刚量转换系数；$S_j + A_j P_j$ 为区域 i 的绝对生态位。

依据此模型可得每个区域的综合生态位，计算公式为：

$$M_{ij} = \frac{\sum_{j=1}^{n} N_{ij}}{n} \qquad (2)$$

式中，$i, j = 1, 2, \cdots, n$；M_{ij} 为综合生态位的宽度数值，取值范围在 (0,1] 间，数值越大，宽度越大，竞争力就越强，反之亦然。N_{ij} 则是每个影响因子的生态位；n 是影响因子的个数；j 为研究对象区域的个数。

（三）指标体系构建

在遵循系统性、代表性及可操作性原则的前提下，结合青藏高原涉藏地区实际情况，构建以旅游业竞争力为目标层，以旅游资源维（C1～C3）、旅游市场维（C4～C8）、社会经济维（C9～C14）和生态环境维为系统层（C15～C18），包含 18 个具体指标的评价体系（如表 1 所示）。

该评价体系建立在"功能生态位理论"和"多维超体积生态位理论"的基础上，强调多个因素、多维空间对生态位的共同影响，某一区域的旅游生态位决定其在旅游系统中的地位，而旅游生态位宽度取决于旅游生态位的"态"和"势"，前者指区域旅游业已有开发或目前发展及其与环境相互作用的结果，表现为旅游业的数量、水平，后者指区域旅游业发展水平的影响力或支配力，表现为变化率或增长率。旅游业竞争力分析不仅要考虑当前发展现状，同样需要考虑未来发展趋势，以期客观解释旅游生态位的演变规律，其基本逻辑为：第一，旅游资源的数量和质量对旅游业竞争力有举足轻重的作用，是旅游业发展的先决条件，主要体现在旅游资源丰裕度、垄断度和知名度几个方面，为简化计算过程，借鉴《旅游资源分类、调查与评价》（GB/T 18972—2003）并结合实际情况对垄断度和知名度进行赋值[①]；第二，旅

---

① 知名度按世界遗产、5A 级、4A 级、3A 级及以下景区分别计 10 分、8 分、5 分和 1 分；垄断度按国际知名、国内知名和省内知名分别计 10 分、5 分和 2 分。

游市场吸纳能力能直观具体反映旅游业发展的水平，具体体现在旅游收入、旅游人数、停留时间、接待设施数量；第三，旅游业发展离不开社会经济的支撑，旅游"六要素"的完善程度与社会经济的发达程度呈正相关，包括经济发展水平、经济结构、交通通达程度、人口素质，主要体现在 GDP、城镇就业率、各产业所占比重、交通客运周转量、普通高校在校生人数几个方面；第四，旅游业竞争力与生态环境要素之间存在紧密联系，良好的生态环境是旅游业发展的根本保障，包括人居环境净化、环保重视程度和生态变化状况，体现在城市污水处理率、SO_2 排放环境效率、植被覆盖率和退牧还草率。

表 1　青藏高原涉藏地区旅游竞争力评价指标体系

目标层	系统层	指标层
旅游业竞争力	B1：旅游资源维	C1：旅游资源丰裕度 C2：旅游资源垄断度 C3：旅游资源知名度
	B2：旅游市场维	C4：国内旅游总收入/（亿元） C5：国内旅游人数/（万人） C6：游客人均停留时间/（天） C7：星级饭店数量/（个） C8：旅行社数量/（个）
	B3：社会经济维	C9：GDP 总量/（亿元） C10：人均 GDP/（元） C11：城镇就业率/（%） C12：第三产业所占比重/（%） C13：普通高校在校生人数/（万人） C14：交通客运周转量/（万人）
	B4：生态环境维	C15：城市污水处理率/（%） C16：SO_2 排放环境效率/（元/吨） C17：植被覆盖率/（%） C18：退牧还草率/（%）

三、结果与分析

本研究借鉴生态位理论构建模型，对青藏高原涉藏地区旅游业竞争力进行测评，具体步骤如下：

以 2006 年、2011 年和 2016 年现状数据作为旅游生态位中"态"的度量数值，以 2006—2011 年、2011—2016 年两个阶段 5 年中每年的平均增长率作为旅游生态位中"势"的度量数值，设定量纲转换系数为 1。由公式（1）得到所有指标对应的生态位宽度数值，再以公式（2）计算出青藏高原涉藏地区 2006—2011 年、2011—2016 年旅游业各维度生态位及综合竞争力生态位宽度数值，作为旅游业竞争力的评判依据（见表 2 所示）。

表 2　2006—2011 年、2011—2016 年青藏高原涉藏地区旅游业各维度及综合竞争力生态位测评结果

年份	名称	旅游资源维	排名	旅游市场维	排名	社会经济维	排名	生态环境维	排名	综合竞争力	排名
2006 年至 2011 年	迪庆州	0.192 3	2	0.221 4	2	0.066 8	5	0.119 5	3	0.170 1	2
	甘南州	0.086 8	4	0.082 8	4	0.060 2	6	0.113 7	4	0.108 7	4
	阿坝州	0.269 6	1	0.310 2	1	0.201 1	2	0.096 5	5	0.211 8	1
	甘孜州	0.084 5	5	0.125 5	3	0.101 6	3	0.089 1	6	0.116 2	3
	海北州	0.065 6	6	0.062 1	6	0.070 2	4	0.081 4	8	0.079 6	6
	海南州	0.103 1	3	0.043 9	7	0.053 9	7	0.085 6	7	0.078 1	7
	黄南州	0.042 1	10	0.033 1	8	0.045 7	8	0.074 5	10	0.063 6	8
	果洛州	0.056 1	7	0.018 7	10	0.016 1	10	0.134 2	1	0.030 8	10
	玉树州	0.051 5	8	0.023 1	9	0.033 7	9	0.125 8	2	0.032 9	9
	海西州	0.048 5	9	0.079 2	5	0.350 8	1	0.079 9	9	0.108 3	5
2011 年至 2016 年	迪庆州	0.189 5	2	0.205 3	2	0.070 8	4	0.112 1	4	0.176 4	2
	甘南州	0.108 8	3	0.064 5	5	0.065 1	6	0.103 4	5	0.110 2	4
	阿坝州	0.247 8	1	0.309 4	1	0.202 1	2	0.115 2	3	0.202 6	1
	甘孜州	0.089 8	4	0.102 5	3	0.102 4	3	0.088 0	6	0.122 2	3
	海北州	0.047 1	10	0.063 0	6	0.060 1	7	0.086 1	7	0.077 5	7
	海南州	0.088 2	5	0.061 2	7	0.065 5	5	0.083 2	8	0.079 0	6
	黄南州	0.048 1	9	0.034 0	8	0.050 5	8	0.077 5	10	0.061 2	8
	果洛州	0.065 1	6	0.030 0	10	0.021 7	10	0.136 8	1	0.038 1	10
	玉树州	0.056 9	8	0.030 4	9	0.036 1	9	0.119 6	2	0.041 7	9
	海西州	0.058 7	7	0.099 9	4	0.325 7	1	0.078 1	9	0.091 2	5

（一）旅游业竞争力分析

2006—2011 年青藏高原涉藏地区 10 个藏族自治州各维度及综合竞争力生态位宽度呈现出阶梯分布、差异显著的特征。阿坝、迪庆、甘孜、甘南、海西综合竞争力生态位宽度高于青藏高原涉藏地区旅游业竞争力生态位宽度平均水平（>0.1），作为青藏高原涉藏地区旅游业龙头的阿坝，其综合竞争力生态位宽度高达 0.2118。海北、海南、黄南、果洛及玉树等五个区域旅游综合竞争力生态位宽度低于平均水平（<0.1），尤其是果洛，其综合竞争力生态位宽度仅为 0.308，远不及阿坝的四分之一。从旅游资源维来看，阿坝州拥有世界自然遗产九寨沟、黄龙及大熊猫栖息地等高知名度旅游资源，并以九寨沟黄龙景区为核心形成"大九黄旅游环线"，将州内其他景点串联在一起，充分发挥聚集效应，因此在旅游资源中排名居首。在旅游市场维中，阿坝、甘孜、迪庆在旅游资源数量丰富、品质优秀的基础上，较早将旅游业定位为支柱产业，并不断完善旅游基础设施和相关产业，游客数量逐年攀升，市场竞争力较强。值得注意的是，尽管 2008 年"5·12"汶川地震对阿坝旅游业造成了严重的冲击，但由于当年金融危机使得世界经济疲软、

旅游市场萎缩，其他区域并未能占据阿坝原有客源市场，经过调整修复以及旅游市场的回升，2010 年阿坝旅游总收入（73.78 亿）超过迪庆当年旅游总收入（61.57 亿），迅速回到强旅游市场竞争力之列。尽管海北和海南环抱有"中国最大咸水湖"之称的青海湖，但由于缺乏宣传营销，未能使青海湖充分发挥辐射和带动二州旅游业发展的作用，旅游市场竞争力较弱。黄南、玉树和果洛因交通便捷程度较低且缺乏具有知名度的代表性旅游资源，旅游市场竞争力最弱。在社会经济维中，除海西和迪庆外，其他区域社会经济维和旅游市场维排名相近，其中海西拥有盐湖、油气、煤炭和冶金等重工业，迪庆则倚重旅游业、采矿业及食品制造业，经济基础实力雄厚。生态环境作为旅游业发展的保障，是评价旅游竞争力的重要因素，在生态环境维中，果洛、玉树、迪庆和甘南生态环境质量较好，而工业污染、草场退化、水质下降、旅游活动超过生态环境承载力等因素严重影响了环青海湖二州生态环境质量。

2011—2017 年青藏高原涉藏地区 10 个藏族自治州各维度及综合竞争力生态位宽度仍有差异显著。在综合竞争力生态位中，2011—2016 年排名与 2006—2011 年排名总体一致，阿坝仍然居于青藏高原涉藏地区旅游业综合竞争力的首位。迪庆凭借"香格里拉"旅游品牌及便捷的交通体系稳居第二。甘孜虽然旅游开发时间较早，但受地理环境条件制约，交通薄弱，处在"九黄环线"和"香格里拉"的屏蔽效应之下，仅排名第三。海北和海南排名先后发生变动，海北从第六位降至第七位，海南从第七位升至第六位。海南州政府不断积极开发青海湖二郎剑景区、加大对旅游景区推广，使二郎剑成为青海湖的标志性景区。而海北仅有 3 个 4A 级景区，并且在2011 后并未获批新的景区，旅游基础设施老化、旅游规划开发陈旧。旅游资源是决定旅游竞争力强弱的关键所在，也是海北被反超的原因之一。2011 年后甘南、阿坝、黄南、果洛及海西均有 4A 级景区获批，说明这些区域丰富的旅游资源仍可进一步开发，尤其是海西茶卡盐湖 4A 景区因地制宜开展工业旅游，丰富了青藏高原涉藏地区旅游类型。从旅游市场维来看，阿坝、迪庆、甘孜和海西旅游市场竞争力生态位宽度超过青藏高原涉藏地区平均水平线，是竞争力较强的区域，这与旅游资源、发展定位和宣传营销密切相关。社会经济维是区域经济实力和发展潜力的体现，区域社会经济实力与对资本、技术、人才的吸引力紧密相关，投资机会多，基础设施相对完善，对旅游业的推动和促进正向作用大，如海西、阿坝社会经济竞争力强，而玉树、果洛社会经济竞争力弱。在生态环境维中，玉树、果洛大部分区域属于三江草原草甸湿地生态功能区，阿坝下辖三县属于若尔盖草原湿地生态功能区，迪庆绝大部分区域属于川滇森林及生物多样性生态功能区，而甘南全境都属于甘南黄河重要水源补给生态功能区。以上区域作为国家重点生态功能区，通过落实退牧还草政策、治理草场沙化退化等措施维护了优良的生态环境，因而排名靠前。

（二）空间格局分析

合理的空间格局是实现资源优化配置的重要前提，也是青藏高原涉藏地区实现协调同进的基础条件。考虑到时效性，将青藏高原涉藏地区 10 个藏族自治州 2011—2016 年旅游业竞争力生态位值导入 ArcGIS10.2 软件，采用自然间断点分类法进行系统聚类分析，按照降序排列划分为领先型、优势性、潜力型、滞后型，构建出青藏高原涉藏地区旅游业竞争力空间格局。

领先型区域阿坝旅游资源最为丰富，市场占有率高，社会经济较为发达，环境质量优良，旅游业与经济、社会、生态良性互动，竞争力最强。

优势型区域包括迪庆、甘孜、甘南、海西，迪庆旅游开发较早，旅游资源品质优，旅游品牌溢价能力强,交通设施完善,市场优势突出,注重优化产业结构和改善生态环境质量是当下发展重点。交通条件是甘孜旅游业乃至区域整体发展的瓶颈所在,且在生态环境保护方面有所欠缺,但有数量丰富的优质旅游资源作为其发展基础和核心,改善交通和防治自然灾害是关键所在。海西凭借成熟的工业支撑,尽管旅游业发展水平低,"旅游+工业"的融合发展方向明确,发展速度较快,以此为招牌不失为另辟蹊径的发展道路。甘南虽然旅游业起步时间相对较晚,但交通条件便利,距离省会城市近,213国道将其与核心区域阿坝相连,使旅游业呈现后发赶超的态势,需要注重综合维度的提升。

潜力型区域包括海南、海北和黄南。海北和海南虽有青海湖这一优质旅游资源,并且旅游起步较早,但在社会经济和生态环境两个维度表现差强人意,旅游业发展受限于生态承载力的限制和旅游基础设施落后的双重障碍因素,未来需要在这两方面加以关注和投入。黄南虽然有地域特色鲜明的藏族热贡文化,但旅游开发程度低,尚需进一步挖掘和宣传,打造旅游品牌,且生态环境重视程度有待加强。

滞后区域包括玉树和果洛。二者虽然有良好的生态环境作为保障,并且拥有三江源自然保护区、年保玉则国家森林公园等新近开发的旅游资源,2017年可可西里成功入选《世界遗产名录》更为玉树旅游业带来新的发展契机,但州内区域面积大、交通通达度低、与省会城市及经济发达地区距离远、人口受教育水平较低、产业单一等都是二者旅游业竞争力弱的原因所在,未来需要在社会经济、旅游市场两个维度进行综合投入。

四、结论与建议

通过以上研究得出结论:旅游资源、旅游市场、社会经济和生态环境四个维度相互影响并共同决定区域旅游业综合竞争力,任意维度的不协调都会影响旅游业综合竞争力,各维度生态位宽度排名靠前的情况仅有阿坝州(均位居前3名)。非均衡是青藏高原涉藏地区旅游业竞争力空间格局的总体特征,内部差异较大,存在极化现象,极化中心为阿坝州。2006—2016年青藏高原涉藏地区旅游竞争力各维度生态位排名几乎无明显变化,呈梯度结构分布,不同梯度区域的发展水平、潜力和方向不尽相同,旅游业竞争力空间格局初步形成。为缩小空间差异,促进青藏高原涉藏地区旅游业协调可持续发展,需要以生态位扩展、分离和优化策略探寻旅游业竞争力提升的合理路径。

(一)旅游生态位扩展策略

旅游生态位扩充策略是指通过增加可用资源的数量和质量,开辟旅游发展新空间,青藏高原涉藏地区旅游业竞争力提升应以充分挖掘旅游业增长潜力,实现旅游生态位的增加。首先,青藏高原涉藏地区不仅有数量可观的自然旅游资源,同时还有丰富多彩的文化旅游资源如民族文化、红色文化、宗教文化、非遗文化等,可在遵循保护性开发原则前提下,以"体验旅游"的形式打造主题公园、历史文化街区及民俗文化博物馆,将文化资源转化为深度体验型旅游产品。其次,兼顾增加旅游景区数量和提升现有景区质量,领先型和优势型区域凭借资本倾斜优势升级改造景区设施设备、提升服务水平、改进管理方式,延长旅游景区生命周期,实现客源二次回流;潜力型和滞后型区域应结合自身优势积极升级和申报森林公园、湿地公园、自然保护区等旅游景区,丰富景区类型。最后,青藏高原涉藏地区旅游形式过于单一,旅游业与其他产业融合发展程度较低，需因地制宜地积极创新旅游形式，促进"旅游+"融合发展，如领先型区域可开发商务旅游、会议旅游；优势型和潜力型可开发度假旅游、休闲旅游、养生旅游；滞后型可开发探险旅游、朝圣旅游、牧业旅游，实现从景点景区旅游逐步向全域旅游的转变。

（二）旅游生态位分离策略

旅游生态位重叠指在空间资源有限情况下，两个或两个以上旅游地同一空间相互竞争，即青藏高原涉藏地区目前存在的旅游同质化现象。错位发展是降低同质化、实现差异化的重要方式。从空间上来说，旅游景区开发选址要与已有类似景区保持适当距离，客源市场定位与同类产品相区别，以此降低生态位重合度，如阿坝州毕棚沟景区、黄南州坎布拉景区和果洛州年保玉则景区是类型相同的4A级景区，理论目标市场存在一定重叠，但由于所处地理位置不同，实际客源市场却有差异。从时间上来说，旅游淡旺季受季节、气候、温度、地形等诸多因素影响，需要根据旅游产品特征和目标市场定位选择适宜的开发时序和层次结构，淡旺季异常分明是制约青藏高原涉藏地区旅游业发展的短板所在，冬春季节为青藏高原涉藏地区旅游淡季，景区、酒店、餐厅纷纷歇业，旅游从业人员或转岗或休息，候鸟式运营很难保证旅游服务质量的持续提高。让"淡季不淡"不仅能够降低时间重叠，减轻旺季时运营压力，也可利用时间错位方式扩大客源，如阿坝州推出"冬游阿坝"、甘孜州推出"冬季温泉游"、各区域正月晒佛节活动等。

（三）旅游生态位优化策略

旅游生态位的优化指旅游地之间以相互联合、扬长补短为基础，以扩大总体旅游生态位为前提，共同受益的适应和发展过程。青藏高原涉藏地区旅游业竞争力非均衡的突出特征为旅游生态位的优化提供了可能。独立单元的旅游业发展本身具有局限性，在区域差距较大的情况下，"马太效应"使资本、机会、人才、技术涌向旅游发展程度较高区域，旅游业发展程度较低的区域想要凭借一己之力实现赶超困难重重，从而形成强者恒强、弱者恒弱的固化局面。国家旅游局发布的《四省藏区旅游业协同发展规划（2016—2025）》强调区域统筹是实现协同发展、解决非均衡的根本出路。青藏高原涉藏地区地理位置相连、自然环境相似、文化属性相通，具有协同发展的天然条件和基础。在旅游产业化进程中，破除地方保护主义和行政区划本位主义壁垒，树立区域旅游合作发展理念，建立区域联动协调机制，在合理旅游空间格局中，领先型区域在实现自身发展的同时充分发挥辐射和带动作用，优势型和潜力型区域作为承上启下，实现协同发展的重要连接点，既要加强同优势型区域合作以提高自身竞争力，又要带动滞后型区域发展，通过建立良好竞合关系，打造区域旅游一体化，实现共生共赢的规模效应。

（2019年8月）

参考文献

[1] Asy G R, GRIESS P R. Impact of a tourist facility on its hinter land. Annals of the Association of American Geographers, 1966, 56（1）：290-306.

[2] BRENT RITCHIE J R, GEOFFREY I C. Competitiveness and societal prosperity. Journal

of Business Research, 1999, 44（3）: 137-152.

[3] HIN SEUNGHUN. Conceptualization of smart tourism destination competitiveness. Asia Pacific Journal of Information System, 2016, 4（26）: 561-576.

[4] CUCCULELLI M, GOFFI G. Does sustainability enhance tourism destination competitiveness? Evidence from Italian destinations of excellence. Journal of Cleaner Production, 2016, 111（1）: 370-382.

[5] BUCHER S S, PASTERNAK S T. Travel & tourism competitiveness index in Slovakia and Czech Republic. Central Europe Area View of Current Geography, 2016: 246-252.

[6] 葛全胜，钟林生. 中国边境旅游发展报告. 北京：科学出版社，2014.

[7] 刘中艳，罗琼. 省域城市旅游竞争力测度与评价——以湖南省为例. 经济地理，2015，35（04）: 186-192.

[8] 陈灿平，姜豪. 扶贫视阈下甘孜州县域旅游产业竞争力研究. 民族学刊，2016，7（05）: 71-75+120-122.

[9] 向旭，杨晓霞，屈妮娜. 秦巴山脉重庆片区旅游竞争力评价与提升研究. 西南大学学报（社会科学版），2018，44（01）: 49-61.

[10] GRNNELL J. The niche relationship of the California Thrasher. The Auk, 1917, 34: 427-433.

[11] ELTON C S. Animal ecology. London: Sidgwick and Jackson, 1927.

[12] HUTCHINSON G E. Concluding remarks. Cold spring Harbor Symposium on Quantitative Biology, 1957, 22: 66-77.

青藏高原东南缘地学景观系统及旅游开发构想

陈 兴 覃建雄

横断山中南段是代表横断山脉"横断"地貌最典型的核心区域,其地跨川滇藏三省区,四大山系和三大河流构成举世闻名的三江并流高山峡谷区。独特的地貌加上低纬度高海拔的特点,使得该区域自然地理条件独具一格,生物区系绚丽多彩,堪称我国西部山地景观的典型代表。作为我国地学景观类型最丰富的地区之一,该区域成为我国旅游发展最具潜力的区域之一,其景观资源构成中国西部地区旅游品牌吸引力的重要景观基础。目前学界对地学景观的研究主要集中在地学景观概念与类别、地学景观地质背景及成因、地学景观资源评价以及地学景观资源的保护与开发等四个方面[1-10],对于地学景观系统及区划的研究涉及较少,尤其缺乏对跨区域、大尺度、景观类型多样且成因复杂区域的相关研究。横断山中南段因其独特的地质构造和地理环境而受到学术界广泛关注,长期以来一直是研究地学和生物学中许多重大理论问题的关键性地区,目前对该区域的基础地质和自然地理研究已取得一系列成果,然而这些成果很少有专题论及该区域的地学景观系统。仅有的成果集中体现在我国学者对云南"三江并流"世界遗产区的旅游地学研究方面,主要从旅游地质资源描述与评价[11-17]、环境脆弱性分析[18]、局部景观格局分析[19-20]、局部区域旅游开发[21-26]等方面进行了探讨,目前对该区域景观系统的研究还缺乏整体性与系统性。

一、横断山脉中南段地学景观系统等级划分

横断山中南段区域范围较大,且地质结构较为复杂,导致该区域在海拔、气候、地貌等方面的差异较大,地学景观资源类型丰富且禀赋极高。因此对其地学景观系统的认定,需要按照地学标准划分景观"空间尺度"。参照地质学"体系域"和"构造体系"的相关概念,将该区域地学景观系统划分为四个层次:地学景观体系域—地学景观体系—地学景观区—地学景观(如表1所示)。横断山中南段区域具有明显的地层区划、断裂构造痕迹及地貌分区特征[27-31],因此景观分类的空间特征较为明显。通过对现有资料的整理,结合线路式实地踏勘,将该区域地学景观系统划分为 2 个 I 级地学景观体系域、8 个 II 级地学景观体系、21 个 III 级地学景观区和 165 处代表性地学景点(如表2所示)。

表 1　横断山中南段地学景观系统分级标准

	I 级	II 级	III 级	IV 级
等级名称	地学景观体系域	地学景观体系	地学景观区	地学景观
含义	受大地构造特征控制构成的景观带	由次一级构造要素划分的景观构造带以及景观构造带之间所夹岩块组合体	地学景观体系中具有观赏连续性的景观组合体	构成连续性景观组合体的单体景观,是地学景观系统的基础单位

表 2　横断山中南段地学景观系统

Ⅰ	Ⅱ	Ⅲ	Ⅳ 代表景点
A 横断山中南段西缘地学景观体系域	A1 伯舒拉岭-高黎贡山地学景观体系	A1-1 察隅然乌景观区	本孔雪山（扬巴必松峰）、慈巴沟、阿扎冰川、来古冰川群、然乌湖
		A1-2 独龙江峡谷景观区	担当力卡山、克劳洛峡谷、麻必洛峡谷、马库嶂谷、卡洛峡谷、哈滂瀑布
		A1-3 高黎贡山景观区	贡当神山、卡瓦卡布峰、达白腊卡湖群、滴水岩瀑布、月亮山-石月亮（高黎贡山寒武纪玄武岩自然风化景观）、高黎贡山冰湖群、丫扁山、亚坪高山生态旅游区、片马旅游区（风雪丫口-驼峰航标、听命湖）、阴阳山瀑布
	A2 腾冲地热火山景观体系	腾冲地热火山景观区	火山国家地质公园、热海、火山岩柱状节理、云峰山、北海湿地、来凤山、叠水河瀑布
B 横断山中南段三江地学景观体系域	B1 怒江地学景观体系	怒江峡谷景观区	怒江 72 拐、石门关、怒江第一湾、丙中洛峡谷田园、怒江大峡谷（秋那桶峡谷/青拉桶峡谷）、马吉峡、勒阿健温泉、子楞温泉、跃进桥温泉群、登埂温泉、下澡塘温泉、下澡塘温泉溶洞、瓦拉亚窟-芭蕉河溶洞群、双腊瓦底嶂谷、老虎跳
	B2 他念他翁-怒山地学景观体系	B2-1 左贡景观区	达美拥雪山、东达山、雀拉山、帕巴拉神湖、玉曲河峡谷、美玉温泉、美玉草原
		B2-2 梅里雪山景观区	太子十三峰、明永冰川、斯农冰川、良子曲冰川群、容秋冰川、雨崩瀑布、西当温泉
		B2-3 碧罗雪山景观区	嘎拉拍山峰、蛇拉腊卡峰、查布朵嘎峰、干地依比湖、恩热依比湖、七莲湖、查布朵嘎湖泊群、新化湖、拉嘎洛河瀑布群、腊乌岩瀑布、老窝山、老窝山冰湖群（念波依比湖、鸡夺鲁湖、七星湖等）、高湖十八弯、腊玛窟坝子
	B3 澜沧江地学景观体系	澜沧江峡谷景观区	澜沧江大峡谷、盐井古盐田、峡谷田园、曲孜卡温泉、澜沧江大拐弯、燕子岩峡谷、澜沧江河谷梯田
	B4 芒康山-云岭地学景观体系	B4-1 芒康景观区	红拉山、海通石林、莽措湖、二道班温泉、扎古西峡谷（喀斯特地貌）
		B4-2 白茫雪山景观区	扎拉雀尼峰、雪山垭口、甲午雪山、察里雪山、珠巴洛河谷、响古菁
		B4-3 老君山景观区	黎明美乐丹霞景观、小羊场湖群、大羊场湿地、金丝厂湖群、九十九龙潭、雪邦山、罗古菁、石宝山、栗地坪
		B4-4 雪盘山景观区	雪盘山、清水朗山、虎头山、沘江河谷、跃龙公路沿线岩溶地貌（溶洞）、云龙八大盐井遗址、沘江邓诺段天然太极地貌、天池（暑场海）、河口温泉、炼场坪温泉、暑场大浪坝草甸、新生桥
		B4-5 点苍山景观区	苍山十九峰、苍山十八溪、点苍山冰湖群（洗马潭、黄龙潭、黑龙潭等）、花甸坝、地热国温泉、漾濞石门关、蝴蝶泉
	B5 金沙江地学景观体系	金沙江峡谷景观区	金沙江大峡谷、金沙江第一湾、奔子栏-月亮湾峡谷田园、奔子栏新构造运动地质遗迹、长江第一湾、虎跳峡、五境溶洞

I	II	III	IV
			代表景点
B 横断山中南段三江地学景观体系域	B6 沙鲁里山地学景观体系	B6-1 措普竹巴龙景观区	党结真拉神山、扎金甲博神山、措普湖、章德草原、相丘曲格峰、相丘曲格峰冰川、措拉湖、茶洛温泉群、肖扎瀑布、昌宝夏瀑布、克麦隆瀑布、多吉卓洛瀑布、竹巴龙
		B6-2 格聂海子山景观区	格聂山雪峰群(格聂主峰、肖扎神山、克麦隆神山等)、格聂河谷、格聂峰冰川、格聂温泉群(嘎巫沸泉、仲拿沟温泉、热日卡温泉群)、海子山、海子山古冰川遗迹、海子山冰湖群
		B6-3 亚丁景观区	三神山(仙乃日、央迈勇、夏诺多吉)、丹增措(五色海)、俄绒措(牛奶海)、木底措、冲古草坝、洛绒牛场、俄初山、卡斯地狱谷
		B6-4 香巴拉太阳谷景观区	萨苟神山、索郎峰、巴姆神山、日朗央措七海子高山冰斗湖泊群、冰湖悬谷瀑布、然乌温泉、热曹考蛇泉、柴柯温泉、其章温泉、达根温泉、尼丁五彩鱼泉、尼丁峡谷、章吉瀑布、仙嘎宗雪山、嘎金雪山、下拥冰湖群、日主共草甸、定曲河峡谷、硕曲河峡谷、毛屋大峡谷、莫木大峡谷、巴拉格宗大峡谷、碧壤峡谷、色仓大峡谷、红山湖群、尼汝七彩瀑布、大雪山垭口、小雪山垭口
		B6-5 中甸景观区	蓝月山谷、纳帕海、普达措(属都湖、碧塔海)、千湖山湖群(碧沽天池、三碧海等)、小中甸坝子、天生桥(地热)、下给温泉
		B6-6 哈巴玉龙雪山景观区	天宝雪山、白水台(泉华)、哈巴雪山、哈巴雪山高山冰蚀湖群、哈巴雪山冰川、哈巴雪山悬泉飞瀑、玉龙雪山、玉龙雪山冰川、甘海子、白水河、云杉坪、牦牛坪

二、主要景观类型

参照地质遗迹景观和旅游景观主要分类方法[32-33],将横断山脉中南段地学景观划分为 4 大类、16 种类型 19 亚类(表 3),其中,代表性地学景观主要为地质构造类、高原山地、高山峡谷、高山湖泊、地热温泉、岩溶泉华、高山丹霞和生态景观。其中不少景观堪称世界之最,极具科学研究和旅游观赏价值。

表 3 横断山中南段地学景观分类

大类	类	亚类	典型景观
地质构造现象	地层类	典型沉积层序剖面	香格里拉金江银厂沟中寒武、石炭系地层剖面、香格里拉布伦下-中三叠纪地层剖面、石鼓西下第三系地层剖面、独龙江地质剖面
	构造类	典型区域性构造	怒江断裂带、澜沧江断裂带、金沙江虎跳峡褶皱断裂构造、奔子栏、尼西北西向断裂
	岩石类	典型火山岩	独龙江燕山期花岗岩类、白茫雪山花岗岩类、德钦贡坡/霞若乡吉义独村铁镁-超铁镁质岩类、德钦县东竹林贡卡碧玉岩/枕状熔岩、德钦县贡坡蛇绿岩、贡卡变质橄榄岩、腾冲玄武岩

大类	类	亚类	典型景观
地质构造现象	岩石类	典型变质岩	石鼓群变质岩类、虎跳峡浅变质岩类、六库附近崇山群变质岩类、点苍山变质石灰岩
		典型沉积岩	维西县塔城电站放射虫硅质岩、香格里拉市附近上三叠统沉积混杂岩、东竹林二叠系碎屑岩与蛇绿岩混杂岩
	矿床类	典型金属矿床	兰坪铅锌矿、羊拉铜矿
		典型非金属矿床	盐井古盐田
古生物	古动物类	—	维西县拖枝村上三叠统瓣腮类动物化石层、白茫雪山上三叠统灰岩中珊瑚及腕足类化石、德钦县鲁娜北西上三叠统砂页岩瓣腮类和腕足类化石、德钦石棉矿下二叠统灰岩中茅口期化石、德钦县见家顶附近侏罗纪瓣腮类化石
地貌	山岳类	—	本孔雪山、担当力卡山、高黎贡山峰群、月亮山-石月亮、东达山、梅里雪山峰群、碧罗雪山峰群、达美拥雪山、红拉山、白茫雪山（扎拉雀尼峰）、甲午雪山、察里雪山、格聂山雪峰群、海子山、亚丁三神山、党结真拉神山、扎金甲博神山、相丘曲格峰、萨苟神山、索郎峰、巴姆神山、仙嘎宗（巴拉格宗）雪山、嘎金雪山、天宝雪山、哈巴雪山、玉龙雪山、雪盘山、清水朗山、苍山十九峰
	峡谷类	—	怒江大峡谷、澜沧江大峡谷、金沙江大峡谷、独龙江峡谷群、尼丁峡谷、定曲河峡谷、硕曲河峡谷、毛屋大峡谷、莫木大峡谷、香格里拉峡谷群、珠巴洛河谷
	水体类	河流	怒江、澜沧江、金沙江、独龙江、定曲河、岗曲河、硕曲河、属都河、老窝河、珠巴洛河、沘江等
		湖泊	然乌湖、达白腊卡湖群、高黎贡山冰湖群、听命湖、北海湿地、帕巴拉神湖、碧罗雪山冰湖群、莽措湖、老君山冰湖群、点苍山冰湖群、海子山冰湖群、亚丁三神山湖群、纳帕海、千湖山湖群、措普沟湖群、日郎央措七海子高山冰斗湖泊群、下拥冰湖群、红山湖群、普达措、哈巴雪山高山冰蚀湖群、天池
		瀑布	滴水岩瀑布、哈滂瀑布、亚坪大瀑布、腊乌岩瀑布、阴阳山瀑布、叠水河瀑布、雨崩瀑布、香巴拉冰湖悬谷瀑布、章吉瀑布、措普沟瀑布群、哈巴雪山悬泉飞瀑、尼汝七彩瀑布、罗古菁峡瀑
		温泉	美玉温泉、西当温泉、泸水温泉群、曲孜卡温泉、格聂温泉群、茶洛温泉群、乡城温泉群、天生桥温泉、下给温泉、上桥头温泉、棕榈峡温泉、河口温泉、炼场坪温泉、下澡塘温泉、地热国温泉、腾冲热海、慈巴沟温泉
		泉水	尼丁五彩鱼泉、白水台冷泉、苍山十八溪、蝴蝶泉

续表

大类	类	亚类	典型景观
地貌	岩溶类	洞穴	瓦拉亚窟-芭蕉河溶洞群、下澡塘温泉溶洞、跃龙公路沿线岩溶地貌（溶洞）、然乌溶洞、五境溶洞
		峰丛	海通石林、翁水岩溶峰丛
		钙华	白水台泉华、天生桥泉华、下给温泉泉华
	丹霞类	—	老君山丹霞地貌
	冰川类	冰川遗迹	海子山古冰川遗迹、香巴拉七湖冰川刨蚀湖和古冰斗、圣水门冰川遗址、日生湖古冰斗、下拥冰川U形谷、慈巴沟冰川侵蚀地貌、娄巴曲上游古冰川U形谷、八宿日隆埂古冰川遗址、尼汝古冰川浮冰漂砾、罗古菁-富和山高山冰川遗址、老窝河石炭纪冰海相浮冰落石沉积、白茫雪山冰蚀谷、雨崩U形谷、白芒-甲午雪山冰川遗迹、老君山冰川遗迹、虎跳峡冰川遗迹等
		现代冰川	阿扎冰川、来古冰川群、米堆冰川群、梅里雪山冰川群、格聂峰冰川、相丘曲格峰冰川、哈巴雪山冰川、玉龙雪山冰川
	火山类	—	腾冲火山国家地质公园
	地质灾害遗迹类	滑坡	得荣县城红岩子滑坡、大兴地滑坡群、知子罗滑坡群、称嘎滑坡群、虎跳峡滑坡群
		地震遗迹	察隅地震遗迹、虎跳峡地震遗迹
生态	林木类	—	慈巴沟森林生态系统、高黎贡山亚热带寒温带森林垂直带景观及其生态系统、白茫雪山亚高山针叶林生态系统、天池云南松种质资源及其生态系统、苍山洱海森林及高原
			湖泊生态系统、亚丁森林生态系统等
	草甸类	—	海子山高寒湿地生态系统自然保护区；亚坪高山草甸、美玉草原、腊玛窟坝子、栗地坪、冲古草坝、洛绒牛场、日主共草甸、小中甸坝子、老君山高原牧场、章德草原、暑场大浪坝草甸等
	野生动物栖息地类	—	白茫雪山滇金丝猴自然保护区、芒康（红拉山）滇金丝猴自然保护区、长江上游珍稀特有鱼类国家级自然保护区、海子山麝类动物自然保护区等

三、景观分布特征

（一）横断山西缘地学景观体系域（A）

横断山中南段西缘地学景观体系域地处横断山中南段西部边缘，在地质构造上位于班公错-怒江断裂带西侧，处于冈瓦纳大陆北缘冈底斯-腾冲陆缘造山系，在地层上属于喜马拉雅-冈底斯地层大区。该体系域的地学景观主要属于一种地学景观体系，即伯舒拉岭-高黎贡山地学景观体系。此外，处在同一构造单元和地层大区的腾冲地热火山地学景观区，由于地处高黎贡山南段西侧，属横断山西南外围区域，并且拥有典型的第四纪火山地貌，因而将其单独划分为一个地学景观体系。

1. 伯舒拉岭-高黎贡山地学景观体系（A1）

该体系自北向南包含伯舒拉岭和高黎贡山两大山系，划分为察隅然乌、独龙江、高黎贡山三个地学景观区。

2. 腾冲地热火山地学景观体系（A2）

腾冲地热火山地学景观体系地学景观十分统一，主要以第四纪火山和地热为代表，因而划分为1个地学景观区。该区域面积129.9平方千米，盆地呈长马蹄状。区域内最著名的景观是地热温泉群和火山群。

（二）三江地学景观体系域（B）

横断山中南段三江地学景观体系域地处横断山中南段主体区域，在地质构造上位于班公错-怒江断裂带东侧，处于泛华夏陆块西缘"三江"陆缘造山系，地层上属于西南三江地层大区。该体系域分为怒江、澜沧江、金沙江和他念他翁-怒山、宁静山-云岭、沙鲁里山六大地学景观体系。

1. 怒江峡谷地学景观体系（B1）

怒江地学景观体系位于印度板块和欧亚板块相碰撞及板块俯冲的怒江断裂带，是著名的深大断裂纵谷区。该体系主要由怒江峡谷地学景观区构成。区域内怒江峡谷总长约600千米，是世界上最长的深切大峡谷，也是全球新构造运动最强烈的地区之一。

2. 他念他翁-怒山地学景观体系（B2）

他念他翁-怒山地学景观体系处于班公错-怒江断裂带与澜沧江断裂带之间，地质构造上属左贡陆块和临沧岛弧带。该体系自北向南包含他念他翁和怒山两大山系，划分为左贡、梅里雪山、碧罗雪山三大地学景观区。

3. 澜沧江峡谷地学景观体系（B3）

澜沧江地学景观体系位于澜沧江断裂带，主要由澜沧江峡谷地学景观区构成。峡谷内地势北高南低，河流深切，形成两岸高山对峙、坡陡险峻的"V"形峡谷，海拔相对高差平均3000米，陡峭的高山纵谷地形和奇异绝妙的地理构造，实属举世罕见，堪称中国最美大峡谷之一。

4. 芒康山-云岭地学景观体系（B4）

芒康山-云岭地学景观体系处于澜沧江断裂带与金沙江-红河断裂带之间，地质构造上属昌都-芒康-思茅陆块。该体系自北向南包含芒康山和云岭两大山系，划分为芒康、白茫雪山、老君山、雪盘山、点苍山五大地学景观区。

5. 金沙江峡谷地学景观体系（B5）

金沙江地学景观体系位于金沙江断裂带，主要由金沙江峡谷地学景观区构成。峡谷内竹巴龙至奔子栏段属极深切割的"V"形高山峡谷，峡谷相对切割深度在2000米左右，谷坡一般为30度左右，峡谷内日照充足，蒸发量是降水量的 8 倍，是典型的干热河谷。奔子栏至石鼓段较为开阔，奔子栏附近是板块地缝合线、新构造运动形迹集萃地段。过石鼓后，金沙江流向由原来的东南向，急转成东北向，形成奇特的"U"形大弯道，成为长江流向的一个急剧转折，被称为"万里长江第一弯"。石鼓以下，江面渐窄，不远即进入举世罕见的虎跳峡，整个峡谷江面总落差达213 米，平均每千米落差高达 10.65 米，是金沙江落差最集中的河段。

6. 沙鲁里山地学景观体系（B6）

沙鲁里山地学景观体系处于金沙江-红河断裂带与甘孜-理塘断裂带之间，地质构造上属德格-中甸陆块和松潘-甘孜褶皱带（巴颜喀拉前陆盆地）。该体系主要包含沙鲁里山系，自北向南划分为措普竹巴龙、格聂海子山、亚丁、香巴拉太阳谷、千湖山、哈巴玉龙雪山六大地学景观区。

四、横断山脉中南段旅游开发构想

（一）确立旅游分区

1. 旅游分区原则

（1）综合地貌、气候、植被等自然地理区划。依据主要河流所流经区域的完整性、主要山脉走向的一致性、气候分布的区域性、植被分布的水平地带性，按照流域、山脉走向、气候分布区、植被分布带的同一性对区域进行划分。

（2）结合行政区域管理和现有交通线网通达性。根据区域内跨行政区的特点，进行旅游分区时应主要以县为单位进行，尽量不要割裂县级行政区的属地管理；同时应兼顾道路交通网络的连通度与可达性，所划分区域应能通过主要交通轴线相互连接。

（3）遵从旅游景观的特异性。依托各地区旅游景观资源赋存状况、空间分布与组合状况，资源品位及向产品转化的适宜性。所划分区域尽量不割裂景观的连续性，同一景观尽量划归同一区域内。

2. 旅游区划分

以 318 国道（川藏线）、214 国道（滇藏线）、320 国道为三条轴线，形成两横一纵的大旅游交通架构，同时结合四山夹三江的地貌南北纵列格局，将横断山中南段区域划分为 23 个生态旅游区。

（1）怒江自然文化景观旅游带（伯舒拉岭-高黎贡山—他念他翁-怒山）：然乌生态旅游区、察隅生态旅游区、贡山生态旅游区、月亮山生态旅游区、片马生态旅游区、腾冲生态旅游区。

（2）澜沧江自然文化景观旅游带（他念他翁-怒山—芒康山-云岭）：左贡生态旅游区、芒康生态旅游区、梅里雪山生态旅游区、老窝山生态旅游区、聚龙湖生态旅游区、云龙生态旅游区、苍山洱海生态旅游区。

（3）金沙江自然文化景观旅游带（芒康山-云岭—沙鲁里山）：巴塘生态旅游区、格聂山生态旅游区、稻城亚丁生态旅游区、乡城香巴拉生态旅游区、得荣太阳谷生态旅游区、红山生态旅游区、千湖山生态旅游区、哈巴雪山生态旅游区、玉龙雪山生态旅游区、老君山生态旅游区。

（二）旅游产品选择

结合横断山中南段区域不同的景观资源特点和景观环境保护要求，着力打造以生态观光、文化探秘、科考探险、乡村旅游、体育旅游、温泉疗养度假等为主体的多元化特色旅游产品体系，丰富产品类型及内涵，凸显生态旅游品质。同时以资源原真性体现和游客参与性融入为重点，强化旅游项目的体验性设计，提升生态旅游体验质量。区域内旅游产品以线路产品为主导，围绕主要交通网络、景观旅游带及其生态旅游区，按照整合性、主题性、生态性、特色性、市场需求、多样化和区域合作的原则进行打造。

需要注意的是，根据景观资源的分布特点，横断山中南段区域旅游发展必须建立完整的品牌体系，即以区域性大品牌为支撑和统筹，认真挖掘区域内各景观核心元素，建立区域内若干衍生品牌，体现整体特色的同时，凸显各自差异。首先应打破行政和地理界限，树立统一的区域性旅游品牌，即共享共建大香格里拉和横断山大品牌，推动区域旅游整体发展。其次，针对区域同质化旅游资源较多的特点，整合区域旅游资源和相关要素，根据资源特色和旅游市场需求，打造旅游精品线路（目的地），塑造区域性特色品牌。

主要旅游产品开发模式如下：

1. 高山峡谷观光

区域特点：交通路况较好，海拔相对较低，距离中心城镇较近，高山峡谷地学景观特色明显，视觉冲击力强。

主要景观区：包括怒江峡谷景观区贡山-泸水段，澜沧江峡谷景观区盐井-梅里段，金沙江峡谷景观区得荣-虎跳峡段，香巴拉太阳谷景观区香格里拉峡谷群，以及腾冲地热火山景观区。

产品特色与定位：乘车、自驾或徒步沿江观赏横断山高山峡谷壮美景色，通过登山观景、远眺观景、摄影等方式，感触横断山高山峡谷地学景观魅力。

2. 高山峡谷科考探险

区域特点：具备一定的可进入条件，有一定安全保障，景观原生性强且具有较大科学价值，环境容量非常有限。

主要景观区：包括察隅然乌景观区来古冰川群-慈巴沟，独龙江峡谷景观区、高黎贡山景观区、白茫雪山景观区、措普竹巴龙景观区、格聂海子山景观区和香巴拉太阳谷景观区太阳谷峡谷群。

产品特色与定位：满足个性化需求，通过徒步、登山、骑马等方式，借助专业向导、GPS定位等手段，开展地质科考、生物科考、文化科考以及森林探险、高山探险、峡谷探险等活动项目，探秘横断山高山峡谷景观资源科学价值。

3. 高山峡谷生态体验

区域特点：具备一定的旅游基础设施建设条件，在交通辐射范围内适度开发，景观资源丰富且原生性好、观赏性强、组合度高，环境容量有限。

主要景观区：包括梅里雪山景观区、碧罗雪山景观区、老君山景观区、雪盘山景观区、点苍山景观区、亚丁景观区、香巴拉太阳谷景观区高山湖群及温泉区、中甸景观区、哈巴玉龙雪山景观区，以及左贡景观区、芒康景观区。

产品特色与定位：采取栈道徒步、环保观光车或高山索道、生态木屋居住、简易帐篷过夜等生态旅游方式，开展爬雪山、过草甸、涉湿地、赏丹霞、探溶洞、泡温泉、森林定向运动、登山健行、摄影探险、生态探险等生态体验项目，体验横断山地学景观多样性。

（三）强化区域合作

横断山中南段区域地跨 3 省区 20 余县，景观分布地域广泛。因此，该区域旅游开发要实现景观可持续利用和旅游可持续发展。避免不同利益群体恶性竞争，就必须参照国家公园发展理念与管理模式，统筹协调，强化区域合作，走大旅游发展之路。区域合作要多角度进行，包括旅游产品及品牌打造、旅游营销和旅游线路的组织、景观资源保护、旅游安全管理等方面。通过对旅游资源的整合和联合开发、旅游产品结构的调整与优化、旅游基础设施的共建、旅游市场的共同开拓、旅游信息平台的共同打造、旅游人才的联合培养与交流，打破行政和地理界限，开展跨省（区）、跨市（州）、跨县合作，积极促进无障碍旅游区建设，实现人、财、物、资源、信息的自由流通和政策、制度、措施的高度融合协调，从而促进区域旅游业一体化发展。

具体措施为编制统一的区域旅游规划，建立区域旅游合作组织和区域合作协调机制，构建跨区域旅游企业网络和旅游协会等。一方面树立区域"大香格里拉"和"横断山"旅游整体品牌，共同建立旅游目的地整合营销系统，共享共拓旅游市场，以发挥区域的最大效益和平衡各方面的利益；另一方面推行"线路统筹"，根据旅游产业的功能综合性和产业互融性特征，按照景观资源的分布特点和旅游产品的形成规律，以"资源+市场+社区"的方式，打造跨地区旅游精品线路，整合线路区域内的旅游资源和相关要素，推动区域旅游与社区整体发展。同时，区域内各地区应共同建设网络互联的"智慧景区"平台，通过信息数据共享和功能共用，建立多方联动旅游服务整合体系和旅游安全应急机制，实现旅游服务、旅游安全预警与救援的跨地区合作，确保整个区域旅游运营和管理的协调一致性。

（2018 年 10 月）

参考文献

[1] 陈安泽，卢云亭. 旅游地学概论. 北京：北京大学出版社，1991：228.

[2] 辛建荣. 旅游地学原理. 北京：中国地质大学出版社，2006.

[3] 杨世瑜，吴志亮. 旅游地质学. 天津：南开大学出版社，2006.

[4] 冯天驷. 中国地质旅游资源. 北京：地质出版社，1998.

[5] 李京森，康宏达. 中国旅游地质资源的分类、分区与编图. 第四纪研究，1999（3）：246-253.

[6] 梁修存，丁登山. 国外旅游资源评价研究进展. 自然资源学报，2002.17（2）：253-257.

[7] 姜建军，赵逊，陈安泽. 旅游地学与地质公园建设：旅游地学论文集第十四集. 北京：中国林业出版社，2008.

[8] 张林源，黄羊山. 旅游地貌资源及其开发研究. 地理学与国土研究，1993，9（3）.

[9] 赖坤，冯学钢. 我国峡谷生态旅游开发模式与战略初探. 人文地理，2004，19（2）.

[10] 吴殿延. 山岳景观旅游开发规划实务. 北京：中国旅游出版社，2006.

[11] 杨世瑜. 横空出世——三江并流地质奇观. 昆明：云南民族出版社，2003.

[12] 杨世瑜. 三江并流世界遗产地旅游地质学研究展望. 昆明理工大学学报（理工版），2004，29（4）：85-90.

[13] 庞淑英，杨世瑜，骆华松. 三江并流带旅游地质资源评价模型的研究. 昆明理工大学

学报（理工版），2003，28（5）：10-12.

[14] 杨世瑜，王树芬，等. 三江并流带旅游地质资源开发与环境保护. 昆明：云南民族出版社，2003.

[15] 庞淑英. 三江并流带旅游地质景观数据挖掘及旅游价值评价研究. 昆明：昆明理工大学，2008.

[16] 陈矼，曹礼昆，陈阳. 三江并流的世界自然遗产价值——景观多样性. 中国园林，2004（1）：22-26.

[17] 朱华. 解读三江——云南三江并流地区地质奇观与植被地理. 北京：科学出版社，2009.

[18] 王嘉学，彭秀芬，杨世瑜. 三江并流世界自然遗产地旅游资源及其环境脆弱性分析. 云南师范大学学报，2005，25（2）：60-63.

[19] 甘淑，何大明，党承林. 澜沧江流域云南段景观格局分析. 云南地理环境研究，2003，15（3）：33-39.

[20] 李亚飞，刘高焕，黄翀. 基于决策树分类的云南省迪庆地区景观类型研究. 资源科学，2011，33（2）：328-333.

[21] 邓永红. 高黎贡山生态旅游区旅游资源评价及开发对策研究. 林业调查规划，2007，32（2）：126-130.

[22] 彭永岸，王筱春. 滇西北旅游资源及其开发研究. 经济地理，1999，19（3）：111-114.

[23] 彭永岸，万晔，罗立山. 云南横断山区的多样性与可持续发展的案例研究. 人文地理，2000，15（6）：50-53.

[24] 彭永岸，朱彤，沈靖华. 怒江峡谷旅游业可持续发展研究. 云南地理环境研究，2000，12（2）：88-94.

[25] 陶犁. 云南怒江州旅游资源评价. 学术探索，2002（2）：98-101.

[26] 曾和平，赵敏慧，王宝荣. 哈巴河流域高山峡谷景观的生态规划与设计. 云南林业科技，2003（2）：31-34.

[27] 中国地质科学院成都地质矿产研究所，四川省地质矿产局区域地质调查大队. 怒江-澜沧江-金沙江地区区域地层. 北京：地质出版社，1992.

[28] 潘裕生. 横断山区地质构造分区. 山地研究，1989，7（1）：3-14.

[29] 潘桂棠，王培生，徐耀荣，等. 青藏高原新生代构造演化. 北京：地质出版社，1990.

[30] 李炳元. 横断山区地貌区划. 山地研究，1989，7（1）：13-20.

[31] 杨勤业，郑度. 横断山区综合自然区划纲要. 山地研究，1989，7（1）：57-63.

[32] 陈安泽. 旅游地学大辞典. 北京：科学出版社，2013.

[33] 杨世瑜，庞淑英，李云霞. 旅游景观学. 天津：南开大学出版社，2008：3.

四川省旅游度假目的地成因分类、空间布局与开发模型研究

覃建雄　陈　兴

2011 年 6 月，国家级旅游度假区评定标准获得全国旅游标准化技术委员会批准。从此，我国旅游度假区开发建设进入了新的跨越发展阶段。目前，我国正在进入大众休闲度假旅游时期，避暑-滑雪-运动-康养-居住的综合型度假旅游正成为未来世界旅游发展大趋势，这为四川度假旅游的跨越发展提供了历史难逢的机遇。

四川地处青藏高原和东部平原之间，以山地丘陵背景为主，植被发育，环境优美，生态良好，既无北国冬季之寒冷，亦无南国酷夏之炎热，立体气候特色突出，冬暖夏凉，气候宜人，舒适期长，是游客生态度假最理想的旅游目的地之一。然而，四川除了目前条件比较成熟的峨眉山、九寨沟、邛海外，至今没有一个国家级旅游度假区，这与四川省优厚的自然山水生态环境条件不相一致。

旅游度假区建设除了应具备传统旅游景区软硬件条件，更强调度假区所处区域的地质地貌、自然背景和生态环境条件，具体涉及地质环境、地形地貌、自然安全、土壤、空气、植被、环境、水质等条件[1]。生态环境条件作为度假区不可或缺的基础条件[2]，不仅决定了度假区的旅游舒适度，而且可直接转化为度假旅游产品。四川作为中国西部传统的自然生态环境条件良好的生态旅游区域，具有成为国家-世界级生态度假旅游目的地的巨大潜力，要建设四川国家级精品旅游度假目的地，对四川省旅游度假区成因划分、空间展布规律以及开发建设模型进行研究，势在必行，意义重大。

一、四川省度假旅游自然环境条件分析

四川省位于中国西部高山和东部平原之间的过渡带上，除缺少海岸度假环境条件以外，拥有全球各种度假旅游所需的自然生态环境和资源条件。加之受到特定纬度、海拔、地形、环流、季风、气温、日照、降雨等综合因素的影响，四川省域呈现出其他区域所缺少的丰富多彩、独具特色的度假旅游资源类型和特点。

就地形地貌条件而言，可分为四川西部高山高原区和四川东部盆地山地区。其中，四川西部高山高原区又包括川西北部丘状高原区和川西中南部横断山区（高山深谷相间），适宜于开展高原山地型特色度假旅游；四川东部盆地山地区包括四川盆地平原丘陵区（200～750 米）和川西南山地区（中低山区，1000～1500 米），盆地四周山脉环绕，山岭海拔一般在 1500～2000 米，有利于各种度假旅游活动的开展。

就气候条件而言，由于青藏高原和盆周山区对来自北方的冷空气起屏障作用，使得四川省域相对于长江中下游地区具有同纬冬暖的有利度假气候条件。加之由于地质地形地貌条件的影响，

四川省域气候类型分布具有多元化特点，表现为盆地中央为亚热带地带性气候，盆周山区为山地垂直气候，亚热带气候类型的自然景观特征十分明显，有利于不同季节开展度假旅游。尤其是以攀枝花、凉山地区为代表的冬季阳光气候资源。攀枝花属南方亚热带为基带的立体气候类型，日照长，太阳辐射强，全年无冬，无霜期长，被誉为天然的"大温室"；夏季气温不高，最热月平均气温 26 ℃ 左右。总体而言，攀枝花气候具有春季干热、夏季湿热、秋季凉爽、冬季温暖的四季不分明的特点，最适宜于开展冬季阳光休闲度假旅游，构成四川省域独具特色的度假旅游类型。

多种因素的影响，造成四川省域气温、日照、湿度等相互影响而形成的各种气候条件和气候资源，植被发育，环境优美，生态良好，既没有北国气候寒冷，也没有南国气候炎热，立体气候特色突出，东暖西凉，气候宜人，舒适期长。除缺乏海洋沙滩和海岛外，旅游度假区所有主题吸引物在四川省域范围内应有尽有：山川美景、森林氧吧、江河风光、湖泊水景、温泉康体、高山滑雪、冬季阳光、乡村田园、古镇休闲。

四川省域独特的地质背景和自然条件造就了四川省域的立体生态环境和多元化人文生态，形成了丰富多样的四川省域独特的旅游度假资源，包括 8 处世界遗产、2 个世界地质公园、9 个国家级自然保护区、8 个国家地质公园、8 个国家级风景名胜区、2 个国家 5A 级旅游景区、34 个国家 4A 级旅游景区、18 个国家级森林公园、7 座中国历史文化名城、17 座中国优秀旅游城市、102 处国家级重点文物保护单位。这些气候因子随着季节和地区的不同，形成随着季节不同、区域不同而变化的类型多样、强度不同的度假旅游区带，是旅游者休闲度假最理想的目的地。

二、四川旅游度假区成因分类与特点

旅游度假区除了应具备传统旅游景区的软硬件条件，对所处区域的自然生态环境条件要求则更为苛刻，具体涉及地质环境、地形地貌、自然条件、土壤、空气、植被、环境、水质等条件，生态环境条件作为度假区不可或缺的基础条件，不仅决定了度假区旅游舒适度，而且可直接转化为度假旅游产品。通过综合考虑自然安全条件、吸引物条件、地形地貌条件、生态环境条件、土地利用条件、气候条件、人文环境条件等综合条件，四川省域旅游度假区可划分为如下 9 种成因类型。不同类型旅游度假区，其环境特征各不相同（如表 1 所示）。

表 1　四川省旅游度假区成因类型与环境特点

度假区类型	旅游度假区特点				
	地形地貌	气候条件	生态环境	核心载体	旅游趋向
山地型	局限分布于山地区域。海拔在 500 米以上	四季分明、立体气候	生态环境佳。夏季最适于旅游	山地景观、特殊水体、动植物景观、立体气候	山地度假旅游，包括山地避暑、山地养生、运动度假等
森林型	位于山地丘陵区域。属于山地、丘陵地形地貌	不同地质地貌环境，其气候条件有差异	通常以夏季最适旅游，生态环境最佳	森林景观和森林生态环境为核心吸引物	森林生态度假（森林避暑、森林养生、森林居住）
温泉型	主要位于山地丘陵区域。山区地形地貌	各种气候条件。尤以温泉-冬季组合最佳	各种生态环境，以冬季温泉度假最宜	温泉资源：包括温泉的温度、流量、矿化度	温泉度假旅游：疗养、恢复、理疗、康复、保健等

续表

度假区类型	旅游度假区特点				
	地形地貌	气候条件	生态环境	核心载体	旅游趋向
湖滨/河滨型	主要为低山丘陵区地形地貌	低山丘陵区小气候,气候相对宜人	相对脆弱的生态系统,山水共生	天然河湖或人工水库景观	湖滨休闲度假、湖滨养生居住等
阳光型	特指攀西地区,以高原、山区、丘陵为主	冬季阳光温暖气候,冬季反季节气候	反季节型的生态环境条件	别具一格的"冬暖、冬季阳光"气候资源	冬季阳光相关的旅游度假活动:阳光度假、阳光居住
古镇型	各种地质地貌背景下的最佳地形地貌条件	宜人、宜居、宜业、宜游气候条件	生态环境良好,通常山水镇融为一体	古镇景观、古镇文化、古镇山水环境	古镇休闲度假、养生居住、周末休闲度假
都市型	以平原区域为主,少数丘陵地区	都市"水泥森林"背景下的室内模拟气候	都市人工生态环境,园林化空间	都市生态环境、人工景观以及人文活动	都市居住、会展、商务、会议、居住、节事等
乡村型	各种地质地貌背景下的乡村地形地貌特点	原生态的气候环境条件	原生态自然环境、乡村田园和文化	原生态的乡村山水和人文景观	原生态体验度假、乡村休闲度假、原生态养生居住
综合型	以山地区域地质地貌条件为主	山地区域气候条件宜人	综合性的生态环境,环境优美	综合性的吸引物:山景-水景-森林-人文景观	山地-森林-温泉度假、古镇-森林度假

（一）山地型度假区（mountainous resort）

指位于山地区域并主要依托山地自然资源形成的旅游度假区,即以山地自然旅游资源为吸引物,以完善的山地旅游基础设施和休闲度假设施为载体,为旅游者提供休闲度假为取向的综合性旅游地。山地旅游主要是以山地自然环境为主要的旅游环境载体,以复杂多变的山体景观和各种山地水体、丰富的动植物景观、山地立体气候景观等资源为主要的旅游资源,所以山地旅游度假区通常具有优美的自然景观、良好的生态环境和宜人的气候条件。开展的度假项目主要以山地攀登、探险、考察、野外拓展等为特色旅游项目,兼山地观光、休闲度假、健身、娱乐、教育、运动为一体的一种现代旅游形式。

（二）森林型度假区（forest resort）

以森林景观资源为核心形成的旅游度假区域,利用良好的森林资源和森林生态环境,为旅游者开发建设旅游度假活动设施,提供避暑度假、康体度假等相应旅游服务项目。这种类型的度假区通常与山地、湖泊或河流组合共生而提高其品质。森林休闲度假以林中住宿为主要方式,以林中游憩娱乐为主要消遣,以享受森林环境为主要目的;森林环境自然是天然无污染的原生态环境,是当下人们远离喧闹城市的最佳场所之一,具有不可小觑的市场挖掘潜力。森林休闲度假是一种疏散型休闲，总体分布较广，休闲活动范围也松散。主要以森林公园、自然保护区、风景区为依托，利用其丰富的景观资源（自然、人文）提供高质量的具有一定规模的游览、度假、休憩、保健疗养、科学教育、文化娱乐等活动。森林休闲度假、森林疗养度假、森林运动休闲度假等，如森林浴、林内漫游、森林远足、探幽、探险、林区垂钓、林区狩猎、林区乡村旅游、野外采集、野炊、野餐等，这些都是森林度假必备项目。森林游憩项目多种多样，包括林区高尔夫、林区跑马、林内滑雪等多种少为人知的项目。

（三）温泉型度假区（hotspring resort）

以温泉资源为核心包含周边自然环境和社区充分发挥温泉水中的物质组分及其水疗、保健、养生等天然功能，为旅游者提供疗养康复为主的地域综合体。具有温泉出露的地方，在温度、流量、矿化度等达到一定标准，且自然环境和社会经济条件允许的前提下，一般都可建设为温泉度假区，主要用于疗养、恢复、理疗、康复、保健等，具有特定的市场。

温泉型度假区一般分布于构造活动相对活跃的地质背景区域，主要位于山地丘陵区域。以山区地形地貌为主要特征，各种气候条件丰富。尤其以温泉-冬季-生态环境组合最佳，温泉资源主要包括温泉的温度、流量、矿化度等。大多数温泉旅游度假区都选址于自然环境良好的地区，不仅建设了高档的康体中心，配备现代化的疗养设备、诊所、疗养院和治疗设施，提供专业的疗养医师、舒适的住宿条件、一流的饮食服务等，而且还增加了现代化的休闲娱乐旅游项目。

（四）湖滨/河滨型度假区（lake/river resort）

作为"千河之省"，四川江河湖泊众多。除了川西北的白河、黑河、金沙江等，四川省境内有著名河流雅砻江、岷江（包括大渡河、青衣江）、沱江、嘉陵江（包括涪江、渠江）、赤水河等，河湖稠密，是开展湖滨/滨河型旅游度假的理想之省。湖泊型旅游度假区是指以天然湖泊或人工水库为主体景观的度假旅游目的地。自1992年中国开始设立旅游度假区以来，有三分之一以上为湖泊型旅游度假区，是中国度假区中最重要的类型之一。湖泊型度假区是利用湖泊资源，通过营造良好的环境和选择优越区位，以满足旅游者休闲康体为目的，为游客提供水域休闲、垂钓度假等各种休闲服务和设施的一种旅游度假地域。湖泊型旅游度假区除了具备一般旅游度假区的特征外，由于湖泊资源的特点，湖泊型旅游度假区存在不同于其他类型旅游度假区的特性。湖泊度假区是具有资源的特异性、综合旅游功能、沿湖离散布局特征、景观的高敏感性以及生态脆弱性的区域。

（五）阳光型度假区（sunshine resort）

特指攀枝花、西昌及其周边地区，攀枝花市海拔1500米以下平坝、河谷地区，年平均气温19.7～20.9 ℃，年日照2352～2737小时，年总太阳辐射5600～6300MJ/m²，≥10 ℃积温比四川乃至西部各地多1979～5479 ℃，是依托其独特的气候环境和气候条件，尤其是依托其"冬暖、冬季阳光"别具一格的特点和条件（日照充足、太阳辐射强、气候温暖），结合山川美景、民俗风情、温泉、"反季节"果蔬鲜花资源，配置相关旅游服务设施项目，打造中国阳光生态旅游度假区，为旅游者提供阳光生态度假、疗养旅游、运动休闲、观光度假等服务的综合旅游目的地区域，适于构建高端精品的阳光型国家级旅游度假区。该类型的度假区运用其"反季节"的环境和资源条件，类似于夏天南方人到北方度假，冬天北方人到海南三亚度假。不同的是这里为亚热带气候、山地区域，独特的山地冬暖气候和冬季阳光条件，以及反季节的农产品尤其是果蔬鲜花资源。

（六）古镇型度假区（ancient-town resort）

四川独特的地质地貌地理条件，孕育了悠久的巴蜀文化和特色旅游古镇。四川拥有 4000 多座古城镇，在已公布的国家历史文化名镇中，四川有 14 个古镇入选，占全国总量的 9.8%。其中洛带、李庄、黄龙溪、平乐等古镇等已进行一定的旅游开发，吸引了国内外大批游客，取得了较好的经济效益和社会效益。依托古镇深厚的文化底蕴，借助山-水-镇和谐统一、人与自然完美融合的特点，结合古镇环境优美、生态宜居条件，配置旅游配套服务设施，为游客社区和游客提供集文化教育、医疗服务、行政服务、休闲娱乐、休闲度假等功能综合性旅游地。古镇型度假区是四川乃至中国独具特色、核心竞争力的度假区类型。四川省域可提供各种地质地貌背景下的最佳地形地貌条件。古镇相关的度假旅游包括古镇休闲度假、养生居住、周末休闲度假，主要以古镇景观、古镇文化、古镇山水环境为核心吸引物和载体。

（七）都市型度假区（city resort）

特指四川省会城市成都。成都市作为"世界遗产之都"、中华文化保护地、中国休闲之都、乡村旅游发源地、西南商务会展中心，不仅都市旅游度假资源丰富，而且旅游舒适期长，度假旅游气候条件优，为建设都市型旅游度假区提供了重要的气候基础条件。该类度假区就地形地貌而言，以平原区域为主，少数为丘陵地区。从空间区域来说，就是被乡村田园环境包绕的现代都市区域，因此气候条件具有都市水泥森林气候背景下的室内人工模拟气候环境特点。都市人工生态环境，包括园林化空间、都市生态环境、都市人工景观以及都市人文活动度假区。由于都市型度假区位于大都市或大城市，交通、通信、水电、物资供应发达，主要通过发挥大都市发达的基础服务设施条件，构建时尚、流行、现代度假区，包括居住、会展、商务、会议、居住、节事等，与乡村型度假区互为补充。

（八）乡村型度假区（rural resort）

四川省域独特的地质地理地貌条件为四川省域独特的乡村田园风光，岷江都江堰水利工程孕育了历史渊源的天府之国，四川独特的自然环境和人文风情造就了四川省域特色的乡村度假背景条件，与都市型度假区相互补充。乡村型度假区就是以乡村生态环境、乡村自然景观、乡村风土人情、乡村生活与生产为背景和主线构建的原生态旅游休闲度假天地，是度假旅游目的地的一种生产经营形态，具有参观游览、康乐健身、休闲度假等多种活动功能，具有明确的地域范围和统一建设管理的经营组织，是提供休闲度假设施与服务的、相对独立的旅游社区，具有明显的乡村性特点，包括乡村生态、农业生产、农事活动、农舍建筑、民俗风情、生活方式等乡村范围的物质或非物质形态所具有的原真性、包容性和生态性，如龙门山前山带乡村度假区和环成都乡村休闲度假区域。目前，成都国际乡村度假区以"文化之旅·浪漫田园"为主题，以"生态、文化、休闲、度假、健康"为主线，以"古蜀源、老林盘、慢生活、金温江"为依托，强势宣传区域休闲度假、主题游乐的主题形象，进一步扩大片区知名度、美誉度和影响力，打响体现国际标准的乡村主题游乐区和世界级旅居目的地形象品牌。

（九）综合型度假区（resorts complex）

为国内外主要的旅游度假区类型，在四川省域主要位于山地丘陵区域，通常表现为山地、温泉、森林、湖滨/河滨、阳光、古镇、乡村等两种以上要素的综合，构成四川省域内旅游度假区重要的环境条件、资源背景和特色要素，以两种以上资源要素为主，整合其他环境条件资源，开发建设旅游服务设施项目，为旅游者提供休闲度假为取向的综合性旅游区域，如山地森林度假区、森林湖滨/河滨度假区、温泉乡村度假区、阳光湖泊度假区、古镇温泉度假区等。

三、四川省旅游度假区空间分布规律分析

自然条件、生态环境和空间要素构成旅游度假区的第一要素。四川省域不同地区其自然条件和生态环境各有差异，形成不同成因类型的旅游度假区。不同成因类型旅游度假区，其空间分布具有自身的规律性。

山地型度假区是主要依托山地自然景观资源形成的旅游度假区，该类度假区主要分布于四川盆地周边山地丘陵区域，尤其是川西南的雅安地区和川东北的达州、广元、巴中、南充和广安地区，其次分布在四川西部的凉山、甘孜、阿坝地区。

温泉型度假区局限分布于四川省温泉发育地区，就地质条件而言主要分布于川西甘阿凉地区，其次见于川西南雅安地区、成都平原周边和川南宜宾地区。温泉度假区构成四川省重要的旅游度假区类型，主要分布于四川盆地周边，目前已成功建成温泉型度假区的主要有海螺沟、榆林宫、峨眉山、花水湾、周公山等。四川是全国温泉最丰富的省份之一，大致以阿坝、甘孜、凉山三州东界为界限，分为川西高原温泉区和川东盆地温泉分布区。前者具体分布于甘孜、阿坝、凉山州，以中高温泉为主，后者主要分布于四川盆地周边，包括大邑、雅安、宜宾、达州、广安等地，以中低温泉为主。四川温泉的分布主要受鲜水河、龙门山、金沙江、甘孜-理塘、华蓥山断裂等构造断裂展布的明显控制，包括如下温泉富集带：甘孜—理塘、义敦—多城、炉霍—康定、石棉—德昌、越西—宁南、峨边—金阳、大邑—安县等。

森林型度假区是多以森林景观资源为核心形成的旅游度假区域，四川是森林公园、自然保护区、风景名胜区最多的省份之一。依托于森林资源开发的森林型度假区成为四川省重要的旅游度假产品之一，主要分布与四川盆地四周区域，具体包括川西南的雅安地区，川西甘孜、阿坝和凉山地区，川东北巴中、达州、广元、南充、广安，川东南宜宾、泸州，以及成都周边区域。四川省属典型的森林资源大省。森林旅游独具特色，发展森林公园潜力大、条件好。龙池、瓦屋山等30个森林公园已具备旅游接待条件。

由于所处的地质地理区位和宜人的生态环境和气候条件，四川自古就是古镇集中分布的省域，古镇广泛分布于省内各个地区，形成具有不同地域特色的巴蜀古镇特色体系，可依托古镇深厚的文化底蕴，借助古镇山水和谐统一、人与自然完美融合的特点构建度假区。如代表川东北嘉陵江中游低山丘陵区的南充阆中古城、代表成都平原向川西北高原过渡地带的大邑安仁刘氏庄园、代表龙门山断裂带中断中高山峡谷区的理县桃坪羌寨、代表横断山脉高山峡谷区的丹巴嘉绒藏寨、代表成都平原腹地的双流区黄龙溪古镇、代表青藏高原东南缘雅砻江下游西岸的盐源泸沽湖镇、代表川西南山区田园古镇的雅安上里镇、代表四川盆地南缘长江上游的宜宾李庄镇，以及四川盆地北部边缘、嘉陵江上游的广元昭化镇和四川盆地南缘山地的合江福宝镇等。

　　阳光型度假区局限分布于攀枝花、西昌及其周边地区。这里为亚热带气候、山地区域，拥有独特的山地冬暖气候和冬季阳光条件，以及反季节的农产品尤其是果蔬鲜花资源。攀枝花市地处攀西裂谷中南段，地势由西北向东南倾斜，山脉走向近于南北，一般相对高差 1000～2000 米。全市最高点百灵山主峰海拔 4196 米，最低点平地镇师庄海拔 937 米。由于北部、西部、东部有层层叠叠高大山脉作屏障，攀枝花市气候在全省乃至全国同纬度地区别具一格。攀枝花市是以南亚热带为基带的立体气候，冬无严寒，夏无酷暑，四季如春。

　　乡村型度假区与都市休闲度假区相辅相成，包括位于大都市周边的乡村度假区、沿着大型通道两侧的乡村行度假区、与特色乡镇一体的乡村度假区、高山生态乡村度假区等，是四川省域最重要的旅游度假区类型之一。四川省因其独特的地质地貌地理背景，分布有几乎所有成因类型的乡村型度假区，包括川西甘阿凉高原山地型乡村型度假区、成都周边山前丘陵型乡村型度假区、川东北米仓山-大巴山-华蓥山前山带的乡村型度假区、川东南低山丘陵型乡村型度假区、川西南雅安地区的山地生态型乡村度假区，以及攀枝花地区阳光型乡村度假区。就小尺度类型而言，主要有城市依托型乡村度假区、交通依托型乡村度假区、景区依托型乡村度假区、城镇依托型乡村度假区、产业依托型乡村度假区，不同类型乡村度假区的空间部分与其大尺度空间成因分布密切相关。

　　四川河湖众多，源远流长，加之优美环境、良好生态和宜人气候条件，为四川省域湖滨/河滨型度假区旅游发展奠定了重要基础。四川省号称"千河之省"，除红原、若尔盖、阿坝等境内的白河、黑河等属黄河水系外，其余均属长江水系。四川主要河流有雅砻江、金沙江（包括大渡河、青衣江）、岷江、嘉陵江（包括涪江、渠江）、沱江、涪江、赤水河等，长度皆超过 500 千米，各河流皆由边缘山地汇集到盆地底部，并注入浩浩长江之中。四川的天然湖泊有 1000 余个，其中较有名的是邛海（水域面积 31 平方千米）、泸沽湖（总面积 72 平方千米，四川境内面积约 27 平方千米）、马湖。除了天然湖泊之外，还有些比较著名的水库或人工湖泊，如成都的龙泉湖、朝阳湖，简阳的龙泉湖、三岔湖等。在上述河湖体系之中，较有名的河湖型度假区主要包括泸沽湖、三岔湖、邛海、黑龙潭、升钟湖，以及青衣江、嘉陵江流域相关旅游地，已经发展成为湖滨/河滨型度假区。

　　都市休闲度假区特指分布于城市或大都市区域范围，依托城市或都市资源经过人工打造形成的都市生态休闲度假区，与乡村休闲度假区相辅相成。通常乡村旅游度假区围绕都市休闲度假区所在都市区分布。依据区域空间地形地貌特征，都市休闲度假区绝大多数分布于平原区域，或作为都市里的综合体，或为宾馆饭店。部分分布于丘陵山地型都市中，如云南昆明市、贵阳市，以及其他二、三级城市休闲度假区。空间上，或位于海边的城市或者都市，位于城市湖泊周边的城市如杭州，位于山地前沿的成都，位于山地之中的城市重庆等，以及依托差异性气候资源的海南三亚、北国冰城哈尔滨等。

　　四川省的综合型度假区，主要分布于四川盆地周边山地丘陵区域，尤其是川西南的雅安。这里拥有四川省最为良好的生态环境和气候条件，如川东北的米仓山、光雾山、大巴山、华蓥山相关区域拥有秦巴山区特色的山地背景、特色村镇和山水风光；川东南川黔渝金三角区域拥有特色川南特色古镇、低山丘陵景观和山水风光资源。这类度假山区具备山地背景、温泉资源、森林生态、湖河景观、气候资源、特色乡镇、田园风光等，是由两种及以上资源要素构成的综合性旅游区域，总体而言，主要分布于山地背景区域，一般而言，生态良好、环境优美、气候宜人的区域，通常是综合型度假区分布的重要依托条件。

四、四川旅游度假区开发建设模型

（一）总体原则和要求

（1）布局原则。坚持"生态、业态、文态、形态、游态"五态重构的可持续发展原则，注重生态优先、产业同步，兼顾系统性、特色性、市场性和安全性。

（2）布局要求。旅游度假区布局应充分结合所在地区的产业特征、城镇或乡村风貌、自然景观、地形地貌以及提供的度假项目等因素。平坝地区以院落式分散布局为主，丘陵或山区以点状适当集中布局为宜，布局休闲、游憩、运动、康体、养生等度假活动及设施（如表2所示）。区内各类设施建设用地控制在总用地面积的30%以内。

表 2　不同成因类型度假区开发建设模型与项目体系

度假区类型	特色游憩项目组合	空间布局模式
山地型	山地特色游戏类设施，包括大地游戏、拓展运动、主题游乐园、军事游戏类、探险游戏类、狩猎游戏类等。机械娱乐类：旋转木马、转椅、水上脚踏车、摇椅、观览车、小火车、山地滑道等	山、水、植被、地形空间组合特征确定其空间模式
森林型	山地-森林主题活动体系：森林观光、森林浴、森林探险、攀岩、登山、健行、溯溪、烧烤、篝火、野餐、丛林餐饮、采摘果实、森林舞会、冒险游戏场、野外健身活动、森林游戏活动等	有综合体、双核或多核结构
温泉型	温泉主题休闲游憩体系：温泉养生、温泉美容、温泉休闲、温泉运动、温泉文化。主题设施包括：温泉浴室、露天浴场、温泉汤池、温泉公园、美容馆、养生园、私人会馆、香薰屋	线型、环核式、离散式空间结构
湖滨/河滨型	以湖泊、河流为主的游憩休闲项目体系。包括水上项目-游船、游艇、竹筏、皮筏、乌篷船、碰碰船、游泳场、水上运动站、帆船运动场、沙滩活动；水下项目-潜水观光船、水下观光走廊	带状、同心圆、离散式空间结构
阳光型	冬季阳光主题游憩项目体系：阳光度假、阳光疗养、阳光运动休闲、观光度假、阳光温泉、阳光会议休闲、花果创意产业基地、户外运动基地、阳光养生、阳光风情、冬训天堂、冬季康疗基地等	社区-吸引物综合模式、吸引物-综合体结构
古镇型	地域文化特写-民俗村、民间歌舞、祭祀活动、婚丧风俗；反映人类生活生产史中的某个场景，如实景表演；传说故事、神话传说、文学故事；异域风情类-引入不同于本地的异域文化	依托度假城镇的核式结构
都市型	以都市环境、人工景观及现代文化为依托，打造时尚、高端、流行的现代都市生态度假区：古城文化型、都市休闲型、都市生态度假型、商务会展型、餐饮美食型、都市娱乐型	
乡村型	以乡村田园原真性、原本性和原生态为主题的游憩休闲项目体系：乡村环境、田园风光、生产活动、民俗风情、农耕文化、乡村聚落、乡村生态、农业生产、农事活动、农舍建筑、生活方式等	多组团结构
综合型	因组合类型和侧重分配不同的特色项目	因组合类型和侧重分配不同的特色住宿空间

（二）度假区功能结构模型

旅游度假区开发建设除了鲜明的度假主题外，还应具有明确的功能分区[3]，主要包括度假住宅区、主题乐园区、商业游憩区、体能活动区，以及综合配套服务区等基本功能区。其中，度假住宅区（second home）：度假兼居住的游憩区，是旅游者的第二个家，具有季节性或造访机会多但停留时间短暂的特点，多半与别墅主人原来住家有相当距离，包括度假旅馆、私密性的度假别墅等。主题乐园区（theme park）：人造娱乐场所，强调以特殊的设计作为诉求重点，并创造各种投资的需求。典型的娱乐场所多半是大型的娱乐公园，主要借助独特的环境和氛围营造，吸引旅游者。商业游憩区：旅游者在度假区除住宿、餐饮、体育、商务以外，享受各种休闲娱乐体验之主要场所，主要依托各类休闲娱乐设施得以实现，如各种康体休闲、购物休闲、歌舞餐厅、文化娱乐和主题类娱乐等项目。体能活动区：度假区重要的旅游功能区。在环境优美、气候宜人的度假环境，通过体育活动达到恢复体力、旺盛精力、强身健体、延年益寿之目的，是现代旅游者愈加重视的度假体验活动项目类型，主要载体包括登山健行、田径类、球类、体操类、水上运动类、雪上运动类、冰上运动类、自行车类、汽车类等。配套服务区：旅游度假区中主体功能区外主要功能的附属空间和辅助设施，对土地使用、功能互补和度假管理具有辅助作用，包括入口接待区、综合服务中心、停车场、供水排污、供电能源、邮电、消防及其他辅助空间和配套设施体系。[4]

（三）度假区开发标准与布局

根据旅游度假区地貌形态、活动项目、服务设施的地域配置，决定度假区的空间布局标准和形态，包括带状、核式、双核式、多组团式等，以自然吸引物为核心，游憩活动在自然背景中辅助适量人工设施（如表2所示）。在旅游度假区建立中心区，集中布置商业、住宿、娱乐设施、其他吸引物和终点设施，围绕中心区分散布置，其间有交通联系，这种结构利于节约用地。依托度假城镇，在区内建立辅助型服务中心，这种结构适于地处风景名胜区或自然保护区的度假旅游区。多组团结构适合于都市周围地区，适于全面开发，但应注意防止出现"摊大饼"现象。

（四）空间秩序模型

旅游度假区交通游线系统布置，要以游憩活动为依据，做到既满足旅游活动的流程要求，又在空间景观方面使游客产生愉快轻松的感受，游线穿越的空间采取收放结合的方式，运用树木、小品建筑、游憩设施对空间进行围合，运用草坪、水面广场等要素构成开放空间，并采取多种景观设计手法组织沿线的标志物、便利设施等，形成游憩空间秩序。

（2018 年 11 月）

参考文献

[1] SASICHA SUKKAY, NOPADON SAHACHAISAEREE. A study of tourists' environmental perceptions of the functional design of popular resorts in Chiang Rai

province. Procedia - Social and Behavioral Sciences, 2012, 50 (5): 114-122.

[2] HANA AYALA. Ecoresort: A 'green' masterplan for the international resort industry. International Journal of Hospitality Management, 1995, 14 (3-4): 351-374.

[3] GERDA PRIESTLEY, LLUÍS MUNDET. The post-stagnation phase of the resort cycle Original Research Article. Annals of Tourism Research, 1998, 25 (1): 85-111.

[4] SHEELA AGARWAL. Restructuring seaside tourism: The resort lifecyle. Annals of Tourism Research, 2002, 29 (1): 25-55.

基于耦合模型的四川涉藏地区农旅产业融合水平及对策研究

向　莉　覃建雄

习近平总书记曾说过，全面小康一个民族都不能少。四川涉藏地区通过大力发展农旅产业融合产业以促进区域经济发展，为提高民族地区居民生活水平为付出努力。在乡村振兴背景下，旅游资源丰富、农牧业发展成熟的四川涉藏地区大力发展农业与旅游业的融合产业是少数民族地区实现乡村振兴战略的有效途径。

四川涉藏地区地处贫困的"三区三州"，曾是四川省面积最大的集中连片特殊困难地区[1]。四川涉藏地区拥有丰富的自然景观，开展旅游经济活动基础丰厚，民族文化积淀历史悠久，农牧业特色鲜明。2018 年，国务院提出了关于促进旅游发展的意见，意见中强调要发展旅游"供给侧结构性"改革，即推动旅游业的产业化转变，加大对旅游业的精细化管理，实行旅游带动全域经济发展的"旅游+"模式。四川涉藏地区在结合本地资源情况，通过农旅产业融合发展，有效增强了农牧业的供给活力，促进了农牧民就业增收[2]，进一步促进了四川涉藏地区农旅产业融合协调发展，对于四川涉藏地区人民实现小康以及区域政治稳定具有重要的现实意义。

综上所述，农旅产业融合是民族地区农村产业融合的有效途径，是实现乡村振兴的重要战略，是民族地区人民实现小康的重要手段。测算四川涉藏地区农旅产业融合水平，为农旅融合可持续发展方式的选择和调整提供理论依据。因此本文对四川涉藏地区农旅产业融合进行相关研究。

一、研究区域概况及农旅产业融合基础

四川涉藏地区农旅产业融合发展的优势显著，四川涉藏地区包括甘孜藏族自治州、阿坝藏族羌族自治州和木里藏族自治县，区域内共 32 个县、579 个乡、4053 个村，面积 25.05 万平方千米。区域内藏族人口 144.63 万人，占全国藏族人口的 26.55%，是全国第二大藏族聚居区[3]。四川涉藏地区农业和旅游业融合发展优势显著，集中表现在三个方面：一是自然资源丰富，旅游资源富集。四川涉藏地区旅游资源占全省的 50%，因其自然地理环境的特殊性，区域内自然景观丰富，旅游资源优势突出，具备生物景观资源、人文景观资源、遗址遗迹资源、水域风光资源等。2015 年认定的全国乡村旅游扶贫重点村中，四川涉藏地区有 232 个。二是农牧产业特色鲜明。独特的高原生态条件使得四川涉藏地区的农牧产品如果蔬、青稞、牦牛、藏香猪、贝母、松茸和虫草等价值极高。独具民族特色的高品质农牧产品是旅游商品的生产原料。三是历史悠久、民族文化积淀深厚。四川涉藏地区文化积淀丰厚，建筑风格独特，装饰华丽，壁画古老，寺庙内有许多文物，承载着神秘的藏传佛教文化。由于民族多元文化的发展，实现了各民族间思想文化、风情风俗的交流和大融合，哺育出独特的民族风情，吸引了大量外来游客前来体验。四是涉藏地区农旅产业发展进程快。2015 年全国启动旅游规划扶贫行动以来，通过发展旅游带

动 1200 万贫困人口脱贫，占贫困人口总数的 17%[4]。同时由地区政府主导，实施了一批农旅项目，吸引了本土乡贤和众多外来投资者，为涉藏地区农旅产业发展奠定了基础。

四川涉藏地区独特的自然环境和民俗文化，孕育出独特丰厚的农旅产业融合发展基础。2018年，四川涉藏地区第一产业总产值为 121.4 亿元，同时，旅游收入达到 392.05 亿元，接待游客总人数为 4642.5 万人次。

二、评价指标体系构建

结合四川涉藏地区发展现状，综合考虑指标选取条件，四川涉藏地区农业发展水平可从第一产业总产值、农民人均可支配收入、农业平均从业人数、农业类企业数量和农作物机械化水平方面来综合评价。四川涉藏地区的旅游业发展水平主要从旅游总收入、接待游客总人数、旅游业年均从业人员数量、旅行社数量、星级以上饭店数量方面来进行综合评价，结合上述二者的评价指标对四川涉藏地区农业与旅游产业系统耦合协调度评价指标体系进行构建。

表 1 四川涉藏地区农业与旅游业耦合协调发展指标体系

产 业	评价指标	单位	指标属性
涉藏地区农业	涉藏地区第一产业总产值	亿元	+
	涉藏地区农民人均可支配收入	元	+
	涉藏地区农业平均从业人数	万人	+
	涉藏地区农业类企业数量	个	+
	农作物机械化水平（%）	—	+
涉藏地区旅游业	涉藏地区旅游总收入	亿元	+
	涉藏地区接待游客总人数	万人次	+
	涉藏地区旅游业年均从业人员数量	万人	+
	涉藏地区旅行社数量	个	+
	涉藏地区星级以上饭店数量	个	+

三、四川涉藏地区农业与旅游业融合水平测度

（一）熵值法确定权重

本文采用熵值法计算各指标权重，确保其科学性，客观地反映各个指标对农旅融合水平的影响程度。假设有 m 个评价指标，n 组数据，得到最初的指标数据矩阵：

$$X_{ij} = (X_{ij})_{n \times m} = \begin{pmatrix} x_{11} & x_{12} & \cdots & x_{1m} \\ x_{21} & x_{22} & \cdots & x_{2m} \\ \vdots & \vdots & & \vdots \\ x_{n1} & x_{n2} & \cdots & x_{nm} \end{pmatrix} \tag{1}$$

式中：x_{ij} 为第 j 个评价指标，其中第 i 组的数据：$i = 1，2，\cdots，n$；$j = 1，2，\cdots，m$；x_{ij} 属于第 j 个评价指标，第 i 组数据。

通过无量纲化处理指标。其中指标数值越大，表现结果越优，并记做正指标，无量纲化处理指标，公式为：

$$x'_{ij} = \frac{x_{ij} - \min x_j}{\max x_j - \min x_j}，(i = 1, 2, ..., n, j = 1, 2, ..., m) \tag{2}$$

式中：x'_{ij} 作为无量纲化处理指标后的第 j 个评价指标，其中第 i 组的数据：x_{ij} 属于第 j 个评价指标，第 i 组数据。

从指标数值来看，数值越小表现越优，也就是逆指标。无量纲化处理指标，公式为：

$$x'_{ij} = \frac{\max x_j - x_{ij}}{\max x_j - \min x_j}，(i = 1, 2, ..., n, j = 1, 2, ..., m) \tag{3}$$

式中：x'_{ij} 作为无量纲化处理指标后的第 j 个评价指标，其中第 i 组的数据：x_{ij} 属于第 j 个评价指标，第 i 组数据。

得到归一矩阵，如下：

$$x'_{ij} = \left(x'_{ij}\right)_{\max} = \begin{pmatrix} x'_{11} & x'_{12} & ... & x'_{1m} \\ x'_{21} & x'_{22} & ... & x'_{2m} \\ x'_{n1} & x'_{n2} & ... & x'_{nm} \end{pmatrix} \tag{4}$$

式中：x_{ij} 为进行指标无量纲化处理后的第 j 个评价指标，第 i 组数据。

通过对指标的无量纲化处理后，进行数据的比重运算，公式为：

$$p_{ij} = \frac{x'_{ij}}{\sum_{i=1}^{n} x'_{ij}}，(i = 1, 2, ..., n, j = 1, 2, ..., m) \tag{5}$$

$$p_{ij} = (p_{ij})_{\max} = \begin{pmatrix} p_{11} & p_{12} & \cdots & p_{1m} \\ p_{21} & p_{22} & \cdots & p_{2m} \\ \vdots & \vdots & & \vdots \\ p_{n1} & p_{n2} & \cdots & p_{nm} \end{pmatrix} \tag{6}$$

式中：p_{ij} 作为无量纲化处理后的第 j 项指标，其中第 i 组数据的比重；是处理后的第 j 项指标，其中第 i 组数据，p_{ij} 为处理后的第 j 项指标，第 i 组数据的比重。

再通过对数据的比重进行计算，即计算第 j 项指标的熵值。计算公式为：

$$e_j = \frac{1}{\ln n} \sum_{i=1}^{n} p_{ij} \ln p_{ij}，(j = 1, 2, ..., m) \tag{7}$$

式中：e_j 是第 i 项的熵值；p_{ij} 为处理后第 j 项指标与第 i 项数据的比重；$\ln$ 为自然对数，$e_j \geqslant 0$。

计算第 j 项指标的差异性系数 g。计算公式为：

$$g_i = 1 - e_j \tag{8}$$

式中：g_i 为第 i 项指标的差异性系数；e_j 是第 j 项的熵值。当 g_i 越大时，指标越重要。

计算第 j 项指标权重。计算公式为：

$$w_j = \frac{g_j}{\sum_{i=1}^{n} g_j}, (j = 1, 2, ..., m) \tag{9}$$

式中：w_j 为第 j 项指标权重；g_i 为第 j 项指标的差异性系数。

（二）耦合协调度模型

农业产业和旅游产业分别由 $F_1(x,t)$，$F_2(y,t)$ 两个函数进行衡量。在该函数中，农业产业用 x 表示进行衡量，旅游产业用 y 表示进行衡量。其中，t 是时间，构建农业产业和旅游产业融合协调度评价模型为：

$$F_1(x,t) = \sum_{j=1}^{n} w_j M_{ij} \tag{10}$$

式中：j 是作为农业产业指数的个数（$j = 1,2,3,\cdots,n$）；w_j 是指标权重，m_{ij} 是农业产业第 j 个指标第 t 年的标准化值。

$$F_2(y,t) = \sum_{j=1}^{n} w_i N_{ij} \tag{11}$$

式中：i 是作为农业产业指数的个数（$i = 1,2,3,\cdots,n$）；w_j 是指标权重，N_{ij} 是农业产业第 i 个指标第 t 年的标准化值。

构建农业产业和旅游产业融合度公式，C 值能够测度农业产业和旅游产业融合过程中的耦合度。公式为：

$$C = \left[\frac{F_1 \times F_2}{(F_1 + F_2)^2} \right]^{\frac{1}{2}} \tag{12}$$

在此基础上，构建耦合协调度模型，公式如下：

$$T = \alpha F_1(x,t) + \beta F_2(y,t) \tag{13}$$

$$D = (C \times T)^{\frac{1}{2}} \tag{14}$$

式中：D 代表农业产业和旅游产业二者的耦合协调度，$D \in [0,1]$。T 代表农业产业和旅游产业融合的综合评价指数，反映两者的整体效益或水平。α 和 β 为权重值，在计算过程中，因农业产业和旅游产业的发展同等重要，因此赋值 α 和 β 均为 0.5。

（三）融合协调度评价标准

为了有效反映和对比四川涉藏地区农业和旅游业融合结果，根据翁钢民等（2016）的产业融合研究[5]，可知产业融合协调度的评价指标体系，如表 2 所示。

针对四川涉藏地区的农业产业和旅游产业发展的不同程度，可以通过 $F_1(x,t)$ 和 $F_2(y,t)$ 的差值来判断二者的发展程度。根据数值的大小可分为三种类型：当 $F_1(x,t)<F_2(y,t)$，表明是农业产业滞后型，当 $F_1(x,t)>F_2(y,t)$ 表明是旅游产业发展滞后型，当 $F_1(x,t) = F_2(y,t)$，表明是旅游产业与农业产业同步发展型。同时可以通过区间值来判断区域农业产业和旅游产业发展的耦合协调程度。

表 2　产业融合评价指标体系

划分	等级	融合区间值（D）	协调等级
失调	1	0.000-0.099	极度失调
	2	0.100-0.199	严重失调
	3	0.200-0.299	中度失调
	4	0.300-0.399	轻度失调
	5	0.400-0.499	濒临失调
协调	6	0.500-0.599	勉强协调
	7	0.600-0.699	初步协调
	8	0.700-0.799	中级协调
	9	0.800-0.899	良好协调
	10	0.900-0.999	优质协调

四、计算结果分析

结合熵值法计算的权重代入耦合协调度模型进行计算，得知四川涉藏地区 2010—2018 年农业产业与旅游产业综合评价指数（F_1、F_2）耦合度 C 值、协调度 T 值、融合协调度 D 值、协调等级、耦合协调程度，如表 3、图 1 所示。

表 3　四川涉藏地区 2010-2018 年农旅产业耦合协调等级

项目	2010	2011	2012	2013	2014	2015	2016	2017	2018
F_1	0.192	0.197	0.217	0.285	0.293	0.326	0.347	0.425	0.397
F_2	0.087	0.193	0.215	0.245	0.320	0.351	0.362	0.441	0.389
发展类型	旅游滞后	旅游滞后	旅游滞后	农业滞后	农业滞后	农业滞后	农业滞后	农业滞后	旅游滞后
耦合度 C 值	0.861	0.889	0.906	1.027	0.836	0.877	0.876	0.857	0.778
协调度 T 值	0.173	0.178	0.206	0.214	0.351	0.378	0.401	0.516	0.502
耦合协调度 D 值	0.386	0.398	0.432	0.469	0.542	0.576	0.593	0.665	0.625
协调等级	4	4	5	5	6	6	6	7	7
耦合协调程度	轻度失调	轻度失调	濒临失调	濒临失调	勉强协调	勉强协调	勉强协调	初步协调	初步协调

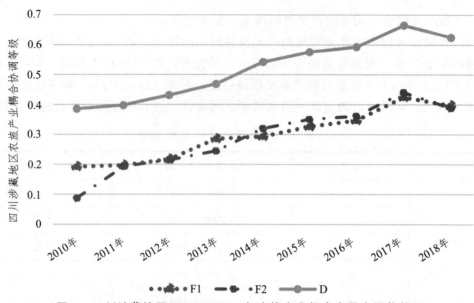

图1 四川涉藏地区2010—2018年农旅产业耦合发展水平趋势图

本文分别选取可以代表四川涉藏地区农业与旅游业的发展水平对应指标,基于四川涉藏地区2010—2018年农业与旅游业相关数据,利用熵值法、耦合协调模型,探究了四川涉藏地区农业与旅游业的协调发展关系及其时空分异特征。通过分析得出以下结论:

从表3、图1可知,从四川涉藏地区农旅产业融合发展水平上来看,四川涉藏地区2010年至2018年农业产业与旅游产业融合协调度呈上升趋势。2010年至2016年农旅产业融合耦合发展从轻度失调到勉强协调状态,至2017年农旅产业融合达到初步协调状态。2010年至2012年以及2018年,四川旅游产业发展相对于农业产业来说呈滞后状态。随着休闲农业和乡村旅游的发展,四川政府的高度重视和相应的政策扶持,2013年至2017年四川涉藏地区旅游业进入快速发展期,故四川涉藏地区农业产业发展相对于旅游产业来说呈滞后状态。2013年四川涉藏地区旅游业首次超过农业经济发展水平。

五、四川涉藏地区农旅产业融合发展存在的问题

(一)四川涉藏地区农旅产业融合自然条件限制

现阶段四川涉藏地区农旅产业融合发展状态表现为辐射面较广、影响力大、带动能力较强,但农旅产业的综合效益还不够高,保障功能也尚不完善。突出表现在生态环境脆弱,可持续发展能力较弱。四川涉藏地区地形地貌为高山峡谷,平均海拔3000米,土地沙化严重,自然灾害频繁,农牧产业生产的科技支撑能力欠缺,综合生产能力较低。四川涉藏地区高原气候使旅游活动开展受到季节的限制,因高原地区自然生态资源脆弱,大众旅游模式消耗自然资源量大,因而在高原开展旅游活动的形式受限。故四川涉藏地区农旅产业融合发展基础自给能力有所欠缺。

(二)四川涉藏地区农旅产业结构不合理

四川涉藏地区农牧业和旅游业发展时间比较长,但农旅产业对市场的反应不灵敏。四川涉藏

地区农业现代进程比较缓慢，严重影响了农旅产业的协同发展和有效融合。四川涉藏地区旅游业是农旅产业融合发展过程中的主要推动力产业，但旅游业核心竞争力不足，旅游活动开展的必备条件"食、住、行、游、购、娱"不能完全满足游客日益增长的需求，影响了游客的出行意愿。四川涉藏地区农业和旅游融合的产品以"藏餐、民宿、采摘、观光"等形式为主的休闲娱乐项目较为常见、普遍，农旅产业总体上缺乏创新和民族特色，农旅融合产品的深度开发不足，仅仅停留于大众消费、大众旅游。提供给游客的休闲娱乐的活动种类较少，档次较低，深度体验活动欠缺，民族特色和民族文化类的旅游商品有待整体开发，康养类、文化创意类等季节鲜明的旅游产品缺乏。"旅游+农牧业"产业链较短，没有形成综合体开发模式，整体旅游经济效益受限。表现为四川涉藏地区缺乏科学的、适宜的农旅产业资源统一开发，农牧业和旅游产业间联动性较差，二者资金项目难打包，农牧产品开发粗糙，深加工技术欠缺，农牧新技术应用推广缓慢，农旅产业融合性不高。

（三）四川涉藏地区农旅产业供给品质有待提高

四川涉藏地区农旅产业的融合虽具有一定的规模，但处于融合的初级阶段，有着融合产品单一的问题存在，造成了四川涉藏地区农旅产业融合深度较浅，融合水平处于较低的状态。四川涉藏地区旅游市场与周边市场的定位以及客源市场重叠度较高，产品同质化比较严重，没有打造区域内特色的融合产品以及具有市场竞争力的农旅融合产品。四川涉藏地区由于其社会、经济发展比较滞后，其交通网络通达性较欠缺，旅游基础设施不完善，公共服务的便利化程度较低，一定程度上降低了游客的出行意愿。

（四）四川涉藏地区科技驱动能力弱

四川涉藏地区生产服务、科技人才短缺。四川涉藏地区由于其经济、社会发展严重滞后，对科技人才吸引力不足，无法依靠本地科技型企业发展支撑农牧产业科技含量增长。由于大量青壮年选择外出务工，导致本地区的劳动力严重不足，同时本地剩余人员文化素质不高，部分农牧民"等靠要"的思想还比较严重。缺乏更加开放、创新的发展环境。

（五）四川涉藏地区农旅产业融合主体作用不明显

四川涉藏地区产业融合主体作用不明显制约了四川涉藏地区农旅产业融合发展水平，影响区域农旅产业融合的协调度和效果。四川涉藏地区农旅产业的主体是涉藏地区的农民、农民专业合作社和龙头企业。四川涉藏地区农民主体作用不明显是由于村民文化水平整体偏低、接受新鲜事物能力较差、思想较为保守、没有足够的市场意识。村民虽然参与农业与旅游业融合发展的意愿较强，但是自身文化水平限制、资金受限等众多因素的影响导致农户并没有完全发挥其主体作用。农民专业合作社资产运营不稳定、运营状态欠佳、管理不规范、融资困难、依赖政府扶持等是农民专业合作社普遍存在的问题。四川涉藏地区农业领军的龙头企业，在参与景区管理、运营的公司也处于亚状态。融合主体未能完全发挥其作用或者融合主体作用缺失在很大程度上会影响农旅产业融合程度。

六、对策及建议

促进四川涉藏地区农旅产业融合高质量发展，有利于带动涉藏地区人民就业、农民增收、促进涉藏地区经济发展，完善涉藏地区公共设施建设，同时又能保护和传承涉藏地区民俗文化，保护并提升涉藏地区的自然生态环境。农旅融合发展也是一种新型的旅游形式，有助于丰富和提升旅游内容并完善旅游产品与商品体系，促进旅游产业结构的调整及优化。

（一）坚持以绿色发展为主导，促进涉藏地区农旅产业协调发展

加速发展现代化农业，提升农业发展质量，增强与旅游业的融合度是加速实现四川涉藏地区农旅产业融合高质量发展的必经之路。随着我国社会经济的发展，在国民生活水平不断提高的情况下，游客对旅游活动的需求也随之更高。推动绿色农旅业发展，研发绿色生产技术创新、研发绿色产品，拓宽农旅产业的发展格局，优化农旅产业结构，延伸产业链，不断提升农旅产业的市场竞争力。在高质量发展指向下，四川涉藏地区在发展农旅产业融合项目时应避免区域内的自然生态环境、历史遗迹和人文景观遭到破坏，不能因为追求经济发展而过度开发自然资源，应科学测算生态承载力和生态足迹值，科学地规划和适度地开发农旅资源。要制定严格的自然环境保护措施，并加大执法力度，强化农旅产业融合发展主体的环境保护意识，实现经济、环境和谐发展。

（二）厘清农旅产业融合产业链形成机理，促使涉藏地区农旅产业协调发展

四川涉藏地区农业产业与旅游业的融合过程要经历资源融合、主体融合、产业融合和市场融合四个阶段。首先，由于其旅游市场发生变化，区域内农牧业资源对旅游活动具备了驱动力并形成旅游资源。在涉藏地区农牧业发展到一定基础后，其具备旅游开发和发展旅游业的条件。进而在涉藏地区各政府部门的积极引导和相关政策、资金支持下，旅游产业融合龙头企业、农民专业合作社、涉藏地区农户利用农牧业资源，比如以生产种植、牧业养殖以及相关的农事活动等吸引并接待旅游者前来进行旅游活动，形成了村寨（景区）观光、特色农产品采摘和采购、藏族手工艺品、藏族文化展演、藏族农家乐及其特色餐饮服务等旅游产品和项目，根据经济发展规律，形成了涉藏地区特色的农旅市场融合发展的劣势。四川涉藏地区农旅产业融合产业链如图 2 所示。

促进四川涉藏地区产业融合发展是促进其农旅产业融合发展的基础。在四川涉藏地区发展农旅产业时，要坚持科学、合理的开发与可持续发展相结合，将绿色发展始终贯穿到四川涉藏地区农旅产业融合发展的规划、开发、管理、服务的全过程中，科学测算地区生态承载力和生态足迹值，形成人与自然和谐发展的现代旅游业新格局。切实贯彻"绿水青山就是金山银山"的发展理念，对四川涉藏地区的农牧资源和旅游资源进行统一的、保护性开发，达到适度规模化。坚持促进涉藏地区龙头企业、涉藏地区农民专业合作社、涉藏地区农户为一体的农旅产业主体融合，确保各主体的利益合理分配，以形成统一合力促进区域内农旅产业快速发展。大力促使涉藏地区农旅产业融合，结合农牧业特点围绕旅游六大要素"食、住、行、游、购、娱"的发展，将农牧业元素融合到旅游六大要素过程中，表现形式为村寨（景区）观光、特色农产品采摘和采购、藏族手工艺品、藏族文化展演、藏族农家乐及其特色餐饮服务等多种形式，以促进涉藏地区农旅产业融合协调发展，增加涉藏地区旅游经济收益。

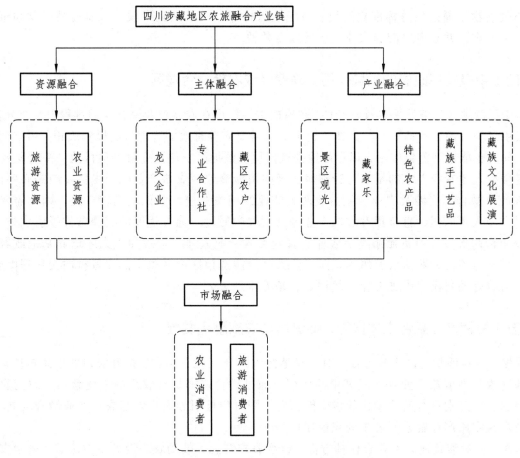

图 2 四川涉藏地区农旅产业融合产业链

（三）坚持因地制宜发展，开发四川涉藏地区特色农旅融合发展模式

采取适合四川涉藏地区特色的农旅融合模式对于其旅游经济发展具有推动作用。由于四川涉藏地区由甘孜藏族自治州、阿坝藏族羌族自治州和木里藏族自治县组成，各个区域需要根据当地实际情况选择不同的农旅融合发展模式。以下从四种发展模式进行探讨。

一是区域以农牧业为基础，农牧业产值高并且为区域主要收入来源，旅游产业属于附属发展，这种被称为旅游赋能型。旅游赋能型这类模式充分利用涉藏地区良好的生态资源，开发社区农场、生态牧场和有机农场，为大城市提供高品质的农产品。该模式适于交通便利，方便农牧产品运输的地区，同时可结合开展研学旅游等项目。

二是以旅游业作为主要收益的来源，农牧业是旅游业发展的重要支撑。农牧附属型这类模式主要适用于涉藏地区星级景区周边，较大的游客量为该模式的发展提供了人流保障，农牧业发展从中受益，也是景区带动型发展模式。农牧民通过开展旅游经营获益，农牧业为旅游开展提供新鲜食材，成为旅游的保障产业。

三是依托涉藏地区现代农牧产业园区，典型代表为田园综合体、国家现代农业庄园和农业主题公园等。现代农业综合型模式由政府推动、占地面积较大、带动性较强，集科研、物流、产品加工于一体的示范性综合业态。

四是指农牧业与旅游业充分融合，主要为农牧型景区。在农旅并重型模式中，农牧业是景区的核心吸引物，通过旅游标准化建设、特色项目打造、民俗文化串联、农旅商品研发和市场营销等吸引游客，并获得旅游和农业生产的双重效益。

（四）积极发挥政府的主导作用，确保区域农旅融合发展

由于民族地区经济发展具有特殊性，政府的主导作用在农旅产业融合发展过程中要充分发挥，有效吸引各类资源，包括科技、人才、资金等。需要完善有效的管理机制以解决相关者之间利益问题，同时也能起到监督作用，以更好地推进四川涉藏地区农旅产业融合项目的可持续发展。

复合型人才专业人才的培养与管理对实现四川涉藏地区农旅产业融合平稳发展是必要的。由于农旅产业融合发展涉及农业与旅游业两大产业的相关专业，知识范围较广泛，因此需要构建一支复合型人才队伍，直接提升农旅产业融合发展的质量。通过优厚的招聘条件吸引优秀人才，通过校园招聘等方式引进旅游类、农业、管理类等专业人才。通过建立人才培养基地或者实习基地，与学生签订就业协议，培养定向专业人才。挑选辖区内乡镇干部或者村内文化程度较高、接收能力较好的村民，参加专业的培训班，培养本地人才。

（五）发挥产业融合主体作用，促进区域农旅融合发展

首先，针对涉藏地区农户方面，对涉藏地区农户开展教育培训，提升农户的思想素质。提升涉藏地区农户在农旅产业融合发展中的作用。通过教育培训提升农户的文化素养、改变农户的思想观念、提高农户对新鲜事物的接受能力等。同时积极引导农户参与农旅产业融合发展项目，发挥农户在农旅产业融合发展中的积极作用。

其次，针对涉藏地区专业合作社方面，改变农户观念，鼓励农户设立乡村旅游、休闲农业等农民专业合作社。农民专业合作社是农村农旅产业融合发展可以依赖的重要平台，为农旅融合发展起到一定的促进作用。

最后，针对涉藏地区的企业方面，通过扶持涉藏地区企业发展、培育龙头企业促进企业在产业融合中发挥作用。应加大对民营企业的扶持力度，培育行业龙头企业，支持建造和发展农旅产业融合项目，加深农旅产业融合度，充分体现企业在农旅融合发展中推动市场、提供资金、技术支持等积极作用。

（2021 年 2 月）

参考文献

[1] 廖桂蓉. 四川藏区贫困状况及脱贫障碍分析. 农村经济，2014（1）：55-57.

[2] 彭华. 乡村振兴战略背景下四川农旅融合发展模式对策研究. 四川旅游学院学报，2019（6）：55-58.

[3] 赵昂. 四川藏区森林的地位，困境和走向良性循环的思考. 经济地理，1992（1）：55-61.

[4] 彭华，刘仙，卢宗源. 四川藏区农旅融合发展模式及对策研究. 经济研究导刊，2020（14）：119-120+137.

[5] 翁钢民，李凌雁. 中国旅游与文化产业融合发展的耦合协调度及空间相关分析. 经济地理，2016，36（01）：178-185.

第三篇

农文旅融合发展研究

现代生态旅游系统：农文旅融合研究理论基础

覃建雄

旅游系统理念源于系统论在旅游研究中的应用，而生态旅游系统（eco-tourism system）则随着旅游系统和生态旅游研究的不断深入应运而生。自从世界自然保护联盟（IUCN）特别顾问Ceballos Lascurain 于 1983 年首次提出生态旅游概念以来，国内外有关生态旅游发展对策分析和实证研究取得了重要进展，但生态旅游理论尤其是生态旅游系统理论研究仍亟待深入与拓展。

生态旅游系统论观点要求把生态旅游视为一个相互依赖又相互作用的系统平衡推进、协调发展的旅游综合体。国内外不同学者基于不同学科背景出于不同的研究目的，从不同视角提出了各自的旅游系统模型，对生态旅游系统尤其是各子系统具体内涵及其界定的认识争论较激烈。这一问题越来越受到旅游学界的关注。

旅游系统和生态旅游理论研究的不断深入和取得的进展，为生态旅游系统研究奠定了重要基础和理论框架。目前，我国最具代表性的生态旅游系统理论模型是杨桂华等（2000）提出的"四体"生态旅游系统模式。本文主要基于"四体"生态旅游系统模型框架，针对生态旅游的主体、客体、媒体和载体四个子系统，从概念、定义、理念、内涵、外延等视角，对生态旅游系统进行深入讨论和重新审视，进一步明确、厘定生态旅游系统各子系统的定义和内涵，阐述各子系统之间及其影响因子之间的动力学关系，在此基础上进一步明确生态旅游系统的本质，并提出生态旅游动力学系统概念性框架。

一、生态旅游系统研究现状

随着研究的不断深入，国内外有关旅游系统和生态旅游系统研究取得了重要进展，基于不同学科背景和视角的旅游系统理论模型不断涌现，使生态旅游系统理论得到不断充实和发展。

美国旅游规划专家 Gunn 教授于 1972 年提出了旅游系统的概念，并于 2002 年提出了旅游功能系统模型。Leiper（1979）的旅游地理系统模型将旅游视为客源地与目的地之间通过旅游通道相连而形成的空间体系。Mathieson 和 Wall（1982）的旅游概念综合模型从旅游需求、旅游目的地、客源特点、旅游的影响及控制等，阐释了旅游客源地、旅游目的地之间的相互作用、相互影响及其管控机制。Sessa（1988）的旅游抽象系统模型认为旅游系统就是一个与区域全球化发展相联系的全球系统（global system）。Gunn（1994）的区域旅游发展模型和旅游系统功能模型通过区分供给与需求来定义旅游系统，其区域旅游发展模型显示出旅游的供给与需求是如何相互作用以促进区域旅游发展的。王家骏（1999）的旅游系统模型把旅游系统分为客源市场系统、目的地系统、出行系统和支持系统四个部分。D.A.Fennell（2002）的旅游要素系统模型认为旅游系统就是休闲-游憩-体验-度假-旅游共同构成的综合系统。王迪云（2006）的旅游耗散结构系统模型把旅游耗散结构与外部环境之间的各种交互作用综合定义为一个完整的旅游耗散结构系统。Walker 等（1999）的旅游发展模型包括了经济模型、资源需求模型、市场模型、旅游者行为模型。"六要素"旅游系统模型以旅游者为中心，将旅游者在旅游活动中的旅游行为归纳为"吃、住、行、游、购、娱"六大要素子系统。"三体"旅游系统模型以旅游活动为中心，将旅游活动实施实现的所有影响因子概括为主体、客体和媒体三大方面。杨桂华等（2000；2012）提出的生态旅游"四体"系统模型系目前我国最具代表性的生态旅游系统理论模型，该模型认为生态旅游系统由主体（生态旅游者）、客体（生态旅游资源）、媒体（生态旅游业）和载体（生态旅游环境）四要素构成。此外，郭来喜（1982、1985、2000）、彭华（1995、1997、1999）、保继刚（1986）、孙多勇等（1990）、吴必虎（1998、1999）、吴人韦（1999）、刘锋（1999、2000）、钟韵和彭华（2001）等，从不同角度对旅游系统和生态旅游系统进行了不同程度的研究。

上述相关研究成果为生态旅游系统理论的构建奠定了重要基础，并为生态旅游的进一步深入研究提供了基础框架、研究思路和发展方向。然而，有关生态旅游系统理论有待于进一步讨论，生态旅游系统各子系统的概念、定义和内涵有待于进一步明确和厘定，尤其是各子系统之间及其影响因子之间的动力学关系有待于深入研究。

二、生态旅游系统研究进展

生态旅游系统由主体（生态旅游者）、客体（生态旅游资源）、媒体（生态旅游业）三大子系统组成（即"三体学说"），或者由主体（生态旅游者）、客体（生态旅游资源）、媒体（生态旅游业）和载体（生态旅游环境）四大子系统组成（即"四体学说"）。与传统旅游系统相比，生态旅游系统的差异表面上只是三个或四个子系统与旅游系统中对应的子系统相比，均分别多了"生态"一词。虽仅有"生态"一词之差，但却存在本质上的不同。

从系统理论上讲，国内外现今大多数所谓的生态旅游并非真正意义的生态旅游，因为要实现真正意义上的生态旅游，前提必须是具备由真正的生态旅游主体、真正的生态旅游客体、真正的生态旅游媒体和真正的生态旅游环境四个子系统，以及有此四子系统相互作用、相互影响构成的具有成因动力学相关的真正意义上的生态旅游大系统。其中，某一子系统的缺失，或者某一子系统的不足，都会导致整个生态旅游大系统的缺失或"失真"。换言之，相应的生态旅游就不是真正意义上的生态旅游。

（一）关于生态旅游主体——什么是真正意义上的生态旅游者

在过去很长时期里，国内外学者从各自观点出发提出了生态旅游者的许多定义。通常而言，生态旅游者主要是指在自然生态旅游景区（特指各种自然保护区、风景名胜区、森林公园、地质公园等）消费的旅游者群体，这就是传统、经典的生态旅游者的定义。针对这一定义，值得商榷的问题主要有两个方面：一是到自然生态旅游区旅游的游客都是生态旅游者吗？二是不去自然生态旅游区消费的游客难道就不是生态旅游者了吗？

首先，就第一个问题而言，假设那些去自然生态旅游区消费的游客，在消费过程中其行为对自然生态环境有不同程度的副作用，或者有消极影响的，那么这些游客属于生态旅游者吗？显然，这类游客不应归为生态旅游者。引用的含义还有，假设这些游客在自然生态旅游区消费过程中对生态环境是负责的，但（出景区后）对社会环境（如附近的社区）的行为是消极的，那么这种游客算不算生态旅游者呢？作者以为也不应归为生态旅游者。显然，把游客是否去自然生态旅游区旅游（或是否消费了自然生态旅游产品）作为判断是否是生态旅游者的标准，这是欠科学的。事实上，去自然生态旅游区消费的游客可能有几种：一是消费过程中自始至终对环境（自然和社会）有积极作用的游客，这属于生态旅游者；另一种是诸如上述的非生态旅游者。因此，基于旅游主体的生态旅游研究，最根本的还是旅游者，亦即旅游者的行为学本身。可见，生态旅游者行为学、行为规范和行为标准研究，至关重要。

这种资源决定论或者产品决定论即认为到自然生态旅游区旅游的旅游者，或者消费自然生态旅游产品的旅游者就是生态旅游者。这显然存在不足，不足在于，一是其忽视了旅游者的行为特征、规范和责任，而行为规范和责任正是生态旅游者必须具备的最核心、最关键的要素；二是以是否到自然生态旅游区旅游或者是否消费自然生态旅游产品作为判定是否是生态旅游者的依据，一方面给生态旅游者的科学定义带来误导，另一方面使没有到自然生态旅游区旅游（或没有消费自然生态旅游产品）但自始至终对环境负责任的真正的生态旅游者形成误解。

针对第二个问题，不去自然生态旅游区消费的游客到底是不是生态旅游者的问题，亦即除了自然生态区域以外的其他旅游地的旅游者是否属于生态旅游者，分为几种情况：一种是国外的世居居民领地等原生态社区，如太平洋岛屿-热带雨林社区、拉丁美洲安第斯山及印度大陆雨林区、东非马赛族（the Maasai）社区部落、南非原始资源保护区、西非原始森林地区原生态社区、东南亚-山区部落与岛屿国家等；第二种是我国广大少数民族地区，这些地区往往体现为原生态的自然环境和原生态的人文社区融为一体；第三种情况是作为自然生态区域与都市区域之间过渡的广大乡村区域；第四种情况是广大城市区域特色街区和古城镇等。按照传统的生态旅游定义，到这些区域旅游的游客或者没有以自然生态旅游产品为消费对象的旅游者不属于真正的生态旅游者。但事实上，前往上述区域旅游的游客群体，往往具有比较高的环境生态伦理和文化素养的负责任的旅游者，难道他们不属于生态旅游者吗？诚然，不能武断地认为到自然生态旅游区去旅游的都是生态旅游者，把没有消费自然生态旅游产品（未去自然生态旅游区旅游）的旅游者断定为非生态旅游者。从消费者行为学角度，真正的生态旅游者与是否去自然生态旅游旅行或者是否消费自然生态旅游产品关系不大。事实上，真正的生态旅游者更喜好消费各种生态旅游产品，包括自然生态产品和生态人文产品。

笔者认为，真正的生态旅游者，是在旅游过程中对环境（包括自然环境和社会环境）产生积极影响的始终负责任的那些游客群体。严格来讲，真正的生态旅游者的主要判别依据应该是旅游者自身的行为规范和准则及其环境责任心，而不应该主要归结于其是否到自然生态旅游区去旅游或者是否消费了自然生态旅游产品，亦即不能将是否去自然生态旅游区去旅游或者是否消费自然生态旅游产品作为判断生态旅游者的标准。真正的生态旅游者应具有如下特点：一是绿色旅游者，这些旅游者以保护地球、热心环保和热爱和平为己任；二是负责任的旅游者，即积极的、主动的、始终的可持续旅游者；三是高端的旅游者，即具有较高环境伦理和人文素养、有利于资源环境和社会进步的友好型旅游者。可见，应将生态旅游者的能动性与生态旅游资源的受限性区别开来，亦即应正确看待自然生态旅游区（旅游地）与生态旅游者，不应把前者作为定义后者的前提。

（二）关于生态旅游客体——生态旅游地在生态旅游系统中的定位

传统上，通常将生态旅游客体指定为生态旅游资源，这是国内长期以来形成的共识。总体而言，存在如下两个方面值得商榷：一是生态旅游客体的外延问题，二是就生态旅游客体视为生态旅游资源的相关问题。针对第一种情况而言，亦即用生态旅游资源来代替或者等同于生态旅游客体是否科学的问题。从旅游系统的角度看，生态旅游客体应该是指生态旅游者旅游或者消费的对象，抑或进行生态旅游活动的区域或场所。从此意义上讲，生态旅游客体就应该是旅游景区（包括度假区或旅游城镇/乡村等）或者旅游（目的）地，亦即生态旅游客体所指的应该是已打造好的供生态旅游者消费的旅游项目产品（旅游景区或目的地），而非尚待建设的生态旅游资源。进一步延伸，生态旅游客体实际上就是指旅游者去进行生态旅游活动或者消费生态旅游产品的地方，亦即生态旅游（目的）地，具体包括了旅游（目的）地的生态旅游资源（自然和人文生态旅游吸引物）或生态旅游景区（或乡村或城镇）、社区人文和生态环境等诸方面。

针对第二种情况而言，亦即就生态旅游客体视为生态旅游资源而言（假定成立），主要涉及三个不同方面的问题：① 传统经典生态旅游概念的局限性导致了生态旅游资源局限性从而造成生态旅游客体内涵的局限性。沿袭生态旅游就是到自然生态旅游区旅游的传统经典定义，生态旅游客体就是指诸如自然保护区、森林公园、风景名胜区、地质公园、国家公园等的自然生态区域。这是古典的生态旅游视角下的生态旅游资源或生态旅游客体的概念，显然有其局限性；② 由于上述生态旅游资源概念的局限性导致了生态旅游客体存在其狭隘性和不足。事实上，除了传统的自然生态旅游区外，还有许多区域或者领域同样可以作为生态旅游资源。比如，原生态自然环境和原生态人文背景融为一体的特殊区域（如非洲原始部落、澳大利亚世居居民地、南亚世居地、太平洋岛屿、美洲世居居民地区以及我国广大少数民族地区等），比如作为自然生态区域与都市区域之间过渡的广大乡村区域。③ 城市或都市区域同样分布有不同成因类型的生态旅游资源，比如广大城市或都市区域古城镇、特色街区、生态区域等生态旅游资源。应该注意的是，不应将生态旅游资源内涵的延伸和外延的拓展与判别是否是生态旅游者的依据相混淆。

在传统经典生态旅游、生态旅游资源（客体）概念研究成果基础上，笔者认为：① 生态旅游客体指定为生态旅游地更为科学合理，可以是生态旅游景区（包括旅游城镇、乡村），也可以是旅游度假区（营地或基地）甚至旅游目的地，因为在旅游系统中旅游者去旅游的对象或者消费的对象不是旅游资源而是旅游产品，是发生生态旅游活动的地区或者场所，既包括那里的生态旅游资源（生态旅游吸引物），同时也包括那里的人文生态要素和自然生态环境。② 生态旅游资源应只作为生态旅游客体的重要内容，两者不能等同。尽管旅游资源与旅游产品有时是可以等同和转换的（如人造景区），但旅游者消费的是旅游产品而不是旅游资源，而且旅游资源和旅游产品属于不同层次的概念，两者的外延和内涵不同。③ 生态旅游资源不应只是特定的传统的经典自然生态旅游区，还应包括原生态自然和人文融合地区、乡村区域和城市或都市区域的生态旅游资源，拓展到除传统旅游资源外的社区、环境、人文、生活、设施乃至特色街区等。就此意义而言，生态旅游客体显然比生态旅游资源的外延更广，内涵更丰富，研究视角也不同。④ 生态旅游客体（或生态旅游地）在生态旅游系统中主要是被动的概念，而生态旅游者是主动的概念。不应将是否去生态旅游客体（或生态旅游地）去旅游作为判断是否是生态旅游者的标准，反过来也不能将是否是生态旅游者曾经去消费的地方作为判断此地是否是生态旅游客体（或生态旅游地）的依据。

（三）关于生态旅游媒体——怎样才能实现真正意义上的生态旅游业

生态旅游业是生态旅游系统中沟通生态旅游主体和生态旅游客体之间的媒介，是由众多部门和相关行业组成的向生态旅游者提供各种服务的社会综合体，在推动生态旅游发展方面主要起着供给和组织的作用。生态旅游业是以生态旅游资源为依托，以生态旅游设施为基础，为生态旅游者创造便利条件并提供所需产品和服务的综合性产业。生态旅游资源、生态旅游设施和生态旅游服务是生态旅游业实现的三大要素（陈玲玲等，2012），其中生态旅游资源是生态旅游业发展的基础，与生态旅游设施一起通过动态加工变成生态旅游产品，旅游服务体系是旅游经营者借助特定的旅游经济实体和生态旅游政策，借助生态旅游设施和一定手段向生态旅游者提供便利的活动，旅游服务体系是生态旅游业实现和持续发展的关键因素。

传统的旅游业通常简称为旅游企事业。与传统大众旅游业相比，生态旅游业在追求目标、管理方式、综合效益等方面存在差异，主要表现在：① 目标上强调经济-社会-生态三者利益的协调，维持天-地-人的统一；② 管理上强调生态管理和可持续管理；③ 利益上强调游客-社区-企业等各个环节的共享；④ 创造可持续就业机会，促进区域可持续发展。生态旅游业除了具有一般旅游业的依赖性、敏感性、带动性和涉外性等一般特点外，还具有综合性、责任性、动态性、可持续性等自身特点。正因为这些特点，生态旅游业具有生态旅游、资源保护、环境教育及扶贫致富等四大显著特色功能。

综合性：生态旅游业生产原料、生产过程、生产产品和生产效益的综合性。生产原料的综合性是指资源既有自然的，又有人文的，既有历史遗留的，又有现今人造的。生产过程的综合性是指多个相关部门或相关因素协调配合、共同努力，既涉及旅游部门的旅行社、住宿业和交通客运业，又涉及国民经济中的一些物质资料生产部门（如轻工业、建筑业、农业、林业、畜牧业等），以及一些非物质资料生产部门（如文化、宗教、园林、卫生、科技、邮电、教育、商业、金融、海关、公安、环保、保险等）或环节。生产产品的综合性是指所需要的设施条件既包括旅行设施，又包括餐饮住宿设施和交通客运设施，以及所提供的服务是由吃、住、行、游、娱、购等多种服务项目构成的综合体。生产效益的综合性是指生态旅游业追求的是经济、社会及生态等效益的综合。生态旅游业是生产原料-生产过程-生产产品-生产效益链条中每一细节和整个环节必须"生态达标"的综合生态产业。

责任性：生态旅游业的生产、实现和持续发展，离不开绿色的原材料、好的生产方式、绿色的生产过程、生态的旅游产品和综合的生态效益。这就要求生态旅游业生产过程中相关部门和机构具有创新的精神、绿色的思维、协调的思想、开放的态度和共享的理念，以及高度的责任感、持续的领导力和科学的发展观，亦即需要可持续管理和科学体制机制。生态旅游业发展过程中上述任一环节出现问题，将导致生态旅游业不同侧面、不同程度的"失真"。就现有发展阶段来看，国内旅游主管部门、旅游企事业单位甚至旅游行业协会，其服务管理条件和水平参差不齐，与真正的生态旅游规范和标准要求还存在差距，尤其是生态旅游业发展的生态理念不同程度地缺失，比如政府机构管理水平参差不齐、旅游企事业单位人员理念和视角不同、旅游协会人员认知水平和要求标准差异等，从而造成我国现阶段生态旅游业不同程度地"失真"。就真正的生态旅游系统理念而言，国内外差距最大的子系统就是生态旅游媒体即生态旅游业的差距，尚亟待政府机构、企事业单位、行业协会、社区等鼎力协助，其中政府是前提，企事业单位根本，行业部分是关键，社区是基础。

动态性：与其他产业相比，生态旅游业具有明显的动态性，即表现在时空的动态性和动力系统的动态性。时空条件的动态变化造成了生态旅游业独特的发展和演化规律。空间动态变化主要是指生态旅游者生态旅游活动与旅游地生态环境之间的互动过程，即相互影响、相互关联、相互制约的动态关系。时间动态变化是指生态旅游业的季节性，由于纬度、地势、气候、海拔等自然条件会引起生态旅游地旅游价值随季节变化，进而导致生态旅游业的旺季、淡季和平季。动力系统的动态性，系指生态旅游系统四个子系统以及上述各因子之间的相互作用和相互影响随着时间和空间的变化而造成的生态旅游业发展状态的差异。如生态旅游主体、客体、媒体、载体四大子系统之间，任一个子系统的能动力不足或持续度不同，将造成整个生态旅游系统的"失真"或"缺失"。又如在生态旅游业子系统内部，政府、企事业、行业、社区各因子之间的相互作用和影响及其能动性和责任性程度差异，会带来生态旅游业不同的发展状态。

可持续性：生态旅游把生态环境的承受能力放在第一位考虑，强调生态旅游者、社区居民及从业人员对保护生态环境的贡献，重视旅游环境容量的研究和维持措施，注重旅游与社区经济发展、环境保护紧密结合，是公认的达到旅游持续发展目标的有效手段和途径，是可持续发展原则相协调的旅游形式。响应的生态旅游业在实现经济、社会和美学价值的同时，寻求适宜的利润和环境资源价值的维持，开发商、游客、社区及居民都是直接受益者，环境得到有效的保护，是可持续旅游业，属于资源节约型、环境友好型产业。

笔者以为，生态旅游业不是传统的旅游企事业，更不能简单地理解为旅游相关企业和事业机构的组合。生态旅游业与传统旅游业最大的差异主要表现在生态旅游业的责任性和能动性，即生态旅游业的生产者、管理者、监督者应是对环境极其负责的社会精英，共同组成高端环境伦理素养、高度负责任的生态旅游服务体系，生态旅游服务体系涉及政府的科学管理、事业机构的正确引导、企业单位的产品创新、行业团体的行业监督、社区居民的大力支持以及生态旅游者和全社会的积极配合，只有上述政府、事业、企业、行业、社区、游客乃至全社会的可持续负责任的协调配合和鼎力相助，生态旅游资源才能转化为真正的生态旅游业亦即可持续的生态旅游业。生态旅游业作为资源节约型、环境友好型产业，代表了时代新潮流和新方向，它与人类正在经历的生态时代相适应。反过来，要实现生态旅游业的本来目标——可持续发展，关键是要确保可持续的管理体制，亦即绿色政府主管机构—生态企事业单位—生态旅游行业机构—生态旅游地（社区）—生态旅游者的共同努力。其中，任意环节或者子系统出现问题或缺失，将会造成整个生态旅游系统的瘫痪，从而导致生态旅游业的倒退。生态旅游业的实施和实现需要全社会乃至全人类综合人文素质的不断提高和进步，需要生态旅游环境的培育和保护。其中生态旅游媒体与生态旅游载体（环境）处于相容状态。

（四）关于生态旅游载体——生态旅游环境的作用及意义

陈玲玲等（2000、2012）较早地提出了生态旅游系统的"四体"理念，并从生态旅游地自然生态环境、生态旅游环境容量和生态旅游环境保育三方面，对生态旅游载体（或生态旅游环境）进行了阐述。

生态旅游的产生、管理与持续发展不仅与生态旅游地环境（自然生态和社会人文）密切相关，同时受到所在地区、国家乃至全球综合环境和"大气候"的影响。从此意义上讲，生态旅游环境实际上包括了生态旅游地（社区）的微观环境和区域上的宏观环境。前者是指旅游地所在地区（社区）的自然环境和人文环境，是生态旅游业发展的基础支撑；后者是指更广泛的、间接的外部宏观环境，是影响一个地区生态旅游发展的大背景和"大气候"，是生态旅游业持续发展的重要保障。

生态旅游地（社区）环境包括自然生态环境、人文生态环境和社会生态环境。从某种意义上讲，生态旅游地（社区）环境构成生态旅游客体的重要组成部分，是生态旅游主体与生态旅游客体之间友好互动的重要保障，是生态旅游业可持续发展的重要支撑和载体。

旅游地自然生态环境涉及地质地理、地形地貌、水文环境、气候条件、环境生态、动植物、土壤特质、区位条件等各方面。可见，生态旅游环境容量、生态旅游承载力等概念应归属于生态旅游地旅游环境的范畴；旅游地人文生态环境涉及旅游地所在社区历史背景、地域文化、民族文化自豪感、共同价值观、生活方式、人口状况、文化传统、教育程度、风俗习惯、宗教信仰等；社会生态环境包括交通条件、通信条件、经济状况和条件、城镇分布与功能、基础设施环境、投融资环境、竞争环境等。区域上的外部宏观环境可能是全国范围的，也可能是国际范围的，主要涉及政治（political）、经济（economic）、社会文化（socio-cultural）和技术（technological）环境（亦即 PEST 环境理论，John Swarbrooke 和 Butterworth-Heinemann，2012）。

笔者以为，生态旅游载体（即生态旅游环境）是决定生态旅游发展水平、高度和质量的前提，从生态旅游系统的角度，生态旅游环境就是生态旅游主体、客体和媒体三个子系统相互作用进而促进生态旅游可持续发展所赖以发生的基础和前提，或者是生态旅游产生和可持续发展的各种软、硬环境的综合。具体涉及生态旅游主体环境、生态旅游客体环境、生态旅游媒体环境以及旅游主体-客体-媒体之间相互作用、持续发展的外部宏观环境。其中，生态旅游客体环境同样包含自然生态和人文社会要素，尤其是生态旅游者的经济条件、教育背景和区域发展水平，它对生态旅游者的旅游动机、旅游方式和旅游目标产生直接影响；生态旅游客体环境亦即生态旅游地的自然和人文社会环境，它直接影响着生态旅游客体的质量进而间接影响着生态旅游者的旅游动机；生态旅游媒体环境涉及一个区域生态旅游业发展的政治、经济、文化和科技环境，直接影响着当地生态旅游业发展的纯粹性、真实性和持续性。上述各自环境没有明显的界线和范围，彼此相互作用、相互影响，构成生态旅游业可持续发展的宏观动态系统。

三、现代生态旅游系统的本质

（一）生态旅游系统实质上为一综合的旅游动力学系统

生态旅游系统的最大特征是强调系统的能量守恒与动力学特点，亦即构成生态旅游大系统的各子系统之间相互作用、相互影响所形成的完全不同的全新动力学系统——生态旅游动力学系统，一个完整的旅游耗散结构系统。生态旅游系统中不同子系统及其影响因子之间的相互作用（作用力及其方向和大小），会产生不同类型、方式和程度的动力学效果，可以用端元函数来表达彼此之间的相互关系（如图1所示）。

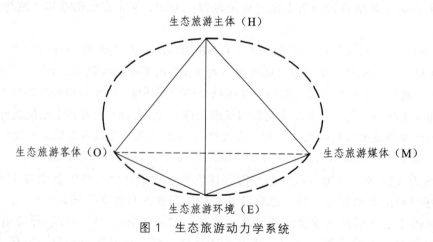

图 1　生态旅游动力学系统

层次一：任意两个端元彼此连成一条直线，如旅游主体与旅游客体之间、旅游主体与旅游媒体之间、旅游主体与旅游环境之间（其他以此类推），表示直线式的一次函数关系，表达彼此之间的直接互动关系。

层次二：任意三个端元彼此联系构成一个完整的三角平面，如旅游主体（H）、旅游客体（O）、旅游环境（E）之间构成的三角平面 HOE，同理还有三角平面 HOM、HEM、OEM 等，表达的是三个端元互为函数，其中之一端元作为函数时与另两个端元之间的关系，构成完整的二次函数关系。

层次三：四个三角平面 HOE、HOM、HEM、OEM 相互联系，彼此共同构成一个完整的四面体，这个三四面体就很好地表达了一个完整的生态旅游动力学系统，含义包括：① 一个完整的生态旅游动力学系统包括旅游主体（H）、旅游客体（O）、旅游媒体（M）、旅游环境（E）四个端元函数及其相关影响因子；② 四个端元之间通过点、线、面等形式的相互作用、相互影响，构成一个不可分割、有机的完整系统，即生态旅游动力学系统；③ 这个生态旅游系统是一个多元、动态、综合的有机动力学系统，任何一个端元函数或者相关因子的变化，均导致整个生态旅游动力学系统不同侧面、不同层次和程度的变化。

（二）生态旅游系统的本质就是负责任的旅游系统

生态旅游系统与传统旅游系统的最大差别，不仅表现在两者之间对应的各子系统的含义、特征、级别、层次、标准、要求的不同，更重要的是生态旅游系统强调的是责任性（responsibilities），具体要求行业管理者和企事业机构对生态旅游发展的主动性和能动性；要求生态旅游业可持续发展的持续性、协调性和责任性；要求旅游者、社区乃至地球公民对自然生态环境和人文社会环境的积极贡献。

真正的生态旅游系统理念要求，一是构成生态旅游的主体、客体、媒体和载体四个子系统都要达到真正的"生态"条件，并缺一不可；二是在真正的生态旅游系统理念指导下，"达标"的四个子系统相互作用、相互影响，实现真正的生态旅游产业和生态旅游经济的可持续循环，进而实现自然-经济-社会大系统乃至天-地-人巨系统的可持续发展。

当今，国内外正在迈向生态旅游发展的道路上，但距离真正的生态旅游系统理念要求还有较长的路要走，尤其是国内。总体而言，目前国内生态旅游发展如火如荼，但仅仅相当于真正生态旅游发展的初级阶段，主要表现在如下几个方面。

一是生态旅游的认识论问题，首先是作为生态旅游主体的旅游者因对生态旅游缺乏了解导致对生态旅游产生误解；二是作为生态旅游媒体尤其是主管机构、旅游企业、行业协会等由于知识水平有限，对生态旅游理解得不到位；三是生态旅游客体——社区居民普遍对生态旅游缺乏了解；四是主管部门、旅游企事业、行业机构、社区居民等各方对生态旅游产业缺乏了解。

二是生态旅游的世界观问题，缺乏从系统论观点去看待生态旅游的意识，以为生态旅游主体、客体、媒体和载体四个子系统中，只要其中三个、两个甚至是一个是"生态"的，就认为是生态旅游系统，如将生态旅游简单理解为在自然生态区（如森林公园或自然保护区）进行消费的生态旅游相关活动项目，将生态旅游系统简单理解为自然生态旅游景区或者目的地的旅游系统。

三是生态旅游方法论问题。在现实的所谓的生态旅游系统中，往往只有旅游客体达到了"生态"标准，而其他子系统没有达到"生态"标准。常见的是旅游企业（旅行社、旅游住宿）服务不到位。还有旅游主体（游客群体）在旅游过程中有不负责任行为。更有甚者，生态旅游目的地政府由于急于发展经济规模或者急于看到旅游扶贫的作用和效果，做出一系列有损生态旅游发展的决策，如忽略生态旅游目的地固有的生态环境容量和承载力，"暴力"增加旅游人次数以获取更多的门票收入。

（三）生态旅游系统的本质就是可持续旅游系统

可持续发展是 21 世纪人类面临的主要问题，它直接关系到人类文明的延续和发展，并且是直接参与国家最高决策的基本要素。生态旅游正式可持续发展的具体实施步骤：提倡、构建生态旅游系统是实现全球可持续发展的重要路径和方式，也是全人类素养提高和文明程度提高的重要途径，是全人类的共同理想和奋斗目标，但要真正实现生态旅游系统还需要一个过程。首先是要解放思想——全人类素质的共同提高、全人类发展理念的升华、全人类生活方式的革新和发展方式的转变；其次是提升素质——全人类的生活生产方式的解放和全人类素质的提升；最后是全人类发展方式的革新和解放以及生活方式的转变。总之，要坚持环保、热爱地球，倡导绿色发展、持续发展。

生态旅游的理论核心是自然—社会—经济复合系统的协调发展，就是人与自然的和谐和高度统一。生态旅游发展理念要求改变"高投入、高消耗、高污染"的生产和消费模式，提高资源利用效率，从思想到行动要有所改变。生态旅游发展不仅重视增长数量，更追求改善质量、提高效益、节约能源、保护环境，改变传统的生产和消费模式，实施清洁生产和文明消费。生态旅游显示了环境与发展的辩证关系，即环境和发展两者密不可分、相辅相成。生态旅游发展强调以保护自然为基础，与资源和环境的承载能力相适应。因此，发展的同时必须保护环境，包括控制环境污染、改善环境质量、保护生命支持系统、保护生物多样性、保持地球生态的完整性，保证以持续的方式使用可再生资源，使人类的发展保持在地球承载能力之内。

生态旅游发展强调以改善和提高生活质量为目的，与社会进步相适应。生态旅游的内涵应包括改善人类生活质量，提高人类健康水平，并创造一个保障人们享有平等、自由、教育的社会环境。生态旅游作为一种典型的可持续旅游，强调生态持续、经济持续和社会持续，它们之间互相关联而不可侵害。生态持续是基础，经济持续是条件，社会持续是目的。人类共同追求的应该是自然—经济—社会复合系统的持续、稳定、健康发展。

（2018 年 10 月）

参考文献

[1] FREDERICO SANTARÉM, RUBIM SILVA, PAULO SANTOS. Assessing ecotourism potential of hiking trails: A framework to incorporate ecological and cultural features and seasonality. Tourism Management Perspectives, 2015, 16: 190-206.

[2] MADHUMITA DAS, BANI CHATTERJEE. Ecotourism: A panacea or a predicament? Tourism Management Perspectives, 2015, 14: 3-16.

[3] HUANG Chunche, LIANG Wenyau, TSENG Tzuliang, WONG Ruoyin. A rough set-based corporate memory for the case of ecotourism. Tourism Management, 2015, 47: 22-33.

[4] RUGAYAH HASHIM, ZULKIFLEE ABD. LATIF, FARAH MURNI MERICAN,

NURULAINI ZAMHURY. The praxis of Langkawi's sustainable regeneration strategy through eco-tourism. Procedia-Social and Behavioral Sciences, 2015, 170: 49-57.

[5] NINO PARESASHVILI. Major tasks of ecotourism management in China. Procedia - Social and Behavioral Sciences, 2014, 156 (26): 170-173.

[6] ISHWAR DHAMI, JINYANG DENG, ROBERT C. BURNS, CHAD PIERSKALLA. Identifying and mapping forest-based ecotourism areas in West Virginia-Incorporating visitors' preferences. Tourism Management, 2014, 42: 165-176.

[7] JOÃO ROMÃO, BART NEUTS, PETER NIJKAMP, ASAMI SHIKIDA. Determinants of trip choice, satisfaction and loyalty in an eco-tourism destination: A modelling study on the Shiretoko Peninsula, Japan. Ecological Economics, 2014, 107: 195-205.

[8] G. LEMOINE. Brownfield restoration as a smart economic growth option for promoting ecotourism, biodiversity, and leisure: Two case studies in Nord-Pas De Calais. Bioremediation and Bioeconomy, 2016: 361-388.

[9] LU KE. New development direction on worse ecological system resource of China eco-tourism. Energy Procedia, 2012, 14: 445-450.

[10] JINGYAN LIU, HAILIN QU, DANYU HUANG, GEZHI CHEN, XIAO YUE, XINYUAN ZHAO , ZHUIDA LIANG. The role of social capital in encouraging residents' pro-environmental behaviors in community-based ecotourism. Tourism Management, 2014, 41: 190-201.

[11] KATHRYN SHUTT, MICHAEL HEISTERMANN, ADETAYO KASIM, ANGELIQUE TODD, BARBORA KALOUSOVA, ILONA PROFOSOUVA, KLARA PETRZELKOVA, TERRENCE FUH, JEAN-FRANCAIS DICKY, JEAN-BRUNO BOPALANZOGNAKO, JOANNA M. Setchell. Effects of habituation, research and ecotourism on faecal glucocorticoid metabolites in wild western lowland gorillas: Implications for conservation management. Biological Conservation, 2014, 172: 72-79.

[12] AZMAN AHMAD. The disengagement of the tourism businesses in ecotourism and environmental practices in Brunei Darussalam.Tourism Management Perspectives, 2014, 10: 1-6.

[13] LINH TRAN, PIERRE WALTER. Ecotourism, gender and development in northern Vietnam. Annals of Tourism Research, 2014, 44: 116-130.

[14] YEN-TING HELENA CHIU, WAN-I. LEE, TSUNG-HSIUNG CHEN. Environmentally responsible behavior in ecotourism: Antecedents and implications. Tourism Management, 2014, 40: 321-329.

[15] VIRGIL NICULA, SIMONA SPÂNU. Ways of promoting cultural ecotourism for local communities in Sibiu Area.Procedia Economics and Finance, 2014, 16: 474-479.

青藏高原涉藏地区民族旅游业驱动农村产业深度融合发展研究

覃建雄　曹兴华　向　莉

农村产业融合是青藏高原涉藏地区乡村振兴的重要路径和关键突破口[1]。青藏高原涉藏地区作为集高海拔地区、民族地区、贫困山区、革命老区、生态脆弱区为一体的特殊空间区域，所面临的重大挑战就是青藏高原涉藏地区的可持续发展问题，而问题的核心就是如何解决农村产业即"造血功能"问题[2]，这涉及青藏高原涉藏地区和谐稳定与长治久安。当前，在乡村振兴战略不断推进、迫切要求破解农村"造血功能"困局的现实诉求下，进行青藏高原涉藏地区旅游业促进农村产业融合发展研究意义重大。然而，有关青藏高原涉藏地区旅游业促进农村产业融合研究方面的文献不多，且主要呈现如下特点：① 研究文献明显比中东部地区的少，仅涉及青藏高原涉藏地区的川西、青海等某一地区[3-4]；② 研究文献主要涉及文旅融合、农旅融合、旅游产业融合、农业产业融合等领域[5-10]，并局限于简单的"1+1=2"式的产业交叉融合[11]，缺乏旅游业对青藏高原涉藏地区产业融合引领效应的论述；③ 研究文献缺乏对整个青藏高原涉藏地区旅游业引领的农村产业融合研究。

有鉴于此，论文针对我国青藏高原涉藏地区如何破解农村"造血功能"的重大问题，基于乡村振兴战略背景下进行青藏高原涉藏地区旅游业促进农村产业深度融合发展研究，以期构建以民族旅游业为主导，充分发挥青藏高原涉藏地区特色资源优势，促进青藏高原涉藏地区农村产业深度、高质、高效融合发展，提出以融合效应为核心，产生"1+1＞2"综合效应的青藏高原涉藏地区旅游引领农村产业融合发展思路，在此基础上构建青藏高原涉藏地区民族旅游业促进农村产业深度融合发展模式及实施路径。

一、青藏高原涉藏地区的特殊性及面临的重大挑战

（一）青藏高原涉藏地区的特殊性分析

青藏高原涉藏地区特指地域空间上相互联系的我国西藏自治区，以及青海、四川、甘肃、云南四省交界区域，以藏族为主的少数民族聚集区，构成"世界屋脊""雪域高原"——青藏高原的主体[12]。青藏高原涉藏地区具有地理单元的完整性、自然条件的相似性、历史文化的相似性以及经济社会的关联性等特点，构成与外界存在明显差异性的特殊地理单元。青藏高原涉藏地区由于所处特殊的地质背景，以及高海拔、高寒气候、高原高山峡谷的自然地理条件，因而呈现出全球的特殊性和唯一性。

独特的地理区位。青藏高原涉藏地区所在的青藏高原位于欧亚板块中南部[13]，深居大陆内部，西距地中海约 3800 千米，南距印度洋约 450 多千米，东距太平洋约 1700 千米，北距北冰洋 4000 多千米。南以喜马拉雅山脉为界，北为昆仑山、阿尔金山和祁连山所隔，东与秦岭西缘

相接,东南为横断山脉,形成北与塔里木盆地落差达 4000~5000 米,东与四川盆地落差达 1000~3000 米,南与印度恒河平原高差达 3000~7000 米,高耸于印度洋、太平洋与亚欧大陆之间的[13]"世界第三极"和"世界屋脊",成为我国第一阶梯和亚洲大江大河的发源地。

特殊的空间区域。青藏高原涉藏地区作为青藏高原的主体,由于所处特殊的板块构造背景和区位,形成与外界相对隔绝的"世界屋脊"和"雪域高原",造成平均 4000 米高海拔、高寒气候、高原高山峡谷、地势高低悬殊、生态环境脆弱的特殊空间区域,按地形地势变化,可分为藏北高原、藏南谷地、柴达木盆地、祁连山地、青海高原和川藏高山峡谷区六个单元,系我国乃至全球独一无二的完整而独特的地理单元。区域内高原、高山、峡谷、湖泊、河流、高原盆地等,地貌类型多样,气候异常复杂,从而决定了青藏高原涉藏地区与世界其他地区明显不同的自然、经济、社会、文化环境特征。

独特的历史人文背景。该区域所在的青藏高原是世界生物多样性和文化多样性的典型地区[14],①是中华民族的源头地之一和中华文明的发祥地之一。青藏高原涉藏地区由于独特的地史和历史,形成了以藏族为主的少数民族聚集区,形成了以藏族文化为主的高原文化体系。各民族文化在长期交往中彼此影响,相互依存,和睦共处,共同营造了青藏高原涉藏地区多民族文化共融的局面[13]。地域相通、人文相亲、经济相融、文化相连,历史文化、传统文化、民族文化、民俗文化相互交融,拥有青藏高原地域文化这一共性。青藏高原涉藏地区文化丰富多彩,有丰富而独特的物质文化遗产和非物质文化遗产。青藏高原涉藏地区文化有着鲜明的地域特色、浓郁的民族特色、浓厚的宗教色彩和相互交融的和谐关系[15]。原生态历史人文构成青藏高原涉藏地区最明显特色和核心竞争力。

特殊的经济社会环境。青藏高原涉藏地区面积广大,人口稀疏,村寨、城镇零星分布,彼此之间距离遥远、联系度低、缺乏呼应,交通闭塞,基础设施落后,教育科技滞后,制约发展的因素错综复杂,物质文化生活水平较低。绝大部分农村地区沿袭了民族传统文化、习俗、宗教信仰及生产方式,形成了青藏高原涉藏地区比较典型的高原-沟域型[16]的社会现象、传统文化和产业发展模式。在民族文化、历史人文等方面,具有明显的共性和关联性,经济发展状况属于近同水平,产业结构和生产方式较为相似,社会文化基本趋于同质,这就决定了青藏高原涉藏地区经济社会发展模式上的相关性。

特殊的农村产业结构。青藏高原涉藏地区由于自然条件的影响,农村经济小散弱差,农村产业具有非典型性二元结构[17]特点,第一产业和第三产业比重较大,第二产业落后。第一、二、三产业生产能力弱,发展水平低,产业基础薄弱,基础条件差,产业间缺乏协作[18]。从产业结构分析,第一产业占重要地位,但绝大多数地区以畜牧业和农业为主,农业以传统的青稞、小麦和豌豆为主,具有低产值、低效益化、低市场化、低产业化的特点[19]。第三产业近几年虽然得到较大发展,但由于观念、技术、教育、科技、素质等因素的制约,亟待与其他产业深度融合并发挥其带头功效。第二产业由于地理环境条件的影响和环境刚性要求不断严苛[20],很难发挥作用。

独特的旅游资源富集区。青藏高原涉藏地区拥有全球独一无二的完整而独特的原生态自然风光体系和原生态人文景观系统。这片多民族聚集的土地孕育着具有浓郁民族特色和原生态美的物质文化遗产以及丰富的非物质文化遗产。这里是世界遗产和国家遗产资源的富集区,这里是"世界之最""全球唯一"的聚集地。这里拥有大江大河、高原湖泊、原始森林、珍贵奇异的高

---

① 中国藏学家:青藏高原文化体现各民族手足之情.中国新闻网,2014-9-26.

原动植物，拥有世界上最纯净的空气和生态环境。这里是世界游客梦寐以求的美丽、独特而神秘的地方。然而长期以来，这里丰富而独特的旅游资源潜力尚未得到充分发挥。

特殊的国家战略定位。青藏高原涉藏地区所在的青藏高原是"世界第三极""世界屋脊""雪域高原""亚洲水塔"和"气候调节器"，对欧亚大陆地史和历史演化具有重要影响，是中华民族的源头地之一和中华文明的发祥地之一。青藏高原涉藏地区作为融特殊自然条件、历史人文背景及经济社会环境为一体的特殊空间区域，承载着民族地区、革命老区和贫困山区经济社会和谐稳定，原生态自然风光和民族文化资源保护，以及区域生态安全和国防安全的历史重任，承担着全球生物和文化多样性安全和全球可持续发展的特殊使命。

（二）青藏高原涉藏地区可持续发展面临的重大挑战

青藏高原涉藏地区构成青藏高原及其延伸部分[3]，总面积 224.15 万平方千米，占青藏高原面积的 89.6%，相当于全国面积的 23.33%，涉及 5 省（自治区）、18 州（市、地区）、126 县（市），具体包括西藏（拉萨市、日喀则市、昌都市、林芝市、山南市、那曲市、阿里地区）、青海（海北州、黄南州、海南州、果洛州、玉树州、海西州）、四川（阿坝州、甘孜州、凉山州木里县）、甘肃（甘南州）、云南（迪庆州），总人口约 628.22 万人（如表 1 所示）。青藏高原涉藏地区地广人稀，系以藏族为主的少数民族聚集区。

表 1　青藏高原涉藏地区基本情况表

省（自治区）	市（州、地区）	县（个）	人口（万人）	面积（万平方千米）	占青藏高原面积的比例（%）
西藏	拉萨市、日喀则市、昌都市、林芝市、山南市、那曲市、阿里地区	72 县（市）	350.56	122.84	46.81
青海	海北州、黄南州、海南州、果洛州、玉树州、海西州	30 县（市）	216.96	70.02	28.03
四川	阿坝州、甘孜州、凉山州木里县	13 县（市）	215.42	25.05	10.12
甘肃	甘南州	8 县（市）	72.32	3.85	1.54
云南	迪庆州	3 县（市）	40.70	2.39	0.96
小结	18 个市（州/地区）	126 个县（市）	628 22	224.15	89.60

注：表中相关数据分别依据西藏、青海、四川省、甘肃、云南 2019 年国民经济和社会发展统计公报、2000 年《中华人民共和国行政区图》（1：4 000 000）、全国第六次人口普查数据。

由于上述自然、人文的特殊性，青藏高原涉藏地区呈现由面积广阔的高原山地、广大而分散的民族村寨、零星点缀的山地城镇所构成的城乡空间格局。面积最广大的是雪域高原、高山峡谷地区。其次是广大的高原山地乡村，沿高原大草原、高半山坪地和河流沟谷。最后是在高原和河谷平坝中零星分散的山地城镇。青藏高原涉藏地区面积广大，地形地貌复杂，村寨、乡镇、城市分散，人口密度全国最低，城镇体系发育缓慢，交通基础设施条件滞后，区域联系度差，缺少核心城市，很难发挥城市聚合和辐射作用，一些重要城镇在地域分布上极不平衡[21]，因属于高海拔、高寒冷气候区，这些与我国中东部乃至世界大多数地区具有明显的不同，从而给青藏高原涉藏地区经济社会发展带来了前所未有的困难。

正因为上述自然人文背景的影响，青藏高原涉藏地区具有非典型的二元经济结构特点，主要特点是以高原山区沟域为单元，耕地分布区海拔高，气候条件差，高山峡谷阻断了人、物和信息的横向交流。地形复杂，交通不便，地广人稀，信息不灵，居民依山地分散而居，农业生产力低下，以自给自足的传统经济为主[22]。非典型性的二元经济结构以生产力低的原生态农牧业和民族旅游业为主，第二产业滞后甚至缺失。农村缺乏真正的引领产业，产业融合基础差、难度大、效应低，从而导致青藏高原涉藏地区农村缺乏有效产业支持，"造血功能"问题突出。

通过对三大产业结构研究，青藏高原涉藏地区相比全国其他地区呈现如下特点（如表 2 所示）：① 人均地区生产总值低，为 1.85～3.46 万元（平均 2.6501 万元），不及人均国内生产总值（人均国内生产总值为 6.4644 万元）的 1/2。② 农业产值低，占地区生产总值的 31.45%～41.32%（平均36.21%）。③ 农村产业主要为畜牧业、农业和林业。农业生产力极低，呈现明显的自给自足特点。④旅游总产值占地区生产总值比重的 35.24%～65.48%，旅游业发展呈现越来越明显的主导作用，并逐渐成为青藏高原涉藏地区重要的就业途径和收入来源[23]。上述分析表明，单一的第一产业、第二产业或者第三产业，难以单靠自身之力解决青藏高原涉藏地区农村的"造血功能"问题，而亟待通过旅游业引领农村第一、二、三产业的深度和高质量融合，激活农村产业之间的活性反应和综合效应，走出青藏高原涉藏地区农村旅游业引领综合产业发展的新路子。

表 2　青藏高原涉藏地区农村产业发展相关指标

人均地区生产总值（万元）	人均地区生产总值占人均国内生产总值的比例（%）	第一产业生产总值占地区生产总值的比例（%）	旅游业总产值占地区生产总值比例（%）
1.85～3.46	42.3～48.16	31.45～41.32	35.24～65.48

注：表中相关数据源于 2018 年《中国旅游统计年鉴》《中国统计年鉴》《中国农村统计年鉴》，以及青藏高原涉藏地区 5 省（自治区）的统计年鉴等有关西藏及青海、四川、甘肃、云南的原始数据统计计算所得。

综上，由于特殊的综合区位、特殊的地理空间、特殊的自然条件、特殊的城乡空间体系、特殊的历史人文及经济社会背景，以及特殊的农村产业结构特征，新形势下青藏高原涉藏地区经济社会面临着诸多重大挑战：一是第一、二、三产业生产力发展能力低下；二是作为民族地区、革命老区和贫困山区，亟待通过区域发展实现全面小康社会；三是在愈加严苛的资源生态环保刚性[20]要求条件下，如何实现青藏高原涉藏地区农村产业可持续发展；四是青藏高原涉藏地区承载着民族地区生物及文化多样性保护、国家国防及生态安全、全球可持续发展的多重特殊使命。上述四方面困难的叠加，决定了青藏高原涉藏地区可持续发展模式的选择以及方针政策的制定，与全国乃至全世界相比，存在明显的艰巨性和挑战性。

二、青藏高原涉藏地区旅游业促进农村产业融合的诉求及基础条件

（一）青藏高原涉藏地区产业融合对旅游的诉求及旅游业的独特意义

青藏高原涉藏地区农村产业融合急需以旅游业作为主导产业的引领。作为世界遗产资源富集区，青藏高原涉藏地区许多精品旅游资源"深藏闺中"，其资源特色优势未能发挥应有的作用，亟待通过发展旅游业，促进从资源优势向产业优势和经济优势转化，进而促进青藏高原涉藏地

区经济社会协调可持续发展。青藏高原涉藏地区资源环境特色优势、多样化的自然地理条件及区域空间差异性，决定了依靠传统的工业化发展、原生态农牧业或单一的旅游业发展模式，无法完美地解决青藏高原涉藏地区的经济社会生态协调发展问题。青藏高原涉藏地区客观实际要求走绿色经济的发展之路，即走民族旅游引领青藏高原涉藏地区农村产业融合发展之路。

民族旅游业对青藏高原涉藏地区农村产业融合发展具有独特意义。民族旅游业主张旅游发展、民族文化与环境保护、社区和谐发展与生态伦理教育四位一体，强调经济、社会、文化与生态综合效益的统一[24]。通过发展民族旅游业，使青藏高原涉藏地区扬长避短，在保护和发挥其原生态自然和人文资源特色优势的同时，有效促进青藏高原涉藏地区民族旅游资源向民族旅游产业再向民族旅游经济转化。通过民族旅游业的发展，不仅弥补了工业化"不能上山"的短板[25]，而且使青藏高原涉藏地区民族旅游资源特色优势得到充分发挥，很好地促进发展与保护的协调统一。通过发展民族旅游业，在保持青藏高原涉藏地区原有民族乡镇体系风貌[26]前提下，使青藏高原涉藏地区农牧业提升生产附加值，壮大其生产能力，促进其产业深度融合。通过发展民族旅游业，不仅有利于保护青藏高原涉藏地区生物多样和文化多样性，而且有助于原生态资源和环境形成沿海和内陆地区所不具备的比较优势。通过发展民族旅游业，不仅可以构建青藏高原涉藏地区资源节约型、环境友好型产业，还在促进青藏高原涉藏地区生活、生产、扶贫的同时，有利于推进青藏高原涉藏地区农村产业深度、高质量融合，有利于青藏高原涉藏地区农村产业结构优化升级。

（二）青藏高原涉藏地区旅游业促进农村产业融合的基础条件

对青藏高原涉藏地区农村产业融合具备的基础条件、存在的主要问题及相关影响因素进行科学评价，是进行旅游引领青藏高原涉藏地区农村产业深度融合成功与否的关键。这里主要从自然条件、历史人文、旅游资源、经济社会、交通基础设施、从村产业结构、特色产业、营销及人才等方面，对青藏高原涉藏地区现已具备的相关基础条件和存在的主要问题进行分析（如表3所示）。

评价结果表明，青藏高原涉藏地区独具特色的旅游资源、不断改善的交通基础设施、领导和群众的全力支持、独具特色的高原产业，已为青藏高原涉藏地区旅游促进农村产业融合发展奠定了重要的基础条件。但急需在产业融合、经济社会、科技条件、观念创新、营销理念、人才队伍等方面，加快好省、更上一层楼，为青藏高原涉藏地区农村产业融合发展提供保障。

表3 青藏高原涉藏地区旅游促进农村产业融合基础条件评价

主要参数	基础条件	评 价
自然环境	"世界第三极""世界屋脊""雪域高原""亚洲水塔"、三江源地区；高寒气候带，高海拔地区，高原及高山峡谷；全国最大的国家自然生态保护区；国家生态主体功能区；国家生态安全屏障区	原生态自然环境为青藏高原涉藏地区农村旅游促进产业融合发展提供了旅游重要资源和载体
历史人文	中华民族的源头地之一和中华文明的发祥地之一。藏族族源、演化遗存；青藏高原涉藏地区古国（古部落）及演变；吐蕃王朝历史文化；藏传佛教文化；青藏高原涉藏地区民族迁徙历程；藏羌彝走廊：康巴文化；旧石器文化遗址；藏族为主的高原文化体系	厚重的民族历史文化和藏族为主的原生态民族文化，构成青藏高原涉藏地区文旅融合的核心和灵魂，为农村产业融合奠定了重要基础

续表

主要参数	基础条件	评价
旅游资源	中国最大、世界海拔最高的高原，"世界屋脊""雪域高原"世界遗产景观的富集区。拥有三江源、布达拉宫、可可西里、昭觉寺、九寨沟、黄龙、三江并流、珠穆朗玛峰、雅鲁藏布江、海螺沟、四姑娘山、稻城亚丁、康定情歌、达古冰川、若尔盖、川主寺、毕棚沟等世界、国家级的大地景观、高原湖泊、大江大河、世界名山及原生态人文景观体系	原生态自然及人文旅游资源，世界品级、丰富多样，特色突出，使青藏高原涉藏地区成为全国旅游发展潜力最大的地区之一，成为世界游客梦寐以求之地
经济社会	以藏族为主的高原少数民族聚居区、贫困山区、革命老区，经济发展滞后、社会相对复杂，观念知识滞后，科学技术落后；农村地形复杂，交通不便，基础设施落后，地广人稀，信息不灵；依山地分散而居，农业生产力低下，以"小散弱差"、自给自足的传统经济为主，物质文化生活水平较低。具有明显的高原-沟域经济和非典型的二元结构特征	民族地区、贫困山区、革命老区及高原-沟域和非典型二元经济结构特征，具有双重性：一方面有助于形成青藏高原涉藏地区旅游特色，另一方面限制了旅游业的发展
交通条件	拉萨贡嘎机场，黄龙机场，日喀则和平机场，玉树巴塘机场，阿里昆莎机场，康定机场，昌都邦达机场，稻城亚丁机场，格尔木机场，海西德令哈机场、花土沟机场，果洛玛沁机场，祁连机场，甘南夏河机场，迪庆香格里拉机场；青藏铁路、川藏铁路、滇藏铁路、日和铁路、甘藏铁路；中尼公路、川藏公路、青藏公路、新藏公路、滇藏公路	明显改善的航空、铁路和公路网络条件，大大提升了青藏高原涉藏地区外部交通进出条件和便捷程度。但青藏高原涉藏地区内部的旅游交通条件和质量亟待提高
基础配套	随着地震灾后重建、新村建设、扶贫攻坚及乡村振兴战略实施，青藏高原涉藏地区各乡镇、村寨、主要景区的各级公路有所提升，农村水电气、通讯、电信、网络等基础、配套设施不断改善，但在公共服务设施尤其是农村医疗卫生、文化休闲、应急救援、旅游接待服务设施条件方面，亟待改善	区域基础配套设施的不断加强，有利于区域旅游发展。但公共服务设施、农村旅游接待服务设施条件亟待改善
农村产业结构	农村农业发展条件落后，农业基础薄弱，生产能力低，产业化程度低，农村经济落后，区域不平衡现象明显。以原生态农牧业为主，农业主要由畜牧业、农业、林业三大块构成。农作物主要为青稞、小麦、粮食作物、谷物、薯类、蔬菜、园林水果、豆类、油料作物、药材料等	地区生产总值低，农村产业基础薄弱，生产能力低，"三农"资源潜力未得到充分发挥，亟待旅游作为主导产业引领农村产业深度融合
特色产业	旅游业带动了以茶叶、山野菜为主的特色农业，以牛羊肉加工为主的旅游商品加工业；旅游业带动了以畜牧、农业、林业为主的特色农业，以牛羊肉加工为主的旅游商品加工业。省级旅游扶贫示范县、乡村旅游强县、特色乡（镇）、旅游扶贫示范村、特色乡村、精品村寨、牧家乐、民族酒店、高原民宿、创客示范基地、特色业态经营点等不断涌现	发展成效显著，积累了丰富的乡村旅游扶贫项目实施经验，促进了当地贫困户产业脱贫。青藏高原涉藏地区特色产业潜力巨大，将在农村产业融合中发挥重要作用
乡村旅游	各种生态观光牧业基地、各类种植、养殖场、各类新型经营主体、农产品设施、农业主题公园不断涌现，新建或改扩建畜禽标准化养殖场，发展"三品一标"产品，推出优质品牌农产品，各级乡村旅游示范点、旅游扶贫示范村不断增多，星级牧家乐、乡村酒店、乡村民宿、自家营地成为时尚	乡村旅游较好地发挥了青藏高原涉藏地区"三农"资源潜力。乡村旅游逐渐成为就业的主要渠道和创收的主导产业，未来诉求更加显著

主要参数	基础条件	评 价
市场营销	通过珠峰世界虚拟旅游节、青藏高原涉藏地区自驾游博览会、西部民族文化国际旅游节、全球网络运营商大会等系列大型社会经济文化活动,主动向外界传递青藏高原涉藏地区旅游的好声音,扩大青藏高原涉藏地区旅游的知名度和影响力,帮助青藏高原涉藏地区逐步树立世界旅游目的地形象和品牌	营销理念、手段多样,并取得良好的效果,但亟待站在旅游引领产业融合的高度,加强区域整体营销。营销应与农村产业融合紧密配套
旅游人才	旅游专业人才明显欠缺。尤其是乡村旅游业务、管理、规划、营销人才,亟待充实加强,服务理念、服务水平和服务质量亟待提升	旅游专业人才明显欠缺。亟待加强人才培养和积累,发挥人才在产业融合中的作用

三、青藏高原涉藏地区旅游业促进农村产业融合的战略思路

借助青藏高原涉藏地区特殊的区域空间、立体化的自然条件、多元化的山水风光及高原民族文化体系,结合旅游需求趋势和市场特征,发挥旅游业的辐射、关联和综合带头作用,依托青藏高原涉藏地区原生态自然环境和原生态人文景观资源,延伸、拓展、提升农村产业链条,促进青藏高原涉藏地区旅游引领第一、二、三产业互动发展,构建青藏高原涉藏地区旅游业促进农村产业融合发展框架体系,推动青藏高原涉藏地区经济社会生态协调可持续发展。

(一)旅游业与特色农牧业深入融合发展

旅游与传统农牧业融合发展。结合青藏高原涉藏地区乡村产业特点,依托原生态牧业、农业和林业,按照标准化、品牌化、特色化要求,建设地域特色农牧业旅游基地,大力发展乡村旅游业,促进农村产业转型开放。培育高原山珍、经济林果等特色产业。依托原生态农牧业产品,培育青藏高原涉藏地区特色旅游产品体系。依托青藏高原涉藏地区山地生态农业,培育青藏高原涉藏地区特色果园基地、特色动物养殖基地,发展高原山地生态观光农业。

促进农牧业与旅游业市场体系融合发展。开发青藏高原涉藏地区生产资料和农牧产品批发市场,建设一批农产品旅游集散中心和区域加工配送中心,开展多种形式的产销对接,推进农牧产品网上推介、洽谈和交易,开辟青藏高原涉藏地区特色农牧产品绿色流通渠道。

(二)旅游业与乡村工业深度融合发展

推进旅游业与农产品加工业融合发展。发挥旅游业与农牧业之间天然内在联系,加大旅游业与农副产品加工业的融合发展,促进农牧业产业化进程。以民族旅游业为媒介,建设一批农牧产品加工园区,发展绿色农牧产品加工业。促进旅游业与乡村工业的融合发展,构建旅游业引领的新型循环产业链条。发挥旅游业在农牧业及土特产品加工为主、农副产品加工为辅的劳动密集型产业中的作用,促进青藏高原涉藏地区农村产业高质量和高水平发展。

按照资源综合利用、清洁生产要求,建设青藏高原涉藏地区尾矿资源综合利用产业基地,建设矿山公园和地质公园,发展工业旅游公园和特色工业旅游业。发展生态环保矿山旅游产业,

提高资源开发和就地转化水平，建设尾矿资源综合开发利用示范区。

（三）旅游业与民族文化产业深度融合发展

青藏高原涉藏地区丰富独特的原生态民族文化资源，亟待挖掘、整合和激活，在农村产业融合发展中发挥应有的作用。深挖民族文化、传统文化、历史文化资源底蕴，结合民族语言、文字、文学、科学、艺术、哲学、宗教、风俗、节日和传统，大力发展青藏高原涉藏地区民族文化旅游业。突出民族文化特色，将青藏高原涉藏地区原生态生活方式、传统工艺、传统文化、音乐、信仰与习俗、节日与典礼、语言与建筑，以及人与自然完美和谐的场景展示给世人，使更多的农村群众参与到民族文化旅游业发展中。以民族文化为主题和纽带，加强区域合作，增强文旅产业的整体活力和综合实力。推进青藏高原涉藏地区文化创意、影视制作、演艺娱乐、新闻出版与旅游融合发展，促进青藏高原涉藏地区民族文化旅游业发展。

（四）旅游与乡村服务业深度融合发展

引进现代旅游商贸服务企业，建设乡镇综合型旅游农牧产品批发市场、特色街区和专业市场，推进乡村连锁农家店网络建设，积极发展乡村网络和旅游电子商务。因地制宜发挥旅游业在物流运输中的独特作用，推动物流业、农牧业、旅游业等产业联动发展。结合旅游业发展，增加乡村金融网点，开展乡村旅游与乡村金融创新试点，培育多元化乡村金融机构，加快推进小额贷款公司和村镇银行建设，探索发展新型乡村资金互助组织。

鼓励各种资本投资发展乡村休闲业和家庭服务企业，推进旅游休闲业和家庭服务业的市场化、产业化、社会化，规范市场秩序，发展社区照料服务、养老服务业态。最后，加强乡村公共服务设施的综合配套建设，引导民族旅游住宿餐饮业规范化发展。

四、旅游业促进青藏高原涉藏地区农村产业融合发展模式

（一）旅游业引领的农村第一、三产业融合

充分发挥旅游业的开放性、活跃性、联动性、综合性和辐射性功能，以旅游业为主导产业，引领青藏高原涉藏地区农村第一、三产业的深入融合，激活产生"1+1＞2"的综合效应。通过这一模式，引导青藏高原涉藏地区农牧业和第三产业资源及诸要素，投入轰轰烈烈的产业融合大潮中。以旅游业为龙头促进服务业发展的同时，推进服务业向农业渗透，利用农业景观和农业生产活动开发观光农业和乡村旅游业。利用互联网优势，提升农牧产品旅游电商服务业，以农牧业和农村发展为主题，使用论坛、旅游节事、节庆活动等平台，展现青藏高原涉藏地区农产品和土特产品。

旅游业引领的农旅融合型。以"三农"为依托，充分发挥青藏高原涉藏地区原生态乡村环境氛围特色，发展青藏高原涉藏地区乡村生态观光农牧业。高原山地乡村独特的原生态景观、优美的自然生态环境、清新空气及宁静祥和的氛围，构成青藏高原涉藏地区资源环境特色优势，为开展高原生态观光旅游提供了良好的基础和条件。突出当地的自然乡野气息，对都市居民具有明显的吸引力。

旅游业引领的农文融合型。高原乡村文化蕴藏于青藏高原涉藏地区乡村生活生产的各个方面，这些景观资源对国内外游客具有独特的吸引力。青藏高原涉藏地区乡村拥有丰富的民族民

俗文化资源，古朴的民族村落、别具特色的民居建筑、历史久远的农牧业文化，构成了青藏高原涉藏地区乡村文化旅游业发展的主要载体。

旅游业引领的农牧科融合型。发挥旅游和科技在生态牦牛、青稞、藏药、黑木耳、藏香猪等特色种植业和养殖业的辐射带动作用。以青藏高原涉藏地区特色牧业为载体，将牧业科研设施和高新农业技术作为旅游资源，开发融参观、考察、研习、购物于一体，对游客进行农业科普和农业技术教育的青藏高原涉藏地区乡村科普旅游业，在展示农牧业生产新工艺、新品种的同时，提升乡村旅游的产业价值链[27]。

（二）旅游业引领的农村第一、二产业融合

以旅游业为媒介，激活青藏高原涉藏地区农牧业和第一、二产业资源诸要素，促进青藏高原涉藏地区农牧业与传统工业的深度、高质量融合，以期产生"1+1 > 2"的综合效应。通过对青藏高原涉藏地区农牧及土特产品的旅游化改造、文化产品的创意设计及实用产品的文化加工，重新赋予内涵和地域特色，开发一批特色旅游商品业态；通过供应链将其输送到景区、乡村酒店、牧家乐等游客相对聚集的区域，或者以"电商"方式进行销售，让游客体验到青藏高原涉藏地区的全新旅游产品，引领农村产业高质量融合。

以民族旅游业为主线，依托青藏高原涉藏地区原生态农村产业景观资源，利用生态工业工程技术、绿色装备设施等，采用自动化、智能化管理方式，提升原生态农牧业资源价值链，发展高效生态农业旅游。在青藏高原涉藏地区有条件的乡镇，建设一批农牧产品加工园区，发展乡村工业旅游业。整合当地木本油料、粮食作物、牦牛、禽类、谷物、薯类、蔬菜、水果、豆类、藏药材、茶叶等，发展青藏高原涉藏地区特色农牧业产品加工业及相关旅游业，加快构建种植、加工、流通、消费产业体系，以龙头企业带动农牧、农林产品基地建设，完善生产加工链条，提高产业核心竞争力，为调整青藏高原涉藏地区农牧业结构、繁荣农村经济、增加农民收入做出新贡献。

依托农林牧渔、工艺饰品、美食名吃、藏红花、冬虫夏草、干鲜果品、生态水果等青藏高原涉藏地区特色农牧业及土特产品，建设青藏高原涉藏地区特色农牧业及土特产品生产基地、加工基地和销售基地，打造青藏高原涉藏地区独具特色的农牧旅游商品体系，构建符合当地具体实际、突出当地资源特色优势的青藏高原涉藏地区原生态农牧工旅综合发展模式。

（三）旅游引领的农村第二、三产业融合

充分发挥旅游业的带动作用，促进青藏高原涉藏地区第二、三产业的深度、高质量融合，以期产生"1+1 > 2"的综合效应。主要是通过创意、加工、制作等手段，把农村文化资源转换为各种形式的旅游产品。如第二产业向第三产业拓展的工业旅游业，以工业生产过程、场景风貌、产品展示为主要参观内容开发的旅游活动，以及以第三产业的文化创意活动带动青藏高原涉藏地区加工业发展。以旅游业为主导，整合青藏高原涉藏地区历史遗留的矿区、煤矿、油气采掘遗址，开发矿山公园和地质公园，发展传统矿山工业旅游业。依托丰富的太阳能、地热、风力、水能等工程景观，通过旅游业整合、开发、提升、包装，建设青藏高原涉藏地区工业文化主题公园，加快青藏高原涉藏地区工业转型升级。

通过旅游业发展，推进青藏高原涉藏地区乡村工业优化布局，形成资源共用、园区共建、利益共享的产业协作发展格局，促进旅游业实现旅游业与园区集约融合发展。结合旅游业发展，

促进乡镇园区景区化和旅游化。统筹规划产业园区，因地制宜发展特色产业园区，形成布局优化、产业集聚、用地集约、配套完整、特色明显的青藏高原涉藏地区园区产业体系，以龙头企业带动农林旅游产品开发，完善生产加工链条，提高产业核心竞争力。

通过旅游业推进青藏高原涉藏地区绿色低碳发展。结合旅游业发展，构建环境友好型、资源节约型产业体系，加强资源节约和管理。强化资源综合利用，推进资源再生利用产业化。结合旅游业发展，推进清洁生产，严格控制高耗能、高排放行业，坚决淘汰落后产能，采取环境综合治理、生态建设保护等措施，促进经济转型和产业结构优化升级。

（四）旅游引领的农村第一、二、三产业融合

以旅游业为主导产业，促进青藏高原涉藏地区第一、二、三产业高质量、高效融合，以期产生"1+1 > 2"的综合效应。具体以旅游业为引领。通过旅游业纽带，实现第一、二产为基础向三次产业拓展和延伸。通过旅游引领的青藏高原涉藏地区农村第一、二、三产融合发展，激活青藏高原涉藏地区农牧产品物流、智慧农牧业、高原牧场观光、高原酒庄观光。以旅游业为龙头，促进观光牧场与畜牧业、乳品加工业和牧场观光业的深度融合，推进青藏高原涉藏地区牧场从单一的生产模式向多元高效、高附加值的融合产业转型升级。

以青藏高原涉藏地区农村自然山水为载体，以"三农"为基础，以旅游为拉动引擎，整合青藏高原涉藏地区农村综合资源，带动农村第一、二、三产业的深度融合，融合方式主要包括：一是旅游业带动农牧业内部产业整合型融合，如种植+养殖+旅游相结合、牧业+林业+旅游等；二是旅游业带动农牧业产业链延伸型融合，即以旅游业为主导、以农牧业为中心延伸产业链。将种子、农药、肥料供应与农牧业生产连接起来，将农牧产品加工、销售与农牧产品生产连接起来，组建农牧业产、供、销一条龙；三是旅游业带动农牧业与其他产业交叉型融合，如农牧业与民族文化及民族旅游、红色旅游的融合；四是旅游业带动先进技术要素对农牧业的渗透型融合，如信息技术的快速推广应用，既模糊了农牧业与第二、三产业间的边界，也大大缩短了供求双方之间的距离；五是以旅游业为主导产业，实施青藏高原涉藏地区农村扶贫与生态建设、基层组织建设、"互联网＋"相结合的融合模式。[28]

青藏高原涉藏地区旅游引领农村第一、二、三产业融合最典型的案例，是牦牛业+科技+旅游业的融合发展模式。借助科技创新推进高原牦牛产业高质量发展和转型升级。结合科技创新在牦牛育种、养殖、加工和产业发展等方面，促进牦牛种质资源挖掘创新利用、牦牛健康高效养殖、牦牛乳肉加工向适度规模化标准化发展，构建以牧民为主体、以社区为单位、以旅游业为引领的青藏高原涉藏地区社区参与式[29]畜牧旅游业发展模式，为青藏高原涉藏地区农牧区脱贫攻坚提供样板，产生显著的经济、社会和生态效益。

五、旅游业促进青藏高原涉藏地区农村产业深度融合实施路径

（一）强化政府引导，营造农村产业深度融合的宽松环境

首先，全力营造旅游引领农村产业融合的有利政策环境，制定资金、财政、税收等的优惠政策，调动旅游引领农牧业与其他产业融合发展的积极性和主动性。其次，建立旅游引领农村产业深度融合的创新创业基金，鼓励农村产业在技术创新和产品开发方面的积极性[30]。最后，编

制《青藏高原涉藏地区旅游促进农村产业深度融合发展规划》，制定旅游引领农村产业深度融合发展相关方面的规范标准，完善用地、开发、营销等各项法律法规。

创新旅游引领农村产业融合发展管理体制机制。强化财税金融服务，破解青藏高原涉藏地区旅游引领农村产业融合的诸多瓶颈难题。加强旅游促进农村产业深度融合的规范发展。培育青藏高原涉藏地区农村产业的多元化融合主体，制定支持多种类型产业新业态的发展政策。建立青藏高原涉藏地区旅游促进农村产业融合发展的利益协调机制，为农牧民和经营主体公平分享第一、二、三产业融合成果提供保障。

（二）实施全域旅游理念，深度拓展农村产业资源的底蕴及内涵

针对青藏高原涉藏地区农村产业的先天滞后性、原生态民族文化资源挖掘不足、旅游发展程度滞后于旅游资源特色优势、未能形成区域民族旅游经济效应、旅游对农村产业融合带动作用不足、农村产业融合质量和效益低等现状，加大青藏高原涉藏地区民族旅游资源的开发利用，深度挖掘旅游引领农村产业耦合点，激活农村产业融合多功能效应，深化旅游对农村第一、二、三产业的渗透和延伸。

青藏高原涉藏地区正处于农村产业融合的初级阶段，不同省（自治区）州（市、地区）之间存在农村产业融合基础条件的差异性。应因地制宜，根据各地资源环境基础、旅游发展现状、农业发展状况，以及产业耦合协调情况，深入挖掘农村产业融合的底蕴和内涵，深度拓展符合当地实际的农业产业融合新业态，提升农村产业融合深度、水平和效应，构建青藏高原涉藏地区差异化的旅游促进农村产业融合发展体制机制。

（三）以民族旅游为主线，推动农村产业融合的区域协调发展

一方面，青藏高原涉藏地区地域相连、文化相通、人文相亲、经济相融，共同孕育了以藏族文化为主的高原文化体系；另一方面，由于青藏高原涉藏地区交通阻隔、社会经济基础相对薄弱、行政区划造成的区域分割及地区利益障碍、产业融合组织管理服务滞后、产业融合发展不平衡等问题，应充分整合青藏高原涉藏地区全域独特的原生态人文和自然景观资源，以民族旅游为主线，形成农村产业融合发展的联动机制。

制定区域农村产业联合发展法律法规，规范区域内部产业融合竞争政策。建立青藏高原涉藏地区组织协调机制、投融资机制、分配机制、补偿机制、激励机制和约束机制。遵循青藏高原涉藏地区经济发展基本规律，以地域分工和区域利益的均衡为基础统筹规划，淡化行政界限对区域整体发展的影响，建立垂直分工与水平协作相结合的区域经济联合体系，实现区域旅游主导一体化发展，形成既充分发挥竞争作用又兼顾公平的企业主导型的区域一体化协作体系。

（四）实施区域企业联盟，培育旅游促进农村产业融合的领头羊

青藏高原涉藏地区原生态人文及自然生态资源丰富、独具特色，亟待通过产业深度融合形成优势，共铸青藏高原涉藏地区品牌，促进青藏高原涉藏地区农村经济社会发展。首先，借助农村产业融合发展机遇，优化青藏高原涉藏地区农牧业、旅游业及其他产业资源，促进青藏高原涉藏地区全域资源的综合、立体配置和整合。鼓励民族文化产业龙头企业以资本为纽带，跨区域、跨行业兼并重组，发展一批有特色、有实力的民族文化骨干企业，培育多元化民族文化旅游市场主体。

其次，建立青藏高原涉藏地区资源共享企业动态联盟体系，加强区域内企业及政府机构之间的交流互动，强化招商引资、引进企业、扶贫解困、营商环境等各方面的有效沟通，促进资源共享、各方联动、形成合力，共同推动青藏高原涉藏地区整体品牌提升。如建立青藏高原涉藏地区现代物流产业联盟，吸纳一批物流企业、电子商务平台企业加入，通过企业的带动，提升农产品产销的组织化水平。推动产业内和跨行业、跨区域的资源整合与共享，共同培育资源共享、信息互通、产业共建的区域性物流服务平台，引领青藏高原涉藏地区旅游促进农村产业深度融合发展。

综上，青藏高原涉藏地区构成青藏高原的主体和地球上最特殊的地理单元，由于独特的地质成因和历史背景，在自然生态、海拔条件、气候环境乃至人文、经济、社会发展等诸方面，具有明显的特殊性和挑战性。青藏高原涉藏地区融高海拔地区、民族地区、贫困山区、革命老区和生态脆弱区为一体，存在着与其他地方明显不同的自然条件和发展环境，如何找到一条既体现当地资源特色优势，又有利于原生态人文资源保护，且能促进当地和谐稳定、长治久安的可持续发展之路，意义重大。

作为"世界屋脊""雪域高原""亚洲水塔""三江源"，以及北半球独具特色的生物多样性和文化多样性地区和生态安全区，青藏高原涉藏地区在环境生态刚性要求愈加严苛情况下如何解决农村"科学造血功能"问题，客观上要求走生态文明可持续发展之路，即走符合当地具体实际的民族旅游经济发展之路。针对青藏高原涉藏地区高原-沟域经济复杂空间和非典型二元经济结构特征，充分发挥青藏高原涉藏地区原生态自然人文资源特色优势，以民族旅游业为先导加快推进农村第一、二、三产业深度、高效、高质量融合，产生"1+1>2"的综合效应，建立青藏高原涉藏地区民族旅游经济可持续发展模式与实施路径，至关重要。

针对青藏高原涉藏地区客观实际，结合国内外农村产业融合研究现状及态势，在旅游促进农村产业融合效应、产业融合时空格局及演化、产业融合动力机制、民族地区农旅融合研究等方面，应成为青藏高原涉藏地区未来研究的方向和重点。

（2020 年 12 月）

参考文献

[1] QIN Jianxiong， CHEN Laijiacuo. Research status， progress and trend of rural tourism transformation and upgrading. 2015 International Conference on Social Science and Technology Education（ICMESD）. Paris：Atlantis Press，2016：126-132.

[2] 覃建雄. 我国限制与禁止开发区旅游扶贫创新发展研究. 西南民族大学学报（社科版），2015，36（6）：137-142

[3] 苏海红. 论我国藏区的扶贫开发与和谐社会构建. 青海社会科学，2008（6）：18-22.

[4] 张俊英. 青藏高原多民族聚居区旅游产业与文化产业融合发展研究——以青海同仁县为例. 辽宁师范大学学报（社会科学版），2017（1）：87-92.

[5] 杨振之. 城乡统筹下农业产业与乡村旅游的融合发展. 旅游学刊，2011，26（10）：10-11.

[6] 耿刘利，黎娜. 产业融合视角下民族地区农村产业发展路径研究——以四川省"三州"地区为例. 成都师范学院学报，2020，36（1）：71-77.

[7] 杨军. 青海藏区旅游业与文化产业深度融合发展研究——以玉树州文旅产业多元融合为例. 青海社会科学，2018（5）：131-134.

[8] 杨兮，陈志永. 西南山地旅游业与农业融合发展路径找寻. 贵州师范学院学报，2018，

34（2）：6-12.

[9]　赵放，刘雨佳. 农村三产融合发展的国际借鉴及对策. 经济纵横. 2018（9）：122-128.

[10]　Marie-Eve Yergean. Tourism and local welfare：A multilevel analysis in Nepal's protected area. Word Development，2020，127：1-19.

[11]　苏毅清，游玉婷，王志刚. 农村一二三产业融合发展：理论探讨、现状分析与对策建议. 中国软科学，2016（8）：17-28.

[12]　覃建雄. 西藏自治区虚拟旅游框架与发展模式研究. 北京：科学出版社，2015.1

[13]　刘峰贵. 中国藏区区域划分的若干问题. 青海民族学院学报（社会科学版），2000，26（3）：120-123

[14]　HAETHER D. ZEPPEL. Indigenous ecotourism sustainable development and management. Trowbridge：Cromwell press，2005.

[15]　张建英. 论青藏地区传统文化的特征. 丝绸之路，2009（1）：37-39

[16]　刘春腊，张义丰，刘沛林，徐美. 沟域经济背景下的山区空间发展战略研究. 人文地理，2011（2）：74-79

[17]　狄方耀，杨本锋. 西藏二元经济结构的演进轨迹、主要特征及转化思路探讨. 西藏研究，2008（6）：100-107

[18]　李少伟，余成群，孙维. 西藏农业结构特征及调整效应研究. 农业系统科学与综合研究，2009，25（3）：257-262

[19]　温军. 青藏高原农业可持续发展战略研究. 中国藏学，2002（1）：3-12

[20]　吕志祥，刘嘉尧. 青藏高原藏区生态法治基本原则新探——基于藏族传统生态文明的视角. 西藏民族学院学报（哲学社会科学版），2010，31（2）：23-27.

[21]　曹兴华，完得冷智，覃建雄. 青藏高原藏区旅游业竞争力及空间格局实证研究——基于生态位理论. 贵州民族研究，2018，39（5）：153-157.

[22]　庄天慧. 四川藏区农牧民收入水平、结构及差距研究. 南民族大学学报（人文社会科学版）. 2016（1）：152-155.

[23]　王汝辉，柳应华，马志新，邓攀. 西藏旅游产业的战略主导性分析. 中国藏学年，2014（4）：82-101.

[24]　南文渊. 青藏高原藏区可持续发展的新思路. 青海民族学院学报(社会科学版)，2002，28（2）：1-8.

[25]　覃建雄. 现代生态旅游：理论进展与实践探索. 北京：科学出版社，2018.

[26]　陈兴，覃建雄. 川西横断山脉高山峡谷区旅游特色化开发战略——兼论中国西部山地旅游发展路径. 经济地理，2016，（5）：182-189.

[27]　陈赖嘉措，覃建雄，陈露. 基于 AHP 模型的少数民族地区旅游资源开发评价研究. 青海社会科学，2019，（2）：99-104.

[28]　马晓河. 推进农村一二三产业深度融合发展. 中国合作经济，2015，（2）：43-44.

[29]　夏荣静. 推进农村产业融合发展的探讨综述. 经济研究参考，2016（30）：46-53.

[30]　林巧. 区域旅游业与农业的耦合关系研究——基于四川的实证分析. 雅安：四川农业大学. 2017，51-52.

青藏高原涉藏地区农旅融合效应时空格局演变规律研究框架

覃建雄

一、研究背景及意义

农旅融合是农村产业融合的重要路径和实现乡村振兴的关键突破口。青藏高原涉藏地区作为集民族地区、贫困山区、革命老区、生态脆弱区为一体的特殊地理空间（如表 1 所示），在乡村振兴战略不断推进，迫切要求破解农村"造血功能"困境的现实诉求下，进行农旅融合效应时空格局及演变规律研究，具有明显的特殊性、典型性和重要性。

表 1　青藏高原涉藏地区基本情况

省（自治区）	市（州、地区）	县（个）	人口（万人）	面积（万平方千米）	占青藏高原面积的比例（%）
西藏	拉萨、日喀则、昌都、林芝、山南、那曲、阿里	72	350.56	122.84	46.81
青海	海北、黄南、海南、果洛、玉树、海西	30	216.96	70.02	28.03
四川	阿坝、甘孜、凉山州（木里县）	13	215.42	25.05	10.12
甘肃	甘南	8	72.32	3.85	1.54
云南	迪庆	3	40.70	2.39	0.96
总计	18 市（州、地区）	126	628 22	224.15	89.60

注：表中相关数据来源于西藏、青海、四川、甘肃、云南各省区 2019 年国民经济和社会发展统计公报、2000 年中华人民共和国行政区划图（1：4 000 000）、第六次全国人口普查。

农村"造血功能"在哪里？这是青藏高原涉藏地区长期以来面临的最迫切、最急需解决的重大问题，这直接关系到我国青藏高原涉藏地区长期和谐稳定与可持续发展。通过对三大产业结构的研究发现，青藏高原涉藏地区农村以原生态农牧业和旅游业为主导产业（如表 2 所示）。从表 2 看出，在以原生态农牧业和旅游业为主导产业的青藏高原涉藏地区，农牧业由于受客观自然条件制约，很难在解决"造血功能"问题中单独发挥作用；旅游业生产总值虽然占地区生产总值的 35% ~ 65% 且已成为青藏高原涉藏地区收入和就业的重要途径，但由于离不开青藏高原涉藏地区乡村背景基础，也难以单靠自身之力解决"造血功能"问题，这就决定了青藏高原涉藏地区"造血功能"困境的破解有赖于通过旅游业与农牧业融合、激活，从而给区域带来引领带头的综合效应。也就是说，农旅融合效应研究成为破解青藏高原涉藏地区"造血功能"困境的理想路径，这是由青藏高原涉藏地区客观实际所决定的。

表 2   青藏高原涉藏地区农村发展 2018 年相关指标

人均地区生产总值（万元）	人均地区生产总值占人均国内生产总值的比例（%）	第一产业生产总值占地区生产总值的比例（%）	旅游总收入占地区生产总值的比例（%）
1.85～3.46	42.3～48.16	31～45	35～65

数据来源：表中数据源于 2018 年《中国旅游统计年鉴》《中国统计年鉴》《中国农村统计年鉴》，以及青藏高原涉藏地区 5 省（自治区）的统计年鉴等有关西藏及青海、四川、甘肃、云南的原始数据统计计算所得。

青藏高原涉藏地区长期以来未能真正突破"造血功能"困境的事实表明，青藏高原涉藏地区农旅融合效应研究极其重要但仍没有得到应有的重视，而且反映了青藏高原涉藏地区农旅融合效应方面亟待研究的关键科学问题，主要包括三个方面：① 青藏高原涉藏地区现有的原生态农牧业和旅游业融合的质量、水平和效果如何？影响因素有哪些？② 青藏高原涉藏地区原生态农牧业和旅游业为何融合效果不佳？症结及根源何在？③ 青藏高原涉藏地区由于特殊的自然条件和广袤复杂的山地空间，如何才能实现原生态农牧业和旅游业的高质量融合，使其综合效应最大化？这些问题的研究与解决对青藏高原涉藏地区可持续发展意义重大，然而至今仍缺乏研究。显然，目前青藏高原涉藏地区亟待通过农旅融合效应研究，分析农旅融合的质量与效果，探寻农旅融合的症结及其根源，揭示青藏高原涉藏地区农旅融合效应时空格局及演变规律，进而解决青藏高原涉藏地区长期以来一直"悬而未决"的重大问题——如何为破解"造血功能"问题提供"锦囊妙计"。由此可见，青藏高原涉藏地区农旅融合效应研究至关重要，迫在眉睫。

综上所述，青藏高原涉藏地区发展的客观实际迫切要求通过农旅融合效应研究探寻农旅融合的质量、水平和效果，并进行相应的政策调控，从而带动青藏高原涉藏地区农业与旅游业高质量融合健康可持续发展；乡村振兴战略不断推进迫切要求通过农旅融合效应研究，系统了解青藏高原涉藏地区农旅融合发展的症结及其根源，进而找到破解青藏高原涉藏地区"造血功能"困境的"锦囊妙计"并实现青藏高原涉藏地区的和谐稳定与长治久安；国内外农旅融合效应研究现状客观要求通过特殊地理空间、独特自然条件、缺乏农旅融合经验的青藏高原涉藏地区农旅融合效应时空格局及演变规律研究，获得更多与基于传统对象农旅融合效应研究不同的创新性研究成果。青藏高原涉藏地区农旅融合效应时空格局及演变规律研究，就是在乡村振兴战略背景、青藏高原涉藏地区发展客观实际及国内外特定研究背景的共同诉求下的重要研究命题，迫在眉睫，刻不容缓。如果该项目申请获批，通过该项目的高质量研究，不仅能为青藏高原涉藏地区"造血功能"困境的破解提供理论指导并为乡村振兴相关重要政策的制定提供科学依据，而且能丰富、发展和完善农旅融合效应理论，该项目研究具有重要的现实和理论意义。

为实现上述目标，本项目拟围绕青藏高原涉藏地区农旅融合效应时空格局及演变规律这一核心科学命题进行深入和系统研究，试图通过农旅融合效应测度分析评价农旅融合效应的质量、水平和效果，通过农旅融合效应耦合协调度研究探寻农旅融合的症结及其根源，通过农旅融合效应时空格局及演变规律研究，了解青藏高原涉藏地区农旅融合发展时空特征及变化趋势，从而为破解青藏高原涉藏地区"造血功能"困境提供"妙药良方"，并为丰富和发展农旅融合效应理论添砖加瓦。

二、国内外研究现状及评述

有关农业产业融合效应、旅游产业融合效应等方面的研究，学者们取得了较多的研究成果。纵观农旅融合效应方面的研究[1-30]，与本项目密切相关的国内外文献可以划分为如下三个主要范式：

1. 农业与旅游业融合带来的影响效应研究[2-21]

该范式的研究文献主要集中在旅游业与农业融合给区域带来的影响和作用，主要体现在：① 旅游业与农业结合直接和间接地促进了农业的发展（Dymphna Herman[12]，1981；Naidoo[13]，2015；Marie-Eve Yergean[2]，2020）；② 旅游业与农业融合增加了农民收入，并拓宽了收入来源和空间（Timothy J.Forsyth[14]，1995；Garcia-Ramon 等[15]，1995；罗文斌等[16]，2009；Jian-Xiong Qin 等[3]，2016）；③ 旅游业与农业融合增加了农民的就业机会（Garcia-Ramon 等[15]，1995；Rebecca Torres[17]，2005；Filippo Randelli 等[4]，2019）；④ 旅游业与农业融合有助于最大限度地利用土地（Timothy J.Forsyth[14]，1995；Alessandro Sanches-Pereira 等[5]，2017），并维持农村农作方式（Garcia- Ramon 等[15]，1995；LI Y.[6]，2016）；⑤ 旅游业与农业融合有利于景观保护和乡村生态环境保护（Lupi 等[18]，2017；José Antonio 等[7]，2019）；⑥ 农业与旅游业融合促进了社会发展和农村发展（Naidoo[10]，2015；Nantachai Pongpattananurak[8]，2018）；⑦ 农业与旅游业融合对农民的观念有积极影响（Jean Junying Lor 等[9]，2019；David N. Aratuo 等[10]，2019）；⑧ 农业与旅游业融合有利于农业产业多功能发展和优化产业结构（梁伟军等[19]，2010；杨振之[20]，2011）；⑨ 农业与旅游业融合能够延伸产业链、增加产业价值（杨振之[20]，2011）；⑩ 农业与旅游业融合发展既有利于促进经济发展、提高生活质量、保护环境、带动传统民俗文化复兴，也存在污染环境、危害农民权益、消减民俗文化多样性等负面效应（翟付顺[21]，2006）；⑪ 农业与旅游业融合有利于确保乡村地区可持续发展（Filippo Randelli 等[4]，2019；Juan Ignacio 等[11]，2019）。以上文献从不同视角论证了农业与旅游业碰撞、结合、关联或融合所产生的各种影响和作用，但至今未涉足具体的农旅融合效应研究。

2. 基于不同方法的农业与旅游业融合协调效应研究[22-30]

该范式的研究文献主要侧重于从不同视角运用不同方法对农业和旅游业融合耦合协调及互动机理进行研究，主要包括：① 关于农业与旅游业融合的协调互动关系研究（Darko Dragi Dimitrovski 等[22]，2012）；② 基于系统耦合理论视角的农业与旅游业融合耦合作用研究（刘佳雪[23]，2012）；③ 基于序列经验数据模型的旅游业与农业融合牵动效应和促进效应机理分析（袁中许[24]，2013）；④ 地方品牌农产品经济效益与旅游开发动力驱动关系研究（Ohe Y. 等[25]，2013）；⑤ 基于耦合模型（曹兴华[26]，2018）和 VAR 模型（唐德祥和杨苗[27]，2019）的四川民族地区生态旅游和农业融合协调发展研究；⑥ 基于熵值法和耦合协调度模型的四川农旅融合发展水平测度分析（胡琴[28]，2019）；⑦ 沿海 11 省份农业与旅游业融合协调时空分异特征研究（狄乾斌和乔莹莹[29]，2019）；⑧ 基于灰色关联度的农业和旅游业融合协调效应分析和旅游经济时空差异特征分析研究（张莞[30]，2019）。以上文献运用因子分析、灰色关联度、熵值法、耦合协调模型等方法对农业与旅游业融合发展水平、耦合协调、互动机理等进行了研究，但仍未明确提及农旅融合效应概念，尤其是缺乏农旅融合效应的耦合协调、时空分异特征等相关研究。

3. 农业与旅游业融合效应及其应用研究[2-3][31]

该范式的文献主要从综合分析的角度对农旅融合效应的测度及应用进行研究。方世敏等[31]（2013）基于社会、经济、生态效应维度对南洞庭湖区旅游业与农业融合效应进行了评价。Jian-Xiong Qin[3]（2016）通过研究西南民族地区乡村旅游转型升级，认为农业与旅游业融合所产生的农旅融合效应是衡量农业与旅游业融合质量、水平和效果的关键变量，通过农旅融合效应测度研究，可以验证农业与旅游业融合的深度、质量以及融合的效应，进而做出相应的政策选择。Marie-Eve Yergean[2]（2020）运用综合层次分析法对尼泊尔山地农业地区农牧业与旅游业融合效应进行了综合分析，提出了农旅融合效应（integration effect of agriculture and tourism）的概念，认为农旅融合效应就是农业与旅游业融合所产生的反应、影响和效益，并通过农旅融合效应分析反馈机制，给当地乡村可持续发展提供了"灵丹妙药"，进一步认为在极高山地区农牧业与旅游业融合协调发展是给当地社区带来的最佳福祉。该范式的研究文献把研究"聚焦"到了农旅融合效应概念上，这是很大的进步，但研究亟待深入。

总之，上述国内外文献为本项目研究提供了很好的借鉴。但总体而言，这些研究主要侧重于农业与旅游业融合带来的影响效应以及农业与旅游业融合的协调效应研究，真正有关农旅融合效应的研究很少，而且这些研究的国内文献所涉及的对象主要是农业和旅游业起步较早、发展经验丰富的"大农业、大旅游"的中东部地区，缺乏对特殊地理空间、独特自然条件、农旅融合起步晚的青藏高原涉藏地区农旅融合效应的动态分析，尤其是缺乏对青藏高原涉藏地区农旅融合效应时空格局及演变规律的研究。

三、主要研究内容及拟解决的关键科学问题

通过该项目的高质量研究，揭示青藏高原涉藏地区农旅融合效应时空格局及演变规律，探寻青藏高原涉藏地区农旅融合效应提升的有效途径，为破解青藏高原涉藏地区"造血功能"困境提供"妙药良方"，构建特殊地理空间区域农旅融合效应研究框架，从而进一步丰富和完善农旅融合效应理论。

（一）主要研究内容

如前所述，青藏高原涉藏地区当前面临的重大现实问题是尽快破解农村"造血功能"困境，其关键突破口就是农旅融合效应问题。然而，至今国内外有关农旅融合效应的研究却寥寥无几，在这种背景下进行青藏高原涉藏地区农旅融合效应研究意义重大。本项目就是以关注农旅融合效应为出发点，通过农旅融合效应测度分析评价农旅融合效应的质量、水平和效果，通过农旅融合效应耦合协调度研究探寻农旅融合的症结及其根源，通过农旅融合效应时空格局和演变规律研究，探寻农旅融合发展的驱动因素，找出提高农旅融合效应的有效途径，为破解青藏高原涉藏地区"造血功能"困境提供"妙药良方"。研究内容主要包括五个方面（如图 1 所示）：农旅融合效应评价模型构建研究；农旅融合效应测度及评价分析；农旅融合效应的时空分异特征研究；农旅融合效应时空格局演变规律研究；农旅融合驱动因素及效应提升对策研究。

1. 农旅融合效应评价模型构建研究

首先，从模型依托理论、构建程序及模型适用性角度，分析农旅融合效应评价模型的合理性。其次，从农业与旅游业两个产业系统入手构建产业发展评价指标体系，运用熵值法确定指标权重。然后，通过对比分析多种综合评价方法，根据研究方法的适用性结合前期相关研究成果，确定农旅融合效应评价模型，并对效应评价值进行划分，确定农旅融合效应评价水平参照标准。最后，借鉴耦合容量概念及系数相关研究，进一步构建农旅融合效应耦合协调评价模型。

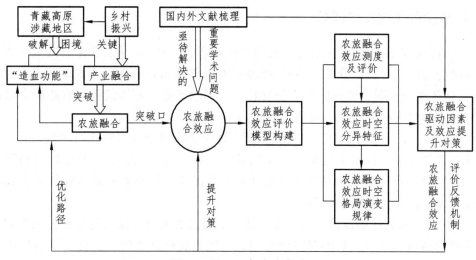

图 1　项目研究内容框架

2. 农旅融合效应测度及评价分析

在上述模型构建成果基础上，基于耦合协调度模型对 2010—2020 年青藏高原涉藏地区 5 省（自治区）18 州（市、地区）农旅融合效应和协调度进行测度分析。在此基础上，研究青藏高原涉藏地区 5 省（自治区）18 州（市、地区）农旅融合效应的总体水平。通过农旅融合效应分析模型，结合农旅融合效应协调度演变图，研究青藏高原涉藏地区 5 省（自治区）18 州（市、地区）不同时期农旅融合效应协调类型的总体空间分布特征，从而为农旅融合效应的时空格局研究奠定基础。

3. 农旅融合效应的时空分异特征研究

通过上述农旅融合效应和协调度测度、农旅融合效应总体水平、农旅融合效应协调类型分布特征分析结果，编制青藏高原涉藏地区农旅融合效应协调等级类型空间分布图，在此基础上结合 SPSSAU 分析软件，对青藏高原涉藏地区 5 省（自治区）18 州（市、地区）农旅融合效应的时空分异特征进行研究，主要内容包括：① 青藏高原涉藏地区农旅融合效应耦合协调总体特征及变化趋势；② 农旅融合效应耦合协调度随时间的变化特征及趋势；③ 农旅融合效应协调度在空间上的变化特征及趋势。

4. 农旅融合效应时空格局演变规律研究

在上述农旅融合效应时空分异特征分析基础上，借助 ArcGIS 软件绘制青藏高原涉藏地区农旅融合效应时空格局图，结合青藏高原涉藏地区农旅融合耦合协调度的时序特征图及青藏高原涉藏地区农旅融合效应时空格局图，研究青藏高原涉藏地区 5 省（自治区）18 州（市、地区）农旅融合效应耦合协调度在时间上和空间上的协同格局、变化特征和演变规律，并预测其未来演变趋势和方向，进而从中发现青藏高原涉藏地区农旅融合存在的问题和信息。

5. 农旅融合驱动因素及效应提升对策研究

在上述分析研究成果基础上，通过农旅融合效应时空格局演变规律研究，从中发现青藏高原涉藏地区农旅融合的症结及其根源，结合青藏高原涉藏地区农旅融合的驱动因素分析，从农旅融合效应评价反馈机制出发，提出青藏高原涉藏地区农旅深度融合的发展模式、优化路径及提升对策，为突破青藏高原涉藏地区农村"造血功能"困境提供思路。

（二）拟解决的关键科学问题

本项目针对青藏高原涉藏地区亟待突破的"造血功能"困境，从农旅融合效应分析入手，通过构建农旅融合效应评价模型分析，研究 2010—2020 年我国青藏高原涉藏地区 5 省（自治区）18 州（市、地区）农旅融合效应的时空分异特征，揭示青藏高原涉藏地区农旅融合效应时空格局及演变规律。拟解决的关键科学问题主要包括：

（1）关键思路：通过农旅融合效应测度分析，评价农旅融合效应的质量和效果；通过农旅融合效应耦合协调度研究，探寻农旅融合的症结及其根源；通过农旅融合效应时空格局及演变规律研究，了解青藏高原涉藏地区农旅融合发展时空特征及变化趋势；通过农旅融合效应评价反馈机制，探寻农旅融合效应提升策略。

（2）关键内容：从关注农旅融合效应分析入手，通过农旅融合效应评价模型构建研究，分析青藏高原涉藏地区农旅融合发展的时空分异特征，进行农旅融合效应测度及耦合协调度分析，揭示青藏高原涉藏地区农旅融合效应时空格局及演变规律，探求青藏高原涉藏地区农旅融合的驱动因素，探寻农旅融合效应的提升对策。

（3）关键方法：运用熵值法确定指标权重，通过对比分析多种综合评价方法，确定农旅融合效应评价指标体系；借鉴耦合容量概念及系数相关研究，构建农旅融合效应评价模型及农旅融合效应耦合协调模型。

（4）关键成果：通过农旅融合效应时空格局及演变规律研究，探寻青藏高原涉藏地区农旅融合效应的提升对策，提供破解青藏高原涉藏地区"造血功能"困境的"妙药良方"，构建特殊地理空间区域农旅融合效应研究框架。

四、农旅融合研究方法现状及选择

（一）综合评价法

综合评价法指的是运用多个指标对多个参评单位进行评价的方法，简称综合评价方法。如某些企业通过多元化评价对企业的发展及方向进行一个综合的统计评价，从而来判断企业的走向和目标，这对任何一个企业或者行业发展都有很大好处，所以综合评价对市场及其企业都有决定性作用。综合评价是对被评对象的全面评价，如对某个国家综合国力的评价，对某个国家或地区社会发展水平的评价，对某个国家或地区生态环境的综合评价，对某个企业管理水平的评价，对某个企业或地区经济效益的评价等等。目前国内外建立的评价方法有数百种之多，但大多数尚处于理论研究阶段，并不十分成熟。最主要的和最常用的方法有：专家评价法、经济分析法、层次分析法、综合指数法、因子分析法（郭显光，1994）。

综合评价是对被评价对象的全面评价，利用多项指标对某个评价对象的某种属性进行定性、定量评估，或者对多个评价对象的属性进行定性、定量评估，可对优劣顺序排序。如对某个国家或某个地区社会发展水平、生态环境、资源和人口的评价、对某个企业管理水平的评价、对某个企业或地区经济效益的评价等[41]（郑锋，王巧芝和高学辉，2010）。综合评价的一般步骤如下：① 选择并确定恰当的综合评价指标，这是综合评价的基础和依据；② 收集数据，并对不同计量单位的指标数据进行同度量处理；③ 确定指标体系中各指标的权数（确定各评价指标权重），以保证评价的科学性；④ 合理确定各单个指标的评价等级，即对经过处理后的指标再进行汇总计算出综合评价指数或综合评价分值；⑤ 建立综合评价模型，确定多指标综合评价的等级数量界限；⑥ 根据评价指数或分值对参评单位进行排序，由此得出结论并根据实践对已建立模型进行考察、修改及完善。

胡永宏和贺思辉（2000）在其著述《综合评价方法》中，提出综合评价方法主要包括常规综合评价法（包括无量纲方法及其他方法）、主成分分析法和因子分析法、聚类分析与判别分析法（包括系统聚类法、动态聚类法、综合评价聚类法、距离判别分析法等）、其他综合评价法（包括距离综合评价法、灰色关联度分析法、DEA 方法）、模糊综合评价、多维标度法（包括陀螺森法、K-L 方法、谢帕尔方法、克拉斯卡尔方法、MDA 方法）。

在常用的模糊评价、灰色综合评价、层次分析法、主成分分析法、菲什拜因—罗森伯格模型等方法中，模糊评价基于模糊数学中的隶属度函数，适用于难以量化、不确定性问题的评价；灰色综合评价法运用灰色关联度对评判对象进行优劣次序排列，是一种相对比较评价方法；层次分析法将问题分解为不同层次，将评价转化为层次优劣次序的排定；主成分分析法是借助正交变换对多个指标进行降维，形成主成分进行评价；菲什拜因-罗森伯格模型运用加权求和的原理与其他方法结合运用于综合评价，是一种最为常见的综合评价模型。

综合评价法的特点表现为：① 评价过程不是逐个指标顺次完成的，而是通过一些特殊方法将多个指标的评价同时完成的。② 在综合评价过程中，一般要根据指标的重要性进行加权处理。③ 评价结果不再是具有具体含义的统计指标，而是以指数或分值表示参评单位"综合状况"的排序。

综合评价的构成要素主要有：① 评价者。评价者可以是某个人或某团体。评价目的的给定、评价指标的建立、评价模型的选择、权重系数的确定都与评价者有关。因此，评价者在评价过程的作用是不可轻视的。② 被评价对象。随着综合评价技术理论的开展与实践活动，评价的领域也从最初的各行各业经济统计综合评价拓展到后来的技术水平、生活质量、小康水平、社会发展、环境质量、竞争能力、综合国力、绩效考评等方面，这些都能构成被评价对象。③ 评价指标。评价指标体系是从多个视角和层次反映特定评价客体数量规模与数量水平的。它是一个"具体—抽象—具体"的辩证逻辑思维过程，是人们对现象总体数量特征的认识逐步深化、求精、完善、系统化的过程。④ 权重系数。相对于某种评价目的来说，评价指标相对重要性是不同的。权重系数确定的合理与否，关系到综合评价结果的可信程度。⑤ 综合评价模型。所谓多指标综合评价，就是指通过一定的数学模型将多个评价指标值"合成"为一个整体性的综合评价值。

（二）熵值法

熵值法是指用来判断某个指标的离散程度的数学方法。离散程度越大，该指标对综合评价的影响越大。可以用熵值判断某个指标的离散程度。熵值法与综合指数法的根本区别，在于熵值法是根据各项指标指的变异程度来确定指标权数，这是一种客观赋权法。这种方法避免了人为因素带来的偏差。但由于忽略了指标本身的重要程度，有时确定的指标权数与预期的相差很远。另外同样的指标体系在不同的样本中确定的权数也不同[40]（郭显光，1994）。

熵值法是根据各项观测值所提供的信息量的大小来确定指标权重。一般认为，熵值法能够深刻反映指标信息熵值的效用价值，其给出的指标权重值比德尔菲法和层次分析法具有更高的可信度。但由于它缺乏各指标之间的横向比较，又需要完整的样本数据，因此，在应用上受到限制。如果统计资料可以满足样本数据的要求，采用熵值法进行综合评价能体现主客观相结合的思想，使评价体系更科学合理（郑锋，王巧芝和高学辉，2010）。采用熵值法解决评价指标权重计算问题，熵值法是用于多对象多指标体系的综合评价方法，关键在于各指标体系的权重确定方法，主要依据是指标传递给决策者的信息量大小[41]。熵值法是根据指标差异程度通过信息熵来确定指标权重的一种客观赋权法（王海艳，2019），可以减少主观因素影响，熵值可以衡量系统的不确定性、随机性及无序性[32]。

熵值法的基本原理：在信息论中，熵是对不确定性的一种度量。信息量越大，不确定性就越小，熵也就越小；信息量越小，不确定性越大，熵也越大。根据熵的特性，我们可以通过计算熵值来判断一个事件的随机性及无序程度，也可以用熵值来判断某个指标的离散程度，指标的离散程度越大，该指标对综合评价的影响越大。因此，可根据各项指标的变异程度，利用信息熵这个工具，计算出各个指标的权重，为多指标综合评价提供依据。

熵值法的步骤：① 选取 n 个国家，m 个指标，则为第 i 个国家的第 j 个指标的数值。（i=1，2，$\cdots$，n；j=1，2，$\cdots$，m）。② 指标的标准化处理：异质指标同质化。③ 计算第 j 项指标下第 i 个国家占该指标的比重。④ 计算第 j 项指标的熵值。⑤ 计算第 j 项指标的差异系数。对第 j 项指标，指标值的差异越大，对方案评价的左右就越大，熵值就越小，定义差异系数。⑥ 求权值。⑦ 计算综合得分。

（三）农旅融合评价指标体系研究现状

评价指标的权重确定方法包括两类：主观定权法和客观定权法，其中主观定权法包括：专家评分法、成对比较法和 Saaty 权重法，客观定权法包括模糊定权法、秩和比法、熵值法的相关系数法等（郑锋，王巧芝和高学辉，2010）。在对农业与旅游业融合综合效应进行评价时，采用综合评价法。在构建农业与旅游业融合效应指标的基础上，根据指标重要性确定各指标权重，然后运用统计方法对数据进行处理与分析，得出各指标的具体得分，最后通过综合评价得出农业与旅游业融合综合效应评价值。

夏杰长等选取农业增加值、农业投入水平、农业人均 GDP 等来衡量其发展水平；辛岭等从农业的投入-产出水平、农村社会发展水平、农业可持续发展等方面对农业现代化发展水平进行了测算；周蕾等选取农业系统中的生产总值、人均收入、第一产业从业人数、耕地面积等反映农业发展水平的方面进行了研究。在旅游产业方面，杜焱等从政府调控与管理、经济支撑、社会支撑和产业基础保障等方面建立了旅游产业发展评价指标；翁钢民将旅游产业总量情况、从业人员、机构数量、资源状况和经营状况作为旅游产业发展指标进行了研究。

狄乾斌和乔莹莹（2019）运用耦合协调度模型等研究方法，分析 2011—2016 年我国沿海 11 省份农业与旅游业融合发展的时空分异演变特征，并对沿海 11 省份的产业融合协调发展程度进行类型划分。王海艳（2019）基于耦合协调理论构建了农业与旅游业融合的综合效应评价模型和经济效应-社会效应-生态效应耦合协调模型，并对长江经济带农业与旅游业融合综合效应和经济效应-社会效应-生态效应耦合协调水平进行了实证分析。

此外，可采用 Matlab 软件编写熵值法进行综合评价，结合农旅融合水平测度、融合协调耦合效应程度，借助 ArcGIS 软件绘制特定区域农旅融合协调等级时空演变图，进而反映时空格局演变规律。

（四）研究方法选择

综合运用民族经济学、民族社会学、产业经济学、旅游经济学、管理学、民俗学、自然科学等多个学科的理论方法和手段，进行跨学科的交叉整合研究。本项目研究主要涉及的研究方法包括：文献分析法、田野调查法、熵值法、综合评价法、定性定量分析法、对比分析法、专家咨询法等。

1. 文献分析法

利用 ProQuest、Elsevier、Springe、CNKI 等数据库，通过梳理学界农业与旅游业融合效应相关研究，了解其研究动态，并进行述评，在此基础上锁定主要文献，形成文章的研究目标、思路及方法、框架。此外，通过文献分析法构建农业与旅游业融合效应指标体系。同时，广泛搜集青藏高原涉藏地区相关省（区）、州（市）、县的统计年鉴、政府工作报告和统计报表、官网信息，积累坚实的资料基础。

2. 田野调查法

采用参与式观察、深度访谈、非正式叙事、问卷调查等方式展开调查和实证研究，对政府、企业、村委会、村民进行多角度的调查，获取第一手资料，确保研究的科学性和准确性。

3. 熵值法

指标赋权方法主要包括主观赋权法、客观赋权法、组合赋权法。主观赋权法有 AHP 法、Delphi 法等，客观赋权法有熵值法、主成分分析法、因子分析法等。本文运用熵值法确定农业与旅游业融合效应指标的权重。

4. 综合评价法

熵值法是用于多对象多指标体系的综合评价方法，它根据各项观测值所提供的信息量的大小来确定指标权重，能够深刻反映指标信息熵值的效用价值[41]。

5. 定性定量分析法

选取较为成熟的层次分析法和灰色关联分析法，构建农旅融合评价指标体系，对青藏高原涉藏地区农旅融合水平进行评价和分析判断。

6. 对比分析法

通过对田野调查点的横向和纵向比较，对比分析其农旅融合的现状、融合程度和未来的融合趋势，发现共同特征和差异，从而深入地了解青藏高原涉藏地区农旅融合发展现状和演变规律。

7. 专家咨询法

在初步构建农业与旅游业融合效应评价指标体系后，为保证指标体系的科学性与合理性，向专家咨询意见，并分析专家意见集中度，最终确定农业与旅游业融合效应评价指标体系。

五、农旅融合效应研究思路及可行性分析

（一）研究方案及数据来源

1. 研究方案及技术路线

首先，通过国内外相关数据库，搜索和梳理农旅融合效应相关文献，了解国内外最新研究进

展。其次，通过文献整理与分析，构建农旅融合效应评价指标体系，并运用熵值法对指标权重进行赋值。在此基础上，基于耦合理论和协同相关理论，构建农旅融合效应评价模型及耦合协调模型。再次，通过收集相关数据，对农旅融合效应及其耦合协调度进行测度，分析农旅融合效应时空分异特点，构建农旅融合效应时空格局。

借助 ArcGIS 软件绘制青藏高原涉藏地区农旅融合效应时空格局图，结合图像中农旅融合效应随时间维和空间维的变化分析，揭示青藏高原涉藏地区农旅融合效应时空格局及演变规律。最后，在此基础上，根据上述研究所揭示的农旅融合的症结，以及农旅融合效应质量、效果及其驱动因素，结合农旅融合效应评价反馈机制，提出青藏高原涉藏地区农旅深度融合的优化路径和融合效应的提升对策。具体研究技术路线如图 2 所示。

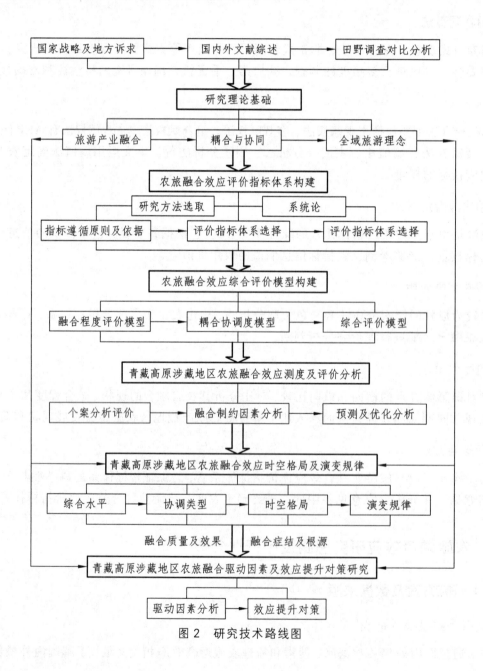

图 2　研究技术路线图

2. 数据来源

本项目研究区域包括西藏（拉萨市、日喀则市、昌都市、林芝市、山南市、那曲市、阿里地区）、青海（海北州、黄南州、海南州、果洛州、玉树州、海西州）、四川（阿坝州、甘孜州、凉山州木里县）、甘肃（甘南州）、云南（迪庆州）等 5 省（自治区）18 州（市、地区）。

本项目数据主要通过相关年份的《中国旅游统计年鉴》《中国统计年鉴》《中国休闲农业年鉴》《中国农村统计年鉴》，以及青藏高原涉藏地区 5 省（自治区）的统计年鉴、旅游统计年鉴和统计公报等获取，研究时间跨度为 2010—2020 年。部分需要计算的数据按照模型指标体系中的相关内容进行。

（二）研究思路及框架

1. 评价指标体系构建

通过国内外相关文献的检索、分析，结合产业融合和经济社会学相关理论，初步形成指标体系，在此基础上借鉴专家咨询法并结合青藏高原涉藏地区农旅融合发展具体实际，在有关农业评价指标体系和旅游业评价指标体系构建研究成果基础上，构建青藏高原涉藏地区农旅融合效应评价指标体系。

该评价指标体系包括农业、旅游业两个子系统，农业子系统中一级指标包括农业经济效益、农村投入产出、农业生产条件、农村社会效益等，以及相应的若干二级指标；旅游业子系统中一级指标包括旅游业经济收入、旅游业市场规模、旅游业设施规模、旅游业人力资源等，以及相应的若干二级指标。

2. 农旅融合效应综合评价模型构建

本项目运用熵值法确立指标权重，在此基础上选择菲什拜因—罗森伯格模型，构建农旅融合效应综合评价模型如下[29]：

$$R = \sum_{j=1}^{n} w_{lj} * x'_{ij}, \ i \in [1, 2, 3, \cdots, m], \ j \in [1, 2, 3, \cdots, n] \tag{1}$$

式中：R 表示农旅融合效应评价值，W_{ij} 表示第 j 个指标对应目标层 A 的权重，x'_{ij} 表示第 i 个样本第 j 个指标的标准值，m 表示样本数量，n 表示指标数量。

3. 农旅融合效应耦合协调度模型构建

本项目从农业与旅游业两个产业系统入手构建产业发展评价指标体系，首先运用熵值法确定指标权重，然后基于耦合协调度模型对 2010—2020 年青藏高原涉藏地区 5 省（自治区）18 州（市、地区）农旅融合效应进行定量测算，并通过研究测算结果分析两大产业融合效应特点，分析两者融合效应协调程度的时空分异特征：

$$C = \sqrt{e \times e / (e + e')^2} \tag{2}$$

$$D(e, e') = \sqrt{C \times T} \tag{3}$$

$$T = \alpha e + \beta e \tag{4}$$

式中：D 为耦合协调度，其值处于 0 和 1 之间；T 为综合评价指数，α、β 为待定系数。

4. 农旅融合效应协调等级划分

为了比较农业与旅游业融合效应协调度等级，本项目借鉴前期相关研究[29]的划分方法，采用均匀分布函数法将农业和旅游业融合效应耦合协调度指标进行等级划分。

5. 农旅融合效应测度及评价分析思路

根据上述构建的农旅融合效应评价模型（1），采用所得指标权重及标准化值，计算得出青藏高原涉藏地区农旅融合效应评价值及其排序，从而进行评价值类型划分。在此基础上，对青藏高原涉藏地区农旅融合效应进行评价。然后，依据上述农旅融合分析模型（2）（3）（4），通过比较 e 与 e' 的大小判别效应协调度的类型，从而得出青藏高原涉藏地区 5 省（自治区）18 州（市、地区）的农旅融合效应值的耦合协调类型及其分布。

6. 农旅融合效应时空分异特征研究思路

通过基于耦合协调度模型对 2010—2020 年青藏高原涉藏地区 5 省（自治区）18 州（市、地区）农旅融合发展水平进行定量测算，并通过研究测算结果分析两大产业融合特点，借助上述农旅融合效应测度、农旅融合效应耦合协调类型研究成果，结合农业和旅游业发展趋势图，对青藏高原涉藏地区农旅融合发展综合水平进行研究。在此基础上，结合农业和旅游业发展趋势图以及农旅融合效应协调等级类型空间分布图，运用 SPSSAU 软件进行数据处理分析，对青藏高原涉藏地区农旅融合效应时空分异特征进行研究。

7. 农旅融合效应时空格局演变规律研究思路

在农旅融合效应时空分异特征研究成果基础上，计算 2010—2020 年青藏高原涉藏地区 5 省（自治区）18 州（市、地区）农旅融合效应指数及其耦合度和耦合协调度，作出农旅融合效应协调度时序特征图。在此基础上，结合耦合协调度等级划分标准，借助 ArcGIS 软件绘制青藏高原涉藏地区农旅融合效应时空格局图，通过农旅融合效应时空格局随着时间维的变化分析，进而揭示青藏高原涉藏地区农旅融合效应的时空格局演变规律。

8. 农旅融合驱动因素及效应提升对策研究思路

在上述研究成果基础上，根据农旅融合效应测度及时空格局和演变规律研究所反映的各种问题和信息，通过农旅融合效应评价反馈机制，分析农旅融合的症结及根源，探讨农旅融合的影响因素，提出青藏高原涉藏地区农旅深度融合发展模式、优化路径以及农旅融合效应提升对策。

（三）研究可行性分析

1. 具有坚实的理论可行性

前期研究发现，破解青藏高原涉藏地区农村"造血功能"困境的关键是农旅融合，而农旅融合能否成功的突破口在于农旅融合效应，而青藏高原涉藏地区农旅融合效应研究最关键的科学问题就是农旅融合效应时空格局及演变规律。通过农旅融合效应测度可以评价农旅融合效应的质量、水平和效果，通过农旅融合效应耦合协调度研究可以探寻农旅融合的症结及其根源，通过农旅融合效应时空格局及演变规律研究可以了解青藏高原涉藏地区农旅融合发展时空特征及变化趋势。通过农旅融合效应研究不仅可以破解青藏高原涉藏地区农村"造血功能"困境，而且有助于促进青藏高原涉藏地区和谐稳定与可持续发展。

本项目研究是在乡村振兴战略背景、青藏高原涉藏地区发展客观实际及国内外特定研究背景的共同诉求下而产生的重要研究命题。本项目研究已拥有前期较扎实的农旅融合研究工作基础，并且所涉及的灰色关联度方法、熵值法、空间自回归模型、耦合度模型及耦合协调模型等，均为本项目组以往常用的技术方法。可见，本项目研究设计合理、依据充分、理论可行。

2. 具有可靠的方法路径

本项目关注的野外调研具有可靠的实施路径。本项目前期已对青藏高原涉藏地区进行了大量的野外调研，待项目申请获批后计划于 2021 年 5—9 月，将继续对西藏（山南市、那曲市、昌都市）、青海（玉树州）、四川（甘孜州）、甘肃（甘南州）、云南（迪庆州）开展补充现场调研。由于项目申请人及其所在单位西南民族大学与青藏高原涉藏地区 5 省（自治区）18 州（市、地区）保持有长期的友好关系，会提供野外科研便利及资料收集的可靠渠道。

本项目关注的变量具有可靠的测算方式。本项目研究的难点之一在于获得所构建的模型框架中变量的量表，本项目所关注的变量都有可靠的测量方式；所涉及的农旅融合发展水平定量值、农旅融合效应评价值、农旅融合效应耦合协调度等，都可以从农业和旅游业系统入手，通过构建评价指标体系，运用熵值法确定指标权重，最后基于农旅融合效应评价模型及耦合协调度模型进行定量测度分析。本项目研究所需的农旅融合效应协调度等级采用前期[26]的研究结果，这些量表都具有较高的信度和效度。

本项目关注的关键数据具有可靠的收集渠道。本项目研究进行的模型评价所需的旅游业一级指标及二级指标相关数据，完全可以通过相关年份的《中国旅游统计年鉴》以及青藏高原涉藏地区 5 省（自治区）的旅游统计年鉴等获取；评价研究所需的农业一级指标及二级指标完全可以通过相应年份的《中国统计年鉴》《中国休闲农业年鉴》《中国农村统计年鉴》以及青藏高原涉藏地区 5 省（自治区）的统计年鉴和统计公报等获取相关数据。项目申请人长期从事青藏高原涉藏地区研究，与青藏高原涉藏地区相关省（自治区）农业、旅游部门及高校院所保持长期友好关系，能提供数据调研、深度访谈、案例研究等协助。2019 年、2020 年农业和旅游业的数据正等待官方正式发布。

本项目关注的动态分析具有可靠的方法支持。项目组成员具有深厚的数理功底，可以为建立动态分析模型提供支持。本项目涉及的农旅融合效应评价分析、效应协调度分析、效应时空分异特征、效应时空格局及演变规律研究，可通过相关动态分析模型的构建进行全面系统有效分析。项目组已对农旅融合评价指标体系和评价模型构建进行了前期准备工作，可以为构建更加复杂、更具解释力的动态模型提供依据和借鉴。

3. 具有坚实的专业团队保障

本项目组成员经过协作，形成了以青藏高原涉藏地区农旅融合研究为特色的专业互补、结构合理、文理搭配的有参与完成、主持国家自然科学基金项目经验的研究团队，为本项目研究高质量完成提供了强力保障。项目申请人 A，不仅具备扎实的项目研究所需专业储备，还具有良好的科研品德和组织协调能力，能够带领项目团队科学有序、高质量完成本项目研究，并能高质量完成"青藏高原涉藏地区农旅融合效应提升对策研究"工作。项目主要参与者 B，有主持国家自然科学基金地区基金项目经验和在中国科学院地理科学与资源研究所博士后站研究经历，在西藏工作生活达 10 年以上，具有坚韧不拔的科研精神，主要从事青藏高原及周边地区的地质科学、景观地学、地理与资源经济、旅游产业融合等研究，对青藏高原涉藏地区地质、地理、经济、社会、民族、人文情况非常了解，熟悉"3S"集成技术、空间信息技术及空间模型构建所需的硬件和软件，能够高质量完成本项目"农旅融合驱动因素及效应时空演变规律"研究任务。项目主要参与者 C，研究特色为民族地区农旅融合与旅游经济研究，在农旅融合及其时空协调效应研究方面具有坚实的研究积累和明显优势，能够高质量完成"农旅融合效应时空分异特征"研究工作；项目主要参与者 D，是经济地理（硕士）和中国少数民族经济专业（博士），具有扎实的数理分析基础，主攻民族地区产业融合与区域时空差异研究，能够高质量完成"农旅融合效应评价指标体系及评价模型构建"研究工作。项目参与者 E，主要从事农业经济及乡村旅游专业研究，具有川西青藏高原涉藏地区较深的科研经历和经验，能够确保"农旅融合发展水平测度分析"高质量完成；项目参与者 F，熟悉涉藏地区实际情况，主攻数量经济学（硕士）和中国少数民族经济专业（博士），有参加类似项目研究经历，能够很好地完成"农旅融合效应评价及耦合协调度分析"研究工作；项目参与者 G，旅游管理专业，有参与农旅融合研究的经历，能做好项目研究所需资料收集、整理、数据库建立及相关基础研究工作。

4. 具有必要的技术条件支持

本项目研究工作条件成熟，具有必要的研究设备及技术支持。项目组成员所在的西南民族大学图书馆拥有 Elsevier Science Direct 全文期刊数据库、EBSCOhost Web 全文期刊数据库、SSCI 等 40 多种外文期刊资源数据检索系统供本项目研究检索之需；拥有 CNKI、CSCD 等 10 余种中文期刊数据库、各种综合资源数据库和学位论文数据库，以及各种藏书数百万册、期刊数百种，可提供本项目研究所用。项目组成员所在的西南民族大学青藏高原研究院、西南民族研究院拥有本项目研究所需的 ArcGIS 等各种制图软件、数据处理及分析软件，拥有各类服务器、PC 机和笔记本电脑、扫描仪等设备，能满足本项目研究的需求。

此外，项目申请人所在单位西南民族大学拥有青藏高原研究基地（教育部重点研究基地）和青藏高原经济社会与文化发展研究中心（四川省教育厅重点基地），这些科研平台不仅可以为同本项目研究密切相关的青藏高原涉藏地区 5 省（自治区）18 州（市、地区）提供大量基础资料，而且可以提供本项目研究所需的有关青藏高原涉藏地区农业和旅游业融合等的重要专项成果。

5. 具有明显的比较优势

项目组成员对开展本项目研究具备如下比较优势：① 一直致力于青藏高原涉藏地区农旅融合研究，为本项目研究积累了丰富的藏区工作积淀和研究经验；② 项目组成员所在单位西南民族大学青藏高原研究院、西南民族研究院具有青藏高原涉藏地区研究的地域优势，承担了多项国家级科研项目，并多次获得重要奖项，为本项目高质量完成营造了良好的研究氛围；③ 在农旅融合效应研究理论、方法、技术和手段上，项目组成员具有跨学科、多领域的综合研究优势，为确保本项目的高质量完成提供了强有力的团队保障。

6. 面临的问题及挑战

研究范围较大，产业现状、融合形态和模式差异较大，加之研究的特殊性，目前可参考的旅游产业融合的研究文献较少，要准确和全面把握旅游产业融合的内在机制和制约因素难度较大，如何客观而准确地评价研究区农旅融合程度尚无前例。根据不同的融合形态构建农旅产业融合的系统动力学模型也具有较大的难度。

本研究涉及大量的历史、文化、农业、商贸、经济、旅游等相关统计数据和地方文献资料，田野调查工作艰巨，数据和资料不易收集和获取。

六、特色创新之处

（一）主要特点

本项目研究特色之处主要体现在：

（1）与前人研究对象主要是农业和旅游业起步早、经验丰富的"大农业、大旅游"地区不同，本项目研究的对象是农业和旅游业起步晚、缺乏经验，融民族地区、革命老区、贫困山区、生态脆弱区为一体的青藏高原涉藏地区。

（2）与前人主要针对农业和旅游业发展环境条件良好的我国中东部地区农旅融合研究不同，本项目研究系针对高海拔气候条件和地理空间独特的青藏高原涉藏地区进行的原生态农牧业与旅游业之间的融合效应研究。

（3）与前人多为农业与旅游业简单结合的"1+1=2"式的农旅融合研究不同，本项目研究强调"1+1>2"式的农旅融合效应研究，突出农旅融合带来的综合影响、作用和效应。

（二）主要创新

本项目研究创新之处主要包括四个方面：

（1）研究视角创新：本项目从融合效应视角，针对农旅融合的质量、水平和效果以及农旅融合"症结"及其根源，对青藏高原涉藏地区农旅融合效应时空格局及演变规律进行研究，相比传统的单纯的农旅融合研究，真正地直击问题的核心点和关键点，具有明显的理论价值和鲜明的实践意义。

（2）研究思路创新：本项目通过农旅融合效应测度分析评价农旅融合效应的质量和效果，通过农旅融合效应耦合协调度研究探寻农旅融合的症结及其根源，通过农旅融合效应时空格局及演变规律研究了解青藏高原涉藏地区农旅融合发展时空特征及变化趋势，通过农旅融合效应评价反馈机制，探寻农旅融合效应的提升策略，相较于传统的农旅融合研究更具针对性。

（3）研究内容创新：本项目对农旅融合研究领域中前人缺乏研究但具有重要意义的农旅融合效应测度、农旅融合效应时空分异特征及时空格局演变规律进行深入系统研究，并在此基础上反推农旅融合效应的提升对策，更具有现实和理论意义。

（4）研究方法创新：本项目通过农旅融合效应评价模型、耦合协调模型研究方法，对农旅融合效应时空格局及演变规律进行研究，构建特殊地理空间区域农旅融合效应研究框架，是对农旅融合效应理论的丰富和发展。

（2020 年 10 月）

参考文献

[1] LU CHEN，AIKE KAN，YINGJIE WANG. The small-scale tectonic landforms of Gyirog watershed in the middle Himalayan origen，Tibet，China. Carpathian Journal of Earth and

Environmental Sciences. 2019, 14（2）: 473-482.

[2] MARIE-EVE YERGEAN. Tourism and local welfare: A multilevel analysis in Nepal's protected area. Word Development, 2020, 127: 1-19.

[3] QIN Jianxiong, CHEN Laijiacuo. Research status, progress and trend of rural tourism transformation and upgrading. 2015 International Conference on Social Science and Technology Education（ICMESD）, Atlantis Press, 2016, 126-132.

[4] FILIPPO RANDELLI, FEDERICO MARTELLOZZO. Is rural tourism-induced built-up growth a threat for the sustainability of rural areas? The case study of Tuscany. Land Use Policy, 2019, 86: 387-398.

[5] ALESSANDRO SANCHES-PEREIRA, BONAPAS ONGUGLO. Fostering local sustainable development in Tanzania by enhancing linkages between tourism and small-scale agriculture. Journal of Cleaner Production, 2017, 162: 156-1581.

[6] LI Y. A study on the spatial distribution of India tourism resources and tourism product innovation-based on the background of industrial convergence. Business and Economics, 2016（2）: 579-588.

[7] JOSÉ ANTONIO, FOLGADO-FERNÁNDEZ, ANA MARÍA CAMPÓN-CERRO, JOSÉ MANUEL HERNÁNDEZ-MOGOLLÓN. Potential of olive oil tourism in promoting local quality food products: A case study of the region of Extremadura, Spain. Heliyon, 2019, 5（10）: 53-65.

[8] NANTACHAI PONGPATTANANURAK. Impacts from tourism development and agriculture on forest degradation in Thap Lan National Park and adjacent areas. Agriculture and Natural Resources, 2018, 52（3）: 290-297.

[9] JEAN JUNYING LOR, SHELLY KWA, JOHN. DONALDSON. Making ethnic tourism good for the poor. Annals of Tourism Research, 2019, 76: 140-152.

[10] DAVID N. ARATUO, XIAOLI L.ETIENNE. Industry level analysis of tourism-economic growth in the United States. Tourism Management, 2019, 70: 333-340.

[11] JUAN I., PULIDO F, J. CASADO-MONTILLA, I.CARRILLO-HIDALGO. Introdecing olive-oil tourism as a special interest tourism. Heliyon, 2019, 5（12）: 75-85.

[12] DYMPHNA HERMANS. The encounter of agriculture and tourism a Catalan case. Annals of Tourism Research. 1981, 8（3）: 462-479.

[13] NAIDOO P, SHARPLEY R. Local perceptions of the relative contributions of enclave tourism and agritourism to community well-being: The case of Mauritius. Journal of Destination Marketing and Management, 2015, 5（1）: 16-25.

[14] TIMOTHY J. FORSYTH. Tourism and agricultural development in Thailand. Annals of Tourism Research. 1995, 22（4）: 877-900.

[15] GARCIA-RAMON M D, CANOVES G, VALDOVINOS N. Farm tourism, gender and the environment in Spain. Annals of Tourism Research, 1995, 22（2）: 267-282.

[16] 罗文斌，戴美琪，汪友结. 休闲农业旅游社区居民对旅游影响的感知研究. 西北农林科技大学学报（社会科学版），2009, 9（1）: 41-45.

[17] REBECCA TORRES. Linkages between tourism and agriculture in Mexico. Annals of Tourism Research，2005，30（3）：546-566.

[18] LUPI C，GIACCIO V，MASTRONARDI L. Exploring the features of agritourism and its contribution to rural development in Italy. Land Use Policy，2017，64：383—390.

[19] 梁伟军，易法海. 新农村建设中旅游农业发展的"三农"效应研究——来自全国五省（市）农户的调查分析. 农村经济，2010（4）：57-60.

[20] 杨振之. 城乡统筹下农业产业与乡村旅游的融合发展. 旅游学刊,2011,26(10):10-11.

[21] 翟付顺. 农业旅游产业生态环境效应及发展策略. 中国生态农业学报,2006,14(4):9-11.

[22] DARKO D D，ALEKSANDAR T T，ALEKSANDAR D.V. Rural tourism and regional development：case study of development of rural tourism in the Region of Gruţa，Serbia. Procedia Environmental Sciences，2012，14：288-297.

[23] 刘佳雪. 农业旅游开发的耦合效应研究——以南京江心洲为例. 广东农业科学，2012，39（19）：220-222.

[24] 袁中许. 乡村旅游业与大农业耦合的动力效应及发展趋向. 旅游学刊,2013,28(5):80-88.

[25] OHE Y，KURIHARA S. Evaluating the complementary relationship between local brand farm products and rural tourism：Evidence from Japan. Tourism Management，2013，35（4）：278-283.

[26] 曹兴华. 基于耦合模型的民族地区生态旅游与农业经济协调发展研究——以四川省甘孜藏族自治州为例. 中国农业资源与区划，2018，39（8）：205-210.

[27] 唐德祥，杨苗. 四川省"农业＋旅游业"融合发展的实证研究——基于 VAR 模型. 重庆理工大学学报（社会科学），2019，33（3）：28-35.

[28] 胡琴. 四川省农旅融合发展水平测度. 江西农业，2019，18（3）：74-75.

[29] 狄乾斌，乔莹莹. 农业与旅游业融合协调的时空分异特征研究——以沿海 11 个省份为例. 资源开发与市场，2019，35（10）：1322-1327.

[30] 张莞. 乡村振兴背景下农业与旅游业融合发展研究——以南充市为例. 乐山师范学院学报，2019，34（6）：78-84.

[31] 方世敏，陈洁. 南洞庭湖区旅游与农业融合效应评价及发展对策. 城市学刊，2013，34（6）：78-83.

[32] 王海艳. 长江经济带农业与旅游业融合效应评价研究. 湘潭：湘潭大学，2019.

[33] 刘军胜，马耀峰，吴冰. 入境旅游流与区域经济耦合协调度时空差异动态分析. 经济管理，2015（3）：33-43.

[34] LUPI C，GIACCIO V，MASTRONARDI L，et al. Exploring the features of agritourism and its contribution to rural development in Italy. Land Use Policy，2017，64：383-390.

[35] 方世敏，王海艳. 基于系统论的农业与旅游产业融合：一种粘性的观点. 经济地理，2018，38（12）：211-218

148

地旅融合及其在研学旅行中的应用研究

覃建雄　　向　莉

历来农旅融合、文旅融合和农文旅融合的研究较多，然而，有关地旅融合概念至今尚未提及。事实上，国内外有关地旅融合的发展理念及实践案例早已存在（如地质公园旅游、矿山旅游等），只是因为认知和观念问题，没有关注到地旅融合，或在当今"文旅融合"为主流的时代，人们较少提及地旅融合。与文旅融合相比，地旅融合资源无限、未来发展空间巨大，很早就已为地方经济发展做出了应有的贡献。因为地史持续了 64 亿年，而人类历史最长也不过 250 万年，有文字记载的在 1 万年左右。在人类历史面前，地史有过之而无不及，人类历史只是地球历史中最近的一瞬。从更大尺度和更广角度来说，地旅融合是人类未来亟待探索的未知领域。

一、地旅融合的物质基础

融合、协同是世界发展的必然趋势，也是世界创新的动力和重要途径。至今融合提得最多的莫过于产业融合（Industry Convergence）、学科融合（FOS-Fusion of subjects）。从 2005 提出农旅融合、2015 年提出文旅融合，乃至 2016 年提出的农文旅融合以来，旅游融合相关的各种融合实践及理论研究纷至沓来。很多学者在这些概念的发挥、丰富和发展过程中津津乐道、乐此不疲。

事实上，除了农旅融合、文旅融合，乃至农文旅融合外，更重要、更广阔的是地旅融合，或者基于地旅融合的其他融合。如果说农旅融合和文旅融合曾经且正在支撑着我国旅游业发展实践和理论研究的某一个阶段的话，那么地旅融合就是承担着人类未来旅游发展尤其是旅游融合发展的漫长过程，应该是备受关注和青睐的关键科学研究领域。事实上，地球作为万物的载体，地学（包括地球科学、天文地学）作为其他自然科学的基础，建立在地学和旅游学基础之上的地旅融合研究早就存在，只是因为人类自身的认知问题而缺乏更多的关注和重视，尽管与之相似的旅游地学，或者地学旅游或者成因旅游学（覃建雄，2018）等概念早有人提出来，而且已经研究了近半个多世纪（覃建雄等，2012）。地旅融合的典型案例到处都是，比如地质公园、自然保护区、风景名胜区、森林公园、矿山公园，以及广大的大草原、大沙漠、高原山地、高山峡谷等地理单元，都是地旅融合最好的代表。当前我国城市与农村建成区总面积已占国土面积的 1/48（宫鹏，2017）。假设城市和乡村被看作文旅融合的空间（姑且假设城市和乡村不归入地旅融合的空间），乡村作为农（文）旅融合的场所，两者加在一起，也只是除城市乡村以外地球上其他面积的 1/48，这些面积的空间区域就相当于地旅融合的理想场所。而这些地方的很大部分仍不为人类所知。

地旅融合是客观存在的事实。尤其是在大旅游概念即将盛行并成为趋势的未来世界，旅游、农旅融合、文旅融合、农文旅融合乃至其他基于旅游的融合盛行，一般意义上的旅游已经不能满足人们旅游消费的需求。旅游在刚出现的早期，具有很强的自然性，人们对旅游景观的认可是非常严苛的，只有世界遗产级别的景观才有机会成为人们旅游的对象。随着旅游的发展和科技进步以及消费的个性化，很多更低级别的自然人文景观以及那些甚至不被看成景观的环境要素逐渐成为人们旅游消费的目的地。也许在不久的将来，人们的旅游不再拘泥于世界遗产级别的或者5A景区目的地，而将目光投向那些人类尚未涉足的空间和未知领域，神奇的比如太空旅游、深海旅游，乃至地球内部旅游……普通的如原始森林、荒野、田园、沙漠、沼泽，乃至人迹罕至的海滩、岛屿……这是由旅游的空间性和人类需求的新奇性决定的。

也就是说，在未来的世界里，人类不再囿于自己生活和工作场所，而是可能随着个性需要"满世界跑"，甚至以地球为基点，依托宇宙飞船，在不同星球之间来往。在这种情况下，什么农旅、文旅，再也无法适应人们的个性化需求。到那时人类无限扩大的活动空间、人类心理上的需求，不是区区文旅和农旅就可以满足的。那个时候，人类离不开的不是文旅和农旅，而是地旅，即地球乃至宇宙间的无限空间和万事万物。随着时间推移和科技的发展，人类活动范围将呈现指数扩展，人类到宇宙中与万事万物打交道是未来世界的主要趋势。也就是说，人类可能不再仅仅依托地球上的资源进行旅游，而很可能要走向深蓝，飞向太空，融入宇宙。很可能那个时候旅游不再被称为旅游，而只是人类普通的生活工作方式而已。

从更大的空间范围来讲，人类生活工作的空间是很渺小的，可忽略不计的。美国科学家把地球从产生到现在的46亿年当成一天24小时来算，人类历史就相当于这一天24小时的最后10秒钟。对宇宙而言，连一瞬都算不了。也就是说，人类初步了解的只是自己生活环境的那一丁点——也就是所谓人类历史，在这个过程中沉淀下来的那些物质和非物质的东西就是所谓的文化或文明。人类包括古人类的历史通常来说是250万年，人类文明或者文化最多只有1.5万～2万年（包括传说中的亚特兰蒂斯、埃及"泥沙之城"、牙买加"海盗之都"、以色列"农业生产革命遗址"、日本"天然之城"、希腊"荷马时代港口"、古玛雅文明、印加文明等"已经失落"的文明）。所有这些对人类自己来说，确实已经够漫长的了。人类未来的生活生产消费绝不只是人类创造出来的这些资源所能支撑的。人类属于地球，地球不属于人类。人类迟早会不满足于自己创造的灿烂文明和璀璨文化，人类迟早会离开自己创造的家园走向更遥远、更浩瀚的空间，这是未来的趋势。也就是说，人类创造出类的文化资源实在太有限了，不应该只是局限于、沾沾自喜于自己创造的资源。

从旅游吸引力而言，虽然现阶段人类对自己的文明和文化还存在很多认识的空白，但是更多的未知，并非人类领域的未知领域，而是非人类的未知领域。单说地质，我们知道的就实在太少了！而这正是我们未来旅游的吸引力，我们未来的旅游资源。事实上，从旅游出现的那天开始，地质和旅游就融合了。只是人们习以为常地把地质相关的自然景观当作应该存在的自然景观，并没有想到自然景观从哪里来，更没有想到地质与旅游的融合，这可能也与人们的认知过程有关。

地质产业涉及的内容也是极其广泛的。按照国民经济行业分类，地质行业属于二次产业，包括科学研究、技术服务和地质勘察。除了文旅调查、规划自然地质公园和矿山地质公园等相关产业外，还可以分为矿产、地质、地球物理、水文、工程、环境地质、石油地质等相关产业。

从挖掘潜力而言，地资源是一个亟待开发的广阔无垠的处女地。地空间是人类未来亟待开发的无限资源，也是人类亟待探索的未知领域。地旅融合至关重要，潜力无限。

二、地旅融合理论基础

如上所述，当越来越多神秘的自然景观、神奇的外太空和未知的世界，以及越来越多的"地质"类景观走进人类旅游的视野，加之随着生态旅游需求层次的不断提高和需求的个性化，不仅要满足传统旅游要素的需求，还要满足如生态科普、生态教育、生态伦理等方面的需求。传统的自然观光产品难以满足游客的需求，生态旅游研究的不断深入，需要从成因、背景、时空的角度去认知自然旅游产品及其深刻含义。在这种背景下，成因旅游理论主要为人们解决生态旅游景观成因来源、成因背景和时空分布的问题，从而为地旅融合及其可持续发展提供科学依据和理论指导。

（一）成因旅游背景及意义

随着旅游需求个性化和知识化的发展，越来越多的游客除了传统的食住行游购娱需求外，对旅游产品背后的科学问题也越来越感兴趣。如九寨沟在地球上经过至少两亿年的沧桑，成为众人向往的世界著名生态旅游目的地，但作为旅游者的你是否想到过，九寨沟景区是怎么来的？年龄有多大？是本来就有的吗？经过了怎样漫长的过程？为什么九寨沟景区与其他景区不同？为什么九寨沟"长成"这样？九寨沟的"六绝"何来？为什么守护这片神奇土地的是神奇、神秘的藏羌民族？九寨沟景区会衰老吗？如果也会变老，那它还会存在多久？怎样才能滞缓它衰老的过程？又比如万里长城是世界上修建时间最长、工程量最大的古代防御工程。作为著名的世界文化遗产旅游目的地，向世人展示了它的雄伟和壮丽。但作为游客，在观光游览的同时，你是否想过长城是怎么来的？它是什么时候开始修筑的以及经历了哪些历史事件？为什么古人这么修？为什么"长成"这个形状？为什么修那么长？为什么不同朝代长城的起点和终点不同？为何西起嘉峪关、东达鸭绿江畔？与我国民族分布和地理有何关系？对我国经济结构和历史演变有何影响？万里长城的地位、作用和意义是什么？

上述两个例子所提到的问题和没有提及的深层次问题，就是成因旅游学家需要解决的。只有对每一个景区或景观资源的成因和形成演化有了充分的了解，在此基础上进行的旅游开发建设和管理才更科学而可持续，这就是成因旅游学家的责任！也只有在对旅游对象有了充分了解基础之上的旅游者，才能真正主动去思考上述问题，并自觉地去规范自身的旅游行为！只有在对自然资源不可再生性和生态旅游特殊性的足够了解基础上的旅游媒体，才能在生态旅游发展中真正做到可持续开发和科学保护！

成因旅游理论（genetic tourism）（覃建雄，2018）强调以系统理论为指导，从成因的视角去审视旅游景观资源，从宏观的角度去认知旅游景观资源，从动态的观点去阐述旅游景观资源，从综合的眼光，去研究旅游景观资源-开发-管理体系，从而实现旅游资源科学评价、旅游产品科学开发、旅游产业科学发展和科学管理以及资源背景和生态环境的科学保护。成因旅游学理论最大的特点就是，注重从成因的角度、从科学的眼光、从高端的视角去欣赏旅游景观、开展旅游活动、开发旅游产品或参加旅游项目、进行旅游产业发展管理和生态环境保护。这里主要简述成因旅游理论中的旅游地学。

（二）成因旅游本质及特征

全球自然景观主要是地球动力基础上的地球表面过程、地貌作用、地理作用的综合产物，基于成因、背景、时空理念的成因旅游理论，其最典型的代表就是旅游地学（tourism geology），或者从某种程度上讲，成因旅游理论就是旅游地学理论。旅游地学系指运用地质学、地理学、旅游学等研究方法和手段，以地质遗迹（geo-relics）景观资源为研究对象，以旅游地学景观资源保护-开发-管理整合关系为研究核心，以地质资源可持续发展为研究目标的学科体系。旅游地学是可持续发展理论在地球科学和旅游科学中综合应用的产物，是旅游科学与地球科学之间相互交叉渗透、相互支撑、互相基础、互相整合的结果。旅游地学理论的发展将地学研究与环保、生态旅游与科普旅游、大众旅游与专项旅游结合起来，从而为旅游科学发展提供广阔前景并赋予其新的使命。

旅游地学强调以地质遗迹和自然生态环境为主要研究对象，它们构成全球可持续发展的基础。作为可持续发展科学体系的重要组成部分，旅游地学的最大特点就是，从成因背景和形成过程角度去发现问题、从演化机理和发展趋势视野去分析问题、从可持续发展的理念去解决问题。从狭义讲，旅游地学是大地学（地质学和地理学）与旅游科学交叉综合的科学；从广义讲，旅游地学是地球科学、旅游科学与其他相关科学交叉综合的科学，涉及天文学、生物学、经济学、社会学、管理学、文化学等，从不同科学视角均有不同侧重。从地球科学角度看，旅游地学就是研究地质遗迹景观发生、发展及其演化规律的科学，主要侧重于地质遗迹景观的发现、开发与保护；从天文学视野看，旅游地学主张从宇宙的视野看地球，它更注重从纷繁复杂的系统中发现事物的内在本质；从环境生态角度看，旅游地学侧重于从地质生态和成因环境学的角度看事物，并强调从环境成因和生态保护的根本方法论；从旅游科学视角看，旅游地学善于从更深层次的眼光看旅游资源，更感兴趣的是旅游景观的成因背景和来龙去脉，更在乎的是景观的过去研究，从而预测未来；从文化科学的角度讲，旅游地学是科技与文化的契合模范，它更强调科技与文化的融合，更侧重于从自然科学文化的角度看事物；从经济科学的角度看，旅游地学更强调资源经济、环境经济乃至可持续经济研究，并侧重于环境友好型、资源节约型的绿色经济发展模式；从社会科学角度看，旅游地学更注重"天、地、人"的和谐统一，并强调包括地球在内的整个宇宙是一个和谐的系统；从管理科学角度看，旅游地学善于从事物的来源和背景发现解决问题的办法，并强调长效机制和可持续管理。

作为地学科技哲学观，旅游地学概念和理论的提出具有划时代意义，主要表现在（覃建雄，2012）：① 创新地学发展观。强调地学资源的大众化、社会化、产业化，从而为地球科学可持续发展开辟了广阔前景。② 创新旅游资源观。首次把地质遗迹作为新型旅游资源加以开发利用，拓宽了旅游开发新领域，提供了旅游发展新途径。③ 创新世界遗产观。首次将地质遗迹作为世界遗产保护体系的重要组成部分，是全球可持续发展的重要前提。④ 创新经济发展观。首次强调资源节约型、环境友好型产业的绿色发展模式，为地方经济社会可持续发展提供了难得机遇和科学尝试。⑤ 创新地球保护观。地质公园强调保护与开发的辩证关系，注重合理利用自然资源，重视地球价值，主张以维护人与自然协调平衡为己任。⑥ 创新人地系统观。首次将地质-经济-社会作为一个有机整体进行研究，强调天地人的协调发展，是衡量一个地区乃至国家地质遗迹保护与开发能力的示踪器。

地质遗迹作为地球演化过程中的"史前记录"，提供了"回访"地质历史、了解地球系统的捷径。旅游地学研究的理论框架体系为：① 旅游地学资源系统调查与评价研究。② 旅游地学资源成因机制系统研究。③ 旅游地学资源定性、定量评价系统研究。④ 旅游地学资源的旅游开发体系研究。⑤ 地质遗迹与地质景观资源保护体系研究。⑥ 地质生态环境保护体系研究。⑦ 旅游地学资源开发-保护-管理整合体系研究。⑧ 旅游地学资源可持续发展体系研究。

三、地旅融合理念在研学旅游中的应用

九寨沟拥有"六绝"（包括翠海、叠瀑、彩林、雪峰、藏情、蓝冰），前来观赏的游客络绎不绝。黄龙以彩池、雪山、峡谷、森林"四绝"著称于世。九寨沟、黄龙等是地旅融合理想案例。众所周知，九寨沟是"世界自然遗产""世界生物圈保护区"，是国家首批 5A 景点、国家重点风景名胜区、国家级自然保护区、国家地质公园，是全球著名的生态旅游目的地，是"童话世界""人间仙境"和"水景之王"，是全世界游客梦寐以求的向往之地。然而，你知道九寨沟从何而来？为何如此美丽？为何九寨沟之水五彩缤纷？为何有"九寨六绝"？九寨沟曾经历了什么？九寨沟会消亡吗？有何科学奥秘？有何启示？

（一）距今约 4.1 亿～2.27 亿年期间，九寨沟处于一片汪洋大海，形成了 1000～2500 米厚的富含钙质海相碳酸盐岩沉积，为九寨沟景区的形成提供了岩层物质基础

距今大约 4.1 亿年，即泥盆纪时期开始，九寨沟地区地壳下沉，接受源于南方的海侵，形成浅海环境，处于滨浅海-陆棚海洋环境，腕足类和珊瑚大量繁盛，原始菊石开始出现。沉积了一套厚达 800～1000 米的富含钙质海相碳酸盐岩沉积地层。海侵系指在相对短的地史时期内，因海面上升或地壳下降，造成海水向大陆区侵进的现象。通常，海侵是海水逐渐向时代较老的陆地风化剥蚀面上推进的过程。

距今大约 3.54 亿～2.95 亿年，相当于石炭纪时期，九寨沟演化进入陆表海环境，发育开阔台地-局限台地沉积旋回，沉积了 1000～1500 米厚的富含生物化石的生物碎屑岩海相沉积地层。当时气候温暖、湿润，沼泽遍布。此时的浅海底栖动物中仍以珊瑚、腕足类为主，菊石类仍然繁盛。早石炭世发育大量浮游和游泳生物，出现了新兴的筵类，三叶虫大部分绝灭。

距今大约 2.95 亿～2.5 亿年，即二叠纪时期，处于碳酸盐浅海环境，发育局限台地-开阔台地-台地边缘环境沉积，广泛发育筵类、珊瑚、腕足类和菊石生物，形成了 300～500 米、富含燧石结核的海相碳酸盐岩沉积地层。

距今约 2.5 亿～2.27 亿年，即早三叠世早期到中三叠世早期，该区处于陆表海局限台地-潮坪环境，发育潟湖-潮坪相沉积，形成了 400～500 米厚白云岩为主的海相碳酸盐岩沉积地层。该期的海洋大量发育筵类、珊瑚、腕足类、菊石、腹足类和双壳类。

综上，从距今约 4.1 亿年的泥盆纪早期开始，到距今约 2.27 亿年的中三叠世早期，九寨沟主要处于广阔的陆棚浅海环境，沉积了一套厚达 1000～2500 米、富含钙质的海相生物碳酸盐岩沉积地层，从而为九寨沟景区后期改造、"雕琢"和成型提供了岩层物质基础。

（二）距今约 2.27 亿～2.05 亿年，九寨沟发生剧烈的印支-燕山运动，经历了长达约 1.65 亿年的"翻江倒海、翻天覆地"的褶皱造山阶段，奠定了九寨沟的空间形态和构造格局雏形

中三叠世早期末，即距今 2.27 亿年左右开始，这里发生了巨大的造山运动，叫作印支运动，一直持续至早侏罗世早期，分为多个造山期次。从而造成九寨沟多期抬升，褶皱隆起，推覆造山。

印支运动系指从三叠纪到早侏罗世之前发生的地壳运动。扬子板块、华夏板块和属于亲冈瓦纳构造域的思茅-印度支那板块、保山-中缅马苏地块均拼合到欧亚板块之上，使中国四分之三的陆地完成了拼合和统一。

印支运动带来剧烈构造挤压应力的影响，造成古特提斯海被关闭，导致玛沁-南坪裂谷系、甘孜-理塘裂谷系及岷江裂谷同时关闭，九寨沟上升为陆，导致九寨沟地区早期沉积形成的海相地层发生褶皱、断裂，进入褶皱造山和推覆构造，造成中三叠统及以前的地层遭受风化剥蚀，并造成侏罗纪-白垩纪地层的沉积间断或地层缺失。

沉积间断：指在沉积过程中出现的中断、不连续现象，或侵蚀作用、溶解作用或无沉积所导致的沉积记录上的中断，表现为剥蚀面上下地层的岩性等突然变化，下部地层沉积之后，曾受长期侵蚀，然后沉积上都新地层，以致引起某些地层缺失。

距今约 2.05 亿年开始，即早中侏罗世，发生了燕山运动，源自北西方向珠峰抬升产生的构造挤压应力，在前期褶皱造山与推覆造山基础上，进一步发生褶皱变形和挤压断裂，进而奠定了九寨沟后期改造框架和山形地貌格局。南坪褶皱推覆体和九寨沟褶皱推覆体，逐渐由北西向南东方向滑移、剪切、逆冲推覆，依次叠覆在雪宝顶推覆构造之上，形成轴面向北西方向倾斜的同斜褶皱，形成独特的地质景观。

燕山运动是三叠纪末到白垩纪时期中国广泛发生的地壳运动。在我国许多地区，地壳因为受到强有力的挤压，褶皱隆起，成为绵亘的山脉。

中晚侏罗世时期，由于北北东-南南西向逆冲推覆构造的挤压作用，造成北北西向的褶皱、断裂构造组合，同时导致地壳深处酸性岩浆沿牙扎沟断裂两侧及雪山断裂带中的次级断裂入侵，冷凝后形成酸性岩脉，形成独特的地质景观。

早白垩世时期，由于岷江推覆构造带由东向西逆冲推覆，九寨沟褶皱推覆构造由北北西向南南东方向的推覆和挤压，导致雪山断裂发生左行走滑，并使九寨沟褶皱推覆构造中的褶皱轴，向南南东弯曲呈北北西向展布，从而造成叠加褶皱相关的地貌景观。

晚白垩世时期，距今约 0.96 亿年的时候，这里发生燕山次幕的影响，雪宝顶褶皱推覆构造由南向北推覆挤压，九寨沟在前期褶皱断裂改造"成果"基础上，形成一系列近东西向延伸的次级构造组合，由南向北依次叠加推覆，造成叠瓦状构造地貌景观。

正是由于印支和燕山运动的多期次叠加改造，九寨沟发育大量不同成因、不同期次、不同产状、不同特征、错综复杂、相互交错的褶皱-断裂构造体系，同时海相碳酸盐岩的特点，造成构造节理、裂隙、缝隙的发育，从而为后期进一步的断裂溶蚀、流水改造、冰川作用等，开辟了"道路"，进而控制了九寨沟后期的流水、冰川和岩溶改造格局。

应该提及的是，印支运动和燕山运动，是地球诞生 46 亿年以来六大著名的全球性造山运动中的两个，从早到晚分别是：晋宁运动、加里东运动、海西运动、印支运动、燕山运动、喜山运动，正是这六大运动造就了全球现今的构造框架和空间格局。其中，地球上几乎所有的高原、高山、峡谷都与印支运动和燕山运动有关。

（三）从距今 0.65 亿年开始，直到距今约 260 万年之间，九寨沟发生强烈的断块造山推覆作用，过着"惊天动地"的炼狱般的"生活"，为九寨沟景区框架和景观成型奠定了基础

古近纪-新近纪期间，从距今约 0.65 亿年的时候开始，印度板块与欧亚板块碰撞，发生喜马拉雅山运动（简称喜山运动），青藏高原抬升隆起，使九寨沟成景地层再次抬升隆起，进一步发生褶皱断层。一般认为，喜马拉雅山造山运动分为三幕：第一幕发生于始新世末—渐新世初，青藏地区成为陆地，从而转为古陆剥蚀区；第二幕发生于中新世，地壳大幅度隆起，伴以大规模断裂和

岩浆活动；第三幕发生于上新世末—更新世初，青藏高原整体强烈上升，形成现代地貌格局。

喜山运动，系指发生于距今 7000 万 ~ 300 万年的一次造山运动，以造山运动、断裂运动和岩浆活动为主要特征。这次运动使整个古地中海发生了强烈的褶皱，地球上出现了横贯东西的巨大山脉。

距今大约 6500 万 ~ 2300 万年的古近纪时期，发生喜山运动第一幕，构造作用表现为东西向的走滑拉分作用，继承了早期形成的东西向断裂（主要是雪山断裂）产生右行剪切作用，并导致区内的北西向断裂产生右行走滑，同时发生碎裂变质作用，形成构造碎裂岩。此时九寨沟气候炎热，区内及邻近地区沿岷江断裂带及荷叶断裂带，断续分布有红色磨拉石断陷盆地，沉积了一套以红土坡组为代表的红色磨拉石建造。距今大约 3300 万年，即从始新世末期开始，青藏高原东南缘隆升到达到海拔 3000 ~ 3500 米，覆盖着一块厚厚的碳酸盐岩层，有着平缓山体的高原山地诞生了，这便是九寨沟的雏形。

磨拉石主要指磨拉石建造，是沉积建造的一种类型，是由于地槽急剧隆起，形成于近海或山前坳陷的巨厚粗碎屑为主的一套岩系，又称磨拉层。其特征是厚度巨大，无递变层理，具有交错层，由砾岩、砂岩、页岩和泥灰岩等构成。

新近纪时期，即在 2300 万 ~ 520 万年期间，发生喜山运动第二幕，地壳进一步抬升隆起，岷江推覆构造带由西向东推覆挤压，沿岷江断裂带形成断陷盆地，沉积形成马拉墩组湖沼相泥质岩含煤建造，表明气候条件由干旱炎热转变为温暖湿润。九寨沟北东向及近东西向的断层复活，产生左行剪切作用，从而有利于后期的流水、冰川、重力作用等的改造。

距今约 520 万 ~ 260 万年，即上新世时期，九寨沟发生喜山运动第三幕，此时全球气候转暖湿热，开始发育强烈的岩溶作用，在彭布、黑角、荷叶等地，形成面积约 1 ~ 2 平方千米的封闭、半封闭椭圆状溶蚀洼地。洼地主要分布于北西向与近南北向断裂的交汇部位，周边为晚古生代形成的峰丛和峰林。此外，强烈的岩溶作用使九寨沟形成广阔的准平原地貌。

关于怎么去看待印支运动、燕山运动和喜山运动，不能用传统观点、目光和视野，或基于我们体验的汶川地震、印尼海啸等得出结论去理解。正是印支运动、燕山运动和喜山运动，造就了全球大多数高原高山和峡谷深渊，造就了我国从最高山脉喜马拉雅山到所有山脉乃至九寨沟现今的神奇面貌！

（四）距今约 260 万 ~ 约 1 万年之间，九寨沟处于第四纪冰川旋回的煎熬，过着天寒地冻的"冰期"漫漫长夜，"九死一生"，形成了美丽的景区

1. 第四纪冰川第一旋回，"雕刻"出一座座峻峭的圣山雪峰

从距今大约 260 年前开始，即更新世早期开始，九寨沟演化进入其地史时期的第四纪冰期。由于全球冰期来临，气温骤降，作为高原山地的九寨沟，发育了大规模的山岳冰川，冰川因重力的影响，对隆起的碳酸盐岩山峰产生强烈刨蚀，冰川沿着早期形成的褶皱破碎带、断层面、裂隙、缝洞等进行刻蚀，发生强烈的冰川侵蚀改造作用，"雕刻"出一座座陡峭的山峰。最典型的冰蚀成因的山峰，如海拔 4400 米的扎依扎嘎山，刃脊峥嵘、直刺天穹；海拔 4114 米的达戈山，身姿巍峨，雾气缭绕；海拔 4106 米的沃洛色嫫山，山势挺拔、坚挺雄健。此外，该冰期还造成了大量早期的冰碛、冰蚀地貌等景观。

第四纪冰川系地球史上最近一次大冰川期。主要分布于喜马拉雅山（北坡）、昆仑山、天山、祁连山、冈底斯山和横断山脉的一些高峰区。阿尔卑斯山山岳冰川至少有 5 次扩张。我国出现了鄱阳、大姑、庐山与大理 4 个亚冰期。

早更新世末期，即距今约 170 万年的时候，全球气候变暖，冰川不断融化，在溶洞沟海拔3600～3800 米的缓形山坡上，沉积了第一次冰期的冰碛物，形成残缺不全的侧碛垄地貌。这次间冰期，导致已有沟谷逐渐拓宽加深，残存的古河道成被雕琢成冰蚀地貌景观。

2. 第四纪冰期第二旋回，刻蚀出一系列 U 形沟谷地貌

相当于晚更新世早期，即距今大约 70 万～16 万年前，该区进入第二次冰期旋回。此时，九寨沟再次急剧隆升，气候变冷，发生规模更大的复式山谷冰川。此次冰川规模更大、切割更加猛烈。古冰斗分布主要在海拔 3800～4000 米区间，海拔 3500～4000 米以上的高山上形成角峰、悬谷等，海拔 3500 米以下，形成一系列冰川 U 形谷，如则查洼沟、日则沟、黑角沟等，而在海拔约 2700 米以下的冰缘，则堆积了大量冰水黄土。

古冰川的重力侵蚀作用，在宽缓的青藏高原东南高原高山地，沿着断层断裂刻蚀出一道道高深宽阔的 U 形谷，从而基本上奠定了九寨沟的 U 形谷空间形态。现今九寨沟景区内的重要沟谷，主要形成于这个时期。典型的主要有九寨沟景区内最长的一条沟——则查洼沟，全长约 32 千米，两岸岩壁陡立、险峻无比，坡度 60°～90°，最窄处仅 20～30 米。

距今大约 23 万年时期，九寨沟进入一个较长时期的暖湿期，全球气候转暖，冰川退缩消融，在冰川 U 形谷中发育了多处完整的冰碛堤，如长海终碛堤、藏马龙里沟终碛堤和日则沟原始森林处终碛堤，从而形成长海、熊猫海等的雏形。此外，形成南高北低的阶梯状地貌，其中高寒岩溶发育，崩塌、滑坡等重力作用，形成诺日朗瀑布、树正瀑布等景观骨架。

与此同时，原来覆盖着冰川的山体，出现了多个冰斗湖，如扎依扎嘎山附近的黑湖，因为湖水较深，在海拔更低的沟谷中，则形成了多个冰碛湖，最著名的当属九寨沟内最大的湖泊——长海，高水位期容积达约 5000 万立方米。

3. 第四纪冰期第三旋回，创造出一座座美丽的高山湖泊

距今 16 万～1.2 万年，相当于晚更新世中晚期，九寨沟发生第三次冰期，但此次冰川规模相继减弱，主要呈现树枝状的山谷冰川，沿着早期形成的 U 形谷不断推进。古冰斗分布在海拔4000～4100 米区间，发育各种冰蚀地貌，早期冰碛物受到进一步叠加，主要分布在海拔 3500～3900 米区间。

距今约 3 万年的时候，冰川规模进一步减弱，古冰斗分布在海拔 4200～4300 米，少数分布在 4400 米区间。在海拔 2900～4000 米之间，保存了完整的冰蚀、冰碛地貌景观，此外冰斗湖、U 形谷、刃脊景观发育。

距今约 1.7 万年的时候，气候进一步转暖，冰川作用被斜坡重力流水作用所代替。在宽缓的U 形谷较陡处和支沟中，出现崩塌和泥石流，造成坠石堆和洪积扇，阻塞主河道积水成湖，从而形成五花海、箭竹海、熊猫海、天鹅海和下季节海等湖泊景观。

（五）距今约 1 万年以来，九寨沟处于冰后期演化时期，进入人类时代，有了人类的"陪伴"，增添了九寨沟不一样的灵性

距今 1 万年左右，九寨沟演化进入入人类时代，从此有了人类的"陪伴"，九寨沟进入了以水、

钙华、人类作为主要改造营力的全新发展时期，并伴随有间歇的地震及其相关的近代岩溶、重力崩塌、泥石流等，从而形成叠加于早期地形地貌之上的"近现代"自然景观。

全新世以来，气候总体变为暖湿条件，雪线逐渐明显减少，消退至海拔5000米以上，仅雪宝顶保有现代冰川。在3500米以下湖泊、河谷中沉积了大量钙华堆积景观。钙华沉积形成珍珠滩、盆景滩等景观，并优化了早期的湖泊、瀑布等景观，岩溶作用和其他地质地貌作用，造就和延续了九寨沟独特的多彩叠瀑旅游景观。

人类纪被定义为人类对地球的影响，也即人类已经成为影响全球地形和地球进化的地质力量。尤其是起始于1784年，以詹姆斯·瓦特（James Watt）发明了蒸汽机为标志，大气层内存在的高含量的温室气体可能会引起全球变暖。

从全新世开始，在气候逐渐变暖背景下，钙华沉积逐步进入稳定期。据有关专家长期观测和计算结果，每年钙华沉淀速率为2~3.2毫米/年。现今所看到的九寨沟钙华景观，绝大部分都形成于全新世，小小的钙华积少成多，"蚂蚁效应"现象体现得淋漓尽致，开始显现极强的破坏力，它们累积堆积成大小不同、特征各异的堤坝，将完整的一条河、一个湖泊等，切割成"支离破碎""面目全非"的小"水池"，进而创造出大小各异的全新的风景，最为典型的是树正群海，钙华累积的堤坝在沟谷中形成了多达25个海子，曾经紧密相间、连绵约500米。

刘民生等水文地质学家通过研究表明，九寨沟在距今10 000~2000年间，相当于8000年左右的时间里，沉积了本区钙华总厚度的30%~90%，平均沉积速度3~3.4毫米/年，但推测应以在5000年前后的太平洋暖期沉积速度最大。第二沉积阶段是现代，即距现在2000年以来，沉积厚度3~5米，相当于1.5~2.5毫米/年，沉积速度较早期稍缓。

有历史记载的人类活动，早至殷商时期，九寨沟即为藏族聚居地。经考古调查，除草地、永和乡外，其他乡镇均发现了新石器时代遗址，可见九寨沟历史可上溯至5000年以前。这里的历史人文景观具有明显的九寨沟原生态高山峡谷独有的风貌和地域风情。由于九寨沟景区内九个藏族寨子（树正寨、则查洼寨、黑角寨、荷叶寨、盘亚寨、亚拉寨、尖盘寨、热西寨、郭都寨）的藏族人民世代居住于此，故名为"九寨沟"。

九寨沟在地理上处于青藏高原东缘向四川盆地过渡地带，在历史上就是民族融合的大走廊，在文化上处于涉藏地区向汉族地区、牧区向农区过渡地带，因此呈现出独特的地域文化色彩和博大的包容性。

由于山高路远，交通不便，九寨沟很少受外界的干扰，原生态的自然山水，原始的生态环境，原真的藏羌民族，一尘不染的清新空气，以及雪山、森林、湖泊、蓝天、白云、瀑布等，组合成美妙、奇幻、幽美的自然风光，篝火、烤羊、锅庄和古老而美丽的传说，展现出藏羌人热情强壮的民族风情。

通过漫长的历史长河沉淀，九寨沟形成了以苯教为宗教特色，有藏历年、麻孜会、黄龙寺庙会、燃灯节、祭山会（转山会）、羌历年等藏羌传统节日，以及体现美好吉祥、祈福美好的请山神、新年迎圣水、桑烟、锅庄、藏戏等为特色的九寨沟藏羌民族民俗文化景观。

应该提及的是，在1968—1979年期间，人类闯进九寨沟这片寂静、神秘的童话世界，进行乱砍滥伐，以超过每年10万立方米的采伐速度，使九寨沟大片原始森林消失殆尽，并造成水土流失，泥石流灾害加剧，沟内三分之一的海子干旱、干枯。后来，人类自我检讨，于1978年创建了九寨沟自然保护区，1992年九寨沟被列入世界遗产名录，这片"世外桃源"才勉强保住。

（六）九寨沟为何美成水景之王？水从何来？何谓钙华？钙华与九寨沟美景有何相干？

九寨沟的美，美在地质背景、山川地理、山形地貌、动植物、原生态人文的完美统一，美在冰川、崩塌、滑坡、泥石流、流水、钙华、气候、水体的完美统一，美在高山海子、瀑布、彩林、雪峰、蓝冰和藏族风情的完美统一。

所以美成世界第一，美成全球唯一，美成世界"水景之王"，美成"童话世界"。应该感谢大自然的精心培育，感谢大自然"置之死地而后生"的勇气和魄力。没有大自然所有要素的鼎力相助，不会有今天的九寨沟。"九寨归来不看水"，这是对九寨沟景色最真实的诠释。泉、瀑、河、滩、114个海子，构成一个个五彩斑斓的瑶池玉盆。

1. 为何九寨沟之水五彩缤纷？

高山海子乃九寨沟湖泊之精粹，海子呈淡白、墨绿、浅绿、深蓝、天蓝，湖底的石块色彩斑斓，仿佛一颗颗明珠。有的蔚蓝、有的浅绿、有的绛黄、有的幽灰、有的粉蓝、有的碧蓝、有的橙红、有的天蓝、有的橄榄绿色，湖里生长着水绵、轮藻、小蕨等水生植物群落，还生长着芦苇、节节草、水灯芯等草本植物。

海子五光十色，最重要的是九寨沟丰富多样的褶皱断裂造成的地形地貌，并与水中富含的水绵、轮藻、水蕨等水生植物，Ca^{2+}、Mg^{2+}、HCO_3^- 等离子，湖水的高透明度，湖底的灰白色钙华、黄绿色藻类，密切相关。而湖水的五彩缤纷，主要是由湖水对太阳光的散射、反射和吸收所致。

湖水的色彩主要源于湖水对太阳光的散射、反射和吸收。在红橙黄绿青蓝紫单色光谱中，由红光至紫光，波长逐渐减小。九寨沟的湖水呈艳丽的蓝绿色，说明湖水中短波光的散射远大于长波光，这就是瑞利散射效应所致。这主要是因为九寨沟湖水中的悬浮物、有机物、浮游生物极少，湖水的透明度和洁净度极高所致，水中较多的 Ca^{2+}、Mg^{2+}、HCO_3^- 等离子也有增强短波光散射的作用。

瑞利散射效应，又称分子散射效应，属于散射的一种光学现象。当粒子大小远小于入射光波长时，粒子散射光强度在各个方向上各不相同，该强度与入射光的波长四次方成反比，这种现象称为瑞利散射。瑞利散射规律是由英国物理学家瑞利勋爵（Lord Rayleigh）于1900年发现的，因此得名。

若有风吹过，湖水碧波荡漾，五彩缤纷，恍如五彩瑶池落入人间。当地盛传，这是仙女的胭脂水染成。然而事实上，这与湖泊中的水绵、轮藻、水蕨等水生植物形成的水生群落密切相关，而这些水生群落所含叶绿素深浅不同，在富含碳酸钙质的湖水里，能呈现出不同的颜色。

应该说明的是，湖水中常见的 Ca^{2+}、Mg^{2+}、HCO_3^- 等离子，也有增强短波光散射的作用。同时，由于湖水透明度高，湖底的灰白色钙华、黄绿色藻类对透射光的选择性吸收和反射，增加了湖水色彩的层次和变化。

九寨沟的空气非常洁净，大气中的短波辐射较强，会发生瑞利散射。同时，由于水体的选择性吸收及散射作用，加之湖水对太阳光的散射、反射和吸收的影响，使得洁净水体中发射出短波辐射的光波，湖水呈现各种蓝色翠绿的颜色，甚至呈现出蓝色至紫色的现象。

2. 钙华是怎么回事？与九寨沟美景有何关系？

大量的降水，使九寨沟早期形成的海相碳酸盐岩地层，沿着缝隙和断裂遭受岩溶侵蚀破坏，形成了错综复杂的地下水网系统，随着地史进程不断产生新的水蚀裂隙和缝洞体系，这些缝洞又成为流水出入的通道网络，流水在流动过程中，不断侵蚀通道周围岩层，并不断萃取岩层中的钙离子 Ca^{2+}，使地层水中的钙离子 Ca^{2+} 急剧增加，形成富含 Ca^{2+} 的水体。

流出地表的水体，蜕变为美丽的河流、溪流、瀑布和湖泊，沿着溶蚀沟谷将一个个湖泊串联起来，水流不但为湖泊补充水源，还带来了水中的重要物质——Ca^{2+}，水将碳酸盐岩中的钙质溶解在沿途中适宜的地方，不断沉积、沉淀、堆积，所形成的沉积物被称为钙华，钙华黏附于岩石、湖底，甚至附着于跌落水中的树木。

钙华的色彩更大程度上丰富了九寨沟的景观，根据生长在表面的微生物群落的不同，钙华会呈现出不同的颜色，包括淡黄色、黄褐色、灰白色、浅灰色、灰黄色等，这些颜色不一的钙华沉积湖底，再加上周围植物的缤纷色彩，古老的五花海等诸多海子，从此幻化为一个极为绚烂的世界。湖底的钙华、藻类、水草、枯木，对光的不同反射与吸收，加上蓝天、白云、绿草、森林，呈现出五彩缤纷的美丽。

钙华：又称石灰华，是在地表由岩溶泉、河流、湖水沉积形成的大孔隙次生碳酸钙，一般具有多孔隙的海绵状结构，以及薄层壳状、块状构造，是含碳酸氢钙的地热水接近和出露地表时，因 CO_2 大量逸出而形成碳酸钙的化学沉淀物。矿物成分主要为方解石和文石。质硬、致密、细晶质、块状、空心或实心球状，具纤维或同心圆状结构，厚板或薄层。钙华沉积物形态异离多变，常见钙华锥、丘、扇、钟乳石等。通常是由于岩溶地区的地下水或地表水在适宜的环境下，且往往是在植物作用影响下，导致碳酸钙过饱和而沉积。因其对古气候、沉积环境、地形地貌具有敏感的反应和明显的生物效应，所以钙华成为研究古地理、古气候、古环境的重要载体。

3. 九寨沟的水从何而来？九寨沟之水有何不同？

九寨沟的水主要来源于大气降水，但不同的湖泊水源补给形式不完全相同，主要有降雨、地表径流、冰雪融水及地下水等补给形式。湖水排泄方式主要有蒸发、向下游径流、地下入渗漏失。地下水补给和排泄主要通过地下岩溶裂隙、岩溶通道和由断层和向斜构成的汇水构造进行。断层、褶皱走向以及地势高低控制着湖水的补给和排泄，也控制着湖泊的发育方向。

九寨沟具有独特的水循环系统，碳酸盐岩的广泛分布和北西向构造的展布是九寨沟水循环的基础，大气降水、地表水、地下水的"三水"循环，构成了九寨沟水循环的主体，地下喀斯特通道在湖水的补给与排泄中发挥重要作用。

（七）作为九寨沟景区的核心景观，高山海子和多彩叠瀑从何而来？其中有什么科学奥秘？

九寨沟之所以美丽，成为全球垄断、世界唯一，是因为有了水。是水，增添了九寨沟的灵魂和魅力。是水，给九寨沟提供了唯一机会。有了水，才有了今天的九寨沟。然而，其中水的美丽和魅力，主要是通过海子和瀑布的交融旋律体现出来的。

1. 九寨沟高山海子到底从何而来？

九寨沟景区的众多海子，是在印支-燕山运动的影响下所形成的众多褶皱、断裂，围限形成的构造地形空间（初始湖盆）基础上，加上后期多期重力和冰川改造形成的各种成因、不同时期形成的海子叠加改造而形成的。九寨沟高山海子主要是地震成因为主的堰塞湖，其次是冰蚀湖。

海子：人们对湖泊的地方性称呼，如内蒙古、西藏、青海、云南、四川等地区。"海子"是九寨沟藏族居民对九寨沟"湖泊"的称呼，是九寨沟里的高原湖泊，因为那里人久居内陆，非常向往大海，所以把身边随处可见的湖叫作海子。九寨沟有大小海子114个，湖面面积达3.5平方千米以上，多属堰塞湖，也有些属冰川剥蚀湖。长海是九寨沟最大、海拔最高的海子，沿山弯曲延伸，深藏于重峦叠嶂的山谷之中，湖水湛蓝，沿岸白雪皑皑的雪峰和U形谷倒映湖中，更显渺然媚雅。

堰塞湖是由冰碛物或由地震活动使山体岩石崩塌下来，引起山崩滑坡体等堵截山谷，河谷或河床后贮水而形成的湖泊。堰塞湖的过程：先有水系→水系被堵塞物堵住→河谷、河床被堵塞后，流水聚集并且往四周漫溢→储水到一定程度便形成堰塞湖。最常见的类型是地震+山体滑坡成因类型。

冰蚀湖是冰川湖的一种。由冰川掘蚀作用产生凹地积水而成。冰川在重力作用下沿谷地向下移动时，往往夹带巨大的破碎的岩石前进，它可以磨蚀地表成为凹地，积水后形成湖泊，称为冰蚀湖。如中国藏北高原的一些湖泊，是山谷冰川侵蚀形成的冰蚀湖。

以长海、五色池、上季节海等为代表的冰蚀作用加上重力作用形成的海子。该类湖泊多形成于早更新世—中更新世时期，即主要形成于距今320万~15万年时期。在第四纪古冰川侵蚀过程中，形成相关的侧碛、终碛等冰川沉积物，进而在此基础上，后期受到崩塌、滑坡等重力作用的叠加改造，堆积物堰塞而形成。

以天鹅海、箭竹海、熊猫海等为代表的重力作用加上生物沉积作用形成的海子。由生物钙华作用与崩塌、滑坡、泥石流等重力堆积物，共同堆积堰塞作用而形成。可见，该类海子的形成与生物作用密切相关，主要形成于距今约1.1亿年之后的全新世气候变暖时期。

以树正群海等为代表的生物钙化和堰塞堆积形成的海子。主要由生物钙华作用、堆积堰塞而形成，该类海子的发育、形成及演化与生物化学、生物堆积、生物成矿作用密切相关，主要形成于距今约1.1亿年之后的全新世气候变暖时期，这段时期有利于生物的大量繁盛。

生物钙化作用：通过生物调控作用、结构作用、生物钙化作用，生物可利用海水里的CO_3^{2-}和Ca^{2+}合成$CaCO_3$壳体和骨骼，并从生理和生态等多尺度响应海水化学变化，进而影响碳酸盐饱和深度和补偿深度，形成碳酸盐生物补偿作用。

以下季节海等为代表的由滑坡、崩塌、泥石流共同作用形成的海子。主要由滑坡、崩塌、泥石流等重力作用堆积物的堰塞而形成。这种海子形成于印支-燕山运动造成九寨沟岩层抬升褶皱断裂改造的各个历史时期中，即形成于650万年以后。

还有就是由综合营力作用形成的海子。由地震作用、冰蚀作用、重力作用、钙华作用这四种及以上营力相互作用而形成的堰塞湖，实际上九寨沟114个大大小小的海子，其成因及演化过程各有差异，形成时间也有不同。实际上，只由某种单一的成因形成的堰塞湖并不多。正因为如此，才造成了九寨沟景区千差万别、五彩缤纷的湖泊景观。

2. 多彩叠瀑是怎么形成的？

在青藏高原强烈抬升过程中，其东南边缘形成了不同级别的阶梯状断块，这些断块主要以北北西-南南东走向的新构造断裂为界，造成了从北向南，沿沟而上，地势逐渐升高，呈阶梯状分布的地形。这种地形地势为九寨沟瀑布群的形成奠定了重要基础。

九寨沟主要瀑布如树正、诺日朗、珍珠滩、熊猫海等，正是发育在这些断层造成的地形阶坎上。由于在阶坎处形成跌水，水流内部压力减小，有利于水中二氧化碳的逸出，促进了钙华的沉淀，使得钙华在阶坎跌水处不断地堆积生长，形成壮观的钙华。

160

正因为钙华的上述特点，九寨沟的不少瀑布景观与钙华密切相关，如箭竹海瀑布，不断累积的钙华逐渐将河道抬升，从而形成瀑布台基，水流倾泻而下、美轮美奂，落差更大的珍珠滩瀑布也是如此，就连诺日朗瀑布，也是因为钙华才得以变得更加壮观。

九寨沟主要的瀑布具有声、色、形之美。有关九寨沟瀑布的成因，旅游地学专家邓贵平博士将其归结为三种成因类型：

一是断层和生物岩溶作用成因类型。九寨沟河床因受新构造断裂的影响，在纵向上呈阶梯状，这一道道地形阶坎形成了瀑布的地貌基础。因钙华沉积的"气泡效应"和"薄水效应"，在地形阶坎处易于钙华沉积，助推瀑布跌水陡坎的形成，如诺日朗瀑布。

二是差异侵蚀和生物岩溶作用成因类型。由于一些岩层有软硬之差，抗蚀性强的岩层往往突起于河床中，因此硬岩层突起处首先形成小跌水，喜水的藻类在这些地方首先着生，于是在这些流速相对较高、水流相对较浅的地方首先沉积钙华。由于第四系堆积物堰塞河谷形成凸堤，流水在其表面漫流时流速突然加快，有利于 CO_2 逸出，加速钙华沉积。随着时间推移，钙华层层堆高。由于其前缘上部钙华生长速度大于下部，上部形成钙华的莲花状块体逐渐向前增长，当顶部钙华块体下延至坡脚时，就形成了直立的瀑布面，如珍珠滩瀑布。

三是崩塌、滑坡、泥石流等重力作用堆积和生物岩溶作用成因类型。瀑布在崩塌、滑坡、泥石流松散堆积物的基础上叠加生物钙华作用形成，如树正瀑布。

（八）九寨沟都发生了什么？为何四川地震较多？

1. 为何四川地震频发？

四川有文字记载的 7 级以上地震达 16 次之多。其中，从 2008 年的汶川地震，到 2013 年的芦山地震，再到 2017 年的九寨沟地震，不到 10 年的时间里，四川境内竟发生了 3 次 7 级以上地震。

而且这些地震均发生在川西地区的东侧界线上，即我国的二级阶梯和一级阶梯的交界线上。结合 2010 年青海玉树 7.1 级地震，这与巴颜喀拉地块不断向东逆冲、向东南推移有关。而四川西部大多数地区正好位于巴颜喀拉地块上。近段时期以来，巴颜喀拉地块活动仍在持续中。

从四川省地形地貌图上可以看出，以龙门山—大凉山一线为界，四川省被分为东、西两个部分。其中，四川西部地区平均海拔 3000 米左右，最高山贡嘎山 7300 余米，属于青藏高原、横断山脉，构成巴颜喀拉地块的东端区域。而东部地区平均海拔 400 米左右，最低海拔处仅为 184 米（广安邻水御临河），四川盆地构成其主体。可见，同处四川，西部地区与东部地区的平均海拔高差竟达 2500 米之多，而且西部地区所处的巴颜喀拉地块平均海拔达 5000~6000 米，并呈现推覆在东部地区所处扬子板块西缘之上。

巴颜喀拉地块是青海省境内长江与黄河的分水岭，也是黄河源地，海拔五六千米。这里盛产被人们称之为"高原之舟"的牦牛和举世闻名的藏系绵羊，故有"牦牛的故乡"之称。巴颜喀拉在蒙古语的意思，是"富饶青（黑）色的山"，藏语即祖山的意思。巴颜喀拉山脉属褶皱山，呈西北—东南走向，西接可可西里山，东衔松潘高原和邛崃山，全长 780 千米，主峰年宝玉则海拔 5369 米。

2. 九寨沟地震怎么回事？与汶川地震有关系吗？

2017 年 8 月 8 日发生的九寨沟 7.0 级地震，距离汶川和芦山的距离，分别约为 150 千米和 550 千米，到底与汶川地震、芦山地震有无关系？

研究证实，九寨沟地震与汶川地震均表现为破坏性特点。这两次地震均发生在巴颜喀拉地块上，但在不同的两个断层之上。其中，汶川地震与龙门山断层活动有关，属于自西向东的巨大力量的逆冲型地震，主要位于龙门山断层偏西侧。而九寨沟地震的性质属于走滑型地震，断层面基本上是直立的，主要是由于巴颜喀拉地块持续向东南推移的过程密切相关。总的来说，两次地震的地球动力都源于巴颜喀拉地块的活动，但属于两个不同性质的地震。

应该说明的是，汶川地震、芦山地震、九寨沟地震等地震所形成的地震遗迹地形地貌，若一直没有人为的干扰、改造和"破坏"，过了数十万年、数百万年后，会形成像九寨沟景区那样的美景。美丽的九寨沟景区就是在距今约 350 万年以来的地史期间，由于地震基础上各种外力作用综合叠加并保护形成的。但是，这三个地震遗迹地区，由于人类自身的需要，地震遗迹地形地貌已被改变了。

九寨沟地震：据中国地震台网测定，北京时间 2017 年 8 月 8 日 21 时 19 分，在四川阿坝州九寨沟县（北纬 33.20 度，东经 103.82 度）发生 7.0 级地震，震源深度约 20 千米。震中距离九寨沟县城 35 千米，距阿坝州 210 千米，距成都市 290 千米，距甘肃陇南市 100 千米。

（九）九寨沟会消亡吗？有什么启示？

综上，九寨沟绝世美景的形成并非一朝一夕之事，而是从距今 4.1 亿年前的泥盆纪开始，经历了长达 1.8 亿年的古生代"颠沛流离"的"海洋生活"、侏罗纪—白垩纪长达 1.65 亿年印支燕山运动褶皱造山的"翻江倒海"、古近纪—新近纪约 650 万年断块推覆挤压的"惊天动地"、更新世约 250 万年冰川改造的"九死一生"等地质过程的改造，经历了一系列人类无法想象的锻造、洗礼、炼狱和考验。

九寨沟之所以美成"童话世界"，美成"水景之王"，美成"人间仙境"，就是经过了大自然无数次"生与死"的考验，是大自然毁灭与创造的交替，是大自然死亡与再生的轮回。九寨沟无所谓消灭还是重生！目前九寨沟震后恢复重建就是九寨沟漫长地史演化过程中特殊而有意义的一瞬。地质历史的时间单位都是以百万年计的，而人的时间单位是以年、五年、十年计的，"人生七十古来稀"，人类时代也就近 1 万年的事情。目前九寨沟正处于其地史演化的青壮年期，在人类尺度的时间框架内，要发生像上述晋宁、加里东、海西、印支、燕山、喜山等全球构造运动那样的"翻江倒海"和"惊天动地"，是不可能的了。

但值得我们注意的主要问题，一是钙华作用及其相关的湖水可能变浅消亡等问题。若按每年钙华沉淀速率为 2～3.2 毫米/年计算，10 年将造成海子底部钙华沉淀 20～32 毫米，50 年沉淀 100～160 毫米，100 年沉淀 200～320 毫米，相应地造成海子水体相应的变浅，甚至退出海子，变为坪地甚至消亡。同时，造成多彩叠瀑的变浅和变形。

二是超载的游客量和温室效应，可能带来的钙化加速以及引起的水体环境污染和生态破坏等问题。所以，应严格按照科学规划限定游客数量开放景区，尊重自然演化规律和景区产品生命周期律，科学发展可持续旅游，不要为了近期经济利益而损害了中长期的综合效益。

在这个星球上，只有这么一个九寨沟。九寨沟是大自然的鬼斧神工，也是大自然的恩赐与馈赠。旅游的目的不只是去目睹九寨沟这一世界唯一的美景奇观，更重要的是要了解这一奇观美景的来之不易，要知其然并知其所以然，要从成因观点、时空观点和可持续发展理念，主动地、有责任地去做点什么，让九寨沟这一世界奇观美景生命之花永远盛开！

（2020 年 9 月）

参考文献

[1]　覃建雄. 现代生态游：理论进展与实践案例. 北京：科学出版社，2018.01.

[2]　覃建雄，主编. 地质公园旅游开发与管理. 北京：科学出版社，2012.03.

[3]　覃建雄，李晓琴，徐蓓兵，等. 九黄环线旅游业可持续发展研究. 中国可持续发展，2005，25（4）：12-24.

[4]　覃建雄，李晓琴，等. 国家地质公园、生态旅游与可持续发展. 中国可持续发展，2004，（2）：30-46

[5]　覃建雄. 浅论地质公园与可持续发展. 中国可持续发展，2004，24（2）：29-32

[6]　邓贵平，覃建雄，颜磊. 旅游发展对九寨沟自然保护区景观格局变化的影响. 长江流域资源与环境. 2011，20（05）：579-584.

[7]　唐勇，覃建雄，邓贵平，等. 地震遗迹景观研究进展及其分类方案探讨. 热带地理. 2011，31（03）：334-338.

[8]　唐勇，覃建雄，李艳红，等. 汶川地震遗迹旅游资源分类及特色评价. 地球学报. 2010（04）：575-584.

[9]　邓贵平. 寨沟世界自然遗产地旅游地学景观成因与保护研究. 成都：成都理工大学，2011.06.

基于耦合模型的民族地区农业生态旅游与农业经济协调发展研究

曹兴华　覃建雄

农业生态旅游是以农村资源、农业自然生态环境、独特的乡土文化、田园景观和农业生产活动等为基础，通过整体规划，并配套一系列服务，为人们提供观光旅游、休养娱乐，体验乡村民俗文化的一种旅游活动形式[1]。发展农业生态旅游是国家进行新农村建设的一项重要举措，将旅游与生态农业的发展相结合，不仅能够集约化利用农业资源，提高农村居民收入水平，同时促进农村居民消费升级[2]。我国是一个多民族国家，而且地域广阔，农业资源特色各异，各地区文化特色突出，具有发展农业生态旅游的绝对优势[3]。2018 年，国家继续加强对农业的扶持力度，不仅提倡农业现代化还要注重农业发展品质，提高竞争力，同时加快构建生态农业体系，农业旅游业的发展逐渐成为农业经济新的增长点。

区域农业经济的增长也是发展农业生态旅游的基础，农业生态旅游的发展与区域经济发展密切相关。近年来，随着旅游业的迅猛发展，生态旅游与资源经济发展之间的关系已成为旅游相关研究的热点问题。目前，有众多学者利用耦合模型对我国旅游业的发展进行了研究。肖晓莺[4]构建了我国 19 个城市旅游经济与生态环境协调性评价指标体系，利用耦合模型，对这 19 个城市的旅游经济与生态环境耦合度进行了测算。结果表明不同城市之间差异明显，大部分城市的旅游经济与生态环境处于初步耦合阶段。李幼龙等人[5]以 2000—2010 年为研究时间段，利用耦合协调度模型，对新疆入境旅游流与区域经济发展的耦合协调度进行了分析。刘军胜等人[6]搜集了全国 31 个省区 1993—2013 年的面板数据，对这些省份的入境旅游流与区域经济的耦合度进行了历时性和共时性演变格局分析，并提出了影响区域耦合协调度格局差异的主要因素。目前大部分的研究集中于大范围区域旅游业与区域经济发展协调性的耦合度研究，对农业生态旅游与农业经济之间发展关系的研究甚少。基于此，本文借助耦合模型，以四川省甘孜藏族自治州为例，研究民族地区农业生态旅游与农业经济之间的耦合协调度，明确 2008—2016 年两者不同阶段的发展特征，对今后该地区农业生态旅游业的发展具有重要的理论意义。

一、研究区概况

（一）自然地理位置

甘孜藏族自治州位于我国四川省西部，处于北纬 27°58″ ~ 34°20″、东经 97°22″ ~ 102°29″之间，是四川盆地西缘山地向青藏高原过渡的地带[7]。海拔跨度大，气候复杂，主要属青藏高原气候，气温低，降水少，年平均降水量 814.71 毫米。南北温差较大，年均气温相差达 17 摄氏度。辖区内共 1 个市，17 个县，325 个乡（镇），2679 个行政村，行政面积 15.26 万平方千米。截至 2016 年年末，户籍人口 110.10 万人，比上年增长 0.796%。其中，城镇户籍人口 18.05 万人，乡村户籍人口 92.05 万人。境内以主体民族藏族为主，还包括彝族等其他 24 个少数民族，总人口 90 万人，藏族占 78.4%，是全国第二大涉藏地区。

区域内自然资源丰富，已经发现的矿产有 74 种。该州地处长江、黄河的源头地区，流域面积 14.61 万平方千米，占全州行政面积的 96%，水资源总量达 1397.83 亿立方米。该地区天然草原占地面积高，占全区总面积的 61.7%，是川西北发展牧业的基础。

（二）社会经济发展状况

2016 年，甘孜州全州地区生产总值达到 229.8 亿元，比上年增长 7.0%。其中，第一产业增加值 59.27 亿元，第二产业增加值 82.71 亿元，第三产业增加值 87.82 亿元。分别占生产总值的 25.79%，35.99% 和 38.22%。人均地区生产总值达到 19 596 元，比上年增加 1173 元，增长 5.5%。人均消费支出为 6801.2 元，比上年增长了 11.19%。

（三）旅游业发展现状

近年来，甘孜州在产业布局上，把旅游业放在优先发展地位，确立了优先发展旅游业、有序发展生态能源矿产业、加快发展高原特色农牧文化和中医药（包括藏医药）产业的"一优先、二有序、三加快"产业发展思路（如图 1 所示）。全州将旅游业发展与扶贫开发紧密联系，充分挖掘乡村自然景观和人文内涵，积极打造特色各异的乡村旅游产品。2016 年，实现全年旅游总收入 133.74 亿元，比上年增长 24.4%。全年接待游客 1300.32 万人次，比上年增长 20.83%。其中泸定、丹巴和稻城等是发展农业生态旅游的理想地区，政府也在积极探索符合甘孜州实际的旅游全域化、新型城镇化和农牧业现代化联动发展途径。

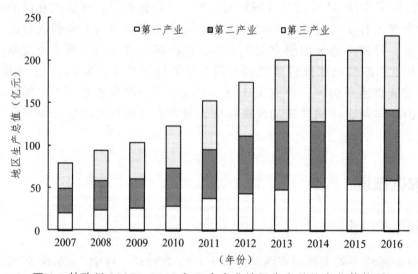

图 1 甘孜州 2007—2016 年三大产业地区生产总值变化趋势图

二、数据来源和研究方法

（一）数据来源

本研究所采用的数据来源于 2008—2016 年《四川省统计年鉴》《甘孜藏族自治州统计年鉴》和甘孜藏族自治州国民经济和社会发展统计公报。

（二）研究指标的获取

为全面反映甘孜藏族自治州农业生态旅游与农业经济发展的耦合关系，本文在参考有关指标体系研究的基础上，坚持可持续发展理论，坚持科学性、代表性等原则，最终构建了甘孜藏族自治州农业生态旅游与农业经济发展耦合协调度评价指标体系（如表 1 所示）。

表 1　甘孜州农业生态旅游与农业经济耦合协调度评价指标体系

项　目	指　标	编　号
农业生态旅游	旅游总收入（亿元）	X1
	旅游收入占总收入的比重（%）	X2
	全年接待人次（万人次）	X3
	旅客周转量（万人千米）	X4
	旅客运输量（万人）	X5
农业经济	农村人均可支配收入（元）	Y1
	第三产业比重（%）	Y2
	农业人口比重（%）	Y3
	人均消费支出（元）	Y4
	农村恩格尔系数	Y5

旅游总收入、旅游收入占总收入的比重、全年接待人次、旅客周转量和旅客运输量等五项指标能直接体现甘孜藏族自治州农业生态旅游的发展现状，这些指标具体直观，且数据可获取。其中旅游总收入和旅游收入占总收入的比重能表现生态旅游拉动经济增长的幅度。旅客周转量是指一定时期内（1 年），由各种运输工具运送的旅客的数量与其相应运输距离的乘积之总和。旅客运输量指在一定时期内（1 年），各种运输工具实际运送的旅客数量。全年接待人次、旅客周转量和旅客运输量能反映不同年份的客运量。

本文选用农村人均可支配收入、第三产业比重、农业人口比重、人均消费支出和农村恩格尔系数作为农业经济发展水平评价指标。可支配收入是居民可用于最终消费支出和储蓄的总和，即居民可用于自由支配的收入。第三产业比重反映服务业所占比重。恩格尔系数是食品支出总额占个人消费支出总额的比重。这些指标均能直观反映农村经济发展的实际现状，时效性较强，数据方便获取。

（三）模型的构建

1. 指标权重的确定

熵值法是用来判断某个指标的离散程度的数学方法。本文采用熵值法，计算各个指标的权重，为多指标综合评价提供依据。

（1）指标数据标准化处理和无零化处理。

为保证评价结果的公平性，需要消除指标量纲对结果产生的影响，对数据进行标准化处理。同时数据会出现 0 值，为进行熵值的计算，需要对数据进行无零化处理，公式如下：

$$X_{ij} = \frac{(X_i - X_{\min})}{(X_{\max} - X_{\min})} + 0.01 \tag{1}$$

式中：X_i 表示指标的原始数值，$X_{\max}$ 表示第 i 个指标评价样本中的最大值，$X_{\min}$ 表示第 i 个指标评价样本中的最小值。

（2）熵值的计算。

熵值计算公式：

$$W_i = \frac{-(\sum L_{ij} \times \ln L_{ij})}{\ln n}, \quad L_{ij} = X_{ij} / \sum X_{ij} \tag{2}$$

式中：L_{ij} 表示第 i 个指标与第 j 个样本指标值的比例，n 为研究指标个数。

（3）指标权重的计算。

指标权重计算公式：

$$M_i = (1 - W_i) / \sum (1 - W_i) \tag{3}$$

采用公式（1）～（4）计算得到农业生态旅游与农业经济各指标权重如表 2 所示。

表 2　农业生态旅游与农业经济各指标权重

项　目	指　标	权　重
农业生态旅游	旅游总收入（亿元）	0.1901
	旅游收入占总收入的比重（%）	0.1476
	全年接待人次（万人次）	0.1433
	旅客周转量（万人千米）	0.2850
	旅客运输量（万人）	0.2447
农业经济	农村人均可支配收入（元）	0.2093
	第三产业比重（%）	0.2315
	农业人口比重（%）	0.0822
	人均消费支出（元）	0.2677
	农村恩格尔系数	0.2093

（4）计算综合评价值。

本文将农业生态旅游与农业经济设定为两个系统，分别为农业生态旅游 G_x 和农业经济 G_y，综合评价计算公式为

$$G = X_{ij} \times M_i \qquad (4)$$

2. 构建耦合模型

（1）耦合度模型。

耦合度表示系统各要素之间相互协调作用程度,在一定程度上可反映农业生态旅游与农业经济发展之间的协调关系。本文参考物理学中容量系数模型的计算方法[8],构建耦合度模型,计算公式如下:

$$T = [(G_x \times G_y)/(G_x + G_y)^2]^{1/2} \qquad 0 < T < 1 \qquad (5)$$

式中:G_x 表示农业生态旅游的综合评级值,G_y 表示农业经济发展的综合评级值。T 值代表耦合度,T 值越大,表示农业生态旅游与农业经济发展之间的协调程度越好;T 值越小,表示农业生态旅游与农业经济发展之间的协调程度越差。

（2）耦合协调度模型。

耦合协调度用来评定甘孜藏族自治州农业生态旅游与农业经济发展之间交互耦合的协调程度,计算公式[9]:

$$C = (T \times G)^{1/2}, \quad G = \alpha G_x + \beta G_y \qquad (6)$$

式中:C 表示耦合协调度,G 为综合评价指数,反映农业生态旅游与农业经济发展对协调度的贡献,α 和 β 为对应相应系数（根据专家评定,本研究中 α 取值 0.4,β 取值 0.6）。

3. 协调度判别标准

本研究参考张忆君和马俊的评价标准[10],为能直观反映农业生态旅游与农业经济发展的耦合协调度状况,建立了耦合协调度评定等级,如表3和表4所示。

表 3　农业生态旅游与农业经济耦合度评定等级

耦合度	等级	耦合度	等级
0～0.10	极度失调	0.51～0.60	勉强协调
0.11～0.20	严重失调	0.61～0.70	初级协调
0.21～0.30	中度失调	0.71～0.80	中级协调
0.31～0.40	轻度失调	0.81～0.90	良好协调
0.41～0.50	濒临失调	0.91～1.00	优质协调

表 4　农业生态旅游与农业经济耦合协调度评定等级

耦合协调度	等级
0～0.40	低度协调耦合
0.41～0.50	中度协调耦合
0.51～0.80	高度协调耦合
0.81～1	极度协调耦合

三、结果与分析

（一）农业生态旅游与农业经济综合评价

由图 2 农业生态旅游的评价水平曲线（G_x）和农业经济的评价水平曲线（G_y）可以看出，2008—2016 甘孜藏族自治州农业生态旅游的发展趋势呈台阶式特征，2008—2011 年，2011—2013 年，2014—2016 年分别为一个台阶。2008—2011 年，发展速度缓慢提高，这个阶段农业生态旅游的发展明显落后于农业经济的发展，但它们之间的差距逐年缩短。随着政府对旅游业的高度重视和政策扶持，2011—2013 年，农业生态旅游迅猛发展，2012 年相比上一年提高了 45.09%。从这一年开始，农业生态旅游首次超过农业经济的发展水平，随后农业经济的发展一直落后于农业生态旅游。这说明甘孜州农业经济的发展还不能满足农业生态旅游快速发展的需要。虽然在 2014 年，生态旅游的发展水平相比上一年略有降低，但随后的两年开始缓慢增长。2009—2011 年，甘孜州经济发展缓慢，受此影响，农业生态旅游和农业经济的综合发展水平逐年降低，2012—2016 年，综合发展水平变化趋势与生态旅游变化趋势一致。总体来看，除 2011 年和 2014 年略有降低外，综合发展水平整体呈上升趋势。

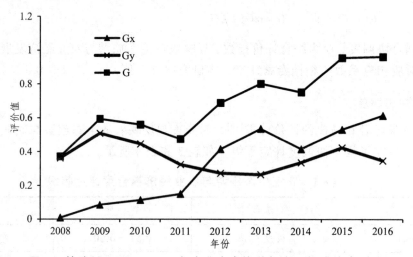

图 2　甘孜州 2008—2016 年农业生态旅游与农业经济综合评价

（二）农业生态旅游与农业经济耦合协调度分析

从图 3 可以看出，2008—2012 年农业生态旅游与农业经济的耦合度逐渐上升，尤其是 2009 年，相比上一年提高了 1.23 倍。2013—2016 年，整体变化不大。2008—2015 年，农业生态旅游与农业经济发展的协调度也在逐年提升，2009 相比 2008 年增幅最大，为 84.85%。2016 年相比 2015 年，降低了 3%，但均高于其他年份。

根据表 3 和表 4 的评级标准，将农业生态旅游与农业经济耦合协调度划分为表 5 所示的等级。可以看出，2008—2016 年甘孜州农业生态旅游和农业经济之间的耦合程度经历了从严重失调到轻度失调再到濒临失调，协调度经历了从低度耦合到中度耦合的阶段，耦合度和协调度都表现出趋于良好发展的态势。这与甘孜州响应国家西部大开发战略、积极开发农业生态旅游、不断打造特色各异的旅游产品、配合州农办和扶贫移民局等号召，实施沿国道线及其连接线的幸福美丽新村建设，指导创建乡村旅游主题文化酒店是分不开的。虽然甘孜州农业生态旅游和农业经济的耦合度和协调度都表现出趋于良好发展的态势，但耦合程度较差，协调程度也普遍处于低度协调和中度协调。

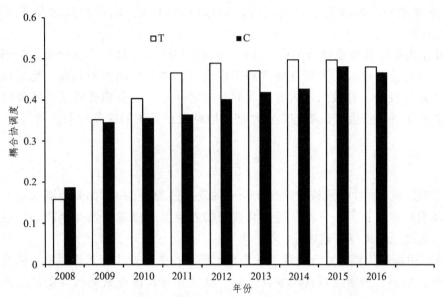

图 3　甘孜州 2008—2016 年农业生态旅游与农业经济耦合协调度

表 5　甘孜州 2008—2016 年农业生态旅游与农业经济耦合协调度等级划分

年　份	耦合程度	协调等级
2008	严重失调	低度协调耦合
2009	轻度失调	低度协调耦合
2010	濒临失调	低度协调耦合
2011	濒临失调	低度协调耦合
2012	濒临失调	中度协调耦合
2013	濒临失调	中度协调耦合
2014	濒临失调	中度协调耦合
2015	濒临失调	中度协调耦合
2016	濒临失调	中度协调耦合

四、结论与建议

（一）结　论

　　本文分别选取农业生态旅游和农业经济对应研究指标，通过熵值法对各指标权重进行计算，在此基础上基于耦合模型整体评价了农业生态旅游与农业经济及其综合发展水平，并系统探究了农业生态旅游与农业经济的协调发展关系，通过分析得出以下结论：

（1）甘孜藏族自治州农业生态旅游的发展水平在 2008—2016 年基本呈上升趋势，但由于受经济发展水平的影响，综合发展水平呈现不同程度变化的态势。2008—2011 年，农业生态旅游的发展水平明显落后于农业经济，2012—2016 年，农业经济的发展水平滞后于农业生态旅游。

（2）农业生态旅游和农业经济的耦合度从 2008—2016 年，经历了从严重失调到轻度失调再到濒临失调，耦合协调度经历了低度协调到中度失调，协调作用由弱到强，呈现良好的发展态势，但整体协调性较差。甘孜州在大力发展旅游业的同时，也要积极转变经济发展方式，优化产业结构，如何促进农业生态旅游与农业经济的协调发展是我们应高度关注的问题。

（二）建 议

基于本研究的成果，甘孜藏族自治州在今后的发展过程中，一方面要提高农业生态旅游和农业经济的整体发展水平；另一方面，应使甘孜州的农业生态旅游和农业经济耦合协调度向更高的等级提升。为此，提出以下建议：

（1）充分利用地区优势，整合当地农业资源，积极打造农业生态旅游品牌。借鉴当地已成型的乡村旅游精品案例，如康定市瓦泽乡营官村、雅江县河口镇香格宗村等乡村旅游精品村寨，实现"产村融合"。也可发展生产与观赏于一体的现代农业科技园，这也将有利于提高当地居民的收入水平，带动贫困地区实现脱贫。

（2）逐步转变经济发展方式，注重优势资源的开发实现优势资源的转化。同时逐步提升甘孜州的知名度，通过吸引各界投资来提高经济发展水平。

（3）生态旅游的发展应与经济的发展相协调，政府部门用于发展农村生态旅游的资金投入应充分考虑当地农业经济的发展水平，生态旅游能带动经济的增长，经济发展水平同时又是生态旅游发展的基础，两者兼顾，才能使甘孜州的农业生态旅游和农业经济耦合协调度向更高的等级发展。

（2020 年 6 月）

参考文献

[1] 邱建军，张士功，李哲敏，等. 农业生态环境安全与生态农业发展. 中国农业资源与区划，2005，26（6）：25-29.

[2] 吴莹. 发展生态农业旅游——加快新农村建设的希望之路. 安徽农业科学，2006，34（14）：3447-3449.

[3] 朱婕. 四川省农业生态旅游功能区差异分析及发展建议. 中国农业资源与区划，2015，36（7）：129-133.

[4] 肖晓莺. 基于耦合模型的旅游经济与生态环境的协调性研究. 商业经济研究，2014，（6）：138～140.

[5] 李幼龙，胡敏，马耀峰. 新疆入境旅游流与区域经济耦合协调度分析. 资源开发与市场，2013，29（4）：418-421.

[6] 刘军胜，马耀峰，吴冰. 入境旅游流与区域经济耦合协调度时空差异动态分析-基于

全国 31 个省区 1993—2011 年面板数据. 经济管理，2015（3）：33-43.

[7] 贺家仁. 青藏高原东南缘-甘孜州的森林植物资源. 资源节约和综合利用，1997（3）：52-54.

[8] 吴大进. 协同学原理和应用. 武汉：华中理工大学出版社，1990.

[9] 张书红，魏峰群. 基于耦合度模型下旅游经济与交通优化互动研究——以河北省为例. 陕西农业科学，2012，58（4）：163-166.

[10] 张忆君，马骏. 基于耦合模型的苏北地区生态环境与经济协调发展研究. 环境科技，2016，29（3）：11-15.

民族地区非物质文化遗产与旅游融合发展研究

罗　丽　覃建雄

旅游业是一个综合性产业，具有较强的产业关联性，在带动相关产业发展、拉动地方经济增长方面发挥着重要作用。随着社会经济的高速发展，旅游消费市场发生巨大变化，旅游产业融合成为一种必然趋势。在此背景下，学者们从不同角度对旅游产业融合问题展开研究，取得了较大进展。通过梳理发现，既有的研究成果主要集中于旅游产业融合概念界定、融合模式、融合机制、融合路径、融合效应方面，研究对象涉及旅游业与农业、工业、文化产业、商贸业、体育业等相关产业的融合。非物质文化遗产作为一项重要的文化旅游资源，目前学者们多从遗产旅游的角度关注非物质文化遗产旅游开发的必要性与可行性、非物质文化遗产旅游开发原则及开发中存在的问题或矛盾，较少从产业融合的角度探讨如何将非物质文化遗产融入旅游活动中，通过融合发展，实现非物质文化遗产保护与旅游产业发展的共赢。因此，本文在借鉴学习前人研究成果的基础上，以四川省凉山州为例，探讨如何结合当地的非物质文化遗产资源特征与社会经济发展实际，促进非物质文化遗产与旅游业融合发展，以利于实现资源优势向资本优势的转化。

一、相关概念界定

（一）"非物质文化遗产"的概念及范围

根据《保护非物质文化遗产公约》，非物质文化遗产（Intangible Cultural Heritage）是指"被各群体、团体、有时为个人所视为其文化遗产的各种实践、表演、表现形式、知识体系和技能及其有关的工具、实物、工艺品和文化场所"[1]，其主要形式包括：口头传说与表述、表演艺术、社会风俗、有关自然界和宇宙的知识和实践、传统的手工技能等。

2005年，《关于加强我国非物质文化遗产保护工作的意见》的颁发标志着"非物质文化遗产"这一词汇正式进入中国。根据附件《国家级非物质文化遗产代表作申报评定暂行办法》，"非物质文化遗产"是指"各族人民世代相承、与群众生活密切相关的各种传统文化表现形式和文化空间"[2]。它的范围包括：口头传统；传统表演艺术；民俗活动、礼仪、节庆；有关自然界和宇宙的民间传统知识和实践；传统手工艺技能；与上述表现形式相关的文化空间。

"非物质文化遗产"概念及范围的明确，既为非物质文化遗产的保护工作指明了方向，也为非物质文化遗产的合理保护提供了有力依据。通过概念解析，可以发现，非物质文化遗产是不断发展、不断被创新、不断变化的遗产，活态流变性是非物质文化遗产的本质特征。

（二）"旅游产业融合"概念界定

对于"旅游产业融合"的概念，国外尚未形成专门的定义，多是在研究旅游业与其他产业融合所形成的旅游新业态时有所涉及。如 Nilsson PA（2002），Pulina M，Dettori DG，Paba A（2006），Otto D（2009）提出农业旅游是将旅游与农业生产、服务以及农业体验融合在一起，为游客提供参加农业生产的活动经历和娱乐、教育场所，提高农业产出，帮助农场和社区增收所产生的一系列活动。而国内学者对旅游产业融合概念的研究则相对较多，徐虹、范清（2008）最先从系统论的角度，将"旅游产业融合"定义为"构成旅游产业系统的各要素的变革在扩散中引起不同产业要素之间相互竞争、协作与共同演进而形成一个新兴产业的过程"[3]。之后，便有许多学者从不同角度进行论述。如张凌云（2011）从产业关联的角度，将"旅游产业融合"界定为"旅游业与其他产业之间或旅游产业内不同行业之间相互渗透、相互交叉，最终融合为一体，逐步形成新产业的动态发展过程"[4]。严伟（2014）从产业结构的角度将其界定为"在整个大旅游产业结构中，在企业对规模经济的追求、产业管理规制放松、旅游需求升级、技术创新等因素的作用下，固有的旅游产业结构发生变化，旅游业与相关产业发生跨界融合的现象"[5]。尽管学者们对旅游产业融合概念研究的角度不同，表述也各有侧重，但是他们普遍认可旅游市场需求和经济利益是旅游产业融合的动因，融合过程中旅游业与关联产业相互渗透、相互交叉，最终催生新的产业形态。本文借鉴前人研究成果，将旅游产业融合定义为：旅游业与其具有关联性的产业，以旅游市场需求为导向，突破产业边界，相互渗透、交叉，催生旅游新业态。

二、凉山州非物质文化遗产与旅游融合发展背景分析

（一）凉山州非物质文化遗产资源概况

凉山州是指凉山彝族自治州，位于四川省西南部，下辖 1 个县级市、15 个县和 1 个自治县。凉山州既是我国最大的彝族聚居区，也是四川省民族类别最多（兼有藏族、苗族、回族、蒙古族等 10 多个少数民族）、少数民族人口最多的地区。多民族共存的聚居环境孕育出丰富、多元的民族文化，使凉山州成为非物质文化遗产的天然宝库。

凉山州非物质文化遗产数量众多，分布广泛。目前共有 18 项国家级非物质文化遗产名录、112 项省级非物质文化遗产名录、264 项州级非物质文化遗产名录；有国家级非物质文化遗产项目传承人 12 名、省级非物质文化遗产项目传承人 114 名、州级非物质文化遗产项目传承人 305 名；非物质文化遗产名录涉及民俗、民间文学、传统音乐、传统舞蹈、传统技艺、传统美术、传统体育、游艺与杂技、传统医药、曲艺等多种类别（如表 1 和图 1 所示）。

表 1 凉山州国家级非物质文化遗产名录

类 别	项目名称	申报地区或单位
民俗	彝族火把节	凉山彝族自治州
	彝族年	凉山彝族自治州
	婚俗（彝族传统婚俗）	美姑县
	彝族服饰	昭觉县
	凉山彝族尼木措毕祭祀	美姑县（扩展项目）
民间文学	彝族克智	美姑县
	毕阿史拉则传说	金阳县
	玛牧特依	喜德县

续表

类别	项目名称	申报地区或单位
传统音乐	口弦音乐	布拖县
	毕摩音乐	美姑县
	洞经音乐（邛都洞经音乐）	西昌市（扩展项目）
	藏族民歌（藏族赶马调）	冕宁县
传统舞蹈	甲搓	盐源县
传统技艺	彝族毛纺织及擀制技艺	昭觉县
	彝族漆器髹饰技艺	喜德县
	彝族银饰制作技艺	布拖县
	傈僳族火草织布技艺	德昌县（扩展项目）
传统美术	毕摩绘画	美姑县

注：相关数据根据凉山非遗网国家级非遗名录整理而得。

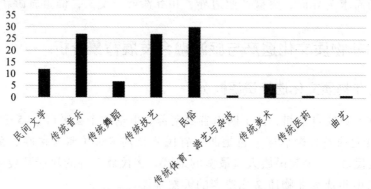

图 1　凉山州省级非物质文化遗产名录统计
（数据根据凉山非遗网整理而得）

（二）凉山州非物质文化遗产保护及旅游利用成效

在国家政策的引导下，凉山州凭借自身的地域优势和文化优势，使非物质文化遗产保护工作有序推进。目前，凉山州拥有了 3 个国家级非物质文化遗产生产性保护示范基地、1 个国家级文化产业示范基地、3 个藏羌彝文化产业走廊重点项目、3 个省级非物质文化遗产生产性保护示范基地、2 个省级非物质文化遗产传习基地。为了最大限度地保护和传承州内的非物质文化遗产项目，凉山州加强对非物质文化遗产资源的立法保护，将非物质文化遗产技术传承、知识产权和展演保护等纳入法律法规，并成立了非物质文化遗产保护小组和专家委员会。为了培养更多年轻传承人，凉山州不断壮大培养和教习专门的人才队伍，加大力度扶持非物质文化遗产项目传承人，积极引导非物质文化遗产进校园、进教材、进课堂。同时，在完整保护和传承非物质文化遗产工作的前提下，积极探索非物质文化遗产项目产品传承、创新的有效途径，通过非遗工坊模式，助力脱贫攻坚，取得了良好的效果。

在旅游利用方面，火把节旅游是非物质文化遗产项目与旅游融合发展的成功典范，并入选了"2019 中国非遗与旅游融合十大优秀案例"。火把节旅游的发展，使火把节从乡村蔓延至城市，实现了城市与乡村的广泛互动。在政府、当地居民、企业、媒体、游客等多重主体力量的共同作用下，火把节期间的游客量和旅游收入逐年上升（如图2所示），火把节已经发展成为推动凉山州社会经济发展的一个重要旅游品牌，较好地实现了民族文化与民族经济的有效嵌合。此外，2018年会理县第三届端午风情游活动中，特别策划举办了"古老的技艺"绿陶非遗文化体验活动，活动内容包括参观景区学习非遗文化和陶艺大比拼，500余人次参与了本次体验活动。2018年凉山州第五届民族文化艺术节在以往的节目基础上增加了非物质文化展演。2019年盐源县举办了泸沽湖转山转湖节摩梭非遗文化展演活动，摩梭达巴舞、阿哈巴啦调、成人礼等在本次活动中进行了展示。

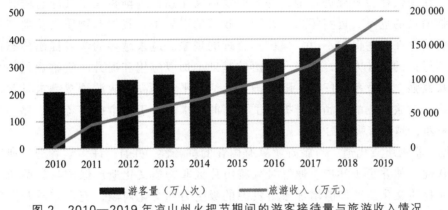

图2　2010—2019年凉山州火把节期间的游客接待量与旅游收入情况
（数据根据凉山州人民政府网的相关新闻动态整理而得）

（三）凉山州非物质文化遗产旅游开发面临的挑战

非物质文化遗产的产业化既可以为非物质文化遗产保护提供资金支持，也有利于非物质文化遗产所蕴含的文化魅力和精神力量传承和发展。但是，在市场经济条件下，对一些非物质文化遗产资源进行旅游开发时，过度的商业化及不当的开发模式会导致非物质文化遗产本身的原真性遭到破坏。部分传统民俗、节庆活动的举办地点和活动内容、活动形式都根据旅游消费市场的需求进行了调整，导致这些非物质文化遗产的深层内涵逐渐消失。如彝族火把节在政府的主导下，大部分是在城市和城镇中举行，节日内容以易于群体参与、具有展演性的活动为主，放大了火把节的娱乐功能，忽视了传统火把节祭祖、烧虫、祈福的活动内容和文化意义。

凉山州生态环境脆弱，经济发展相对滞后，非物质文化遗产旅游开发的外在阻力较大，传承动力面临危机。由于非物质文化遗产开发的经济回报低且慢，较难满足年轻人对其经济价值的追求，使得许多非物质文化资源非常脆弱。如摩梭猪膘肉技艺由于猪膘肉制作工序复杂、禁忌多，需要较长时间的学习和经验积累，目前该技艺的传承人普遍年老，后继乏人，增加了这门技艺继续传承和发展的难度。

产业结构的变化及现代化工艺的发展，使传统手工艺面临逐渐消亡的危机。如摩梭人的苏里玛酒酿造技艺，随着泸沽湖旅游开发，当地居民的生计方式逐渐多样化，粮食种植越来越少，酿造苏里玛酒的原生态原料也就越来越少。现代白酒和啤酒的大量销入、现代工业酿造的广泛使用及传统消费观念的变化，使全靠手工酿造的苏里玛酒越来越少，苏里玛酒酿造技艺生存的广泛性也因此受到威胁。

可见，凉山州非物质文化遗产资源的保护、传承和发展这条路还很长，合理的旅游开发作为实现非物质文化遗产活态传承的有效途径之一，还需继续释放作用力。因此，二者的融合发展势在必行。

三、凉山州非物质文化遗产与旅游融合发展理论模型构建

（一）融合发展的基础条件分析

非物质文化遗产的保护对于我国精神文明建设和社会主义和谐社会的构建有着极其重要的意义。然而，在现代社会发展进程中，许多非物质文化遗产逐渐丧失了其原有的光芒与活力，甚至面临濒临消亡的危险。近些年来，在国家政策的引导下，我国非物质文化遗产保护取得诸多成就，但仍然存在一些保护不力、保护不合理的现象。越来越多的学者提出静态保护并非非物质文化遗产保护的最佳方式，应当在保留的基础上加以应用和提升。旅游业是一个综合性产业，产业关联性强，涉及范围广泛。随着国民生活水平的提高，旅游消费需求日益多样化、个性化、精品化，对旅游业的内涵提升提出了更高的要求。对于都市旅游者们，那些越是濒临灭绝和消亡的东西，越具有吸引力[6]。

由此可见，非物质文化遗产与旅游业具有内在的耦合性。并且，许多学者通过研究证实了二者之间的关联性。如乔宇（2017）通过对武陵山片区非物质文化遗产保护与旅游开发的互动研究，提出"非物质文化遗产能够增加旅游资源的吸引力和文化内涵，充实旅游开发项目，促进民族地区旅游经济的发展及地区形象的提升；旅游开发则为非物质文化遗产的保护注入资金，促进遗产的价值挖掘，拓展遗产的深层属性"[7]。詹一虹、周雨城、陈瑶（2017）在总结前人研究的基础上提出少数民族非物质文化遗产的保护与开发在有节制的前提下具有统一性[8]。张雯妍（2015）提出非物质文化遗产与地方旅游业之间存在着相互作用、彼此推动的关系[9]。

凉山州自然生态资源独具特色，文化旅游资源分布广、多点多区、成线成片，且资源品质好、特色明显。如何将资源优势转化为资本优势，实现从文化旅游资源大州发展成为文化旅游经济强州，助推凉山州精准脱贫后的高质量发展是当前凉山旅游需要解决的重要问题，这对凉山旅游的发展提出了更高的要求。非物质文化遗产作为重要的文化旅游资源，在凉山州还未得到很好的挖掘，产业化发展也因缺乏整体性的统筹和规划，呈现出明显的"散""弱""小"的特点。因此，凉山州的发展实际，决定了促进当地非物质文化遗产与旅游业融合发展非常必要。

（二）融合发展动力机制

非物质文化遗产与旅游融合发展，是以旅游市场需求为导向，将非物质文化遗产置于旅游市场背景之下，与旅游活动相结合，通过科学的开发模式，使非物质文化遗产资源转化为非物质文化产品，实现非物质文化遗产的当代价值，进而推进非物质文化遗产的保护与传承。近年来，随着旅游业与相关产业融合范围不断扩大、融合程度不断加深，非物质文化遗产与旅游的融合也在多重主体力量的共同作用之下得以发展（如图3所示）。具体表现为以下几个方面：

（1）拉力：旅游消费需求提高。

随着社会经济的发展，国民支付能力不断提高，消费需求日益多样化、个性化、精品化。城市生活的喧嚣与压力，使人们逃离社会生活压力、返璞归真的愿望更加强烈。在此背景下，传

统的观光游已难以满足人们的旅游消费需求。这就要求不断创新旅游形式和旅游产品，以顺应旅游市场需求。非物质文化遗产承载着区域文化基因和民族记忆，是地方民间文化的精髓。将非物质文化遗产与旅游融合发展，能够更好地满足旅游者求新、求奇、求异的需求，让游客在游览的过程中感受独特的文化魅力。

（2）驱动力：相关利益主体的利益追求。

效益最大化是个人和企业追求的共同目标，当地居民和旅游企业对利益的追求驱使着非物质文化遗产与旅游融合发展。对于当地居民，非物质文化遗产旅游的发展既能为他们提供更多的就业机会，增加经济收入，也能改善他们的居住和生活环境。旅游企业可以通过非物质文化遗产与旅游业的融合，丰富旅游产品体系，吸引更多的游客前来体验消费，进而获取更大的经济利益。利益势必驱使他们采取积极的行动来支持和促进非物质文化遗产与旅游产业的融合发展。

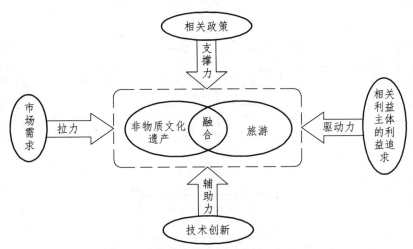

图3 非物质文化遗产与旅游融合发展动力机制

（3）支撑力：相关政策的大力支持。

政府及相关部门对旅游产业融合发展的关注，以及在规划、资金、人才等方面提供的大力支持，推动了非物质文化遗产与旅游业的融合发展。2009年文化部、国家旅游局《关于促进文化与旅游结合发展的指导意见》和2017年国家发改委《"十三五"时期文化旅游提升工程实施方案》专门部署文化和旅游的融合发展。2018年6月，文化和旅游部部长雒树刚提出要推动非物质文化遗产与旅游融合发展，充分发挥旅游业的独特优势，为非物质文化遗产保护传承和发展振兴注入新的更大的内生动力[10]。除了2012年之外，涉及文化产业与旅游产业融合发展的相关政策几乎每年都有。近年来，凉山州将文化旅游产业作为支柱产业发展。2019年10月12日，凉山州文化和旅游发展大会中明确提出要加快推进文化旅游深度融合，加强非物质文化遗产保护、大力开发歌舞演艺、打造旅游演艺品牌。

（4）辅助力：技术创新。

在互联网时代，信息技术的普及与创新对旅游产业融合发展发挥着重要的辅助作用，有利于非物质文化遗产资源与旅游资源的整合。技术创新催生的新型旅游方式、旅游交易平台、文化科技体验对非物质文化遗产旅游的市场推广和营销模式变化发挥着重要作用。新兴的科技手段和表现形式，有利于形成更加丰富的旅游产品。

（三）融合发展路径选择

　　关于旅游产业融合路径，麻学锋、张世兵、龙茂兴（2010）提出了资源融合、技术融合、市场融合和功能融合四种路径[11]。辛欣（2013）提出了资源融合、技术融合、功能融合、业务融合、空间融合、市场融合六种路径[12]。刘晓明（2014）在研究中国体育旅游融合发展中提出了渗透型融合、重组型融合、延伸型融合三种路径[13]。本文借鉴麻学锋等前辈的研究成果，构建资源融合、技术融合、市场融合和功能融合四种路径（如图4所示）。

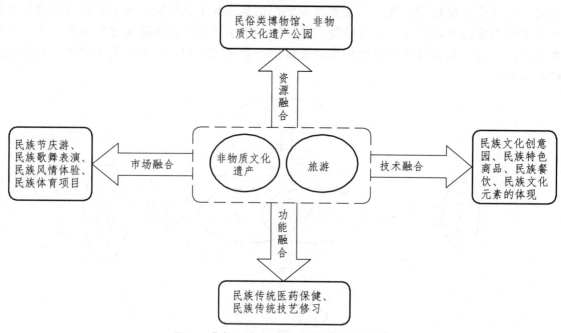

图 4　非物质文化遗产与旅游融合路径

　　资源融合是指非物质文化遗产以旅游资源的形式融入旅游产业，通过民俗类博物馆、非物质文化遗产展示的形式，让游客来"赏非遗"。这种路径的融合程度相对较浅，主要是对非物质文化遗产进行直接的旅游开发利用。

　　技术融合是指借助先进的技术手段，将非物质文化资源的文化元素融入旅游商品、餐饮、民族服饰之中，催生新型旅游产品和旅游形式；广泛应用现代化信息技术，创新产业体制、经营管理模式及产品市场，进而提升非物质文化遗产旅游的整体素质和发展水平。

　　市场融合是指通过市场运作，开发少数民族节庆游（如彝族火把节、傈僳族阔时节、摩梭人转湖节等）、演艺（如木里藏族"嘎卓"舞、傈僳族嘎且且撒勒舞、彝族苏尼舞、蹢脚舞、藏族赶马调、彝族挽歌等）、民俗体验（如彝族婚俗、彝族赛马习俗等）、特色体育项目（如彝族磨尔秋、彝族摔跤"格"技艺）等旅游活动，以满足游客参与体验、感知非物质文化遗产的需求。

　　功能融合是指将非物质文化遗产的某些功能与旅游相结合，开发传统医药保健（如摩梭人传统医药、西昌刘氏中医药、传统彝医药等）、传统技艺修学（如凉山彝族漆器制作工艺、凉山彝族毛纺织及擀制技艺、摩梭人苏里马酒的酿造技艺、民族乐器制作技艺、彝族燕麦酒古法酿造技艺、传统茶具制作技艺等）等旅游项目，以满足游客获取、体验某种技艺或功能的需求。

（四）融合发展效应

非物质文化遗产与旅游业通过资源融合、技术融合、市场融合、功能融合，最终形成多种新型旅游形式和旅游产品，将带来以下几方面的融合发展效益：其一，非物质文化遗产与旅游的融合发展，将激发非物质文化遗产本身的内在活力，增强当地居民的民族文化认同感和保护意识，进而促进非物质文化遗产的保护与传承；其二，通过融合发展，更多的游客开始接触、认知、消费非物质文化遗产。旅游形式、旅游产品的更新，能够吸引更多的游客前来体验、消费，对拉动消费市场具有重要意义；其三，非物质文化遗产是在人类千百年来的发展历程中积淀而成，承载着一个民族的历史记忆，是民族文化的精髓，将其融入旅游活动，能够丰富旅游内涵，使人们在旅游的过程中感受民族文化的独特魅力。其四，通过非物质文化与旅游的融合发展，既能满足人民日益多样化的旅游需求，也能满足产业发展需求，进而实现供求平衡和资源优化配置。

根据上述分析，绘制非物质文化遗产与旅游业融合模型（如图5所示）。由图可看出，非物质文化遗产与旅游业的融合并非二者简单叠加，也并非所有的非物质文化遗产都能与旅游活动相结合。因此，凉山州非物质文化遗产与旅游业的融合发展需要在充分认知当地非物质文化资源的基础上，根据资源特点，选取恰当的项目，通过科学的融合路径来展开。

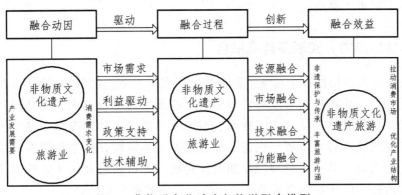

图5　非物质文化遗产与旅游融合模型

四、凉山州非物质文化遗产与旅游融合发展建议

（一）全面开展非物质文化遗产普查工作，建立项目数据库

并非所有的非物质文化遗产都适合融入旅游市场、通过旅游开发的形式达到有效保护的目的。因此，凉山州在促进非物质文化遗产与旅游业融合发展之前，首先应当全面开展非物质文化遗产普查工作，通过实地调查、入户访谈、重点走访等形式深入了解和把握州内各类、各项非物质文化遗产的分布区域、历史渊源、基本内容、主要特征、重要价值、濒危状况等，分门别类整理，并建立非物质文化遗产项目数据库，为当地非物质文化遗产的科学传承和合理开发奠定基础。

（二）摸清市场，选准项目

市场价值是非物质文化遗产资源转化为旅游产品的基本前提，非物质文化遗产的有效传承是实现非物质文化遗产旅游可持续发展的基础。因此，凉山州在促进非物质文化遗产与旅游业融合发展过程中，应当根据市场需求特点选择恰当的项目，坚持"保护为主，抢救第一，合理利用，传承发展"的开发原则。这就要求所选的项目既能够开拓旅游项目、丰富旅游内涵、增强体验价值，又有利于非物质文化遗产项目的保护和传承。同时，应该建立相应的管理机制，加强监督，规范开发行为和运营模式，在利用非物质文化遗产获取经济收入的同时，也要对其进行真实性、动态性、整体性和可持续性保护。

（三）整体规划，分步实施

从分布范围上看，凉山州的非物质文化遗产广泛分布于州域内的 1 市、16 县，且各县（市）的非物质文化遗产项目在数量、类型、特征、濒危程度等各方面都存在一定差异；从涉及的民族来看，除了彝族之外，其他各民族也拥有丰富的非物质文化遗产项目，尤其像涉及纳西族和傈僳族的非物质文化遗产项目就在全州项目总量中占据了较大分量；从类别上看，凉山州的非物质文化遗产类别涉及了民间文学、传统音乐、传统舞蹈、传统技艺等多种类别。因此，在融合发展过程中，需要建立相应的协调机制进行整体性统筹规划，整合凉山州内的非物质文化遗产资源，突出凉山州多民族聚居的地域特点，体现民族文化异彩纷呈的优势。在具体实施过程中，应分步实施，渐进式推进。

（四）提高创新能力，实现多角度融合

旅游产业融合的本质特征在于创新，融合的过程实际上就是创新的过程[3]。因此，凉山州在推进非物质文化遗产与旅游业融合发展的过程中，必须增强创新意识，提高创新能力，以新技术、新方法来理清市场脉络，从资源、技术、市场、功能等多种角度来探寻二者的契合点。根据凉山州非物质文化遗产传承发展与旅游产业发展的实际需要，从战略层面加强制度、技术、资本、人才方面的创新，从企业管理层面加强经营模式、价值链及人才结构方面的创新，进而拓展新手段和新途径，促成新型旅游形式、旅游产品和旅游业态的产生。

五、结 论

在有节制的前提下，非物质文化遗产保护与旅游开发之间可以实现良性互动，凉山州拥有丰富的非物质文化遗产资源，具备与旅游业融合发展的基础条件。通过融合发展，能够产生良好的社会经济效益，有利于加快凉山州实现由文化旅游资源大州发展成为文化旅游经济强州的步伐，助推精准脱贫后的高质量发展。这既有利于实现非物质文化遗产的现代价值，也为非物质文化遗产的传承与发展创造了空间。但是，在融合发展中，必须坚持"保护为主，抢救第一，合理利用，传承发展"的原则，不能为了迎合游客的需求而进行篡改式开发，造成非物质文化遗产原真性丧失，更不能为了经济利益而过度开发。

（2020 年 2 月）

参考文献

[1]　王文章. 非物质文化遗产概论. 北京：文化艺术出版社，2006：445.

［2］ 国务院办公厅：《国家级非物质文化遗产代表作申报评定暂行办法》，《关于加强我国非物质文化遗产保护工作的意见》附件，2005，03（26）.

［3］ 徐虹，范清. 我国旅游产业融合的障碍因素及其竞争力提升策略研究. 旅游科学，2008（08）：1-5.

［4］ 张凌云. 旅游产业融合的基础和前提. 旅游学刊，2011，26（04）：6-7.

［5］ 严伟. 基于 AHP-模糊综合评价法的旅游产业融合实证研究. 生态经济，2015（11）：97-103.

［6］ 黑格尔. 哲学史讲演录（卷二）. 贺麟，王太庆，译. 北京：商务印书馆，1959.

［7］ 乔宇. 城市化进程中民族地区非遗保护与旅游开发互动研究——以武陵山片区为例. 贵州民族研究，2017（09）：168-171.

［8］ 詹一虹，周雨城，陈瑶. 中国少数民族非物质文化遗产保护与开发互动研究——以鄂西土家族为例. 西北民族大学学报（哲学社会科学版），2017（01）：173—179.

［9］ 张雯妍. 非物质文化遗产与地方旅游业互动研究——以贵州茅台酒为例. 贵阳：贵州大学，2015.

［10］ 王学思. 全国非遗保护工作先进代表和传承人座谈活动举行. 中国文化报，2018-06-09（2）.

［11］ 麻学锋，张世兵，龙茂兴. 旅游产业融合路径分析. 经济地理，2010（04）：678-681.

［12］ 辛欣. 文化产业与旅游产业融合研究：机理、路径与模式——以开封为例. 开封：河南大学，2013.

［13］ 刘晓明. 产业融合视域下我国体育旅游产业的发展研究啊. 经济地理，2014（05）：187-192.

四川民族地区旅游文化产业融合发展研究

宋慧娟　覃建雄

四川是全国的旅游大省,旅游资源富集,其中省内世界级、国家级的旅游资源多数分布在民族地区。随着旅游业的兴起,旅游业在四川民族地区的带动效应越发明显,而与此同时,民族地区的贫困问题也在旅游开发的过程中日益凸显。

2016 年 9 月《四川省"十三五"旅游扶贫专项规划》通过,其中明确提出四川省"十三五"时期四川旅游扶贫的重点在于四大片区,而四大片区中青藏高原涉藏地区和大小凉山涉彝地区正是四川主要的民族聚集区,民族地区旅游扶贫已经是工作中的重点。而在旅游大发展的背景下,旅游产业必须要实现自我突破,实现提档、升级和转型,文旅融合成为民族地区旅游发展的一个重要的方向和途径。

一、四川民族地区概况

(一)四川民族地区分布

四川是一个少数民族聚居的省份,生活着彝、藏、羌、苗、回、土家、蒙古族、傈僳族、满族、纳西族、布依族、白族、壮族、傣族等世居少数民族,是全国第二大藏族聚居区、最大的彝族聚居区和唯一的羌族聚居区[1]。四川有 3 个民族自治州、4 个民族自治县、16 个民族待遇县(区)及 108 个民族乡,如表 1 所示。

表 1　四川民族自治州(县)、民族待遇县及民族乡基本情况

类别	数量	名　称
民族自治州	3	甘孜藏族自治州、阿坝藏族羌族自治州、凉山彝族自治州
民族自治县	4	马边彝族自治县、峨边彝族自治县、北川羌族自治县、木里藏族自治县
民族待遇县(区)	16	米易、盐边、平武、石棉、仁和、金口河、宝兴、兴文、汉源、宣汉,叙永、古蔺,珙县、筠连、屏山、荥经
民族乡	108	进安回族乡、十里回族乡、白碉苗族乡、固增苗族乡……

注:资料来源于四川少数民族四川百科信息网、《甘孜州年鉴》(2015)、《阿坝州年鉴》(2015)、《凉山年鉴》(2015)。

(二)四川民族地区自然旅游资源概况

四川是旅游资源大省,而四川世界级、国家级的旅游资源多数分布在民族地区,拥有世界遗

产、国家级自然保护区、国家地质公园、国家级森林公园、国家 5A 级旅游景区、国家级风景名胜区等顶级自然资源，如表 2 所示。

表 2　四川省民族地区自然资源

资源类型	数量	全省占比（%）	名　称
世界遗产	3	60	四川大熊猫栖息地、九寨沟国家级自然保护区、黄龙风景名胜区
联合国《人与生物圈保护网络》	4	100	卧龙自然保护区、九寨沟自然保护区、黄龙自然保护区、亚丁自然保护区
国家自然保护区	10	45	九寨沟国家级自然保护区、卧龙自然保护区、四川小金四姑娘山国家级自然保护区、四川若尔盖湿地自然保护区、格西沟国家级自然保护区、贡嘎山国家级自然保护区、察青松多白唇鹿国家级自然保护区、海子山国家级自然保护区、长沙贡玛国家级自然保护区、四川美姑大风顶国家级自然保护区
国家地质公园	5	50	九寨沟国家地质公园、四川黄龙国家地质公园、四姑娘山国家地质公园、四川海螺沟地质公园、大渡河峡谷国家地质公园
国家森林公园	5	18	四川九寨国家森林公园、雅克夏国家森林公园、四川夹金山国家森林公园、四川海螺沟国家森林公园、四川荷花海国家森林公园
国家 5A 级景区	2	40	九寨沟景区、黄龙风景名胜区
国家风景名胜区	5	33	四川九寨沟风景名胜区、四川黄龙风景区、四姑娘山风景区、螺髻山国家级风景名胜区、凉山州邛海泸山国家级风景名胜区

注：资源来源于四川省民族地区旅游产业发展规划（2008—2012）。

（三）四川民族地区人文旅游资源概况

四川民族地区不仅自然旅游资源丰富，而且人文旅游资源具有不可比拟的唯一性和独特性。以藏、羌、彝为代表的民俗文化丰富多彩，其居住文化、丧葬文化、服饰文化、饮食文化、生计文化、宗教文化、文学文化、艺术文化等是区域旅游产业开发中最具有市场潜力的资源。同时，四川民族地区拥有 17 处全国重点文物保护单位（如表 3 所示），是人文旅游资源开发的有力载体。

表 3　四川民族地区 17 处全国重点文物保护单位

地　区	全国重点文物保护单位
阿坝州	卓克基土司官寨、日斯满巴碉房、营盘山和姜维城遗址、棒托寺、阿坝红军长征遗迹、哈休遗址、甲扎尔甲山洞窟壁画、汉代石棺葬墓群
甘孜州	泸定桥、白利寺、德格印经院、丹巴古碉群、松格嘛呢石经城、波日桥
凉山州	大石墓群、大洋堆遗址、博什瓦黑岩画

（四）四川民族地区旅游发展概况

"十二五"期间，四川民族地区大力发展旅游产业，随着各地旅游通道打通，大量游客进入甘孜、阿坝、凉山地区，旅游收入、旅游人次两项主要的旅游指标呈现增长趋势，甚至呈几何级数递增，具体参考表4。

表4 "十二五"期间甘孜、阿坝、凉山三州地区主要旅游经济指标

地区 年份	甘孜		阿坝		凉山	
	旅游收入 /亿元	旅游人数 /万人次	旅游收入 /亿元	旅游人数 /万人次	旅游收入 /亿元	旅游人数 /万人次
2011	30.00	440.00	124.00	1464.00	80.46	2201.70
2012	35.87	523.00	181.03	2011.57	94.26	2685.10
2013	63.25	638.00	195.67	2289.60	138.31	2819.00
2014	79.47	802.42	242.74	2876.17	189.00	3165.60
2015	107.50	1076.18	285.09	3230.57	251.66	3729.51

注：数据来源于《甘孜州年鉴》（2011—2015）、《阿坝州年鉴》（2011—2015）、《凉山年鉴》（2011—2015）。

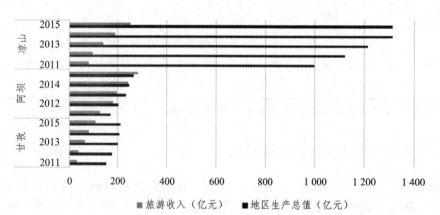

图1 "十二五期间"甘孜、阿坝、凉山三州地区生产总值和旅游收入情况

注：数据来源于《甘孜州年鉴》（2011—2015）、《阿坝州年鉴》（2011—2015）、《凉山州年鉴》（2011—2015）。

与此同时，旅游产业在国民经济收入中的比重加大。如图1所示，旅游产业的影响力不断扩大，旅游产业不仅成为四川民族地区的支柱产业，而且已经成为四川民族地区的富民产业，旅游的区域拉动效应显著。

"十三五"期间是四川民族地区旅游发展的重要时期，四川省青藏高原涉藏地区和大小凉山涉彝地区是"十三五"期间四川省旅游扶贫的两大重点区域，民族地区的旅游扶贫肩负着实现全面小康社会的重任。要实现民族地区旅游发展的繁荣之路，就是要通过旅游产业与文化产业的深度融合实现旅游业的新增长点，在文旅共融下实现全域旅游的推进和社会经济生活的全面发展。

二、四川民族地区文化旅游产业融合发展的良好态势

（一）自上而下融合发展大环境形成

2009 以来，全国掀起了旅游与多产业融合发展的热潮[2]，国家推出了一些重要的指导性文件和指示，如表 5 所示。

表 5　全国文旅融合相关政策文件

时间	重要事件	会议/文件精神
2009 年 12 月	国务院下发《关于加快发展旅游业的意见》	"大力推进旅游与文化、体育、农业、工业、林业、商业、水利、地质、海洋、环保、气象等相关产业和行业的融合发展。"
2011 年 10 月	十七届六中全会召开	大力发展文化产业
2012 年 2 月	国家旅游局发布《中国旅游业"十二五"发展规划纲要》	"十一五"时期，"旅游部门与文化、农业、商业、工业、体育、环保、林业、气象、金融等部门合作更加紧密，旅游产业与文化产业、体育产业等相关产业融合不断深化，形成了旅游产业融合发展的大格局。"
2014 年 8 月	国务院发布《国务院关于促进旅游业改革发展的若干意见》	"坚持融合发展，推动旅游业发展与新型工业化、信息化、城镇化和农业现代化相结合，实现经济效益、社会效益和生态效益相统一。"

在国家层面旅游融合的大环境下，四川省于 2013 年下发了《四川省人民政府关于加快建设旅游经济强省的意见》，其中提到"将深化产业融合作为旅游业发展新的增长点，培育农业观光、生态旅游、文化体验、科普教育、康体养生、休闲度假等消费热点。建设国家（省）级文化旅游示范基地，推出特色文化旅游剧目和节庆活动"。

（二）地方融合发展成效初显

在"十二五"期间，阿坝、凉山、甘孜都重点推进了旅游文化和文化旅游互动共生，"文旅共融，以文促旅"的旅游产业发展思路已经形成，文化与旅游共融发展已经成了各地发展旅游的重要手段。

各地都根据自身的资源特点和文化特色进行了旅游发展的规划,在规划中强化了文旅共融的重要性，并在实践中大力促进文化与旅游的协调发展。比如，"十二五"期间，阿坝州旅游重点推进了旅游文化和文化旅游互动共生，实现文化与旅游的协调发展，将全州旅游与文化分为一地、两廊、六个片进行统筹融合开发，经济、社会、文化的协调性得到了保障。

三、四川民族地区文化旅游产业融合发展中出现的问题

（一）旅游产品单一，产品体系还未成形

在文旅融合的发展背景下，虽然出现了一批新型的旅游产品，但总体来说，传统的观光型产品仍占据绝对份额[3]，依托景点景区的打造，靠门票来获得收入，真正特色鲜明的文化旅游产品体系尚未形成。

首先，旅游纪念品、地方旅游商品开发滞后，不仅同质化现象严重，甚至出现去地方化的趋势，严重阻碍了旅游目的地形象的打造。旅游纪念品、商品的制作和加工出现异地批量生产，致使很多非当地的产品流入，而真正属于这个区域的特色产品却得不到开发和发展，大大扰乱了商品市场。

其次，民族地区的特色用品还需进行深入的挖掘和包装。在民族地区的生产和生活中，很多元素尚未被加以利用。诸如纺织、音乐、舞蹈、民族体育等，以及生活用器、生产工具、交通运输工具等文化资源由生活实用型转化开发为旅游纪念品，其市场和开发领域应该是很广阔的[4]。民间社会生活中的手工艺品，虽然已经部分开发，但是由于制作的周期性、人工生产的局限性，与市场化的运作仍存在一定的距离，需要在进一步的开发中，消除与市场的壁垒。

（二）文旅融合深度不够，旅游附加值偏低

旅游附加值偏低，门票经济仍然成为当地旅游主要的发展模式和增长方式。旅游吃、住、行、游、购、娱六要素中，"购"和"娱"是最具弹性和增长空间的。但是根据前文所述，旅游商品缺少地方特色，"购"的比重偏低，而结合民族风情打造的一些旅游项目，比如藏/彝家乐、民族文化体验、休闲度假并没有得到特色的彰显，也导致"娱"对旅游收入的贡献较小。

民族地区的文化特色内涵丰富，但是由于文化与旅游结合不够紧密，特色的文化资源未被充分挖掘和展示，缺乏互动的体验式项目，已开发的项目不仅雷同，更犹如流水性作业，缺乏真实性和体验性，很难激起游客再次消费的欲望。

现有大部分文旅产品都以少数民族的歌舞为表现形式，更多的具有独特性的文化展演由于缺乏载体，缺乏切入点，仍然局限在当地群众的自娱自乐，并未开发和打造成具有地方品牌效应的文化旅游产品且向游客常态化展演。

由于旅游文化产品现有的局限性，游客仍以一次性消费和随机消费为主，导致"回头客"难求，后续产业链出现断层，阻碍发展。

（三）旅游业态同质性程度高，存在恶性竞争

由于民族地区资源的种类比较趋同，所以在资源开发的初期，打造的旅游产品和项目等都大同小异，可识别度不高。比如凉山州的乡村旅游开发都围绕彝家乐而展开，虽然彝族文化在凉山的各个县都有所差异，但是呈现出来的彝家乐大都是围绕彝族舞蹈、火盆烧烤而展开，形态趋同，很难分辨，同时也造成区域性同类的产品过于集中，在市场化的操作中，容易造成区域内的恶性竞争，如打价格战等。

（四）旅游开发缺乏高起点规划，制约发展

民族地区最近几年的旅游发展迅速，但是区域的开发中，仍缺乏统一的高起点的规划，缺乏统筹规划地各自为政进行建设的情况仍存在，导致重复建设，制约了行业的整体发展。

目前，很多地方都已兴起了藏家乐和彝家乐的建设。但是，从建设的规格和规模来看，仍然忽略了旅游要素的构建，没有从旅游接待的角度来调整和修建，致使在重复建设严重，发展的效果停留在对老三样的改造上。同时，民族旅游的特殊体验性要求旅游住宿需求的方向是高规格的民宿，仅仅按照普通住宿的标准来修建必然是不符合市场发展需求的。

如果民族地区的旅游开发没有一定的高度，则很难将区域的自然生态、地方文化、民俗文化等资源进行高度整合，这将会导致在旅游基础设施建设中缺乏从旅游的角度考虑的配套和设计，规划设计建设缺乏前瞻性、科学性、实用性、整体布局的合理性。

四、四川民族地区文化旅游产业融合的路径选择

（一）丰富文旅融合产品体系

旅游和文化各有其市场，必须深入研究两者的需求，在此基础上发现和挖掘两者融合的最佳契机和融合点，打造涵盖吃住行游购娱旅游等要素的文化旅游品牌，构建多元化、多层次的旅游产品体系。具体来看，不仅打造可带走的"静态"的旅游商品和纪念品，同时打造带不走的"动态"的旅游互动体验产品，这样才能将资源优势转化成产品优势，进而转化成良好的经济效益[6]，最终成为受益于大众的服务经济。

对于"静态"的旅游商品和纪念品，必须打破思维的局限，在创新理念的指导下，将少数民族的特色要素进行开发包装，开发具有地方特色的文创产品或文化旅游纪念品，推出一批具有地域特色的民族商品，特别是加快对少数民族特需用品的开发和包装，让其成为能带走的文化旅游符号。

对于"动态"的旅游互动体验产品，可以借鉴国内的文化产业园模式和旅游文化演出的模式，挖掘内涵，加大地方影视、演艺、民族村寨体验、民俗体验项目的开发。

（二）提升文旅融合程度

民族地区的文化丰富，要加大文化与旅游的融合力度，才能让文化与旅游的融合相得益彰。具体来说，应积极探索各类物质与非物质文化遗存地旅游产品的开发方式和表现形式，使游客在生动活泼的旅游活动中获得知识和乐趣。增强旅游商品、餐饮和住宿的地方文化特色，使旅游宾馆和餐饮服务场所成为展示地方文化的重要窗口。培育富有地方特色和民族特色的演艺节庆和文化体育活动，使旅游活动成为传承和弘扬民族文化的重要载体。重视旅游产品研发和科技成果在旅游业中的应用，积极发展多种形式的科普旅游，充实自然保护区、地质公园、风景名胜区和湿地公园旅游产品的科学内涵，提升产品的科普教育功能[7]。

（三）实施差异化竞争策略

民族地区的旅游资源具有一定的相似性，为了避免开发中陷入"同质化"的陷阱，应坚持差异化策略。这种差异化不仅是对内的差异化，还是对外的差异化。对外，民族地区应立足该区域的特色和独特的文化积淀，打造不同于其他地方的民族旅游品牌。比如，同是彝族的聚集地，昭觉县是"彝族服饰之乡"，普格县是"火把节之乡"，在旅游开发中，就应该围绕各自的资源特色，来发掘彝族的文化特色项目。对内，在共享同一资源的区域内，各类旅游产品都应有各自的定位和发展目标，村与村之间，都要避免一拥而上的旅游产品，比如旅游接待点的打造，应根据不同的定位来发展民宿、农家乐、星级宾馆，减少产品与产品之间的冲突。这样不仅有利于整体旅游环境的打造，更避免了陷入价格战的恶性循环。

（四）规划引领融合发展

理清当地的文化旅游发展方向，政府主导引入旅游发展和文旅发展的各项规划，坚持规划先行。民族地区生态环境的脆弱性决定了资源开发必须走一条可持续发展的道路，为了避免不合理的开发和重复的建设，突出各个区域的特色，必须要高起点规划，通过高水平建设和高标准管理，逐步推进具有市场潜力、品牌鲜明的旅游产品体系的打造。

五、四川民族地区文化旅游产业融合的保障

（一）政府主导保障产业融合

虽然文旅融合的经济效益和社会效益已经凸显,但是其发展现状与当前日益增长的市场需求并不完全匹配,同样存在合作领域局限、合作机制滞后、扶持政策缺位等问题。在民族地区市场经济尚不发达的情况下，推动旅游产业和文化产业的融合，需要加强政府的主导作用[5]，主要表现在以下几个方面：

首先是主导观念。各级政府要充分认识旅游产业与文化产业之间的融合是民族地区经济社会发展的需要，并将此观念广泛推广给当地群众，因为当地群众将是文旅融合的直接受益者。

其次是整合资源。由政府整合各类资源,统筹各类专项资金和扶持政策明确区域内文旅发展的格局和方向。在国家整个"十三五"的扶贫攻坚的战略背景下，国家层面、省级层面、地方层面都有各类以旅游小镇、特色乡村、特色农庄、藏/彝家乐为载体的扶持政策，只有政府进行统筹安排，才能实现资源、资金的有机整合，才能有的放矢实现重点突破，层次性地推进发展，最终实现文旅的共同繁荣，否则，文旅融合以点带面的拉动作用无法凸显。

最后是协调管理。我国旅游产业和文化产业间还存在一定的行业规制壁垒，虽然在地方行政机构中，文旅新广体合为一个部门，但文化部分和旅游部分大都是貌合神离，各有一套管理体制。因此，本着文化产业和旅游产业良性发展的目标，应该按产业融合的思路重建规制，在合作中探索利益最大化的保障机制，打破行业间的束缚，使之成为切实可行的融合之道。

总之，政府要制定和完善推动产业融合发展的产业政策，在市场准入、财税调节、投融资渠道等方面给予有力的扶持，引导和推进两大产业的融合发展。

（二）人才支撑保障产业融合

文化旅游产业在本质上属于服务行业，而服务行业最大的资源是人才。目前，由于民族地区多处于偏、远、穷的山区，恶劣的环境和滞后的经济条件不易留住人才，致使民族地区大量人才资源匮乏。因此加快推动旅游产业和文化产业的融合发展，必须加强对文化旅游人才的引进和培养，着力造就一批具有高素质、宽视野、有创新的文化旅游人才。

首先，培养本地人才。对于本地人才，可以从两个方面来进行。一方面是已经投入旅游业的从业者。由于旅游融合的兴起和带动，越来越多的当地居民成为旅游业大军中的一员，他们是旅游业的直接受益者，但他们职业素质却限制了发展。针对这部分人，当地政府应该组织相应的活动和培训，通过各种旅游智力扶贫，开展各种旅游综合服务培训提升旅游从业者的素质。这些培训可以"请进去"地开展技能培训、送技术、送政策、送法律下乡活动，也包括"走出

去"的模式，组织相应的从业者外出参加各种学习交流。另一方面是当地的学龄青年，通过各种途径鼓励、支持和资助他们接受高等教育或职业教育，用所学技能和技术来服务家乡。

其次，引进外来人才。行业的发展需要先进的人才。通过制定优惠政策、改革人事管理制度、建立公平竞争用人机制可以为当地引进所需人才[8]，特别是复合型人才。目前旅游经济、旅游规划、旅游市场营销、高素质导游和旅游管理人才缺乏，导致旅游管理理念和服务水平与国际标准差距较大。所以要创新人才引进的机制，制定人才引进的特殊政策，让更多的旅游人才加入民族地区旅游业的发展中。

最后，利用合作机制引进人才。采取与省内外高等院校与职业学院等签订战略合作协议、定向培训、走出去、引进来等方式，使旅游人力资源供给在数量、结构和素质上适应旅游业发展的需要，为旅游产业的持续、快速和健康发展提供人力和人才保障。

（三）市场导向保障产业融合

市场在资源配置中的基础性作用决定了文旅融合必须坚持以市场为导向的原则，在政府宏观主导良性发展的前提下，鼓励市场机制的有效发挥。

虽然旅游产业和文化产业具有天然的高关联度，但是对于民族地区，重点还是在于依托本地，发挥市场的功能，寻找适合本地的横向拓展或纵向延伸发展模式。同时，开发好的项目，引入有实力的企业，以项目为驱动，实现优势互补，市场共享，形成较完整的旅游文化产业链。无论是景区开发，还是新的旅游模式的打造，必须要依靠大的项目才能带动片区的发展，形成有序的市场氛围。而民族地区的地理区位决定了开发的难度和资金投入的规模，所以引进有大财力企业或集团才是文旅开发的保障，否则将出现未完成开发就被迫终止的局面，既浪费资源，也造成再次投入的困难。

（四）创新发展保障产业融合

创新是产业融合的本质，通过不同类型的创新，如理念创新、技术创新、产品创新、管理创新，探索文旅产业融合发展的新模式、新机制、新方法、新途径。

创新关键要充分发挥旅游业关联度高的特点，通过"旅游+"模式与文化、体育、城建、环保、商务、会展等行业渗透融合，推动旅游产业与第一、二、三产业的深入融合。

同时，智慧旅游、自媒体时代的旅游宣传、营销等方式更需要颠覆传统的方式。面对不同的受众，通过民族节庆活动的推广、会展项目的举办、影视作品的呈现、各类微信微博的宣传，目的地营销系统的整合，加强整个区域文化旅游产品品牌的推广力度。

六、结　语

文化旅游融合发展的趋势已不可逆转，在正确的发展方向指引下，其发展前景必然广阔。由于民族地区文化各异，四川民族地区在推进文旅融合的道路上，还应立足当地的资源，因地制宜地创新旅游文化融合发展的机制和体制，打造文旅合作的大平台，不断创新特色文化，打造具有"旅游+产业+文化体验"深度旅游体验模式。

（2019 年 10 月）

参考文献

[1] 四川省人民政府办公厅. 四川省民族地区旅游产业发展规划（2008—2012）. http：//www.diangong8848.com/ hh/lygl/ShowArticle.asp?ArticleID=649.

[2] 宋慧娟. 基于 CNKI 的国内旅游产业融合研究综述. 广西财经大学学报，2016（8）：27-29.

[3] 程晓丽，祝亚雯. 安徽省旅游产业与文化产业融合发展研究. 经济地理，2012（9）：161-165.

[4] 杨颖. 凉山少数民族文化资源及其在旅游开发中的利用. 贵州民族研究，2012（6）：80-83.

[5] 张鸣，等. 旅游产业与文化产业融合发展的实现机制与路径研究：以承德市为例. 经济研究导刊，2014（10）：223-227.

[6] 石艳. 产业融合视角下的旅游产业与文化产业互动发展研究. 山东财政学院学报，2012（3）：20-25.

[7] 浙江省旅游局. 浙江省旅游业"十二五"规划. [2012-07-21]. http：//www.zj.gov.cn/art/2012/7/21/art_5495_ 270887.html.

[8] 鲁明月. 产业融合背景下的文化旅游产业发展研究. 武汉：中南民族大学，2013.

第四篇

农文旅融合促进乡村振兴

生态旅游引领脱贫转型及乡村振兴的作用、机制与路径

覃建雄

从贫困到扶贫，从脱贫到脱贫转型升级，从脱贫转型升级到乡村振兴，是中国梦实现过程中的不同阶段，也是全人类共同的奋斗目标。不同阶段，由于所处环境条件的不同，其面临挑战、总体要求和主要任务不同。厘清绝对贫困、相对贫困、贫困与扶贫、旅游扶贫，以及生态旅游在脱贫转型升级乃至乡村振兴中的特殊作用，至关重要。本文主要介绍阐述五个方面的问题：一是绝对贫困、相对贫困；二是旅游扶贫源起及国内外实践历程；三是脱贫转型与乡村振兴战略；四是脱贫转型的源起、内涵及特征；五是生态旅游驱动脱贫转型及乡村振兴的战略意义。

一、绝对贫困与相对贫困

自从人类社会出现以来,贫困问题一直伴随着人类社会和经济发展的始终。在某种意义上说,人类文明发展史，就是人类不断与贫困做斗争的历史。联合国在 1945 年成立时，就把"消灭贫困"写进了庄严的《联合国宪章》。然而，伴随世界各国经济的快速增长，半个多世纪过去了，全球贫困现象却依然严重。据联合国统计，目前发展中国家仍有近 10 亿人口生活在绝对贫困状态，每年约有 1800 万人死于贫困（王颖，2006）。贫困是当今全世界关注的重大社会经济问题，人类为了摆脱贫困进行了不懈的努力。消除贫困（扶贫）是全人类的共同目标，是保证社会公平持久发展的根本问题。

随着对贫困问题研究的不断深入，人们对贫困的认识也在不断提高。一方面，研究"贫困"的视野正朝着多元化方向不断拓展。另一方面，缓解贫困和消除贫困的政策也在不断完善之中（林闽钢，2018）。由于贫困现象具有多样性和复杂性，不同国家、群体受特定政治、经济、社会条件的影响，对贫困的理解各不相同。同一国家、群体在不同时期对贫困的认识也在不断发展变化。贫困作为一种特殊的社会现象，不会因为经济社会的快速发展而消失（周仲高和柏萍，2014）。我国改革开放以来，经济持续发展，社会财富不断累积，扶贫工作取得了很大进展，但贫富分化仍呈日益强化之势。贫困作为物质资源匮乏或遭受剥夺的状态，其典型特征是不能满足基本生活需求（周仲高和柏萍，2014）。

（一）绝对贫困

绝对贫困是针对满足生存需求而言的。绝对贫困亦称生存贫困（subsistence poverty），是指在一定的社会生产及生活方式下，个人和家庭依靠其劳动所得及其他合法收入不能维持其基本的生存需要，这样的个人或家庭被称为贫困人口或贫困户（林闽钢，2018）。国际贫困标准（International Poverty Line Standard，简称 IPLS）实际上是一种收入比例法（林闽钢，2018）。

经济合作与发展组织（OECD）在 1976 年通过对其成员国的一次大规模调查提出了一个贫困标准，即以一个国家或地区社会的中位收入或平均收入的 50%作为这个国家或地区的贫困线，这就是被广泛运用的国际贫困标准（IPLS）。

最早对绝对贫困（absolute poverty）进行系统性调查和研究的是英国的布思（C.J. Booth，1840—1916），绝对贫困概念的提出是以生存观念为基础，指为了维持身体机能而必须满足的基本条件。对"绝对贫困"进行研究的另一重要人物是朗特里（B. S. Rowntree），1901 年他编写出版了专著《贫困：城市生活研究》（*Poverty: A Study of Town Life*）（Peter Malpass，2012）。在书中，他较为明确地界定了"贫困"概念，并确定了"绝对贫困标准线"，即如果某家庭的总收入不足以获取维持纯粹体能所需的最低数量的生活必需品，那么该家庭就处于贫困状态（林闽钢，2018）。

朗特里将绝对贫困理解为物质上的匮乏。在此基础上，他将贫困划分为初级贫困（primary poverty）和次级贫困（secondary poverty）。初级贫困是指家庭全部收入不足以获取维持身体机能所需的最低生活必需品。在这里，初级贫困实际上相当于绝对贫困。不过，它更强调贫困的客观性，也就是生存资源的绝对匮乏。次级贫困则是指如果不把收入的一部分用于其他方面的支出（不管是有用的还是浪费的），收入足以维持身体机能方面的最低需要（林闽钢，2018）。

绝对贫困人口规模与贫困线标准设定密切相关。贫困标准线是国际社会认定"贫困"的重要指标，它具有动态性特征。按照世界银行定义的国际贫困标准线，贫困人口是指每天生活费低于 1.25 美元的人群。据统计，以绝对贫困标准测算，我国农村绝对贫困人口规模从 2000 年的 3209 万人下降到 2008 年的 1004 万人，绝对贫困发生率从 2000 年的 3.5%下降到 2008 年的 1%（周仲高和柏萍，2014）。从我国贫困人口数量来看，按 2010 年贫困标准（农村居民家庭人均纯收入 1274 元/年）贫困人口仍有 2688 万，而按 2011 年修订后的贫困标准（农村居民家庭人均纯收入 2300 元/年），中国还有 1.28 亿的贫困人口。2013 年减少到 8249 万，较 2012 年下降了 1650 万。从 2014 年以后，扶贫标准改为 2800 元/年，贫困人口减少到 7017 万，下降了 1232 万；2015 年减少到 5578 万，下降了 1439 万；2016 年减少到 4335 万，下降了 1243 万；2017 年减少到 3046 万，减少了 1289 万；2018 年减少到 1660 万，减少了 1386 万。按照这个标准，2020 年中国已经进入一个没有"贫困"的时代。在此过程中，扶贫的要求从以吃、住为主，逐渐向吃、住、健康等标准转变。

贫困形成及扶贫均与制度有关。从贫困形成来看，资本短缺、资源贫乏、人口失控、自然地理条件以及科技文化落后等，这些都是贫困成因的表象，它们都可以在制度分析中找到答案。而制度落后和制度供给短缺才是贫困形成的重要根源。从扶贫来看，好的制度变迁和制度创新是扶贫取得成功的关键（黄渊基，2017）。随着扶贫工作的推进，我国绝对贫困人口大幅减少，绝对贫困发生率已经很低。在贫困人口中，相对贫困问题日益凸显。按照相对贫困标准线统计，我国相对贫困人口总数约有 2.6 亿人，相对贫困人口正在成为贫困的主体（周仲高和柏萍，2014）。在相对贫困人口中，除了农村相对贫困人口，城市相对贫困人口也值得重视。随着城市化的推进，生活在城市的相对贫困人口规模呈不断上升态势（周仲高和柏萍，2014）。

周仲高、柏萍（2014）认为，贫困发生的原因很多，大致可以归结为资源禀赋、市场竞争和体制机制等三类因素，而贫困代际传递则是以上各种因素在代际综合作用的结果：① 资源禀赋劣势是贫困发生的客观条件；② 贫困人口在市场竞争中处于弱势地位；③ 制度性贫困导致贫困人口丧失发展机会；④ 贫困因素的综合深化促使贫困代际传递。

（二）相对贫困

相对贫困与绝对贫困共存、相对贫困凸显，是当前我国社会贫困的一个显著特征（周仲高，柏萍，2014）。相对贫困是与绝对贫困相对而言的，是指与社会平均收入相比，其收入水平少到一定程度时所维持的那种社会生活状况。各社会阶层之间和各阶层内部的收入差异，通常是将一个国家或地区社会中位收入或平均收入的 50%作为这个国家或地区的相对贫困线（周仲高和柏萍，2014）。通常把中位收入人口的一定比例确定生活在相对的贫困之中。随着经济社会发展，贫困表现为一种相对状态，逐渐从内涵伸展拓展至精神层面。

到 20 世纪 80 年代，"贫困"概念日渐被拓宽，人们逐渐意识到，人类福祉的很多方面是无法完全用货币来衡量的（林闽钢，2018）。以货币作为衡量贫困尺度的前提是，货币能在市场上购买到一切。然而，尽管货币作为度量贫困的一个重要维度，但它并不能完整地反映其他方面的问题，如预期寿命、教育、健康、自由、安全、公共服务等。因此，"贫困"是个多维度概念，而不仅仅是指收入低下。

阿玛蒂亚·森[①]（Amartya Sen，2001）从能力贫困的视角出发，认为贫困的实质是人们创造收入和机会的贫困，是人们缺乏维持正常生活和参与社会活动的可行能力，即贫困应该被认为是对人们可行能力的剥夺（林闽钢，2018）。此外，阿玛蒂亚 森还从权利的角度提出了权利贫困的定义，提出了基于人头指数、贫困距离和贫困人口的基尼系数的一个贫困综合指数——森贫困指数（许加明，2020），他把视野转向贫困者权利的缺乏或被剥夺，认为贫困是权力丧失的结果，并提出了权利方法，把贫困的原因归结为权利贫困。从阿玛蒂亚·森的新界定，"贫困"从此赋予了全新的内涵，即贫困不再仅仅局限于物质生活方面的匮乏，还包括人们在社会生活、精神文化生活、政治生活方面的匮乏，意味着人们处于一种被社会排斥和相对剥夺的生活状态（林闽钢，2018）。从此，"多维贫困"（Multidimensional Poverty）概念（Satya R. Chakravarty，2008）应运而生。

联合国开发计划署（The United Nations Development Programme，简称 UNDP）于 1990 年发布的《1990 年人类发展报告》中指出，人们应该同等具有享受长寿、健康和创造性的生活条件和权利，应该创造一个人人都能享受长寿、健康和创造性的生活环境。并首次提出了"人文贫困"与"人类发展指数"（Human Development Index，简称 HDI）的概念。"人文贫困"即缺乏最基本的个人发展机会和选择权。"人类发展指数"由三个维度组成：一是出生时的预期寿命；二是预期受教育年限（包括成人识字率）；三是购买力平价折算的实际人均国内生产总值。

联合国开发计划署在 1997 年的《人类发展报告》中，提出了"人类贫困指数"（Human Poverty Index，简称"HPI"）的概念，将该指数作为衡量一个国家人类平均发展水平的参考指数。"HPI指数"有关发展中国家的三个维度指标分别是寿命、读写能力和生活水平。联合国 2000 年的《千年发展目标》（The Millennium Development Goals，简称"MDGs"）中提出了人类发展目标，即消除极端贫困与饥饿、普及小学教育、促进性别平等和增强妇女权能、降低儿童死亡率、改善孕产妇保健、与艾滋病及疟疾和其他疾病做斗争、确保环境可持续性、全球合作促进发展，这些目标维度是建构多维贫困维度的基础（林闽钢，2018）。

[①] 阿玛蒂亚·森，印度著名经济学家，1998 年获得诺贝尔经济学奖。从能力的视角提出能力贫困的概念，从权利的角度提出了权利贫困的定义，提出了结合人头指数、贫困距和贫困人口的基尼系数的一个贫困综合指数——森的贫困指数。典型的著述是《贫困与饥荒：论权利与剥夺》。

联合国开发计划署通过采用"Alkire-Foster 方法"测算全球多维贫困结果①的基础上，于 2010 年在阿尔基尔和福斯特提出了"全球多维贫困指数"概念，包括教育、健康、生活水平 3 个贫困维度，共 10 个指标，提出每年的《人类发展报告》都会公布全球多维贫困状况。

2015 年 9 月，联合国提出了《可持续发展 2030 议程》，该议程设定了人类社会到 2030 年的"可持续发展目标"（The Sustainable Development Goals，简称"SDGs"）。其中，第一个目标就是到 2030 年，实现"消除一切形式的贫困"，并实现可持续发展。"消除一切形式的贫困"，既包括收入不能满足基本需求的"贫"，也包括不能获得基本教育、医疗卫生服务、住房、劳动市场就业等带来的"困"，总体上表现为在社会上的劣势和参与机会缺失。在此基础上，多维度的贫困——相对贫困的概念即应运而生。

相对贫困的指标体系主要针对收入、就业、教育、住房、健康等五个方面进行测量，同时结合生命周期，进而得出不同生命阶段的具体指标。相对贫困评估结果超越了传统的贫困概念，即从经济的贫困转变到了多层面的贫困，由静态、单一层面转为动态、立体层面，由个人或家庭扩大到社区，从聚焦分配转向聚焦关系，由侧重社会关系的连续性转向灾难性中断（林闽钢，2018）。

张茜（2018）从收入、教育、健康保险、资产和生活质量 5 个维度，选取了包括人均年收入、受教育程度、医疗保险、养老保险、电器资产、生活负担、掌握技能、居住环境、经济地位在内的 9 个二级指标，构成了识别贫困群体多维贫困的指标体系。采用模糊集方法中的完全模糊与相对方法（Totally Fuzzy and Relative Approach，简称 TFR）构建多维贫困模糊指数，进而对中国农村家庭的多维贫困状况进行了测度和分类。研究结果表明，单维度的贫困发生率主要集中在生活负担、居住环境、经济地位和人均年收入等方面，多维模糊-随机森林模型在识别贫困方面具有很高的精度。

二、旅游扶贫源起及国内外实践

生态旅游扶贫就是以生态文明观为统领，通过贫困地区丰富的生态旅游资源开发，兴办生态旅游经济实体，使生态旅游业成为贫困山区战略性支柱产业，促进贫困山区居民和地方财政的双脱贫致富，实现贫困山区经济社会与资源环境协调可持续发展。旅游扶贫的对象是主要是贫困山区或乡村区域，由于贫困山区往往是远离大城市、交通不便的大山深处、偏远山区，而这些地区往往也是民族地区、革命老区和生态屏障区，所以贫困山区通常成为生态旅游扶贫对象统一的代名词。生态旅游扶贫的前提是贫困山区必须具备一定品质的旅游资源，而贫困山区往往就是山地生态乡村旅游资源富集区域，正因为如此，生态旅游扶贫成为贫困山区扶贫攻坚最主要的方法和路径。生态旅游扶贫的目的就是贫困山区居民实现就业和收入增加、地方财政脱贫致富，乃至乡村振兴可持续发展。

生态旅游扶贫的方法和手段是就地取材，简而言之，就是通过贫困地区独特的旅游资源开发促进当地经济社会发展。生态旅游扶贫不能简单地等同于一般的经济欠发达地区的旅游开发（王铁，2008）。生态旅游扶贫与传统的旅游扶贫，在扶贫方法、路径、规划、建设、要求、标准等

---

① 2007 年 5 月，由阿马蒂亚·森发起，在牛津大学国际发展系创立了牛津贫困与人类发展中心（Oxford Poverty and Human Development Initiative，简称"OPHI"），致力于多维贫困的测量。该中心主任阿尔基尔（S. Alkire）和福斯特（J. Foster）根据基本能力理论，提出了计算"多维贫困指数"（Multidimensional Poverty Index，简称"MPI"）的"Alkire-Foster 方法"，以此评价多维贫困状况。

方面，具有不同程度的差异性（覃建雄，2018）。传统的旅游扶贫主要强调的是，贫困山区的旅游刚性扶贫，尤其强调旅游扶贫的经济效益。与之相对应，生态旅游扶贫是在可持续发展理念指导下的旅游扶贫，除了强调旅游扶贫的经济效益，同时注重旅游扶贫的社会效益和生态效益，即注重贫困山区旅游扶贫的经济、社会、生态三大效益的统一（覃建雄，2018）。

（一）旅游扶贫源起

旅游扶贫（Tourism Poverty Alleviation）的概念（Mohd Yusop，2011），源于扶贫旅游即 PPT（Poor-Pro Tourism），扶贫旅游则源于国际学界有关旅游发展与消除贫困的直接关联的研究（Lee Jolliffe，2009）。1999 年 4 月，英国国际发展署（Department For International Development，简称 DFID）在可持续发展委员会报告中，提出了 PPT（pro-poor tourism）的概念，PPT 系指有利于贫困人口发展的旅游，它强调提高贫困人口在旅游过程中获得更多的发展机会和净收益，包括经济、社会和文化各个方面。PPT 不是一种特殊的旅游产品（Jean Junying Lor et.al，2019），也不是旅游业的一个组成部分，更不是全面扩展的整个旅游产业，而是发展旅游的一种方式和途径。PPT 战略（PPT Strategy）致力于贫困人口发展机会的开发方面，它强调通过旅游业的关联带动效应，增强贫困地区自身发展的能力，最终进入良性循环的可持续发展轨道，从而使贫困人口受益和发展（Richard Sharpley，2016）。

PPT 是第一次真正将旅游发展与扶贫直接关联的研究理论和方法。PPT 研究注重旅游产业经济理论和贫困理论相结合，直接将贫困山区、贫困人口作为研究对象，重点研究贫困山区、贫困社区、贫困群体的特点，以及在参与旅游过程、获得发展机会等方面存在的问题。其中，如何增加贫困人口的发展机会和提高旅游发展对贫困人口生活的积极影响是 PPT 研究的核心内容（王颖，2006）。PPT 研究认为，尽管旅游业可能在全球发展中出现了很多问题，但仍然被认为在发展经济和消除贫困方面大有潜力可挖，如果对其发展方向和策略进行有效调整，就有可能在扶贫和创造发展机会过程中发挥更大的作用（DFID，1999）。

把旅游扶贫提到研究的议事日程上来，这是近 20 年的事情。国外旅游与扶贫问题的研究，最早可以追溯到旅游的经济研究和影响研究中，即旅游对目的地社会经济发展的作用、意义、造成的负面影响，以及随后出现的发展中国家旅游研究中（王颖，2006）。20 世纪六七十年代，旅游研究焦点侧重于旅游宏观经济效益上，包括就业、经济增长、GDP 贡献、外汇赚取等，而贫困只是作为旅游影响效应的一个因素出现在相关研究文献中。20 世纪 80 年代以来，旅游对目的地特别是不发达国家和地区经济、社会、文化、环境的负面影响日益突出，旅游伦理和可持续发展问题备受旅游研究者和从业者的关注，生态旅游、可持续旅游、社区旅游等小生境（niche）旅游应运而生，并成为这一阶段旅游研究的主流。直至 20 世纪 90 年代末，世界各国仍未将消除贫困作为旅游研究内容的一部分，尽管在此之前已有不少国家进行了旅游扶贫实践活动（Neda Zarandian et al，2016）。换句话说，旅游扶贫相关概念的提出与发展是 20 世纪以后的事。

事实上，旅游的经济效益和朴素的旅游扶贫思想，早在第二次世界大战以前，欧洲旅游学者就从旅游活动的形态、结构和活动要素的研究中有所察觉，确认了旅游活动是属于经济性质的一种社会现象，并发现旅游活动可以获得巨大的经济利益，而且对接待地人群具有某种帮助的特殊功能。1999 年 10 月，马来西亚召开的世界生态旅游专题讨论会上发表了《沙巴宣言》，提出将生态旅游保护、开发与利用规范化起来。同年成立了国际生态旅游协会网站（Ecoclub），目的是通过生态旅游支持环境保护、促进环境及文化教育、辅助当地人民受益。澳大利亚学者

Haether D. Zeppel（2005）在其著作《世居居民旅游可持续开发与管理》中，系统阐述了生态旅游与世居居民社区、土著文化及生态环保之间协调可持续发展和管理路径。从此，有关生态旅游兴起、原因、作用、规划、管理以及社区居民参与等研究成为热点。

（二）旅游扶贫的国外实践

国际社会一直致力挖掘和探索旅游产业在消除贫困问题上的潜力和能力。旅游扶贫理论与实践，随着生态旅游概念的诞生、理论发展、具体实践而应运而生。国外的旅游扶贫实践通常要早于旅游扶贫概念和旅游扶贫理论的产生。广义的旅游扶贫，实际上从19世纪晚期黄石国家公园成立即已开始（Cara Cherry 和 Kirsten M. Leong，2018）。当时黄石国家公园的目的和任务，除了国家资源保护就是教育、科学研究，此外就是开展旅游和休闲活动（Ryan M. Yonk 和 Jordan K，2020）。而教育、科学研究，以及旅游和休闲活动这些功能，实际上相当于帮助人们向大自然学习、增进人类与大自然交流的自然大讲堂，可视为一种知识、智慧、智力、科研等方面的扶贫。事实上，这些都是旅游扶贫的开拓者（Hayley M. Benham 和 Matthew P. McCollum，2021）。随后，类似的广义旅游扶贫项目不断涌现，如20世纪中晚期日本的广岛中央森林公园。

世界上最典型的旅游扶贫案例，莫过于肯尼亚旅游业的发展经验，这里成为发展以当地居民为出发点的生态旅游的世界典型（John S Akama，1996）。马赛马拉保护区是肯尼亚最受欢迎的旅游景点，在保护活动与当地居民参与的结合上十分成功（Lalita A. Manrai 等，2020）。许多居住在保护区内的马赛人被吸收为旅游发展协会的成员。通过参与其中，民众渐渐接受并学会全新的土地和资源利用方式。伴随着生态旅游带来的丰厚收益，许多旅游业者和土地拥有者非常热衷于发展以观赏野生动物为主的生态旅游业，并且对保护工作抱着积极参与的态度。从此，居民再也不愿冒险去打猎，数百年来形成的偷猎情形发生了前所未有的改善（B.O.Imbaya，2019）。维系当地人民生活，强调社区参与，兼顾当地居民的利益是肯尼亚生态旅游实践成功的关键，也是生态旅游可持续发展的基本保证（David S. Green 和 Elise F. Zipkin，2019）。生态旅游除了是一种提供自然体验的环境责任型旅游之外，也负有繁荣地方经济、提高当地居民生活品质的重要功能。肯尼亚马赛马拉保护区案例很好地证实了，生态旅游是解决环境保护、经济发展与当地民众三者矛盾的最佳方案（Barker A，Stockdale A，2008）。

作为极高山地国家，尼泊尔的山地生态旅游扶贫堪称世界榜样。数百年来，皇家奇特旺的野生动物（老虎、大型独角犀牛、大量有蹄类动物）与周围的社区利益是相互冲突的（Stephen F. McCool.，2019）。后来，于1973年建立了国家公园，并于1992年被列为世界自然遗产后，随着生态旅游业的发展，既解决了当地百姓的生活与就业问题，满足了人类需要，也很好地保护了野生动物的繁衍生息，缓解了人与野生生物的冲突（Marie-Eve Yergean，2020）。萨加玛塔国家公园成立及相应旅游业兴起以后，极大地改变了当地夏尔巴人的生活方式，旅游业已经成为当地居民主要的经济来源，平均每户人家都有一人从事与生态旅游相关的行业。从此，夏尔巴人被公认为不仅拥有丰富的文化修养，而且也是人与环境之间协调共生的典范。安纳普尔纳保护区是尼泊尔境内最大的保护区，这里有丰富多彩的自然景观和生动的农民生活场景（Novelli M and Scarth A.，2007）。由于保护区内居住着大量的世居居民，保护区的项目开发很注意当地人的参与，以求得旅游开发与环保协调发展。

20世纪晚期到21世纪初叶，巴厘岛一直保持着30多年度假旅游业平稳发展势头。2000年，超过140万国际游客从境外直飞巴厘岛，国际游客占巴厘岛游客总人数的一半以上（Gusti Kade

Sutawa，2012）。旅游业发展为巴厘带来了源源不断的财富，现在的巴厘岛已经成为印尼最富裕的省份之一。这个远离大都市的偏僻的海岛上，300多万居民不仅摆脱了世代贫困，而且过上了富裕的生活（Julia Jeyacheya and Mark P. Hampton，2020）。保护好自然环境、开发好旅游资源，处理好旅游发展与生态保护之间的辩证关系，是巴厘岛旅游经济发展的前提和基础。而先进的经营管理理念则为巴厘岛旅游业持续发展提供了保障（Kevin X. Li，Mengjie Jin and Wenming Shi，2018）。巴厘省旅游局为此做出了巨大的贡献，他们注重提高政府管理旅游的能力，计划学习欧洲、新加坡的发展模式（Dumilah Ayuningtyas and Anwar Fachry，2020）。巴厘岛旅游实践证明，发展旅游不一定需要中心城市的依托，旅游也可以在远离中心城市的生态环境良好的地方生根发芽，进而实现旅游业带动当地社区发展，哪怕是偏远、孤僻的岛屿（Freya Higgins-Desbiolles，2018）。

南非尼加拉私人狩猎保护区旅游业造就的旅游社区受益体系，是世界旅游扶贫又一个非常成功的案例（Dallen J Timothy，1995）。尼加拉私人狩猎保护区通过非洲保护协会（African Conservation Association，简称ACA）这样一个机构把收益分给当地居民。该协会致力引导国际捐赠人赞助非洲农村的地区项目。非洲基金会以下列方式赞助这些项目：①项目必须由尼加拉自然狩猎保护区附近的社区成员发起，必须有益于社区发展；②必须解决非洲基金会预先确定的项目类型，如小企业开发、文化发展、地区基础设施建设或配套服务设施建设和培训（David Harrison，1995）；③提议者必须有证据表明项目具有经济、社会和环境可持续性；④社区成员必须与非洲基金会合作，致力发展社区生态旅游（Victor Teye，1988）；⑤提议要经过非洲基金会地区管理人员的审查并提交基金托管人；⑥如果提议被通过，就把预算划拨给地区管理人员，并由他们监督项目的实施。

厄瓜多尔加拉帕哥斯群岛，就是通过发展生态旅游实现岛上居民获得发展机会与海洋动物得到良好保护的典型案例（César Viteri Mejía and Sylvia Brandt，2015）。自从1959年建立了加拉帕哥斯国家公园，通过发展生态旅游和旅游扶贫，加拉帕哥斯群岛不仅成为人类自然遗产（UNESCO，1979）、生物圈保护区（MAB/UNESCO，1985）和鲸鱼保护区（1989），而且是继澳大利亚大堡礁之后第二个世界海洋保护区（Carlos Mestanza and Camilo M，2019）。1990年成立厄瓜多尔生态旅游协会，这是拉丁美洲的第一家（Lenin Riascos-Flores and Stijn Bruneel，2020）。厄瓜多尔政府通过旅游与环境部，在厄瓜多尔生态旅游协会的协助下，批准了生态旅游企业的认证计划，对开展生态旅游活动、推动可持续发展的企业，提供技术帮助和经济激励措施（Min Jiang 和 Terry DeLacy，2011）。

（三）旅游扶贫的国内实践历程

中国是世界上最大的发展中国家，从古至今贫困就一直长期阻碍着我国的发展与进步。以发展旅游业带动贫困地区、经济欠发达地区脱贫致富即旅游扶贫，是近一段时期以来国家主导扶贫攻坚的重要创举，也是从实践中总结出的扶贫创新模式，同时也是推动旅游业深入发展的新思路。这不仅为我国贫困山区、经济欠发达地区的发展和农村人口的脱贫致富开辟了新途径，也为我国旅游经济的持续发展找到了一个新增长点。

事实上，我国旅游扶贫实践早已展开，当时只是作为我国国民经济社会发展的一个方面。在20世纪60年代至80年代中期开始的体制驱动为主的旅游发展时期，主要是通过发展旅游换取外汇；在20世纪80年代中期至90年代的市场驱动为主的旅游发展时期，从深圳锦绣中华（客源动力型）到桂林山水（产品动力型），主要是通过促进城市旅游和山水旅游发展换取外汇和扩大就业机会；在 20 世纪 90 年代到 2000 年的形象驱动为主的旅游发展时期，从张家界、九寨沟（更名型）到北京天安门、西安古城、上海城隍庙（历史文化型），再到天津万象之城（地标型），主要是通过推动都市旅游发展和经典遗产山水人文旅游发展，带动当地社区老百姓的就业和增收；在 2001—2010 年的社会驱动为主的旅游发展时期，从创意产业园区（CID, creative industrial district）、商贸型（CBD, central business district）、社区型（RBD, recreational business district）、商贸型（CBD, central business district）到社区型（RBD, recreational business district），主要是通过旅游发展盘活城市工业和社区资源存量，带动城市社区经济社会协调发展；在 2011 至今的全域旅游发展时期，主要是运用生态文明观统领旅游业带动城乡、经济、社会、人文全域可持续发展。换句话说，在我国旅游发展的过程中，从东部沿海地区到中部平原地区，再到中西部城市区域，乃至西部民族山区的旅游发展过程，就是通过旅游业带动区域发展、城乡统筹、经济发展、社会进步和全域发展的过程。

我国与欧美国家在生态旅游实践背景和理论研究诸方面的差异性，造成了我国旅游扶贫无论在具体扶贫实践还是旅游扶贫理论研究方面，都具有与西方不同程度的差异，主要表现在：① 欧美旅游业发展滞后于城乡发展和经济社会发展，通常是在国家经济和城乡发展达到一定程度的产物，主要是随着城乡和经济社会发展而发展起来的，是区域经济、城乡发展和市场规律的结果。如欧美城乡基础设施及配套服务设施建设，主要在区域规划框架下城乡建设发展初期即已完成，正是由于城乡经济发展以及基础设施及配套服务设施条件的提升，进而带动了欧美城乡旅游经济的发展；与欧美旅游发展实践不同，我国旅游业主要由政府主导发展起来的，旅游业启动往往先于区域经济和城乡发展或处于经济和城乡发展初期，目的是通过旅游业发展促进区域经济和城乡协调发展。最典型的例子是，我国许多具备一定资源条件的地方，当地政府通常以旅游业发展为先导引领城乡基础设施建设和配套服务设施建设，都确定以旅游业作为战略性支柱产业，带动区域经济社会可持续发展。② 与国外旅游业相比，我国生态旅游承担着区域产业发展和促进经济社会全面进步的双重责任，无论在改革开放初期，还是扩大内需时期，乃至旅游扶贫时期，从扩大开放、获取外汇、地震恢复重建，再到产业结构调整、民族地区和谐稳定，以及区域可持续发展、建设生态文明新时代，旅游业均发挥了非常重要而独特的作用，一直不同程度地承担着优势产业、主导产业、龙头产业、支柱产业或战略产业的重任。③ 欧美国家旅游作为区域发展、城乡发展和经济社会进步的自然产物，其发展经历了从大众旅游到生态旅游再到现代生态旅游的循序渐进的发展过程。而我国旅游由于国家背景、发展目的和动机不同，其发展表现为大众旅游与生态旅游近同步发展、大众旅游发展过程漫长而生态旅游发展历程短暂的特征，并与国家经济发展、城乡一体化和区域发展近同步。相应地，在欧美国家与我国之间，生态旅游理论研究同样显示类似的规律性。

尽管旅游扶贫理论研究滞后于欧美国家，但我国旅游扶贫实践具有后来居上、赶超世界的气魄和趋势。早在 2011 年 12 月，党中央、国务院就已提出，到 2020 年中国要实现全面建成小康社会的奋斗目标，要开展针对基本覆盖全国绝大部分贫困地区和深度贫困群体的全国 14 个集中连片特困地区的扶贫攻坚战，明确要求中央财政专项扶贫资金新增部分主要用于连片特困地区，集中连片特殊贫困地区作为扶贫攻坚主战场是新阶段扶贫开发工作的重大战略举措。为了实现这一战略性宏伟目标，国务院制定了《中国农村扶贫开发纲要（2011—2020 年）》，明确指出将六盘山区、秦巴山区、武陵山区、乌蒙山区、滇桂黔石漠化区、滇西边境山区、大兴安岭南麓山区、燕山-太行山区、吕梁山区、大别山区、罗霄山区等区域的连片特困地区，以及已明确实施特殊政策的青藏高原涉藏地区、新疆南疆四地州，共计 689 个县作为扶贫攻坚主战场。通过"十三五"期间的共建奋战，我国贫困人口已经从 2011 年的 1.28 亿，降到 2018 年的 1660 万，2019 年再减少农村贫困人口 110 万人。在此过程中，旅游发挥了战略性支柱产业的独特意义和作用。2015 年，国家旅游局、扶贫办共同召开《全国乡村旅游提升与旅游扶贫推进会议》，国务院发布《关于促进旅游改革发展的若干意见》和《关于进一步促进旅游投资和消费的若干意见》，农业部等 11 部门颁布了《关于积极开发农业多种功能大力促进休闲农业发展的通知》《国土资源部住房和城乡建设部国家旅游局关于支持旅游业发展用地政策的意见》。2016 年国家旅游局发布了《关于印发乡村旅游扶贫工程行动的通知》《关于金融助推脱贫攻坚的实施意见》《乡村旅游扶贫八大行动方案》。2017 年国家旅游局发布了《关于推动落实休闲农业和乡村旅游发展政策的通知》《促进旅游产业发展，支持旅游扶贫工程合作协议》。2018 年，国务院发布了《促进乡村旅游发展提质升级行动方案（2018—2020 年）》。2019 年，国家旅游局发布了《关于促进乡村旅游可持续发展的指导意见的通知》《关于实施乡村旅游富民工程推进旅游扶贫工作的通知》《关于印发乡村旅游扶贫工程行动的通知》，文旅部等七部委发文《落实金融助推脱贫，打通旅游扶贫路》，同年发布中央一号文件：大力发展休闲农业和乡村旅游。2020 年，文旅部启动实施 120 亿旅游基建基金申报工程。自始至终，旅游业都在我国贫困山区扶贫攻坚过程中做出了应有的特殊贡献。

三、脱贫转型与乡村振兴战略

（一）脱贫转型

2020 年以前的扶贫目标是，到 2020 年即"十三五"末，确保实现中国现行标准下农村贫困人口实现脱贫，贫困县全部摘帽，进而实现解决区域性整体贫困的目标。具体是基于国内经济发展水平提高以及人们在吃、住等基本生活成本上升后的实际情况，国家以 2011 年人均年收入 2300 元（2014 年以后脱贫标准为 2800 元）作为绝对贫困线，对相关贫困地区进行评估。

按照这个标准，到 2020 年末，我国贫困县自然走入历史，将进入一个没有"贫困"的时代。然而，这里需要指出的是，这是按照农民人均收入 2300 元（按 2014 年脱贫标准为 2800 元）计算的贫困人口在统计意义上的消失，绝对不意味着中国农村贫困的终结（李小云和许汉泽，2018）。原因主要包括：

① 2020 年以前扶贫主要解决的是区域性整体贫困问题，2020 年农村贫困人口实现脱贫，针对的是全国集中连片贫困地区的贫困县全部摘帽，但这并不意味着所有贫困的彻底消失；② 2020 年以前扶贫主要是解决绝对贫困问题，因为贫困标准及贫困线的设定，是按照 2011 年 2300 元（按 2014 年脱贫标准为 2800 元）的要求计算的（李小云和许汉泽，2018）；③ 作为贫困的重要组成部分，相对贫困将依然长期存在，如收入差距、公共服务资源不均衡现象等，这是全世界尚未解决的重大问题；④ 2300 元的贫困标准线（按 2014 年脱贫标准为 2800 元）并非固定不动的，2300 元以上的群体（脱贫群体）仍然有可能在各种变化风险中再次掉入贫困线以下（李小云和许汉泽，2018）；⑤ 贫困线是一个动态的概念，随着生活水平和成本的上升，一旦调整贫困线，在统计意义上的绝对贫困人口又会重新出现（李小云和许汉泽，2018）；⑥ 如果按照 2020

年"两不愁，三保障"①的脱贫目标要求，这意味着扶贫不仅要解决贫困户最基本的生存需要，而且还将解决其部分发展需要问题（李小云和许汉泽，2018）。

因此，需要从经济社会、人文历史、自然生境等多个维度，去重新审视 2020 之后的贫困问题。以山区农村为主要对象、以绝对贫困为主要特征的经济领域为主的扶贫攻坚，在即将到来的新形势下，将要发生全新的变化、形成全新的特点（李小云和许汉泽，2018）：一是城乡统筹扶贫：农村贫困扶贫向城乡统筹贫困扶贫转型；二是相对贫困扶贫：绝对贫困扶贫向相对贫困扶贫转型；三是乡村全域振兴发展：农村贫困扶贫向乡村全域振兴转型。2020 年后的扶贫特殊性主要表现在：一是扶贫对象发生了变化，已经从农村贫困群体转向城乡全域所有贫困群体；二是扶贫杠杆发生了变化，已经从经济扶贫为主转向经济社会为主的扶贫；三是扶贫方式发生了变化，从行政手段转向常规性贫困治理体系；四是扶贫内容发生了变化，已经从绝对贫困扶贫转向相对贫困为核心的扶贫攻坚；五是扶贫目标发生了变化，从 2300 元贫困线转向实现"两不愁、三保障"的全新扶贫；六是扶贫环境发生了变化，已经从几年前以经济建设为主的发展环境转向以全域治理体系为主的发展环境，那是经济、社会、文化环境乃至生态环境和国际环境，都相应发生重大变化。

正因为上述这些变化，造成 2020 年以后二次扶贫攻坚面临诸多挑战。这意味着在 2020 年实现绝对贫困全面脱贫后，将面对接踵而至的全新的相对贫困扶贫，扶贫目标、战略、思路、策略、路径等都要发生转型升级。在此背景下，扶贫转型的概念应运而生。广义的扶贫转型通常指扶贫攻坚在面对全新的扶贫背景、发展环境和条件下，在扶贫目标、战略、思路、策略、路径等等方面的转型升级，这是全世界范围普遍意义上的扶贫转型。狭义的扶贫转型系特指我国 2020 年实现经济意义上的"刚性脱贫"后，面对以全新的扶贫背景、发展环境、总体要求和主要任务，为"乡村全面振兴，农业强、农村美、农民富全面实现"，所应该采取的扶贫战略、思路、策略、路径、对策等方面的转型升级。

（二）乡村振兴战略

从某种程度上讲，扶贫是乡村振兴的基础和初级阶段，乡村振兴是农村扶贫的中远期阶段和远景目标。如何促进从贫困扶贫向乡村振兴的转型升级，成为重大战略和方向性问题。乡村是具有自然、社会、经济特征的地域综合体，兼具生产、生活、生态、文化等多重功能，与城镇互促互进、共生共存，共同构成人类活动的主要空间。当前我国农业农村基础差、底子薄、发展滞后的状况尚未根本改变，经济社会发展中最明显的短板仍然在"三农"，现代化建设中最薄弱的环节仍然是农业农村。主要表现在：农产品阶段性供过于求和供给不足并存，农村第一、二、三产业融合发展深度不够，农业供给质量和效益亟待提高；农民适应生产力发展和市场竞争的能力不足，农村人才匮乏；农村基础设施建设仍然滞后，农村环境和生态问题比较突出，乡村发展整体水平亟待提升；农村民生领域欠账较多，城乡基本公共服务和收入水平差距仍然较大，脱贫攻坚任务依然艰巨；国家支农体系相对薄弱，农村金融改革任务繁重，城乡之间要素合理流动机制亟待健全；农村基层基础工作存在薄弱环节，乡村治理体系和治理能力亟待强化。我国人民日益增长的美好生活需要和不平衡不充分的发展之间的矛盾在乡村最为突出，我国仍处于并将长期处于社会主义初级阶段的特征很大程度上表现于乡村。全面建成小康

---

① 即农村贫困人口不愁吃、不愁穿，农村贫困人口义务教育、基本医疗、住房安全有保障。

社会和全面建设社会主义现代化强国，最艰巨最繁重的任务在农村，最广泛最深厚的基础在农村，最大的潜力和后劲也在农村。

乡村振兴战略是党中央、国务院深刻把握现代化建设规律和城乡关系变化特征，顺应亿万农民对美好生活的向往，对"三农"工作作出的重大决策部署，是决胜全面建成小康社会、全面建设社会主义现代化国家的重大历史任务，是新时代做好"三农"工作的总抓手。按照产业兴旺、生态宜居、乡风文明、治理有效、生活富裕的总要求，对实施乡村振兴战略作出阶段性谋划，分别明确至 2020 年全面建成小康社会和 2022 年召开党的二十大时的目标任务，细化实化工作重点和政策措施，部署重大工程、重大计划、重大行动，确保乡村振兴战略落实落地，是指导各地区各部门分类有序推进乡村振兴的重要依据。截止到 2020 年，乡村振兴的制度框架和政策体系基本形成，全面建成小康社会的目标如期实现。乡村振兴的目标①是，到 2022 年，乡村振兴的制度框架和政策体系初步健全。现代农业体系初步构建，农业绿色发展全面推进；农村第一、二、三产业融合发展格局初步形成，乡村产业加快发展，农民收入水平进一步提高；农村基础设施条件持续改善，城乡统一的社会保障制度体系基本建立；农村人居环境显著改善，生态宜居的美丽乡村建设扎实推进；城乡融合发展体制机制初步建立，农村基本公共服务水平进一步提升；乡村优秀传统文化得以传承和发展，农民精神文化生活需求基本得到满足；乡村治理能力进一步提升，现代乡村治理体系初步构建，探索形成一批各具特色的乡村振兴模式和经验，乡村振兴取得阶段性成果。远景目标是到 2035 年，乡村振兴取得决定性进展，农业农村现代化基本实现。农业结构得到根本性改善，农民就业质量显著提高，相对贫困进一步缓解，共同富裕迈出坚实步伐；城乡基本公共服务均等化基本实现，城乡融合发展体制机制更加完善；乡风文明达到新高度，乡村治理体系更加完善；农村生态环境根本好转，生态宜居的美丽乡村基本实现。到 2050 年，乡村全面振兴，农业强、农村美、农民富全面实现。

乡村振兴战略的主要任务②是：建设产业兴旺、生态宜居、乡风文明、治理有效、生活富裕的社会主义新农村。具体包括：一是以农业供给侧结构性改革为主线，构建现代农业产业体系、生产体系、经营体系，推动乡村产业振兴；二是以践行绿水青山就是金山银山的理念为遵循，加快转变生产生活方式，推动乡村生态振兴；三是传承发展乡村优秀传统文化，培育文明乡风、良好家风、淳朴民风，建设邻里守望、诚信重礼、勤俭节约的文明乡村，推动乡村文化振兴；四是建立健全党委领导、政府负责、社会协同、公众参与、法治保障的现代乡村社会治理体制，推动乡村组织振兴，打造充满活力、和谐有序的善治乡村；五是以确保实现全面小康为目标，加快补齐农村民生短板，让农民群众有更多实实在在的获得感、幸福感、安全感。构建乡村振兴新战略格局是：统筹城乡发展空间、优化乡村发展布局、分类推进乡村发展、坚决打好精准脱贫攻坚战、夯实农业生产能力基础、加快农业转型升级、建立现代农业经营体系、完善农业支持保护制度、推动农村产业深度融合、完善紧密型利益联结机制、激发农村创新创业活力。

四、脱贫转型的源起、内涵及特征

随着国家精准扶贫成效的持续提升和 2020 年扶贫攻坚的圆满结束，我国正在迎来全面小康

① 中共中央 国务院. 国家乡村振兴战略规划（2020—2022）. http：//www.xinhuanet.com/politics/2018-09/26/c_1123487123.htm
② 中共中央 国务院. 国家乡村振兴战略规划（2020—2022）. http：//www.xinhuanet.com/politics/2018-09/26/c_1123487123.htm

社会，进入向第二个百年奋斗目标进军的新征程。在贫困治理领域，这就意味着各相关的治贫实践将进入与传统的"扶贫"相对应的"后脱贫时代"。这里主要从后脱贫时代的实践认识、后脱贫时代一词的由来、后脱贫时代概念及内涵、后脱贫时代的贫困特征等方面进行论述。

（一）脱贫转型的源起

叶兴庆和殷浩栋（2019）通过从消除绝对贫困到缓解相对贫困——中国减贫历程与 2020 年后的减贫战略研究认为，改革开放以来，我国的减贫以消除绝对贫困为目标，经历了农村改革推动减贫（1978—1985），工业化、城镇化与开发式扶贫推动减贫（1986—2012），全面建成小康社会建设推动减贫（2013—2020）三个阶段。

2015 年中央明确提出，到 2020 年即"十三五"末，要确保中国现行标准下农村贫困人口实现脱贫，贫困县全部摘帽，解决区域性整体贫困，实现全面小康的目标。具体是基于国内经济发展水平提高以及人们在吃、住等基本生活成本上升后的实际情况，国家以 2011 年人均年收入 2300 元（2014 年脱贫标准为 2800 元）作为绝对贫困线。按照这个标准，到 2020 年结束中国不会存在年纯收入低于 2300 元的群体（按 2014 年脱贫标准为 2800 元[①]），这意味着贫困县将自然走入历史，中国将进入一个没有"贫困"的时代（李小云，许汉泽，2018）。2020 年后，我国将总体进入农村绝对贫困基本消除的全新局面。

然而，这里需要指出的是，按照农民人均收入 2300 元（按 2014 年脱贫标准为 2800 元）计算的贫困人口在统计学上的消失，绝对不意味着中国农村贫困的终结（李小云和许汉泽，2018）。也就是说，2020 年后中国绝对贫困人口的数量和比例会进一步下降，但这并不意味着贫困的完全消除。这是由于：① 现有扶贫主要解决的是区域性整体贫困问题，并不意味着所有贫困（如特殊贫困）的彻底消失；② 现有扶贫主要是解决绝对贫困问题，而贫困显然并非只是简单的经济贫困；③ 贫困的重要组成部分——相对贫困将依然长期存在，这是世界面临的重大难题；④ 贫困标准线并非固定不动的，仍然有可能在各种变化风险中掉入贫困线以下；⑤ 贫困线是一个变化的概念，随着生活水平和成本的上升，届时提高绝对贫困线的压力会上升，一旦调整贫困线，在统计意义上的绝对贫困人口又会重新出现；⑥ 脱贫目标是动态的概念，按照 2020 年"两不愁，三保障"的脱贫目标要求，这意味着不仅解决贫困户最基本的生存需要，而且还将解决其部分发展需要。综上，以 2020 年年底作为节点，之前为以经济要素为主的绝对贫困扶贫时代的结束，之后为以经济、社会、生态综合要素统筹考虑的相对贫困扶贫时代的开始，2020 年以后相当一段时期属于从绝对贫困扶贫向相对贫困扶贫转变的特殊阶段，这里称之为脱贫转型及相应的脱贫转型时代或后脱贫时代。

关于后脱贫时代，肖兴政和肖钰琪（2017）在"后脱贫时代农村人力资源配置研究——以 S 省 B 市柳林镇为例"一文中，较早提出了"后脱贫时代"这一表述。肖兴政和肖钰琪（2017）认为，后脱贫时代指的是贫困地区在政府或其他社会组织的帮助下，扶贫攻坚成功脱掉贫困帽子后所处的一段巩固时期。此后，越来越多的学者提出了"后脱贫时代""后扶贫时代"或其他暗含其意表述。其中，提及"后脱贫时代"的学者有：肖兴政和袁兰（2018）、康彦华（2018；2019）、段从宇和任增元（2019）、刘建（2019）、周孟亮和袁玲玲（2019）、赵航（2019）、张诗瑶（2020）、杨立昌（2020）、李娜和王有强（2020）、许斌（2019）、肖主宸（2019）、刘远杰（2020）、

---

① 从 2014 年以后，扶贫标准从 2011 年的 2300 元提升为 2800 元。

郭小卉和冯艳博（2020）、郭景福和董帮国（2020）、刘开华（2020）、高卉（2020）、李维和许佳宾（2020）、夏支平（2020）、彭志刚（2020）、李小红和段雪辉（2020）、何晓妍等（2020）、李晓夏和赵秀凤（2020）、萧子扬（2020）、郭洪涛（2020）等。

提及"后扶贫时代"的学者主要有周正义（2018）、邱锋露等（2018）、向勇和孙迎联（2019）、骆胜东和邓飞（2019）、孙迎联和向勇（2019）、徐曼（2019）、王增文（2019）、孟庆武（2019）、肖主宸（2019）、何阳和娄成武（2020）、田波和柳长兴（2020）、刘佳和蒋洁梅（2020）、孔凡飞和赵东旭（2020）、王习明和张慧中（2020）、沈芳（2020）、许源源（2020）、周正义和胡林波（2020）、刘学敏（2020）等。大致将"全国大范围减贫治理后原发性绝对贫困基本终结"开始而形成的历史时段称之为"后扶贫时代"。此外，文献中暗含"后脱贫时代"之意、未直接提及"后扶贫时代"，但以"2020 年以后"或脱贫转型相关概念的学者主要有李小云和许汉泽（2018）、叶兴庆和殷浩栋（2019）、白永秀和刘盼（2019）、高强（2019）、黄承伟（2019）、凌经球（2019）、邢成举和李小云（2019）、王太明（2019）、黄征学等（2019）、张协奎和吴碧波（2019）、姜会明等（2019）、王立创和代秀亮（2019）、李小云等（2020）、卢黎歌和武星星（2020）等。

段从宇和任增元（2019）认为，"后脱贫时代"和"后扶贫时代"均系我国精准扶贫工作深入推进的伴生性表述，而随着 2020 后既定标准下绝对贫困的终结，"后脱贫时代"的表述显然比"后扶贫时代"的表述更加适宜，并将其具体理解为"在贫困治理领域内，以精准扶贫的系统推进而终结绝对原生性贫困后的一个新的历史时期"。肖兴政和袁兰（2018）认为，后脱贫时代指的是贫困地区在政府或其他社会组织的帮助下，通过扶贫攻坚成功摘掉贫穷帽子后所处的一段巩固时期。在此时期贫困人口已经脱贫，精准扶贫已经取得明显的效果，但由于资源有限以及社会公平等原因政府可能会减轻扶持力度。贫困地区在此期间，如果不能充分利用自身资源进行科学规划和管理，则很有可能会出现返贫的现象。所以这是一个非常关键时期。

笔者以为，后脱贫时代、后扶贫时代以及暗含此意但没有明确表达的脱贫转型时代，虽然就字面上理解会存在诸多歧义，但从我国脱贫攻坚实践、扶贫理论研究以及学界初衷和学者情怀上讲，实际上基本都表达同一个意思，即从绝对原生性贫困终结的节点开始的一个全新的历史时期就是后脱贫时代，具体大致从 2020 年年底绝对贫困扶贫结束、全面小康实现的那一刻开始，就是后脱贫时代的开始。应值得提及的是，这里的后脱贫时代系指绝对贫困脱贫以后的，并不包含相对贫困脱贫时期，用"后刚性脱贫时代"表达更为贴切。笔者认为，将这种"后刚性脱贫时代"称为脱贫转型时代，更为确切（如图 1 所示）。严格意义上讲，脱贫转型时代就是从绝对贫困脱贫的节点开始，到相对贫困扶贫制度框架及政策体系建成时候的节点之间的时期。由于绝对贫困和相对贫困之间的本质差异性，导致绝对贫困扶贫和相对贫困扶贫在制度、政策、目标、战略、路径、措施等方面的差异性，造成从绝对贫困扶贫结束到真正的相对贫困扶贫开始之间存在一个混合的过渡期，这个过渡期就是脱贫转型时期，该时期持续的时间长短取决于所在地区制度、政策、目标、战略、路径、措施等方面的系统效率，效率越高脱贫转型时期就越短，反之就越长。在脱贫转型时代结束之后，就进入相对贫困扶贫时代，这个时代可能伴随整个乡村振兴的整个过程，因为相对贫困是人类未来较长时期内无法解决的重大课题。

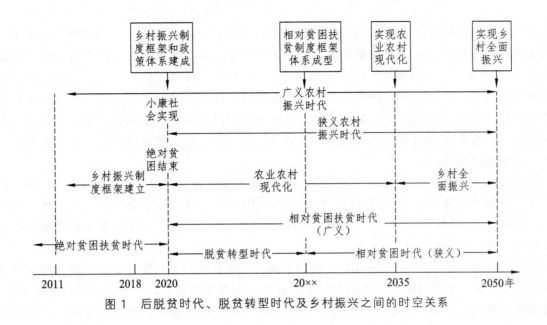

图 1　后脱贫时代、脱贫转型时代及乡村振兴之间的时空关系

（二）脱贫转型时代概念及内涵

段从宇和任增元（2020）认为，对后脱贫时代这一概念的理解尤其需要把握好"后""脱贫"以及"时代"三个关键词，所谓的"后"是用来修饰和限定"脱贫"的，这就意味着在脱贫之后，隐含的是既定标准下原生性绝对贫困的终结；而"脱贫"也就意味着脱离贫困，且是一种在外力帮扶下的脱贫，隐含的是国家的贫困治理和精准扶贫的推动；"时代"就意味着不是短时期的一天两天和一年两年，而会是一个较长的时期，隐含的是业已脱贫的原生性贫困群体其发展能力总体相对不高，还需要用一定的时期来提升其综合发展、持续发展的能力。

张诗瑶（2020）通过"后脱贫时代"防止返贫长效机制研究，认为在后脱贫时代，农户依然面临着众多返贫风险，因病返贫、因灾返贫、因产业发展成效不显著返贫、因自身素质受限返贫等，已脱贫人口再度返贫将对经济社会发展产生不利影响。康彦华等（2018；2019）通过"后脱贫时代"国定贫困县金融扶贫政策延展策略研究，认为受地域、产业及自然条件等因素影响，国定贫困县产业单一，发展能力不足，贫困人口脱贫后容易返贫。应从巩固脱贫成效、提高金融扶贫效率的角度出发，对脱贫摘帽后的国定贫困县坚持脱贫不脱钩政策，在保证脱贫成效的基础上提高金融扶贫效率，深化贫困地区金融服务的广度和深度，推进金融扶贫由"特惠"向"普惠"发展。杨立昌（2020）通过"后脱贫时代"教育对口支援机制创新研究——基于"组团式植入"帮扶案例分析研究，认为"后脱贫时代"的教育对口支援所面临的形势更严峻，解决的问题更复杂，承担任务更艰巨。因此，"后脱贫时代"的教育对口支援政策如何实现纵深发展是一个亟待研究的问题。

李娜和王有强（2020）通过"后脱贫时代"农村边缘贫困群体帮扶机制构建研究认为，近年来随着各个贫困县区的脱贫摘帽，我国逐渐进入了后脱贫时代，帮扶对象由绝对贫困转向相对贫困，边缘贫困群体的相对贫困问题愈发凸显，提出在后脱贫时代构建农村边缘贫困群体返贫预警机制及帮扶机制。许斌（2019）通过后脱贫时代的健康扶贫——基于健康的社会决定性因素的思考，认为随着2020脱贫攻坚，健康扶贫却依然行进在路上。后脱贫时代的健康扶贫关注人获取健康能力的整体提升与改善，更需要的是结构性思维与整体性布局。刘远杰（2020）通过后脱贫时代的教育扶贫行动——对教育扶贫过程与结果的教育哲学思考，认为伴随 2020 年这个全面脱贫时间节点的到来，一种新动向是学界实际已在预见和窥视着一个即将来临的"后脱贫时代"，这似乎是在表明教育扶贫还存在未尽的事宜，抑或有待发展出一种"后"教育扶贫行动。郭小卉和冯艳博（2020）以金融扶贫的阜平模式为例，探索了后脱贫时代金融扶贫向普惠金融的转型问题，指出阜平模式的核心经验在于政府主导，以联办共保模式为农业产业风险兜底，建立风险共担机制来撬动金融资源扶贫，打造县、乡、村三级金融服务网络与金融机构协同推进线下普惠金融发展。

郭景福和董帮国（2020）通过后脱贫时代民族地区绿色发展与减贫对策研究人为，在"后脱贫时代"民族地区整体贫困的普遍性、特定族群贫困的深度性仍然十分突出，应坚持"绿色发展、生态减贫"的原则，培育以生态资源为基础的第一、二、三产业融合发展的"第六产业"增长极（张燕，2015）。

郭景福和董帮国（2020），刘开华（2020）通过后脱贫时代农村集体经济发展与防贫反贫机制研究认为，在"后脱贫时代"的防贫反贫实践中，许多相对贫困地区由于自然地理资源匮乏、外部帮扶高度依赖、内生造血功能贫瘠等现实困难，农村集体经济发展较为薄弱，部分农村甚至出现空壳化，防贫反贫的经济基础遭遇严峻挑战。高卉（2020）通过后脱贫时代农村贫困治理的进路与出路——基于发展人类学的讨论，提出在绝对贫困和相对贫困并存的后脱贫时代，如何建立起新型贫困治理结构、体系和机制，是当下学界和政界普遍聚焦和探索的问题。随着他们失去"贫困户"身份，大部分国家或社会的现场扶持或干预力量会相继撤出，许多脱贫人口又开始退回到原先难以持续自我发展的贫困状态，从而导致贫困的再度发生。李维和许佳宾（2020）认为，我国将在 2020 年后，步入以"巩固成效，深化提质"为主的后脱贫时代，这一时代以绝对贫困的消除和相对贫困的存在为显著特征，后脱贫时代关注的是人口间相对贫困差距的缩小和农村的全面振兴，人的素质成为决定农村地区稳定脱贫、实现可持续发展的最大变量和核心要素。

肖兴政和袁兰（2018）提出，我国 13 多亿人口超过半数是农村户口，虽然数目庞大，但随着城镇化，农村人力资源逐渐转向城镇，使得农村经济发展因缺乏劳动力而相对滞后。要想增加农民经济收入，保持可持续脱贫，就要找出影响农村发展的因素，而人力资源在农村发展中的地位就决定了发展农村必须先开发农村人力资源，特别是后脱贫时代。夏支平（2020）通过后脱贫时代农民贫困风险对乡村振兴的挑战研究，提出农村贫困人口全部脱贫的目标实现，意味着中国农村正在走进后脱贫时代。所谓后脱贫时代是指 2020 年以后，中国农村贫困人口全部脱离绝对贫困状态，农村扶贫工作即贫困治理的重心要从绝对贫困转向相对贫困，从贫困人口脱贫转向农民贫困风险治理。如何有效消减农民贫困风险，实现中国农民群体持久富裕，是后脱贫时代乡村振兴必须面对的重大挑战之一。彭志刚（2020）通过后脱贫时代农业产业化发展的长效应对策略研究，认为脱贫攻坚战即将取得决定性胜利，贫困人口由绝对贫困转为相对贫困，贫困治理已经进入到后脱贫时代。后脱贫时代正在面临如何巩固脱贫成效，防止返贫现象再次发生，建立贫困治理长效机制的问题，而农业产业化发展正是解决这一系列问题的有效举措。

李小红和段雪辉（2020）通过后脱贫时代脱贫村有效治理的实现路径研究认为，2020 年脱贫后脱贫村的振兴成为社会关注的热点。要实现乡村振兴，有效治理是基础。因此，刚刚摆脱贫困的脱贫村亟须从有效治理着手推动乡村振兴。但脱贫村的治理面临着内生治理能力不足、行政化扶贫力量淡出、脱贫村内部矛盾激化以及乡村振兴的多重压力和挑战。何晓妍等（2020）通过后脱贫时代吉林长白县脱贫成效可持续发展路径探索研究认为，长白县在脱贫成效显著的同时，由于农业地区的属性和农村人口老龄化以及受教育程度低的现状，给脱贫成效可持续带来了挑战。应强化金融扶贫、政策保障与社会参与结合、职业技能培训，以促进脱贫成效可持续性运行机制的建立。李晓夏和赵秀凤（2020）从马克思主义贫困理论、反贫困理论、共享理论、资本循环理论的原理分析出发，对2020年后中国贫困治理事业的整体发展与转型进行理论探索，在明确未来中国扶贫开发政策转向的基础上，借鉴已有研究成果，提出了2020年后中国贫困治理的新思路。肖主宸（2020）通过开发性普惠金融在"后扶贫时代"的"造血"功能研究，根据相关理论与现实情况，提出了"后扶贫时代"所面临的主要问题，并基于开发性普惠金融的"造血"理念提出了相应的应对措施，强调为贫困地区、扶贫产业提供导向性作用的金融支持，进而提升贫困群体的内生动力。

萧子扬（2020）通过农村社会保障社区化——2020"后脱贫时代"我国乡村振兴的路径选择研究，提出随着乡村振兴战略的不断推进和2020"后脱贫时代"的到来，"社区化"趋势愈加明显。不仅有效缓解了农村贫困问题，也进一步拓展了农村社会保障制度的模式和边界，从而形成了一种独具中国本土特色的"农村社会保障社区化"模式，并使该模式成为实现我国乡村振兴战略目标、完成脱贫攻坚任务的一种可能路径。刘建（2019）通过主体性视角下后脱贫时代的贫困治理研究认为，在后脱贫时代需要加快均衡性贫困治理体系的构建，实现政府政治主体性与行政主体性及农民权利与责任的对称性均衡。2020年后的贫困治理需要在制度设计及政策实施层面，加快贫困治理制度体系的优化及治理能力的现代化。

（三）脱贫转型时代的贫困特征

叶兴庆和殷浩栋（2019）认为，2020年后，我国贫困的属性和贫困群体的特征将发生重大变化。相对贫困将取代绝对贫困成为贫困的主要表现形态，集中连片的区域性贫困分布转变为分散点状分布，以农村贫困为主转变为农村和城镇贫困并存，老少病残等特殊群体成为主要的贫困群体。并提出应按中位收入比例法制定相对贫困的贫困线，统一城乡扶贫目标与治理机制，以包容性增长和多维度改善促进长期减贫。同时，需要构建缓解相对贫困的政策体系，包括实施以基本公共服务均等化为基础的防贫政策、发展型低收入群体救助政策、有利于低收入群体增收的产业政策，以及推动欠发达地区发展的区域政策（叶兴庆和殷浩栋，2019）。

谷树忠（2016）认为，2020年之后的贫困问题应从经济、社会、生态等多个方面来进行综合考虑。牛胜强（2018）提出，在2020年后，贫困标准需要进一步补充与完善，不能仅仅局限于经济角度，而是要更多地从民生角度加以衡量。李小云和许汉泽（2018）认为，2020年后新的农村扶贫战略，要考虑城乡一体化开发与社会公共服务一体化。2020年后，反贫困的战略重点应集中在新贫困标准的制定、反贫困产业的可持续发展、城乡一体化反贫困体系的建立、农民工市民化配套设施的完善四个方面，以巩固脱贫攻坚成果，进而实现共同富裕（白永秀和刘盼，2019）。

刘开华（2020）认为，2020年是我国全面建成小康社会和消除绝对贫困人口的时间节点。如何巩固脱贫攻坚成果，关系到广大农村相对贫困群体的长治久安。在脱贫转型时代的防贫反贫实践中，许多相对贫困地区由于自然地理资源匮乏、外部帮扶高度依赖、内生造血功能贫缺等现实困难，农村集体经济发展较为薄弱，部分甚至出现空壳化，防贫反贫的经济基础遭遇严峻挑战（刘开华，2020）。在此背景下，探索农村集体经济创新发展路径，增强农村集体组织财力和凝聚力，完善基础设施和公共服务，改善农业生产资源禀赋，提高农业生产力，倡导勤劳致富的乡风文明，引导相对贫困农户积极参与农业生产和市场竞争，成为脱贫转型时代推动相对贫困地区高质量转型发展和持续振兴的关键着力点。

夏支平（2020）提出，后脱贫时期农民返贫风险的源头和类型是多样的，包括资源不足型贫困风险、能力欠缺型贫困风险、自然灾害型贫困风险、社会影响型贫困风险四个方面，从而决定着产业兴旺、生活富裕、生态宜居、治理有效、乡风文明五个方面，将成为脱贫转型时代扶贫工作的中心。刘建（2019）认为，在后脱贫时代，需要加快均衡性贫困治理体系的构建，实现政府政治主体性与行政主体性及农民权利与责任的对称性均衡。在具体路径上，可以从加强贫困治理体系的法制化及标准化、加强社会保障体系建设、通过赋权增能来激发农民的主体性及构建贫困治理的长效机制等路径，推动后脱贫时代贫困治理体系的均衡性转型。

姜会明等（2020）提出，2020 年后中国绝对贫困人口的数量和比例会更进一步下降，但这并不意味着贫困的完全消除，相对贫困、多维贫困将成为贫困的主要表现方式，中国扶贫开发的重点和方向将会发生根本性转型。2020 年后，深度贫困区域、支出型贫困群体和持久性贫困人口正成为扶贫开发新的目标群体。在扶贫开发目标上，应以农民增收富裕为贫困人口基本目标，以基本实现农业农村现代化为贫困区域发展目标，以持续发展确保脱贫不返贫为贫困户永久目标（姜会明等，2020）。在扶贫开发政策上，要坚持产业扶贫与乡村振兴战略相衔接，坚持扶贫开发与城乡融合相贯通，坚持强化外部支持与提高农民自我发展能力相结合。建立起政府、社会、农户参与联动的持续脱贫机制，确保贫困户脱贫、贫困村退出、贫困县摘帽后实现可持续发展（姜会明等，2020）。姜会明等（2020）认为，应尽快构建 2020 年后中国贫困治理机制、治理结构以及建城乡融合的多维度扶贫政策体系和保障体系。

王立创和代秀亮（2018）认为，2020 年后脱贫时代农村地区致贫因素和贫困形态也将发生变化，贫困治理将面临新的挑战。从宏观和微观视角梳理 2020 年后农村贫困治理面临的挑战，提出回归社会救助本质、营造新时代大贫困治理格局、社会救助与脱贫攻坚有效衔接等战略思路，并建议以"全覆盖、精准化、多层次"为原则关注重点群体，建立综合性贫困治理体制，采用加大对支出型贫困家庭支持力度、建立长效扶贫减困机制、持续完善农村基本公共服务体系、实施内生性扶贫战略、保障贫困人口合法权益等举措，缔造 2020 年后我国农村贫困治理新模式。高强等（2019）认为，由于贫困是一个客观现象，不仅相对贫困问题没有解决，绝对贫困问题也将长期存在。巩固脱贫攻坚成果，有效防止绝对贫困返贫，需要及早谋划脱贫攻坚目标任务 2020 年完成后的战略思路，立足当前、着眼长远，调整优化现有的产业扶贫、易地扶贫搬迁、教育扶贫、健康扶贫、住房保障扶贫、兜底保障扶贫等相关扶贫政策，推动政策、责任、帮扶、监管统筹接续，夯实防止返贫的基础，构建长效脱贫机制。

李小云等（2020）认为，2020 之后农村贫困的治理战略需要由长期以来的"扶贫战略"转向"以防贫为主"的新的贫困治理战略框架。2020 之后中国减贫的战略目标需要从过去长期以来通过制定不同的绝对贫困标准并继而努力超越绝对贫困标准，转变为通过逐步实现城乡社会公共服务均等化等手段来缓解不平等为主要目标。2020 后以防贫为主要目标的减贫政策应将现行所有的政策工具进行重新梳理，建立起相互衔接、互不重复、目标明确的新的减贫政策体系。高强和孔祥智（2020）认为，全面建成小康社会之后，我国反贫困战略将发生历史性转变，相对贫困在扶贫工作中的战略定位将更加凸显。对于相对贫困理论与实践维度的不同理解，决定了 2020 年以后扶贫工作的历史定位。与绝对贫困相比，相对贫困具有人口基数大、贫困维度广、致贫风险高等特点，也在持续增收、多维贫困、内生动力、体制机制等方面面临诸多挑战。在脱贫转型时代，应在乡村振兴与脱贫攻坚"两大战略"统筹衔接的视角下，以欠发达地区和低收入群体能力建设为基础，创新完善扶贫政策设计，建立一套缓解相对贫困的体制机制。

白永秀和刘盼（2019）认为，到 2020 年全面建成小康社会后，我国将进入城市贫困和农村贫困并重的贫困分布的第二阶段，反贫困也将面临如何划定新贫困标准、促进扶贫产业可持续发展、建立完整的城市反贫困体系、将农民工贫困治理纳入我国反贫困体系四大难点。与此对应，反贫困的战略重点应集中在新贫困标准的制定、反贫困产业的可持续发展、城乡一体化反贫困体系的建立、农民工市民化配套设施提升四个方面，以巩固脱贫攻坚成果，实现共同富裕。凌经球（2019）提出，2020 年后中国的贫困治理将从解决绝对贫困问题向解决相对贫困问题转变。缓解相对贫困是乡村振兴战略的内在要求，而把握好 2020 年后我国相对贫困的总体趋势，是有效缓解相对贫困的前提基础。为适应这一形势发展需要，我国贫困治理迫切需要实现以可持续脱贫为导向的贫困治理战略转型。强化贫困治理新理念，完善贫困治理政策、创新贫困治理模式、健全贫困治理机制，是实现这一战略转型的可行路径。

邢成举和李小云（2019）认为，2020 年后新时代的贫困治理将以相对贫困为核心。相对贫困具有相对性、转型性、发展性、多维性、结构性和特殊群体性等特征，这意味着要在统筹考虑相对贫困内涵的基础上，建立普遍性与特殊性相结合的新型贫困治理机制。应构建脱贫转型时代的贫困治理机制，应转变现有的贫困治理理念与范式，制定新的贫困治理战略，整合贫困治理路径，完善贫困治理体制。黄征学等（2019）提出，2020 年后的减贫工作将发生五个"转向"：减贫目标转向建立高质量的标准体系；减贫方向转向兼顾农村贫困和城市贫困；减贫重点转向防范"三区三州"等深度贫困地区返贫；减贫动力转向外在帮扶与内生发展并重；减贫财政转向更加突出保底性与靶向性。王太明（2019）认为，2020 年后脱贫时代，知识贫困、精神贫困、隐形贫困及代际贫困，是全面小康社会进程中的四种新型贫困，贫困治理的四重属性、社会资源的分配不均、扶贫制度体系不畅是其三个层面的原因，亟须以精准扶贫成效为目标，以优化扶贫资源为关键，构建具有多元主体参与的扶贫格局，以完善扶贫制度为保障，构建中国特色的扶贫制度体系，来寻求新型贫困问题的治理之道。

五、生态旅游驱动脱贫转型及乡村振兴的战略意义

由于生态旅游业的带动性、辐射性、综合性以及既能"上山"又能"下山"等特点，其对以限制开发和禁止开发区为主的旅游资源富集型集中连片贫困地区，具有独特的经济、文化、社会、环意义和作用，具体表现在：① 生态旅游业是包含生产性服务、消费性服务以及公共服务的综合性服务业，通常构成相应地区城乡发展的战略性支柱产业和主导产业；② 生态旅游业是通过创造市场需求，整合各种要素，提高资源附加值，实现产业增长的新兴服务业，因而成为相应地区创新发展的驱动产业和开放产业；③ 生态旅游业是覆盖众多服务门类、拉动经济增长的动力性产业，通常构成相应地区民生产业和幸福产业；④ 生态旅游业是服务业中具有相当规模和发展潜力的产业，通常成为相应地区发展的龙头产业和新兴经济增长点。加之，由于生态旅游具有旅游功能、环保功能、社区功能和教育功能等功效特点，基于生态旅游的扶贫和乡村

振兴成为乡村扶贫和振兴发展的最佳途径，并有利于促进实现经济、社会、文化、生态、政治五位一体的效益统一。

（一）生态旅游驱动脱贫转型及乡村振兴的优越性

通常而言，大家谈及的旅游通常指的是大众旅游，即远离常住地到想去的地方去消费旅游产品的过程，这个过程主要考虑旅游者的回报和需求，很少涉及旅游者的责任和义务。也就是说，大众旅游只讲究"我花销我享受"，几乎没有强调旅游的责任和义务，包括旅游者、旅游地、旅游开发商、旅游政府及旅游业自身的责任和义务。所以，基于大众旅游基础上的旅游扶贫，具体是通过贫困地区丰富的旅游资源开发，兴办旅游经济实体，使旅游业形成区域性支柱产业，实现贫困地区居民和地方财政双脱贫致富。更多的是，大众旅游扶贫只讲究针对旅游者的旅游体验功能和针对旅游经营者和旅游社区的经济效益。

与大众旅游不同的是，生态旅游以生态文明观为指导，以可持续发展为核心理念，本身同时具有四大功能，即生态旅游功能、环境保护功能、社区扶贫发展功能、环境伦理教育功能，即只有同时具备这些功能的旅游，才是真正意义上的生态旅游。也就是说，生态旅游本身的重要责任与义务之一就是，帮助旅游地社区经济社会的可持续发展，也就是常说的生态旅游扶贫。或者说，生态旅游扶贫就是生态旅游应该具备的责任和义务，生态旅游扶贫是生态旅游的重要内容和组成部分。因此，基于生态旅游理念和理论框架下的旅游扶贫才是真正意义上的生态旅游扶贫，生态旅游扶贫是旅游扶贫概念的升华和延伸。一方面要借助生态旅游产品的策划设计、生产管理，给贫困地区的贫困人口带来实际的收益提升；另一方面是要在生态旅游产品开发过程中贯彻可持续发展理念，在经济效益增长的同时，同步推动贫困地区社会文化、生态环境的同步提升，追求经济效益、社会效益与生态效益三者的和谐统一。生态旅游扶贫不仅讲究针对旅游者的旅游功能和针对旅游经营者和旅游社区的经济效益，还要注重社区的社会效益和生态效益与经济效益的统一性，此外还要强调旅游旅游者、旅游地、旅游业、旅游环境的可持续发展。

生态旅游扶贫的核心基点主要包括：一是生态旅游地往往与贫困乡村社区或民族地区、边远山区、革命老区、生态脆弱区（生态保障区）相一致或者重合，这些地区通常是生态旅游自然与人文资源富集区，也是开展经典生态旅游活动的理想场所；二是旅游扶贫和促进社区发展是生态旅游本身的重要内容和组成部分，也就是说生态旅游本身的重要责任和义务之一，就是要通过生态旅游资源开发与生态旅游经济发展促进贫困山区社区经济社会发展；三是结合生态旅游的环境保护功能和生态伦理教育功能，生态旅游扶贫成为旅游扶贫的最理想的扶贫途径和模式，由于其强调发挥旅游地资源环境特色，突出社区人文历史景观优势，同时在旅游扶贫的同时又非常注重生态旅游环境保护与旅游教育功能。因此，生态旅游应该说成为扶贫过程中最佳、最理想、最重要、最值得推崇的理想途径和模式。

生态旅游是在保护环境前提下，以原生态自然和人文资源为吸引物，为游客提供生态旅游产品，并实现经济效益、社会效益、生态效益和谐统一的新型旅游发展模式。它不但改变了农林牧副渔业生产方式，而且在不破坏自然生态资源环境前提下实现国民经济社会的发展，实现人与自然的和谐发展。生态旅游因其在吸引生态游客、发展生态旅游经济和资源环境保护方面的独特作用，成为旅游扶贫的最佳选择方式和当前国际旅游发展的主流。

（二）我国贫困山区扶贫及乡村振兴对生态旅游的诉求

集中连片贫困地区主要分布于我国西部和中部山区，尤其是青藏高原及其周围区域，即青藏高原涉藏地区及其周边。其中，作为未来扶贫和乡村振兴重要对象的青藏高原涉藏地区，在地域空间上相互联系，包括西藏自治区以及青海、四川、甘肃、云南四省交界区域，以藏族为主的少数民族聚集区，构成"世界屋脊""雪域高原"——青藏高原的主体（覃建雄，2015）。具有地理单元的完整性、自然条件的相似性、历史文化的相似性以及经济社会的关联性等特点，构成与外界存在明显差异性的特殊地理单元。由于所处特殊的地质背景，以及高海拔、高寒气候、高原高山峡谷的自然地理条件，因而呈现出全球的特殊性和唯一性。

独特的地理区位。青藏高原涉藏地区所在的青藏高原位于欧亚板块中南部，深居大陆内部，西距地中海约 3800 千米，南距印度洋约 450 多千米，东距太平洋约 1700 余千米，北距北冰洋 4000 多千米。南以喜马拉雅山脉为界，北为昆仑山、阿尔金山和祁连山所隔，东与秦岭西缘相接，东南为横断山脉。形成北与塔里木盆地落差达 4000~5000 米，东与四川盆地落差达 1000—3000 米，南与印度恒河平原高差达 3000~7000 米，高耸于印度洋、太平洋与亚欧大陆之间的"世界第三极"和"世界屋脊"，成为我国第一大阶梯和亚洲大江大河的发源地（刘峰贵，2000）。

特殊的空间区域。青藏高原涉藏地区作为青藏高原的主体，由于所处特殊的板块构造背景和区位，形成与外界相对隔绝的"世界屋脊"和"雪域高原"，造成平均 4000 米高海拔、高寒气候、高原高山峡谷、地势高低悬殊、生态环境脆弱的特殊空间区域。按地形地势变化，可分为藏北高原、藏南谷地、柴达木盆地、祁连山地、青海高原和川藏高山峡谷区六个单元，系我国乃至全球独一无二的完整而独特的地理单元。区域内高原、高山、峡谷、湖泊、河流、高原盆地等，地貌类型多样，气候异常复杂，从而决定了青藏高原涉藏地区与世界其他地区明显不同的自然、经济、社会、文化环境特征。

独特的历史人文背景。所在的青藏高原是世界生物多样性和文化多样性的典型地区（Haether D. Zeppel，2005），是中华民族的源头地之一和中华文明的发祥地之一（杨兮，陈志永，2018）。青藏高原涉藏地区由于独特的地史和历史，形成了藏族为主的少数民族聚集区，形成了以藏族文化为主的高原文化体系。各民族文化在长期交往中彼此影响，相互依存，和睦共处，共同营造了青藏高原涉藏地区多民族文化共融的局面（刘峰贵，2000）。地域相通、人文相亲、经济相融、文化相连，历史文化、传统文化、民族文化、民俗文化相互交融，共同拥有青藏高原地域文化这一共性。青藏高原涉藏地区文化丰富多彩，有丰富而独特的物质文化遗产和非物质文化遗产。青藏高原涉藏地区文化有着鲜明的地域特色、浓郁的民族特色、浓厚的宗教色彩和相互交融的和谐关系（张建英，2009）。原生态历史人文构成青藏高原涉藏地区最明显特色和核心竞争力。

特殊的经济社会环境。青藏高原涉藏地区面积广大，人口稀疏，村寨、城镇零星分布，彼此之间距离遥远、联系度差、缺乏呼应，交通闭塞，基础设施落后，教育科技滞后，制约发展的因素错综复杂，物质文化生活水平较低。绝大部分农村地区沿袭了民族传统文化、习俗、宗教信仰及生产方式，形成了青藏高原涉藏地区比较典型的高原-沟域型（刘春腊等，2011）的社会现象、传统文化和产业发展模式。在民族文化、历史人文等方面，具有明显的共性和关联性，经济发展状况属于近同水平，产业结构和生产方式较为相似，社会文化基本趋于同质（刘峰贵，2000），这就决定了青藏高原涉藏地区经济社会发展模式上的相关性。

特殊的农村产业结构。青藏高原涉藏地区由于自然条件的影响，农村经济小散弱差，农村产业具有非典型性二元结构（狄方耀和杨本锋，2008）特点，第一产业和第三产业比重较大，第二产业落后。第一、二、三产业生产能力弱，发展水平低，产业基础薄弱，基础条件差，产业间缺乏协作（李少伟等，2009）。从产业结构分析，第一产业占重要地位，但绝大多数地区以畜牧业和农业为主，农业以传统的青稞、小麦和豌豆为主，具有低产值、低效益化、低市场化、低产业化的特点（温军，2002）。第三产业近几年虽然得到较大发展，但由于观念、技术、教育、科技、素质等因素的制约，亟待与其他产业深度融合发挥其带头功效。第二产业由于地理环境条件的影响和环境刚性要求不断严苛（吕志祥，刘嘉尧，2010），很难发挥作用。

独特的旅游资源富集区。青藏高原涉藏地区拥有全球独一无二的完整而独特的原生态自然风光体系和原生态人文景观系统。这片多民族聚集的土地孕育着具有浓郁民族特色和原生态美的物质文化遗产和丰富的非物质文化遗产。这里是世界遗产和国家遗产资源的富集区，这里是"世界之最""全球唯一"的聚集地。这里拥有大江大河、高原湖泊、原始森林、珍贵奇异的高原动植物，拥有世界上最纯净的空气和生态环境。这里是世界游客梦寐以求的美丽、独特而神秘的地方。然而长期以来，这里丰富而独特的旅游资源潜力尚未得到充分发挥。

特殊的国家战略定位。青藏高原涉藏地区所在的青藏高原是"世界第三极""世界屋脊""雪域高原""亚洲水塔"和"气候调节器"，对欧亚大陆地史和历史演化具有重要影响，是中华民族的源头地之一和中华文明的发祥地之一。青藏高原涉藏地区作为融特殊自然条件、历史人文背景及经济社会环境为一体的特殊空间区域，承载着民族地区、革命老区和贫困山区经济社会和谐稳定，原生态自然风光和民族文化资源保护，以及区域生态安全和国防安全的历史重任，承担着全球生物和文化多样性安全和全球可持续发展的特殊使命。

以上作为民族地区、边远山区、革命老区、生态脆弱区、灾害频发区的我国集中连片贫困山区，在地理区位、自然条件、历史人文、经济社会、产业结构、资源特征、国家战略等方面的特殊性，决定了我国集中连片贫困山区扶贫转型与乡村振兴发展的艰巨性和特殊性。

六、生态旅游驱动脱贫转型及乡村振兴机制及路径

麻学锋等（2019）以张家界市武陵源区为例进行了旅游驱动的乡村振兴实践及发展路径研究，认为乡村旅游是以乡村特色资源为基础，将传统农业与旅游业结合的新型产业（郭焕成等，2010），发展乡村旅游不仅可以将农业农村生态优势转化为经济优势，而且有利于促进乡村地区人民生活质量的改善，形成资源节约、环境友好的乡村空间，为乡村振兴提供新的驱动要素。对于旅游资源富集的区域来说，将资源进行整合并进行合理利用，实现产业转向、管理转向和空间转向，是实现乡村振兴的重要步骤。

在市场需求的刺激之下，地方基础设施逐渐完善，乡村人居环境得到改善，提升旅游地吸引力，区域客流量有所增加，逐渐实现"三个转向"。为使旅游业所带来的经济效益持久化，政府在积极发展自身主导作用的基础上，应尽可能地协调利益相关者的各项权益。贫困区域居民收入主要来源于生态补偿、旅游景区或旅游公司分红等，政府通过建立合理的利益分配机制，保障当地居民利益，逐渐形成小农经营为支点的村域规模经济（杨志恒等，2018）。从图2可以看出，在乡村振兴的实现过程中，产业兴旺是重点，生态宜居是关键，乡风文明是保障，治理有效是基础，生活富裕是根本，在政府、社会以及居民的共同努力下，旅游资源富集的贫困地区逐步实现乡村全面振兴。

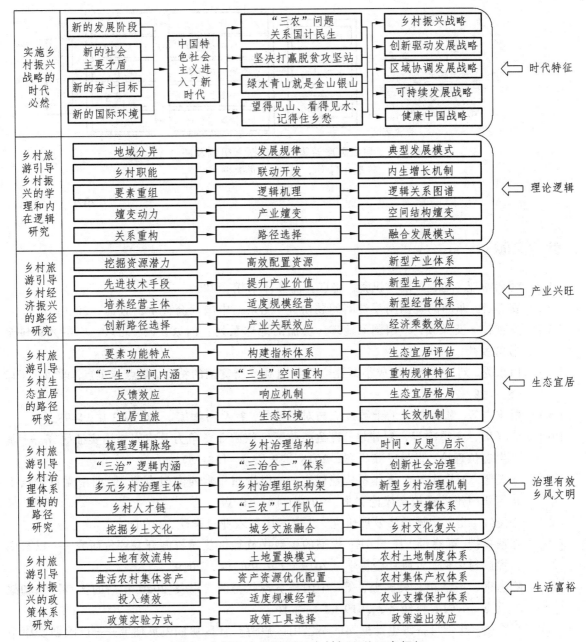

图 2　乡村生态旅游引导乡村振兴的研究框架
（据陆林等，2019，有微调）

陆林等（2019）针对乡村振兴引领乡村振兴进行了理论研究，归纳了乡村旅游引导乡村振兴的五个重点研究内容，即乡村旅游引导乡村振兴的学理和逻辑机理研究、乡村旅游引导乡村经济振兴的路径研究、乡村旅游引导乡村生态宜居的路径研究、乡村旅游引导乡村治理体系重构的路径研究、乡村旅游引导乡村振兴的政策体系研究，并提出了相应的研究框架，如图3所示。从中可以提供生态旅游促进乡村振兴的诸多研究理念、思路和方法。

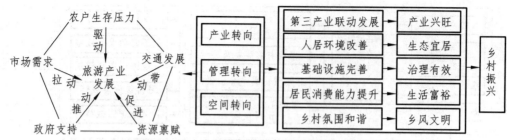

图 3 乡村生态旅游驱动乡村振兴机制及路径
（据麻学锋等，2019，有微调）

（2020 年 12 月）

参考文献

[1]　阿玛蒂亚·森. 贫困与饥荒. 北京：商务印书馆，2007.

[2]　安春英. 非洲的贫困与反贫困问题研究. 北京：中国社会科学出版社，2010.

[3]　安吉拉·艾朵斯. 中国国家地理·美丽的地球系列：国家公园. 北京：中国大百科全书出版社，2009.

[4]　白永秀，刘盼. 全面建成小康社会后我国城乡反贫困的特点、难点与重点. 改革，2019（5）：29-37.

[5]　蔡雄，等. 旅游扶贫的乘数效应与对策研究. 社会科学家，1997（3）：98-98，7.

[6]　曹兴华，完得冷智，覃建雄. 青藏高原藏区旅游业竞争力及空间格局实证研究——基于生态位理论. 贵州民族研究，2018，39（5）：153-157.

[7]　岑大明. 加快山地经济体系构建研究——以贵州省黔西南州为例. 黔西南党校论坛中共黔西南州委党校会议论文集，2019（4）：36-39.

[8]　陈俊红. 北京沟域经济发展研究. 北京：中国农业科学院，2011.

[9]　陈赖嘉措，覃建雄. 基于 AHP 模型的少数民族地区旅游资源开发评价研究——以云南省民族村为例. 青海社会科学，2019（2）：99-104，2019.

[10]　陈志钢，毕洁颖，吴国宝，等. 中国扶贫现状与演进以及 2020 年后的扶贫愿景和战略重点. 中国农村经济，2019（1）：2-16.

[11]　崔晓明. 基于可持续生计框架的秦巴山区旅游与社区协同发展研究——以陕西安康市为例. 西安：西北大学，2018.

[12]　崔晓明，陈佳，杨新军. 乡村旅游影响下的农户可持续生计研究：以秦巴山区安康市为例. 山地学报，2017.（1）：85-94.

[13]　邓超颖，张建萍. 生态旅游可持续发展动力系统研究. 林业资源管理，2012（6）：76-80.

[14]　邓祝仁，程道品. 旅游扶贫亟待解决的若干问题. 社会科学家，1998（2）：68-72.

[15]　狄方耀，杨本锋. 西藏二元经济结构的演进轨迹、主要特征及转化思路探讨. 西藏研究，2008（6）：100-107.

[16]　丁忠兰. 云南民族地区扶贫模式研究. 北京：中国农业科学技术出版社，2012.

[17]　段从宇，任增元. 全纳式公费高等教育——后脱贫时代的人口较少民族相对贫困治理路径论略. 学术探索，2019（12）：137-143.

[18] 段从宇，伊继东. 教育精准扶贫的内涵、要素及实现路径. 教育与经济，2018, 34(5): 23-28.

[19] 方黎明. 新型农村合作医疗和农村医疗救助制度对农村贫困居民就医经济负担的影响. 中国农村观察，2013（2）: 80-92.

[20] 樊怀玉. 贫困论——贫困与反贫困的理论与实践. 北京：民族出版社，2002.

[21] 冯俊光，赖景生. 我国西南地区山地经济业态及其开发模式研究. 产业观察，2006(5): 427-431.

[22] 冯俊光，翁天均. 山地经济：山区开发的理论与实践. 北京：科学出版社，2013.

[23] 冈纳·缪尔达尔. 亚洲的戏剧——南亚国家贫困问题研究. 方福前，译. 北京：首都经济贸易大学出版社，2001.

[24] 高卉. 后脱贫时代农村贫困治理的进路与出路——基于发展人类学的讨论. 北方民族大学学报，2020（2）: 142-150.

[25] 高强. 脱贫攻坚与乡村振兴有机衔接的逻辑关系及政策安排. 南京农业大学学报（社会科学版），2019（5）: 15-23.

[26] 高舜礼. 旅游扶贫开发的经验、问题和对策. 旅游学刊，1997（4）: 12-20.

[27] 陆林，任以胜，朱道才，等. 乡村旅游引导乡村振兴的研究框架与展望. 地理研究，2019, 38（01）: 102-118.

[28] 麻学锋，刘玉林，谭佳欣. 旅游驱动的乡村振兴实践及发展路径. 地理科学，[2021-01-05]. https://kns.cnki.net/kcms/detail/22,1124.P,20201231,1611,036.html.

[29] 覃建雄. 现代生态旅游：理论进展与实践探索. 北京：科学出版社，2018.

[30] 叶普万，王军. 世界反贫困战略演变述评. 山东社会科学，2005（10）: 21-29.

[31] 叶兴庆，殷浩栋. 从消除绝对贫困到缓解相对贫困：中国减贫历程与 2020 年后的减贫战略. 改革，2019（12）: 5-15.

[32] 遗梦长安. 转引南都观察:2020 年"贫困"的终结. http://m.kdnet.net/share-12164208.html, 2017.

[33] 周歆红. 关注旅游扶贫的核心问题. 旅游学刊，2002（1）: 45-52.

[34] 周仲高，柏萍. 社会贫困趋势与反贫困战略走向. 湘潭大学学报（哲学社会科学版），2014, 38（1）: 80-84.

[35] 左停. 反贫困的政策重点与发展型社会救助. 改革，2016（8）: 25-32.

[36] 赵艳霞. 精准扶贫呼唤"精准"的人才队伍. 社会治理，2017（1）: 1-2.

[37] 张欢欢. 乡村振兴战略下河南省乡村旅游扶贫转型升级研究. 现代商贸工业，2020（3）: 28-29.

农文旅融合与民族村寨脱贫转型及乡村振兴耦合关系研究

覃建雄　罗　丽　曹兴华

乡村振兴最艰巨、最迫切的任务在少数民族地区，少数民族地区乡村振兴的关键是乡村产业"造血功能"[1]，而乡村产业"造血功能"的突破口是民族村寨农文旅融合[2]。如何充分挖掘民族村寨的生态价值、民族文化价值和旅游价值等特色资源优势，通过农文旅融合激发其内生动力，实现民族村寨农文旅高质量融合驱动乡村振兴？这是学界一直关注和探索的热门科学问题。

一、民族村寨农文旅融合研究的背景及意义

首先，有关民族村寨与农文旅融合研究。较多的研究把文旅融合或农旅融合当作民族地区旅游发展的重要抓手[2]。这样，相关的质疑出现了：无论文旅融合还是农旅融合乃至文农融合，都人为地把民族村寨[3]作为"农、文、旅三统一"的整体性割裂开了。文旅融合无法发挥"农"的重要意义，农旅融合无法体现"文"的灵魂作用；而农文融合则缺少了"旅"的驱动功能。实践证明，只有农（生态价值）、文（民族文化价值）、旅（旅游价值）的完美融合，民族村寨的特色资源优势才能得到充分发挥，才能更好地促进民族地区乡村高质量发展和乡村振兴。民族村寨农文旅融合是民族地区的产业"造血功能"和乡村振兴的关键突破口。

事实上，民族村寨与农文旅融合之间具有天然的成因相关性。民族村寨作为与自然生态环境和谐共生的独具民族文化特色底蕴的少数民族生活生产聚居点[3]，是农业、民族文化及旅游资源的高度和谐统一，是农文旅融合的天然场域空间[4]。作为农业资源、民族文化与旅游市场融合互动的产物，农文旅融合并非传统的"农旅+文旅+农文"或简单的"农+文+旅"，而是基于民族村寨农、文、旅三者之间高质量、高效率互动而产生的"1+1+1>3"综合效应。农文旅融合的驱动力源于民族村寨作为"农文旅"三者高度和谐融合体的整体性和统一性[3]，民族村寨农文旅融合具有独特的内涵和意义，有其自身的成因联系和内在规律性。然而，真正基于民族村寨的农文旅融合研究仍寥寥无几。

其次，有关民族村寨农文旅融合发展研究。目前仍缺乏这方面的研究，但前期间接相关的研究主要有：① 农文旅一体化发展研究[5-7]。吴昌和彭婧[5]提出了黔东南农文旅一体化发展的长效机制和政策建议；孙美琪、孙从榕和肖志雄[6]提出了安徽歙县基于农文旅一体化综合产业链的农文旅融合发展模式；邱婧佩和李锦宏[7]运用层次分析法对贵州省农文旅一体化发展进行了评价研究。② 基于不同视角的农文旅融合发展模式研究[8-10]。曹莉丽[8]进行了乡村振兴背景下浙江省农文旅融合发展模式及对策研究；冯巧玲、张江勇和李莘[9]提出了"以农业为基础，以文化为灵魂，以旅游业为引领，加速'农文旅'产业融合"的城市近郊乡村农文旅融合发展路径；王家明、闫鹏、张晶鑫等[10]提出了基于改进耦合协调魔性研究的山东省农文旅产业协调发展模式。③ 有

关高质量发展的研究[11-16]。主要包括：区域经济高质量发展评价指标体系[11]和水平测度分析[12]；新时代高质量旅游业发展的动力和路径[13]；乡村旅游高质量发展评价指标体系[14]；文化与旅游高质量融合发展的对策建议[15]以及旅游业高质量发展的评价指标[16]。上述研究从不同侧面讨论了农文旅一体化发展、农文旅融合发展模式及高质量发展问题，但真正从民族村寨视角研究农文旅融合的文献不多，尤其是至今仍缺乏有关民族村寨农文旅高质量融合发展的研究成果。

再次，有关民族村寨农文旅融合驱动乡村振兴机制及路径研究。目前仍缺乏有关这方面的研究，但从乡村振兴驱动因素相关的文献，可获取间接相关的三方面的信息[17-21]：① 乡村旅游与乡村振兴内在联系研究。李志龙[17]研究了乡村振兴-乡村旅游系统耦合机制；陆林、任以胜、朱道才等[18]等探讨了乡村旅游与乡村振兴关系研究框架；卢俊阳和邓爱民[19]研究了乡村旅游助推乡村振兴的机制；李盼[20]讨论了乡村振兴与民族村寨旅游发展的互动关系；Gao J.和 Wu B. H.[21]研究了乡村旅游与传统乡村振兴研究。② 旅游与乡村振兴的关系研究[22-24]。Filippo R.和 Federico M.[22]探讨了旅游促进乡村区域城乡发展模式；Kuwahata K.和 Itoga R.[23]提出了旅游发展促进乡村振兴对策；麻学锋、刘玉林和谭佳欣[24]提出了张家界旅游驱动的乡村振兴实践路径。③ 乡村振兴其他关系研究[25-27]。Jean J，Shelly K.和 John D.[25]探讨了民族旅游促进乡村生活改善问题；Wang Y. Y. 和 Shen H. L.[26]进行了民族旅游与乡村宜居互动研究；李忠斌和陈小俊[27]分析了特色村寨文化产业高质量发展与乡村生态振兴的互动关系。上述研究大都认为，旅游、乡村旅游及民族旅游是村寨发展、农业转型、农民致富的重要渠道，是实现乡村振兴最有效的发展模式之一。事实上，民族村寨农文旅高质量融合作为以质量和效益为价值取向的发展[27]，具有激活乡村产业、复兴乡村文化、优化乡村生态、促进乡村治理的能力。然而，至今仍缺乏有关民族村寨农文旅高质量融合与乡村振兴之间的耦合机理研究。

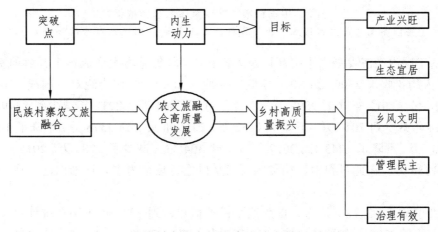

图 1　民族村寨农文旅融合驱动乡村振兴图解

综上，前人主要研究了农文旅融合对策、农文旅一体化发展模式、区域经济和乡村旅游高质量发展，以及旅游、乡村旅游及民族旅游与乡村振兴的关系，但有关民族村寨农文高质量旅融合发展、民族村寨农文旅高质量旅融合与乡村振兴耦合机理研究的文献不多，特别是缺乏有关民族村寨农文旅高质量融合驱动乡村振兴的机制及路径研究。可见，如何通过民族村寨农文旅高质量融合驱动民族地区乡村振兴，尤其在疫情和内循环[28]背景下，借助我国超大规模市场优势和内需潜力，发挥民族村寨农文旅融合发展在促进升级消费、拉动内需、复工复产复业中的独特作用，至关重要。充分挖掘民族村寨的生态价值、民族文化价值和旅游价值，通过民族村寨农文旅高质量融合驱动乡村振兴机制及路径研究，从而为民族地区乡村高质量发展和乡村振兴提供理论指导和科学依据。

二、脱贫转型背景及问题

（一）脱贫转型背景

著名全球发展问题专家杰弗里·萨克斯（Sachs Jeffrey，2005）认为，人类完全有能力在2025年消灭极端贫困，使贫困问题走向终结。联合国2030年可持续发展议程所设置的首要目标就是，到2030年在世界各地消除一切形式的贫穷（Sachs Jeffrey，2005；李小云和许汉泽，2018）。为此，2015年中央明确提出，到2020年即"十三五"末，要确保中国现行标准下农村贫困人口实现脱贫，贫困县全部摘帽，解决区域性整体贫困的目标。为实现以上目标，中央、国务院及各级政府投入了前所未有规模的资金和各方资源，开展脱贫攻坚与精准扶贫（图2）。

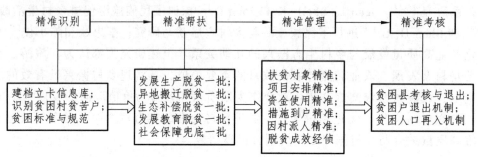

图2　中国精准扶贫政策体系总体框架
（据国务院扶贫办建档立卡相关资料，王介勇等，2016，有修改和补充）

具体是基于国内经济发展水平提高以及人们在吃、住等基本生活成本上升后的实际情况，国家以2011年人均年收入2300元（2014年脱贫标准为2800元）作为绝对贫困线。2011年全国贫困人口为1.28亿，2012年降至9899万，一年下降了2901万；2013年减少到8249万，下降了1650万；2014年减少到7017万，下降了1232万；2015年减少到5578万，下降了1439万；2016年减少到4335万，下降了1243万；2017年减少到3046万，减少了1289万；2018年减少到1660万，减少了1386万。在此过程中，扶贫的要求从以吃、住宿为主，逐渐向吃、住、健康等标准转变。

李小云和许汉泽（2018）认为，按照这个标准估算，到2020年中国在统计意义上，将不会存在年纯收入低于2300元的群体（按2014年脱贫标准为2800元[1]），这意味着贫困县将自然走入历史，中国将进入一个没有"贫困"的时代。然而，这里需要指出的是，按照农民人均收入2300元（按2014年脱贫标准为2800元）计算的贫困人口在统计上的消失，绝对不意味着中国农村贫困的终结（李小云和许汉泽，2018）。

具体解读如下：① 2020年以前扶贫主要解决的是区域性整体贫困问题，2020年农村贫困人口实现脱贫，针对的是全国集中连片贫困地区，贫困县全部摘帽，并不意味着所有贫困（如特殊贫困）的彻底消失；② 2020年以前的扶贫主要是解决绝对贫困问题，因为贫困线的设定及贫

---

① 从2014年以后，扶贫标准从2011年的2300元提升为2800元.．

困的标准，是按照 2011 年 2300 元（按 2014 年脱贫标准为 2800 元）的要求计算的，显然这是刚性的经济指标，这是完全依靠保底兜底的手段来解决的农村贫困问题（李小云和许汉泽，2018），而显然贫困并非只是简单的经济贫困；③ 贫困的重要组成部分——相对贫困将依然长期存在。如收入差距、公共服务资源、社会不公平现象等，这是全世界尚未解决的重大问题，在这一问题上，秦巴山区作为曾经全国 14 大集中连片贫困地区之首，尤其明显而突出；④ 2300 元（按 2014 年脱贫标准为 2800 元）的贫困标准线并非固定不动的，2300 元以上的群体（脱贫群体）仍然有可能在各种变化风险中掉入贫困线以下，这意味，仍然会随时可能有低于 2300 元标准的绝对贫困人口的存在，只是数量上不会很大（李小云和许汉泽，2018）；⑤ 贫困线是一个变化的概念，随着生活水平和成本的上升，2020 年之后沿用 2011 年 2300 元标准的合理性会下降，提高绝对贫困线的压力会上升，一旦调整贫困线，在统计意义上的绝对贫困人口又会重新出现（李小云和许汉泽，2018）；⑥ 脱贫目标是动态的概念，如果按照 2020 年"两不愁，三保障"①的脱贫目标要求，不仅满足贫困群众吃、穿等基本生活需求，还要在教育、医疗、住房方面使其得到保障，这意味着不仅解决贫困户最基本的生存需要，而且还将解决其部分发展需要（李小云和许汉泽，2018）。

绝对贫困概念的提出，是以生存观念为基础，指为了维持身体的机能而必须满足的基本条件。②消除贫困首先意味着消除绝对贫困，满足人民基本生活需要，这是其他所有人权发展的基础。李小云和许汉泽（2018）认为，从社会福利角度来看，只有当衣食住教医的基本保障做到人人覆盖，不断减少不同区域之间与同一地区内部之间的福利保障差距，并且其标准能做到按照全社会的福利水平逐年调整，绝对贫困才有可能消除。国务院扶贫办③认为，消除绝对贫困需要解决的四大问题：一是缩小收入差距；二是防止返贫现象出现；三是社会保障制度建设；四是重视中小企业发展和三农工作。

（二）脱贫转型主要问题

李小云和许汉泽（2018）认为，到 2020 年，秦巴山区与中国其他地区一样，会彻底消灭绝对贫困，这意味着贫困县将自然走入历史，将进入一个没有"贫困"的时代（李小云和许汉泽，2018）。但绝对不意味着秦巴山区脱贫攻坚的终结，这是由秦巴山区具体实际和地区发展不平衡所决定的。因此，他们认为，在 2020 年宣布农村脱贫目标实现时，需要客观指出 2020 之后的农村贫困状况（李小云和许汉泽，2018），尤其是秦巴山区的贫困状况。他们认为，在未来相当一段时期，可能存在的相关问题主要包括：

一是过去解决的是区域连片或整体性贫困问题，这种脱贫往往有某种程度的宏观、区域性质，还存在个别、少数的特殊性贫困（深度贫困）问题，如特定区位的山区；如一些人迹罕至的高山峡谷地区，虽是自然人文遗产地，农民不愿也不能离开土地，必须靠人力畜力传统生产方式，而亩产和人均耕地都不高，这种贫困地区很难通过传统的扶贫方式得到最终解决。这种情况就亟待着创新发展模式，在确保当地经济发展的同时，既要发挥当地原生态资源特色优势，同时又要有利于当地资源环境生态的保护。

二是过去解决的问题主要集中于乡村区域，这种脱贫往往带有某种局限性、典型性和针对性，

---

① 即农村贫困人口不愁吃、不愁穿，农村贫困人口义务教育、基本医疗、住房安全有保障.
② 中国政府网.消除贫困是人权保障的基础. http://news.sina.com.cn/c/2009-11-03/170416546985s.shtml.
③ 消除绝对贫困需做好四篇文章. https://wenku.baidu.com/view/5995d4feaef8941ea76e059f.html.

可能会出现农村与乡镇之间的脱贫空白地带，如边远地区乡镇虽然不属于农村地区，但仍然存在并非农村地区的绝对贫困群体，尤其是秦巴山区是中西部集中连片贫困山区之首，区域发展不平衡、传统二元结构问题明显，城镇本身发展水平相对比较滞后，尤其是随着城乡一体化进程发展，同样出现一些其他城镇相关贫困问题，未来随着城乡一体化进程，大量农民从农村进入城市，城市贫困问题也将会凸显[①]。

三是过去解决的主要是绝对贫困问题，亦即是针对吃住行为主的刚性贫困问题。这种脱贫往往造成绝对贫困与相对贫困之间的边界模糊问题，加之老百姓可能的认知能力水平局限，从而导致脱贫问题的复杂化。相对贫困问题如收入差距、公共服务差异、社会不公平现象等，依然会在较长时间内存在。尤其是秦巴山区由于自身客观自然与历史原因，一方面克服返贫压力大于其他地区；另一方面相较于绝对贫困，相对贫困更为错综复杂，脱贫任务更为艰巨和困难。

四是过去解决的主要是基于吃、住等基本生活成本问题，针对这种以经济为主的刚性脱贫相对容易，在贫困群体而言容易形成一种惯性，在政府容易形成一种已有的思路模式。而按照2020年"两不愁，三保障"更高的脱贫目标要求，这就意味着除了满足贫困群众吃、穿等基本生活需求，还要在教育、医疗、住房方面脱贫。尤其是秦巴山区发展环境滞后、发展基础薄弱、发展成本高的革命老区，面临着的问题尤其复杂多样。

五是从过去的农村脱贫向乡村振兴发展的转型问题。过去的扶贫主要是以农村、绝对贫困、经济扶持为重点的初级的农村扶贫，而乡村振兴是一项漫长、复杂、立体、综合的系统工程和过程，2020年基本建成乡村振兴的制度框架和政策体系，到2035年农村农业现代化要基本实现，到2050年要实现乡村全面振兴。从以绝对贫困为核心的农村扶贫到更高层次、更高要求、更为宏观的乡村振兴的转化过程，这是一个极其复杂、综合的系统工程，这需要全域城乡、全国上下的共同努力。

三、从脱贫转型到乡村振兴

（一）脱贫转型特征

集中力量对连片特困地区开展扶贫开发是我国扶贫攻坚的重要举措。我国扶贫制度的特点主要体现在（刘筱红和张琳，2015）：① 以经济领域为先导的资源驱动；② 以政府主导为重点的政策取向；③ 以目标瞄准为抓手的机制运行。有关2020年绝对贫困脱贫后，"后脱贫"时代的贫困现象及特征，李小云和许汉泽（2018）在其著述《2020年后扶贫工作的若干思考》中有比较详细的论述。谷树忠和李小云等（2018）指出，到2020年我国贫困问题不再是单纯的经济现象，而是集经济、社会、自然等因素于一体的复合现象，因此需要从经济发展、社会发展、自然生境等多个维度，来审视2020之后的贫困问题。在新形势下，以农村为主要对象、以绝对贫困为特征的经济领域为主的脱贫攻坚的新变化、新特点如下。

1. 城乡统筹脱贫：农村贫困向城乡统筹贫困脱贫转型

由于区域发展不平衡和城乡二元结构，过去贫困主要分布在我国中西部山区广大的农村地区，农村贫困是我国集中连片式、整体性、普遍性的贫困问题。绝大多数的贫困人口都是由于

[①] 内蒙古扶贫开发宣传平台：2020 年后中国扶贫将开启战略性变革. http://www.sohu.com/a/332152873_120214179

农村所处的相对原始自然条件所带来的落后的农村生活、生产、发展环境所造成的多因素致贫，如因灾致贫、缺水致贫、缺技术致贫、缺劳力致贫、缺资金致贫、交通落后致贫、能力不足致贫，以及相关的因病致贫、缺医致贫、就学致贫等。

李小云和许汉泽认为，随着 2020 年脱贫奔小康，我国这种集中连片式、整体性、普遍性、农村性、经济性的绝对贫困问题，将得到彻底解决。但新的问题也应运而生，那就是由于原来脱贫方式相关的返贫、二次贫困或贫困转型，如城乡一体化、移民搬迁、救济补助等带来的脱贫群体的失业，以及农村脱贫群体涌入竞争而导致城镇居民的失业，所带来的向城镇蔓延的"新一波"的贫困人口的出现，也就是所谓的从原来的乡村贫困转化为城乡统筹贫困，当然这是属于一种相对少数、更高要求的二次贫困群体（李小云和许汉泽，2018）。

尤其是秦巴山区作为中西部发展不平衡和城乡二元结构特征较突出的贫困山区，成为全国脱贫转型与乡村振兴发展的重点和难点。城乡统筹的重点和难点是农民、农村和农业，"三农问题"的根本点还是农民的贫困问题。陆汉文认为，2020 年以后，转移就业和人口流动使得农村贫困问题需要延伸到城镇中加以解决，我国城市贫困问题会变得更加复杂（陆汉文，2019）[①]：一是原有贫困问题常态化；二是因农民失地而导致的新型贫困问题；三是前面所论及的进城务工人口相关联的贫困问题。这三类贫困问题叠加和交织在一起，将成为后脱贫时代重大的经济社会问题，也将成为城乡统筹脱贫的核心和重点。

城乡社会公共服务不均衡正在成为转型贫困的主要原因。从制度上讲，现有农村社会保障基本上属于补充性，还达不到真正意义上的支付性保障。如上大学和医疗费用对于农村和城市是一样的，但由于城市人口的支付能力远远高于农村，富裕人口远远高于贫困人口。很多处于贫困线之上的低收入群体，由于资产和社会保障的缺乏，由于抵御风险能力的极度脆弱而成为极易落入贫困陷阱的潜在贫困人口，这些都构成了转型性的次生贫困（李小云和许汉泽，2018）。

2. 相对贫困脱贫：绝对贫困向相对贫困脱贫转型

2020 年以前的贫困是以 2300 元的标准衡量的绝对贫困，主要是以"吃穿"问题、经济为主的刚性贫困。主要停留在物质层面上的贫困，或者说是物质上的匮乏，是指缺乏为维持身体健康而绝对必需的物品的状态。在消费方面由于收入极低，难以满足人类在衣食住行等方面的基本消费。由于生产资料的缺乏，难以维持简单再生产，更难以扩大再生产，从而陷入"贫困循环"之中，主要表现为以经济因素为主导致的刚性贫困，即所谓的单维度致贫。这种经济因素包括单维度致贫、生活负担、居住环境、经济地位和人均年收入等。

2020 年脱贫问题解决，绝对贫困退出历史舞台，相对贫困问题尚待解决。因为相对贫困实质是不均衡，只要社会存在不均衡，就存在相对贫困，在现实中不均衡是常态，因而相对贫困将普遍存在，这是全世界至今尚未解决的重大问题，如公共服务资源、教育资源、医疗卫生、社会地位、住房条件等都存在不均衡。此外，城乡二元化结构下的流动儿童和留守儿童现象，存在营养、教育、医疗等多方面的欠缺和不足，这些都是相对贫困问题。相对贫困主要呈现为收入、社会公共服务获得上的不平等和多元维度贫困。相对贫困还体现在城乡收入差距方面即农村的低收入，2014 年城乡收入比就高达 2.92∶1（遗梦长安，2017）[②]。据西南财经大学基于2010 年的数据研究显示，农村居民收入的基尼系数高达 0.60（遗梦长安，2017）。这显示了收入

---

① 陆汉文.城乡统筹扶贫应成为未来战略选择.社会科学报.2019-01-31（001），2019-03-07
② 遗梦长安 转引南都观察：2020 年"贫困"的终结？2017.03.http://m.kdnet.net/share-12164208.html.

不均衡已经成为城乡差异的主要问题之一。

世界银行关于相对贫困的描述（诸世航，1982）："当某些人、某些家庭或某些群体没有足够的资源去获取他们那个社会公认的、一般都能享受到的饮食、生活条件、舒适和参加某些活动的机会，就是处于贫困状态。"可见，相对贫困与绝对贫困不同，相对贫困属于多维度致贫的，涉及收入、教育、健康保险、资产和生活质量五个维度，包括人均年收入、受教育程度、医疗保险、养老保险、电器资产、生活负担、掌握技能、居住环境、经济地位等多个变量。

3. 乡村振兴发展：农村贫困扶贫向乡村振兴转型

从某种程度上讲，扶贫是乡村振兴的基础和初级阶段，乡村振兴是农村扶贫的目标。如何促进从旅游扶贫向乡村振兴的转型升级，成为重大战略问题。

乡村振兴战略的目标是2020年乡村振兴的制度框架和政策体系基本形成，全面建成小康社会的目标如期实现。到2022年，乡村振兴的制度框架和政策体系初步健全；现代农业体系初步构建，农业绿色发展全面推进；农村第一、二、三产业融合发展格局初步形成，乡村产业加快发展，农民收入水平进一步提高；农村基础设施条件持续改善，城乡统一的社会保障制度体系基本建立；农村人居环境显著改善，生态宜居的美丽乡村建设扎实推进；城乡融合发展体制机制初步建立，农村基本公共服务水平进一步提升；乡村优秀传统文化得以传承和发展，农民精神文化生活需求基本得到满足；乡村治理能力进一步提升，现代乡村治理体系初步构建。探索形成一批各具特色的乡村振兴模式和经验，乡村振兴取得阶段性成果。

乡村振兴战略的主要任务是建设产业兴旺、生态宜居、乡风文明、治理有效、生活富裕的社会主义新农村。具体包括：一是以农业供给侧结构性改革为主线，构建现代农业产业体系、生产体系、经营体系，推动乡村产业振兴。二是以践行绿水青山就是金山银山的理念为遵循，加快转变生产生活方式，推动乡村生态振兴。三是传承发展乡村优秀传统文化，培育文明乡风、良好家风、淳朴民风，建设邻里守望、诚信重礼、勤俭节约的文明乡村，推动乡村文化振兴。四是建立健全党委领导、政府负责、社会协同、公众参与、法治保障的现代乡村社会治理体制，推动乡村组织振兴，打造充满活力、和谐有序的善治乡村。五是以确保实现全面小康为目标，加快补齐农村民生短板，让农民群众有更多实实在在的获得感、幸福感、安全感。

周仲高和柏萍（2014）借鉴国际上扶贫的逻辑切入点，即基本上是沿着从注重物质资本的投入，到关注人力资本的投资，再过渡到综合的反贫困战略思路，结合我国贫困的新趋势，认为未来扶贫战略有以下四大走向：一是扶贫主体转型由线性式走向网络式；二是扶贫对象转型由群体走向个体；三是扶贫方式转型由开发式走向发展式；四是扶贫重点转型由当代扶贫走向子代防贫。

（二）脱贫转型主要任务

如上所述，2020年后的脱贫特点是脱贫对象发生变化，从农村贫困群体转向城乡所有贫困群体；脱贫杠杆发生变化，从经济扶贫为主转向经济社会为主的脱贫杠杆；脱贫方式发生变化，从行政手段转向常规性贫困治理体系；扶贫内容发生变化，从绝对贫困扶贫转向相对贫困为核心的脱贫攻坚；脱贫目标发生变化，从2300元贫困线转向实现"两不愁、三保障"；扶贫环境发生变化，从几年前以经济建设为主的发展环境转向以全域治理体系环境，经济、社会、文化环境乃至生态环境、人文环境和国际环境都相应发生重大变化。这些变化给2020年"二次脱贫"

攻坚带来诸多挑战。

周仲高和柏萍（2014）认为，我国贫困发展的新趋势主要表现：一是绝对贫困与相对贫困共存，相对贫困人口成为主体部分；二是贫困人口缺少发展机会，返贫现象折射贫困边缘人群困境；三是贫困代际传递日益显露，贫困现象陷入恶性循环。

南都观察（2017）[1]认为，直到 20 世纪末期，农村扶贫都主要是在传统农村和农业发展框架下展开的。进入 21 世纪以来，随着保护式扶贫（如低保、教育、卫生等社会公共服务领域）在贫困地区的不断展开，农村扶贫开始不断超越农业发展为主线的制度界限，形成了复杂的多部门交织的局面。尽管如此，面对 2020 年后的二次贫困，扶贫仍然面临着各种各样的挑战。

首先，2020 年以前的扶贫主要是通过行政手段开展的两项制度衔接[2]和资源整合方式进行，通过扶贫实践业已证实，农村扶贫在制度上的乏力，尤其是扶贫管理的碎片化与扶贫要求整体性推进之间的矛盾突出。这一矛盾在新的贫困格局下对二次扶贫有效性的影响更加显著（南都观察，2017）。从此可以看出，创新体制机制成为 2020 年后脱贫的重要保障。

其次，由于二次贫困主要是解决相对贫困问题，由于相对贫困多元化、多维度、转型性、次生性和复杂性特点，涉及扶贫各个领域的各级各类部门，尤其是在其专业管理和资源行业管理的分割体制下，在部门利益的割裂下，出现愈加明显的"扶贫碎片化"，难以有效整合各种资源（李小云和许汉泽，2018）。因而，构建针对相对贫困脱贫的专业化管理体制机制，成为当务之急。

再次，以往扶贫协调部门主要涉及农村，形成了针对绝对贫困以经济为杠杆的农村扶贫惯性思路和所谓的经验，而二次脱贫则主要覆盖在愈加广泛的城乡区域之间，城市化进程不断吸纳农村人口，相对贫困随之转移到城市，传统城乡二元扶贫治理格局显然不能应对即将到来的二次脱贫的错综复杂和千变万化。可见，破除传统城乡二元结构成为 2020 年后脱贫攻坚的关键。

最后，扶贫机构尽管具有宏观协调职能，但由于相对贫困的复杂性以及随着相应的扶贫工作的不断开展和深入，碎片状的管理模式将导致行政管理资源的低效率，从而亟待创新多功能、综合性的治理结构。从这点上讲，在 2020 年的二次脱贫过程中，构建符合具体脱贫实际的脱贫攻坚组织机构是十分必要的。

南都观察（南都观察，2017）认为，新贫困格局需要新的扶贫战略，而实施新的扶贫战略需要建构能适应新的贫困形势的新体制。新的贫困格局和战略需要一个综合的贫困治理机制，这是 2020 年后农村贫困工作的关键。

（三）脱贫转型向乡村振兴升级

脱贫攻坚是乡村振兴的基础，乡村振兴是脱贫攻坚的目标。2020 年年底完成"脱贫攻坚"任务后，我国贫困山区农村进入"后脱贫时代"，工作重心将逐步向乡村振兴战略转移。由于我国农村自身资源限制，以及财政投入保障机制尚不健全、财政法治建设起步较晚、实施"乡村振兴"战略的顶层设计尚未理顺等原因（姚飞[3]，2019），在"后脱贫时代"仍存在一些亟待解

---

[1] 遗梦长安转引南都观察：2020 年"贫困"的终结？2017.03.http：//m.kdnet.net/share-12164208.html

[2] 两项制度衔接：就是实现农村最低生活保障制度（低保）和开发式的扶贫政策制度的有效衔接。即通过低保制度的开展解决农村困难户的最低生活保障问题；通过开发式的扶贫方针解决有劳动能力的贫困户的自我发展能力。

[3] 姚飞.人民网-中国共产党新闻网.2019.完善财政管理制度 推进"后脱贫时代"乡村振兴.http：//cpc.people.com.cn/n1/2019/1231/c164113-31530633.html

决的问题，这些问题成为乡村振兴战略实施前必须解决的关键问题。

首先，脱贫成果亟待巩固和夯实。巩固脱贫成果巩固压力较大，帮扶措施尚需继续，脱贫帮扶工作仍需努力，帮扶干部继续入户走访，做好后续帮扶措施（姚飞，2019）。尤其应重点关注脱贫质量不高的贫困户、患病户、无劳力户，真正让脱贫户做到遇病不返贫、遇困不返贫、遇灾不返贫，巩固好脱贫成效，建立长效脱贫机制，不能轻易出现返贫现象（姚飞，2019）。我国农村经济结构长期以农业为主，缺少工业支柱产业，完成脱贫任务较大程度上依靠补贴资金发放、医疗养老兜底和区财政注资村集体等"输血型"扶贫方式（姚飞，2019）。据初步统计，每年扶贫投入占当年总支出20%~30%。按照"脱贫不脱政策、脱贫不脱责任、脱贫不脱监管、脱贫不脱帮扶"的总要求，后续巩固脱贫成果的支出压力较大。如果长期维持"高成本高投入"的扶贫模式，既会滋生贫困农户自主发展动力不足现象，也会造成本区"三保"压力过大，进而影响乡村振兴战略实施（姚飞，2019）。

其次，因扶贫政策差异性导致的农村基础设施条件非均衡性问题。脱贫山区不同程度地存在原贫困村与非贫困村之间的政策非均衡性造成的基础配套服务设施差异性现象。按《国务院办公厅关于支持贫困县开展统筹整合使用财政涉农资金试点的意见》要求，统筹整合的贫困县涉农资金必须精确瞄准建档立卡贫困人口，并严格按照规定范围和标准使用。通过持续扶贫攻坚，原贫困村的农业生产发展和基础设施建设水平大幅提升。然而，与此同时，也造成原非贫困村因为资金相对缺少、政策缺乏支持，基础设施和公共服务改善缓慢甚至明显落后于原贫困村。从而导致农村基础设施建设和公共服务领域出现了原贫困村水平高、原非贫村水平低的"倒挂"现象（姚飞，2019）。如许多曾经的贫困村均已建设扶贫车间、光伏发电站，甚至建有扶贫超市等生产设施，而原非贫困村则缺乏以上设施条件。此外，原贫困村硬化道路建设标准为"户户通"，原非贫村的建设标准则为"村村通"。在安全饮水项目建设等领域，原贫困村在建设速度、建设标准上也有明显优势。造成原非贫村干部群众意见较大。

再次，原贫困山区"造血功能"产业培育实效亟待提高。由于前期扶贫攻坚阶段主要以"输血型"扶贫方式为主，缺少工业支柱产业，这是普遍现象。如何尽快发挥农村山区资源环境特色优势，激活特色产业发展，促进产业深度融合，增强产业附加值，形成具有经济、社会、生态效益统一的新兴产业发展模式，成为后脱贫时代面临的重大问题和挑战。纵观过去我国西部贫困山区，在低山丘陵区主要为传统农业贫困山区，而在远离大城市的青藏高原及其边缘地区，在资源环境刚性要求愈加严苛情况下，一些不利于环保的传统小作坊关停并转，缺乏工业、农业生产能力低、产业效益低下、产业结构单一、缺乏产业造血功能，尤其是"地下无矿产、地上无资源"，既缺少发展工业的资源禀赋，也缺少发展服务业的区位优势，第一、二、三产业发展难度较大。减税降费措施和产业奖补政策实施中"规定动作多，自选动作少"，对具有本地特色的青稞、小麦产业集群、黄花菜深加工潜力产业尚未形成规范化的帮扶机制（姚飞，2019）。因此，如何激活中西部高山峡谷地区农村产业发展，激活造血功能，培育符合当地实际的产业发展模式，意义重大。

最后，确保实现和乡村振兴的无缝连接。第一，做好思想工作。应树立群众自力更生、勤劳致富的意识（姚飞，2019）。"授人以鱼，不如授人以渔"，要指导利用好当地的资源，因地制宜发展产业。第二，从政策层面上要强化认识，要有大局意识，提高政治站位。绝大多数农村干部能够贯彻、执行上级党委、政府的各项方针、政策、法律和法规，但或多或少存在对上级相关律制度、政策法规的理解和掌握不够精准的现象。第三，从经验层面看，要进一步完善政策。

前期宝贵的脱贫经验和做法要经过深入研究和论证，有的可以上升为国家和政府监管部门的政策，形成长效机制。第四，从制度层面来看，要积极探索完善经营制度。最后，从技术层面上，借助互联网、大数据、人工智能、医疗技术的发展，带动新技术，新模式，新业态的涌现。所有这些新科技发展趋势在农村发展中的应用，在后脱贫时期，农村各级帮扶干部培训有待进一步加强。

四、农文旅融合与脱贫转型及乡村振兴耦合关系

（一）农文旅融合与脱贫转型

与以城乡统筹扶贫、相对贫困扶贫和全方位扶贫为特征的二次脱贫相呼应，农文旅融合强调的就是城乡统筹发展、发展的一般性与特殊性的统一，以及全域生态旅游发展系统。农文旅融合理念具有与生俱来的扶贫功能和理论实践框架，对二次脱贫攻坚具有独特的意义与作用，主要包括农文旅融合主体、农文旅融合场所、农文旅融合产业、农文旅融合环境可持续管理等五个方面。

1. 农文旅融合主体具有服务社区的义务

农文旅融合主体理论认为，农文旅融合主体是一个具有尊重周围环境（硬环境和软环境）的自觉性和公共责任心的机构，自己的行为特征和规范符合生态旅游体系相关要求的旅游者；在旅游活动过程中对周围环境（自然生态和人文环境）友好、友善的旅游者；将自己的旅游活动与过程行为与产生结果作为统一整体看待的旅游者；将自己旅游活动与旅游客体持续发展紧密结合的旅游者；通过旅游活动传播可持续发展理念进而有利于促进整个社会协调发展的旅游者。

而生态旅游者往往是以具备一定的人文素质、思想境界和行为规范特征为前提的。正因为如此，生态旅游者的可持续发展理念和生态行为是相对稳定不变的。不会因为今天经历了高层次的生态旅游产品才能成为生态旅游者，也不会因为明天消费了传统的大众旅游产品就不是生态旅游者。正因为生态旅游主体理论的上述主张与理念，比大众旅游者具有更高尚的情怀、更高雅的素质和更先进的思想，生态旅游在2020年二次扶贫中，将发挥越来越重大的作用和意义。

2. 农文旅融合场所是社区可持续发展的主战场

生态旅游的原理认为，生态旅游社区具有原生态美的生态旅游资源或者生态旅游产品对不同类型生态旅游者产生不同类型和程度的吸引力，这种吸引力大小取决于旅游资源或产品的吸引力大小，而吸引力大小又取决于资源或产品的比较特色和比较优势。生态旅游社区的吸引力不是一成不变的，而是随着时空的变化和周围环境的变化而变化的，这与旅游地生命周期的利用、经营管理成效密切相关。同一个旅游社区，不同的经营管理者所带来的吸引力大小、生命周期长短是不同的：善于科学管理和更新产品的经营管理者，旅游地的吸引力是独特的，目的地产品周期是持久的。反之，则吸引力很弱小、周期是短暂的。

生态旅游社区对旅游者具有反作用力。若生态旅游社区具有明显吸引力的生态旅游资源或产品，还具有良好的生态旅游环境、经济社会环境和人文环境，则生态旅游社区不仅对客源地具有明显的吸引力，而且对客源地生态旅游发展具有促进作用。此外，生态旅游社区具有明显的教育功能，包括激发、引导、启迪、激励、示范、警示、带动和教育功能，传播美学功能、科

教科普功能，生态旅游目的地良好的遗产保护、生态环保意识、科学发展观理念、和谐的人文氛围，不仅对社区发展意义重大，更重要的是通过其辐射、散布、影响和带动作用，影响着广大旅游者，对客源地人文教育和社会进步具有重要意义。正因为生态旅游理论的主张和理念，其与相对扶贫发展理念不谋而合。

3. 农文旅融合产业是社区发展的战略支撑

生态旅游业理论认为，生态旅游业发展所需的支持保障体系并非旅游企事业机构的简单相加，而是这些支持保障机构的全方位无缝衔接和鼎力相助，因此生态旅游企事业被称为生态旅游媒体子系统。生态旅游媒体并非传统单一的旅游业务部门，如旅游经营商、批发商、零售代理商、会议安排组织商、预定代理服务商，而是涵盖了旅游消费子系统和旅游吸引子系统之间发生作用所需要的相关机构、部门和单位，包括旅游交通部门、住宿接待部门、餐饮服务部门、旅游商品经营部门、旅游娱乐场所经营部门和目的地各级各类旅游组织部门等，以及上述诸机构和部门之间的全方位、立体性、无缝对接，共同构成旅游业发展的旅游支持系统，统称为旅游支持子系统。

生态旅游业理论的核心就是，强调生态旅游业各产业、各业态、各节点、各变量的积极性和自觉责任性，强调生态旅游业各环境、各变量之间的全方位、立体性、无缝对接，形成有机的、主动的产业发展系统。

4. 农文旅融合环境是社区发展的最理想载体

生态旅游环境理论认为，生态旅游载体不仅仅是旅游地的自然生态环境，更不是旅游区的环境容量管理，而是指整个生态旅游业从形成、运营、管理、发展所依托的各种外界环境要素的综合，包括旅游地环境，也包括客源地环境，也包括区域、跨区域、国内乃至世界环境，既包括自然环境，也包括文化环境、经济环境和社会环境，更包括投资环境和人文氛围，尤其是生态旅游业运营管理过程中的各种要素环境的相互关系和影响。上述各种级别、各种要素之间全方位、多元化、立体性的相互作用和相互影响所形成的复合体，构成生态旅游载体，亦即生态旅游载体子系统。

生态旅游环境理论的核心，就是强调生态旅游发展顶层环境到各级各类主体微环境的自觉责任性与高度的人文情怀，强调旅游者、旅游地社区、旅游企业、旅游市场、生态旅游资源、生态旅游景区、生态旅游社区、生态旅游环境等各主体环境之间的协调与无缝衔接，形成积极、有机的环境系统，为生态旅游健康可持续发展保驾护航。

5. 农文旅融合管理是社区可持续发展的科学保障

生态旅游可持续管理理论认为，生态旅游管理就是生态旅游发展过程中所涉及的主体进行系统的规范、协调、控制等的管理活动过程。从主要管理内容来说，尤其强调旅游者、旅游地社区、旅游企业、旅游市场的可持续管理。此外还涉及生态旅游资源、生态旅游景区、生态旅游社区、生态旅游环境等的科学管理，以及这些方面的发展及其相互促进协调的可持续管理。生态旅游管理的最大特点就是强调协调，将生态旅游发展视为一个多成因、多关联、多期次的复杂、动态的综合动力系统，主张只有这个动力系统各个相关要素、变量，达到充分的协调、融合和高度协调，生态旅游发展才能达到应有的目的和目标。从这一点讲，贫困山区旅游扶贫振兴发展的过程就是生态旅游可持续发展的过程。

（二）农文旅融合与乡村振兴

1. 乡村振兴实践中农文旅融合的特殊作用

生态旅游作为自觉负责任的可持续旅游和复杂、动态的综合动力学系统，在强调旅游功能、保护功能、教育功能和促进社区协调发展功能四大基本功能基础上，极力主张自觉自然观、动力系统观、可持续旅游观、全域发展观、生态文明观，因而成为二次脱贫和乡村振兴与生俱来的扶贫途径和模式，将对乡村振兴发展具有特殊的意义和作用。

生态旅游强调旅游整个过程中各相关利益主体的自觉责任心，既包括生态旅游者、生态旅游地、生态旅游业和生态旅游环境各级层面主体的自觉责任心，也包括生态旅游发展过程中全社会所有相关主体的自觉责任心，主张不同部分、各种行业从自觉负责任的角度，参与到扶贫事业中来，有利于形成负责任的整体力量。

生态旅游强调生态旅游不只是生态旅游者与生态旅游资源分内之事，而是由真正的生态旅游主体、客体、媒体、载体四端元之间不同级别和维度的系统、变量、因子之间相互作用、有机组成的系统动力综合体。生态旅游认为扶贫是一个复杂的综合系统，涉及各种不同级别的子系统和变量，只有扶贫各方力量，整合到一起，整合资源、形成优势、优势互补，从而有利于解决各方问题。

生态旅游强调以可持续发展为目标，将可持续发展理念贯穿于生态旅游发展过程不同层面和各个环节之中，强调旅游目的地社会、经济与资源环境系统协调发展。扶贫的目的是通过资源、环境、经济、社会、文化等资源的整合和激活，实现全域经济、社会、经济、文化、政治五位一体健康可持续发展。

生态旅游在强调游客高质量生命体验的同时，强调生态旅游地社区根本利益和资源环境保护，强调生态旅游企事业和相关行业之间的鼎力协作及发展质量，也强调不同旅游发展环境之间政治、经济、社会、生态、科技等的协调可持续发展。生态旅游认为，扶贫不只是吃穿的满足，还要强调教育、医疗、卫生等的满足，更注重全社会的和谐小康与可持续发展。

生态旅游强调环境与发展的辩证关系，强调环境哲学理论指导下改善和提高生活质量，共享平等、自由、教育的成果，强调天-地-人的高度和谐统一。生态旅游不仅强调天地人的和谐统一，尤其注重经济社会文化政治的公平、公正、正义、和平发展，因而成为后贫困时期新扶贫最佳的模式。

可见，生态旅游从某种程度上讲，是一个地区或国家政治、经济、社会综合发展水平的综合体现，是衡量一个国家全民综合素养和文明程度的重要标志，生态旅游构成一个地区或国家重要的综合软实力，也是维护世界公平、公正、正义、和平的重要力量。这与乡村振兴发展的理念不谋而合，从而进一步验证，生态旅游是二次脱贫和乡村振兴的最佳途径。

2. 乡村振兴的实现需要农文旅融合理念指导

乡村扶贫与乡村振兴是中国乡村伟大复兴的不同时期的产物，农村扶贫是乡村振兴的基础，乡村振兴是农村扶贫的继续和发展，乡村振兴与否主要要看如下四个关键问题。一是乡村振兴中产业发展的问题，乡村振兴首先要有产业兴旺。产业兴旺必须要思考市场在哪里。乡村振兴首先要处理好政府、市场、社会组织之间的关系，明晰各自的定位和作用。二是乡村振兴与城市化的关系，城市化是现代化的必经之路，乡村振兴的过程一定是城市化充分发展的过程，是人口在城乡优化配置、城乡互动和融合发展的过程。这需要破解城乡二元结构，建立城乡一体、城乡融合、互促共进的体制机制。三是对"生态宜居"问题的认识,"生态宜居"是乡村振兴的环境基础,这种宜居的生态环境不应仅仅是针对乡村百姓的宜居,同样也应该是对城市居民开放、城乡互通的"生态宜居"。四是乡村振兴中的乡风文明建设,是传承的乡村农耕文明与现代文明相互融合与发展的"乡风文明",其中包含着农村的乡贤,他们这种由乡土情结和乡土意识所呈现的乡村文化,在吸引外部资源、协调关系和形成发展合力等方面可以起到重要作用。

从农村扶贫到乡村振兴的过程,就是生态旅游理论运用与实践的过程,也是区域乡村生态旅游发展的过程,从乡村振兴的产业发展、城乡关系,到生态宜居,再到乡风文明建设,实际就是生态旅游发展具体过程的实施和体现,无不需要生态旅游理论的指导和具体参与。

五、农文旅融合驱动脱贫转型及乡村振兴思路

(一)农文旅融合促进脱贫转型的战略思路

李小云和许汉泽(2018)认为,随着2020年绝对贫困基本消除之后,中国农村贫困将会进入一个以转型性的次生贫困为特点的"新贫困"治理阶段。新贫困主要呈现为收入和社会公共服务获得上的不平等和多元维度贫困两个方面(李小云和许汉泽,2018)。

很显然,在新的贫困格局下,需要改变原有的城乡扶贫二元战略框架和以农村开发式扶贫为主导的路径,2020年后的贫困需要设计城乡一体化的扶贫战略和政策,这也意味需要将未来的扶贫战略重点放在社会服务数量和质量上的均等化上(南都观察,2017)。特别需要指出的是,社会服务的质量差异如儿童营养、中小学教育和医疗服务质量等方面,将会逐渐成为引发新贫困的主要方面。新的农村扶贫战略需要考虑两个一体化——城乡一体化、开发与社会公共服务一体化(李小云和许汉泽,2018)。

左停(2016)及李小云等(2018)提出,在2020年全面建成小康社会、打赢脱贫攻坚战之后,应该积极借鉴国内外的相关经验,重点做好反贫困政策与社会救助政策的衔接,并要大力提倡"发展型社会救助"。李小云等(2018)提出,现有的研究主要集中在对贫困性质变化、减贫战略调整以及反贫困政策转型创新等宏观层面的讨论。缺乏对于2020年之后扶贫政策为何需要调整的原因揭示以及缺少对具体扶贫政策、扶贫体制、扶贫制度层面的回应与探索。这些支持性制度包括:掀起以改造自然环境为目的以"四通"为内容的新农村运动;改革农地制度、教育制度、财税制度、金融制度、户籍制度、农民组织化制度、基于资源安全和环境安全的区域分工制度等七个方面(万能,2005)。

李小云和许汉泽(2018)认为,应该实施"新动能减贫""生态红利减贫""特殊资源减贫"以及"意愿校正减贫"等策略。2020年后的减贫战略将主要以少数、特殊性减贫治理、解决相对贫困、城乡减贫融合扶贫、国内减贫与国际减贫合作相结合、减贫发展国际合作等为特征(张琦,李小云等,2018)。亟待对2020年后扶贫特征进行审视,并进行相应的政策调整,加强对具体扶贫政策、扶贫体制、扶贫制度层面的回应与探索(李小云等)。在2020年后,应该积极借鉴国内外的相关经验,重点做好反贫困政策与社会救助政策的衔接,并要大力提倡"发展型社会救助"(左停和李小云等,2018)。张琦(2016)及李小云等(2018)认为,2020年后的减贫战略将随着由集中性减贫治理战略向常规性减贫治理战略的方向转型,由解决绝对贫困向解决相对贫困转变;由重点解决农村贫困转向城乡减贫融合推进转变;由重点解决国内贫困向国内减贫与国际减贫合作相结合方向转变,减贫发展国际化合作将会强化。

面对 2020 年后贫困新形势和乡村振兴战略的实施，农文旅融合从系统理论和动力学角度，认为农文旅融合促进扶贫和乡村振兴为一多成因、多关联、多期次的复杂的、动态的综合动力系统；注重现代科学技术和国内外全新发展背景对旅游扶贫和乡村振兴的影响，注重跨学科多技术的综合应用；不仅要从人文社科和经济管理学角度研究旅游扶贫和乡村振兴，还要从成因背景、时空格局、内在规律和演化机理的角度论述旅游扶贫和乡村振兴；着重论述农文旅融合与其他产业的融合发展，以及全新形势下旅游扶贫和乡村振兴的转型升级。因此，基于全域生态旅游发展成为二次脱贫与乡村振兴的理想首选模式。

笔者以为，脱贫转型作为贫困山区扶贫开发和脱贫攻坚在特定时期的必然产物，处于 2020 年前以绝对贫困扶贫为核心的绝对贫困扶贫的结束与 2020 年以后以相对扶贫贫困扶贫为核心的相对扶贫开始之间，也是乡村振兴过程的初期产物。因此，脱贫转型的战略思路主要是：① 对绝对贫困扶贫结束以后，对"脱贫后"全国原 14 个集中连片贫困山区的贫困状况进行重新核实、清理和统计，精准掌握"脱贫后"原贫困山区的情况，为其建立"脱贫后"数据库；② 针对"脱贫后"原贫困山区的新贫困，以生态旅游可持续发展理论为指导，对"脱贫后"原贫困山区人口进行"查缺补漏、填平补齐、后期整改"式的相对贫困扶贫攻坚；③ 通过"脱贫后"原贫困山区相对贫困扶贫攻坚，实现与乡村振兴的无缝衔接。

（二）农文旅融合驱动乡村振兴战略思考

1. 实施基于生态旅游理念的农文旅融合驱动城乡统筹扶贫发展战略

过去解决的问题主要集中于乡村，但同样出现一些其他城镇相关贫困问题，未来随着城乡一体化进程，大量农民从农村进入城市，城市贫困问题也将会凸显。针对城乡统筹扶贫攻坚阶段，在新的农村贫困格局下，突破原有城乡扶贫二元结构的桎梏和以农村开发式扶贫为主导的传统方法，实施全域生态旅游经济发展模式。

我国中西部边远山区和革命老区的典型代表，贫困山区有其独特的自然环境条件、历史人背景和经济社会特征，客观上要求走生态旅游经济的发展道路和模式，重在破解传统城乡二元结构，建立城乡一体、城乡融合、互促共进的脱贫体制机制。通过发展全域生态旅游业，贫困山区生物多样性和文化多样性，及其相关的丰富的原生态自然山地和人文景观旅游资源，相对于平原地区及沿海地区形成了明显的比较优势。山地乡村独特的生态资源和环境形成了沿海和平原城市所不具备的比较优势，不仅弥补了工业化"不能上山"的短处，而且发扬了山地乡村生态旅游资源富集的长处，在保持原有山地乡村格局风貌的基础上，就地取材、扬长避短，使旅游资源向旅游产业再向生态旅游经济转化，在促进区域经济社会发展和科学脱贫攻坚的同时，有利于秦巴山区原生态资源和生态环境的保护。从而，实现工业化以外我国另一种可持续发展方式——生态旅游经济发展模式。

2. 构建基于生态旅游可持续发展理念的农文旅融合驱动相对贫困扶贫发展模式

过去解决的是区域连片、整体性的绝对贫困问题，还存在少数特殊性贫困和相对贫困问题，如位于"深山老林"的山地及高山峡谷偏远地区，必须靠人力畜力传统生产方式，农民不能离开土地，而亩产和人均耕地都不高等，而这些地区往往是自然或文化遗产地区，针对这些特殊的贫困地区，不可能通过传统的扶贫方式实现脱困，即不能通过传统的救济方式、移民方式、基础配套服务设施等实现脱贫，而应因地制宜，走基于具体实际的生态旅游可持续经济发展之路。

　　过去解决的是区域性绝对贫困问题，随着绝对贫困的消亡，相对贫困问题如收入差距、社会不公平现象等，依然存在，并越加凸显，这是全世界尚未解决的重大问题。针对以收入差距、公共服务资源差别为核心的相对贫困扶贫攻坚阶段，实施生态旅游可持续发展战略，生态旅游可持续发展理念强调，代际公平原则，注重经济社会的公开、公正、透明、合理原则，从而成为2020年后二次脱贫最佳的发展模式。

　　二次脱贫的重点应放在社会服务在数量和质量上的均等方面。生态旅游不仅注重发展与生态环境之间的关系，更强调区域经济社会发展的质量问题，强调发展的质量、速度与持续度之间的辩证关系。此外，随着未来经济社会发展，按照"两不愁，三保障"的脱贫目标要求，这就意味包括吃、穿、教育、医疗、住房等综合方面的全域脱贫攻坚时期的到来。

3. 构建基于生态旅游管理理念的农文旅融合驱动脱贫转型体制机制

　　以相对贫困为核心的贫困与以绝对贫困为重点的贫困，具有明显不同的本质及特征。从乡村贫困为主转向城乡一体化的二次贫困，从绝对贫困转向以相对贫困为主的次生贫困，以及从乡村扶贫转向乡村振兴发展等。这是一个长期、综合、复杂的系统工程，需要构建针对二次贫困背景下的全新的扶贫体制机制。

　　随着2020年二次脱贫的到来，贫困问题开始作为一种整体性的社会问题出现，并扩展到社会各个层面，贫困问题逐渐超越了单纯的经济层面，涉及法律、民政、教育、医疗、卫生等多个部门（李小云和许汉泽，2018）。贫困碎片化的治理导致资源使用的低效率，加剧了问题处理和服务供给的难度和成本，因此亟待进行相应的创新和变革，探索建立多部门共同参与、协同治理的有效机制（李小云和许汉泽，2018）。面对致贫原因的多元化和新时期农村贫困的新特点，需要发育综合性的治理结构，进行制度结构层面的建构，开展扶贫制度的供给侧改革，构建全域覆盖全民、城乡统筹、权责清晰、保障适度、可持续的多层次社会保障体系（李小云和许汉泽，2018）。

　　生态旅游管理强调生态旅游者、生态旅游地、生态旅游业、生态旅游环境等全方位的可持续管理，承认以相对贫困为核心的脱贫的系统性和全域性，通过建立基于生态旅游可持续管理理念的二次脱贫体制机制，将二次贫困作为一个有机的动力系统加以解决，将有利于秦巴山区可持续发展的有力保障。

4. 铺筑基于生态旅游系统论的农文旅融合驱动乡村振兴发展之路

　　二次脱贫是乡村振兴的关键，也是绝对贫困扶贫向乡村振兴转型的桥梁。乡村振兴是乡村扶贫的目标。绝对贫困扶贫、二次脱贫和乡村振兴是一个伟大过程的不同阶段。乡村振兴强调的四个本质问题与生态旅游强调的四个发展理念不谋而合。乡村振兴中的产业发展与生态旅游系统中的生态旅游业相辅相成，就是要强调处理好政府、市场、社会组织之间的关系，明晰各自的定位和作用；乡村振兴强调处理好乡村发展与城市化的关系，与生态旅游强调的生态旅游系统论相一致，强调乡村振兴的过程一定是城市化充分发展的过程，是人口在城乡优化配置、城乡互动和融合发展的过程；乡村振兴中的"生态宜居"与生态旅游强调的生态旅游地及全域景观美化相呼应，注重对城市居民开放、城乡互通的"生态宜居"；乡村振兴中的乡风文明建设与作为生态旅游核心理念的原生态美遥相呼应，强调乡村传统文明和现代文明相互融合与发展的"乡风文明"。

　　2020年以前的扶贫是针对绝对贫困的以经济为杠杆的基础扶贫，乡村振兴是一个涉及自然、生态、经济、社会、人文、安定等纷繁交错的综合系统问题，包括上述后脱贫相关的主要问题，如特殊贫困、城乡头筹扶贫、相对扶贫、深层次扶贫乃至乡村振兴发展，以及从乡村脱贫向乡村振兴衔接转型，这是一个涉及全局的战略问题，应走基于生态旅游系统论的乡村振兴发展之路。到 2020 年，乡村振兴的制度框架和政策体系基本完成；从 2020 年到 2035 年，农村农业现代化要基本实现，从 2035 年到 2050 年，要实现乡村全面振兴。经过这三个阶段，这是个漫长的过程，需要全域城乡、全国上下的共同努力。

六、农文旅融合驱动脱贫转型及乡村振兴的模式与路径

事实上，民族地区乡村振兴是一个以民族村寨为突破口、以民族村寨农文旅融合为切入点、以民族村寨农文旅高质量融合发展为内生动力、以农文旅高质量融合发展与乡村振兴耦合为驱动机制、以乡村高质量振兴为目标的具有内在成因联系的不可分割的连续过程（HCEO，图 3），需要将民族村寨、农文旅融合、高质量发展和乡村振兴视作为一个点-线-面-立体多向耦合的综合、动态、有机大系统，并置于跨学科综合理论方法研究背景下进行系统研究（如图 3 所示）。

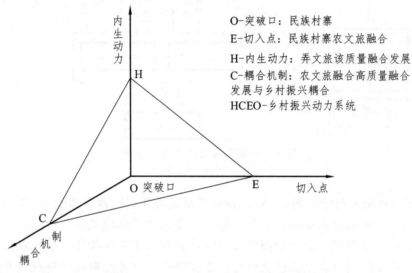

O-突破口：民族村寨
E-切入点：民族村寨农文旅融合
H-内生动力：弄文旅该质量融合发展
C-耦合机制：农文旅融合高质量融合发展与乡村振兴耦合
HCEO-乡村振兴动力系统

图 3　民族地区乡村振兴动力系统

农文旅融合是乡村振兴战略背景下产业发展的必然趋势和要求。农文旅融合是产业融合发展的结果，作为一种新型的新兴的经济现象，其在全球范围内呈现蓬勃发展的态势。农文旅融合是以农业为依托，通过文化产业、旅游业相互渗透、交叉等方式呈现新兴业态、崭新商业模式的动态过程。农文旅之间产业融合使得产业链延长、新业态出现、产品附加值提高，对于有效提高农村居民收入、改善生活水平、推动农业转型升级、建设新农村具有重要意义（邱婧佩等，2019）。

孙美琪等（2020）在实地调研的基础上，分析了安徽歙县现阶段、农业、文化产业、旅游业发展现状并指出，歙县农文旅融合机制在基础设施建设、品牌建设、运营模式、推广营销方面的问题，秉持农业为本、文化为魂、旅游为载体的理念，基于产业融合理论，阐述歙县发展农文旅相关优势，并结合对消费者的问卷和访谈结果，从消费者构成、消费偏好、消费动机三个角度阐述市场需求，在产业链、人才、徽文化特色古村落、创新四个层面提出具有徽州特色的歙县农文旅发展新机制（如图 4 所示）。

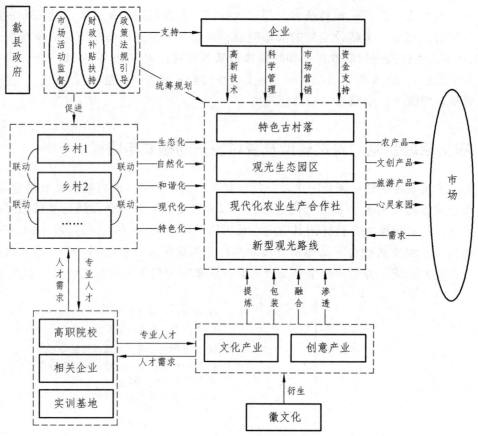

图 4　安徽歙县农文旅融合模式
（据孙美琪等，2020）

乡村振兴的关键是农村创业创新。农村创业创新是增加农民就业和收入、繁荣乡村产业的重要途径。近年来，我国农村创业创新蓬勃兴起，新型农民不断成长，新业态大量催生，为增进农民福祉、打赢脱贫攻坚战、推动全面建成小康社会发挥了重要作用。加快农村第一、二、三产业融合发展，扎实推进社会主义新农村建，是党中央、国务院顺应经济社会发展趋势，科学把握农村经济发展规律，与时俱进做好"三农"工作做出的重大决策。农文旅融合是大势所趋，更是未来所向，作为一种全新的业态和经济，必将成为乡村振兴的重要支撑。首先，政策创新是实现农文旅融合发展的"先手棋"；其次，项目带动是加快农文旅融合发展的"主引擎"；再次，产业多元是引领农文旅融合发展的"新风口"。

冯巧玲等（2019）从农业、文化产业、旅游产业与乡村振兴的内在关联基础、产业融合方法途径，以及促进乡村振兴的模式等方面开展研究。认为以"农文旅"融合促进乡村振兴，突破传统的以工业化、城镇化单向驱动乡村的发展理念，是对"望得见山、看得见水、记得住乡愁"和"绿水青山就是金山银山"的中国特色乡村振兴道路的科学论证与理论建构（如图5所示）。

麻学锋等（2021）从"三个转向"（产业转向、管理转向、空间转向）解析旅游驱动的乡村振兴实践，总结旅游业驱动乡村振兴的一般机制及路径，为农文旅融合在乡村振兴中发挥的作用提供新视角；认为实现乡村振兴的路径关键在于促进乡村人口非农转移和土地利用方式转变的同时，实现乡村人口、土地、产业的协调发展，最终带来乡村的全面振兴。

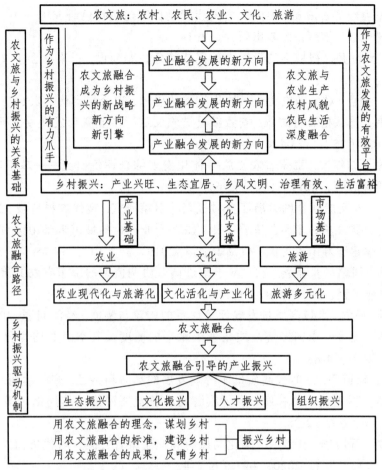

图 5　农文旅融合驱动乡村振兴实施路径
（据冯巧玲，2019）

卢俊阳等（2020）进行了乡村旅游助推乡村振兴的实现机制与社会支持研究，认为基层组织主导、公司主导和政府主导是三种典型的乡村旅游发展模式；地方政府为旅游业发展提供政策、资金等支持，为旅游业起步奠定基础，再通过授权更具活力的利益主体推进旅游业市场化进程；市场主体围绕游客需求打造高品质旅游产品、引导和规范社区参与、均衡利益分配，促进旅游业高质量发展；通过多产业协调发展、生态环境持续改善、乡村治理体系渐趋完善、文明乡风逐步形成以及居民生活水平有效提高，不断取得乡村振兴的实践成果。相应地，需确立科学发展理念，联合各利益主体，提升社区能力，延伸产业发展，为乡村振兴提供社会支持。所有这些，为农文旅融合驱动乡村振兴提供了很好的思路和借鉴。

（2021 年 3 月）

参考文献

[1]　中共中央、国务院. 乡村振兴战略规划（2018—2022）. 北京：人民出版社，2018.

[2]　丰晓旭，夏杰长. 中国全域旅游发展水平评价及其空间特征. 经济地理，2018，38（4）：183-192.

[3] 国家民委经济发展司. 中国少数民族特色村寨建筑特色研究（一）. 村寨与自然生态和谐研究卷. 北京：民族出版社，2014.

[4] 金晶. 乡村振兴视域下的云南少数民族特色村寨建设. 云南社会主义学院学报，2020（1）：55-59.

[5] 吴昌，彭婧. 对推动农文旅一体化发展的思考. 理论与当代，2016（6）：24-27.

[6] 孙美琪，孙从榕，肖志雄. 安徽歙县"农文旅"产业融合发展模式研究. 中国集体经济，2020（35）：123-126.

[7] 邱婧佩，李锦宏. 贵州省农文旅一体化发展综合评价研究——基于层侧分析法视角. 经济研究导刊，2019（13）：63-67.

[8] 曹莉丽. 农文旅融合助力浙江乡村振兴的对策研究. 现代农村科技，2019（8）：99-101.

[9] 冯巧玲，张江勇，李萃. 基于"农文旅"产业融合的城市近郊山区乡村振兴模式探索——以福建省寿山乡为例. 小城镇建设. 2019，37（10）：67-75.

[10] 王家明. 闫鹏，张晶鑫，等. 基于改进耦合协调模型的山东省农文旅产业协调发展研究. 农业工程，2020（10）：111-119.

[11] 苗峻玮，冯华. 区域高质量发展评价体系的构建与测度. 经济问题，2020（11）：111-118.

[12] 郑耀群，葛星. 中国经济高质量发展水平的测度及其空间非均衡分析. 统计与决策. 2020（24）：84-88.

[13] 唐任伍，徐道明. 新时代高质量旅游业发展的动力和路径. 旅游学刊. 2018（10）：11-13.

[14] 戴克清，蒋飞燕，莫林丽. 乡村旅游高质量发展评价及其优化对策. 皖西学院学报. 2020，36（6）：22-28.

[15] 申军波，石培华，张毓利. 文化与旅游高质量融合发展：时代价值、动态演进与战略选择. 未来与发展. 2020，44（9）：1-4.

[16] 花奇芹. 旅游业高质量发展的评价指标研究——以扬州市为例. 经济研究导刊. 2020（10）：145-146.

[17] 李志龙. 乡村振兴-乡村旅游系统耦合机制与协调发展研究——以湖南凤凰县为例. 地理研究. 2019，38（3）：643-654.

[18] 陆林，任以胜，朱道才，等. 乡村旅游引导乡村振兴的研究框架与展望. 地理研究，2019，38（1）：102-118.

[19] 卢俊阳，邓爱民. 乡村旅游助推乡村振兴实现机制与社会支持研究. 湖北民族大学学报（社会科学版），2020，38（6）：51-60.

[20] 李盼. 乡村振兴与民族村寨旅游发展的互动关系探讨. 民生消费，2020（6）：37-39.

[21] Gao J，Wu B H. Revitalizing traditional villages through rural tourism：A case study of Yuanjia Village，Shanxi Province，China. Tourism Management，2017，63：223-233.

[22] Filippo R，Federico M. Is rural tourism-induced built-up growth a threat for the sustainability of rural areas? The case study of Tuscany. Land Use Policy，2019，86：387-398.

[23] Kuwahata K，Itoga R. The rural area revitalization by tourism related to town development：A case study town of Nishikawa，Yamagata. Journal of Rural Planning Association，2001，20（2）：91-102.

[24] 麻学锋，刘玉林，谭佳欣. 旅游驱动的乡村振兴实践及发展路径——以张家界市武陵

源区为例. 地理科学, [2021-01-05]. https: //kns.cnki.net/kcms/detail/22.
1124.P.20201231.1611.036.html.

[25] Jean J, Shelly K, John D.Making ethnic tourism good for the poor. Annals of Tourism
Research, 2019, 76: 140-152.

[26] Wang Y Y, Shen H L. Being rational and emotional: An integrated model of residents' support
of ethnic tourism development. Journal of Hospitality and Tourism Management, 2020, 44:
112-121.

[27] 李忠斌, 陈小俊. 特色村寨文化产业高质量发展与乡村生态振兴. 青海社会科学, 2020
(4): 73-81.

[28] 邓晓华. 经济内循环背景下我国乡村旅游发展策略研究. 营销界, 2020 (29): 21-22.

基于时空视角的旅游扶贫规划与
旅游乡村振兴规划的比较分析

覃建雄

2020 年我国实现社会全面小康目标以后，绝对贫困的时代已经成为过去，正在过渡到以针对相对贫困为重点的扶贫转型升级时期以及乡村振兴关键时期。由于影响因素的错综复杂性，相对贫困扶贫及乡村振兴面临前所未有的艰巨性、复杂性和特殊性。在新形势下，如何科学实现新时代旅游驱动相对贫困扶贫和乡村振兴高质量发展，意义重大。在这种历史背景尤其是在疫情防治常态下和"双循环"发展战略格局下，借鉴旅游规划在旅游扶贫开发中的重要作用和特殊意义，辨析、总结旅游扶贫的特点和内涵；比较分析旅游扶贫规划和旅游乡村振兴规划，具有重要的理论和现实意义。本文主要从时空视角，进行基于生态旅游的扶贫规划和乡村振兴规划的对比分析研究。

一、旅游扶贫规划

旅游扶贫规划最明显的特点之一，就是要遵从 PPT 战略（PPT Strategy）（Douglas，2003），按照 PPT 战略目标要求进行旅游扶贫规划。PPT 即 Pro-Poor Tourism 的缩写，就是有利于贫困人口发展的旅游概念，所以旅游扶贫规划就是某种意义上的 PPT 规划，亦即有利于贫困人口发展的旅游规划。PPT 战略强调，旅游扶贫规划的基本原则是以有利于贫困人口发展为前提，强调以提高贫困人口在旅游过程中获得更多的发展机会和净收益为核心内容。PPT 战略关注旅游扶贫规划要致力于贫困人口发展机会的开发上，强调通过旅游业发展及其关联带动效应规划，为增强贫困地区自身发展的能力提供科学指导，最终进入良性循环的可持续发展的轨道，从而使贫困人口受益和发展。基于 PPT 战略基础上的旅游扶贫规划，注重以旅游产业经济理论和贫困理论相结合为指导，直接将贫困山区、贫困人口作为规划对象，把贫困山区、贫困社区、贫困群体的特点，及其参与旅游过程、获取发展机会作为规划的核心内容。其中，如何增加贫困人口的发展机会和提高旅游对贫困人口生活的积极影响，是 PPT 战略旅游扶贫规划的核心内容。

从技术层面上，旅游扶贫规划包括区域上（面上）的旅游扶贫规划，以及具体村、贫困户（点上）上的旅游精准扶贫规划。其中，点上的旅游精准扶贫规划是在区域旅游扶贫规划框架下的具体实施和落实，侧重于具体项目专项规划及其细化与方案，相当于旅游规划中的详细规划和建设方案，要求精准、实用、现用、可操作性。简单地说，点上的旅游扶贫规划能够指导贫困村、贫困户（点）的旅游精准扶贫开发建设。我国在"点"上的精准扶贫的经验是，按照相关要求标准，就地取材，"查漏补缺""填平补齐""适当创新"。区域宏观的面上的旅游扶贫规划，则重点在扶贫产业空间布局规划，在于"造血产业"功能规划以及宏观方面的旅游扶贫支撑保障体系规划。然而，无论是面上的旅游扶贫规划，还是点上的具体村、贫困户的旅游精准扶贫规划，都要以发展旅游的适宜性为前提，就是具体问题具体分析；就是要看这个地区是否具有旅游发展所需的硬件和软件环境；要看这个贫困村和贫困户是否具有发展旅游所需的相关资源和基础条件。因为集中连片贫困山区通常属于环境生态脆弱区和生态保障区，不适宜进行造景观的主题公园式的旅游发展模式。尤其是作为点上的贫困村和贫困户，旅游扶贫必须要以一定丰度和品质的旅游资源为前提。道路可以修，房子可以建，环境可以美化，氛围可以营造，但是旅游资源不能人造，因为贫困地区通常为原生态的边远山区，不适合大开大建大开发，否则会突破生态环境红线，造成无法挽回的损失。

就旅游扶贫规划内容而言，因规划类型和地区不同，规划内容和要求有差别，切忌一刀切。但总的来说，主要包括如下方面：① 扶贫对象精准调查，包括扶贫对象选址、地质背景、地理特征、地形地貌、生态环境、历史背景、人文资源、经济社会、发展环境等，以及贫困成因、贫困特征、贫困人口类型及分布、产业选择等，尤其是贫困村、贫困户的准确情况，务必精准掌握。② 旅游扶贫产业布局规划，包括旅游扶贫战略与目标规划，涉及扶贫战略、扶贫目标、产业空间布局、产业功能区、扶贫优化策略、扶贫重大项目和重点项目等方面的规划，这些主要针对区域旅游扶贫规划。针对贫困村（户）而言，一村一产业、一户一品牌很重要，只有实现了贫困村的产业化和贫困户的造血功能，这样的旅游扶贫规划才是科学和可持续的。③ 旅游扶贫交通规划，包括区域交通运输规划，围绕贫困村（户）的内外部交通网络进行规划，核心是通村、通户的交通条件、通达质量和便捷程度的提升规划。④ 旅游扶贫基础设施规划，包括贫困村（户）的给排水设施、电力设施、通信网络设施、环卫设施等，这些在区域旅游扶贫和贫困村（户）规划都很重要。⑤ 公共服务设施规划，包括游客服务站、旅游公共厕所、旅游标识系统、旅游商品销售场所、文化休闲设施、旅游应急救援设施、社区服务设施、自驾车服务体系、乡村智慧旅游规划等。⑥ 旅游扶贫运营管理规划，包括旅游运营机制、旅游扶贫营销、旅游扶贫安全管理等，这是旅游扶贫发展是否可持续的重要保障，旅游扶贫规划不是一次性的扶持，规划建设完了就完了，规划建设完了，谁来负责可持续管理，进而确保脱贫可持续。⑦ 旅游扶贫保障体系规划，一是受益保障体系规划，包括旅游扶贫受益机制的建立和旅游扶贫受益保障对策措施，确保贫困村、贫困户、贫困人口真正受益，进而实现长久脱贫；二是资金保障规划，主要有加大政府投资力度、加大招商引资与融资、创新模式盘活民居资产等，既包括各级政府机构资金保障的到位与效应，又包括贫困居民资金的合理、高效利用和生产安全；三是旅游政策保障体系，主要包括旅游扶贫政策、旅游用地保障政策，这是最根本和最关键的，关键是要确保政府政策的相对稳定性；四是人才保障体系，包括旅游扶贫人才、基层实干队伍、扶贫"领头羊"、精准扶贫人才、人才培养机制，目的是确保旅游扶贫最高效率可持续发展所必需的人才体系保障；五是生态环境保护规划，主要有资源环境保护、生态环境保护、人文资源保护、乡村环境美化，其中生态环境条件是贫困地区旅游扶贫的载体和本底；六是监督考评体系，包括精准扶贫监测机制、精准扶贫考核制度、精准扶贫监督机制，这些构成旅游扶贫可持续管理的重要内容，只有各种监督考评考核体制机制乃至相关指标体系科学完善，才能确保旅游扶贫规划的科学实施和效应的实现。

旅游扶贫规划的第二大本质特征就是，以提升贫困人口发展机会和能力为目的，以旅游发展、旅游产业为主线，进行生态旅游扶贫规划，尊重生态旅游在扶贫过程中固有的特殊作用和意义。生态旅游的核心理念是可持续发展，本质特征是自觉责任心。同时具有四大功能，即旅游功能、环保功能、社区功能和教育功能。也就是说，旅游扶贫是生态旅游的重要功能、内容和组成部分，就是生态旅游发展自身应该担负的责任和义务。更重要的是，生态旅游以生态文明观为统领，统筹区域经济社会发展和科学扶贫，促进区域经济社会协调可持续发展。这就决定了生态旅游扶贫成为最理想、最重要、最科学、最切实际、最值得推崇的扶贫途径和模式。主要表现在如下几个方面：一是生态旅游地往往就是集中连片贫困地区所在地，与贫困乡村社区或民族地区、边远山区、革命老区相一致，这些地区通常是生态旅游资源富集区，也是开展经典生态旅游活动的理想场所；二是旅游扶贫并促进社区发展是生态旅游本身的重要内容和组成部分，也是生态旅游发展本身的重要责任和义务之一，生态旅游的扶贫使命与贫困山区渴望发展的诉求不谋而合；三是生态旅游的环境保护功能与贫困地区的环境脆弱性前后呼应，生态旅游发展就是通过就地取材，强调充分发挥贫困地区资源环境特色优势，走独具特色的生态旅游经济可持续发展之路；四是贫困地区的社会文化的复杂性、教育科技和发展理念的滞后性，与生态旅游强调的生态环境伦理教育和科普教育功能不谋而合，在注重贫困地区经济发展的同时，又注重资源环境保护与生态伦理教育，从而有利于贫困山区实现可持续扶贫发展。

二、旅游乡村振兴规划

乡村是具有自然、社会、经济特征的地域综合体，兼具生产、生活、生态、文化等多重功能，与城镇互促互进、共生共存，共同构成人类繁衍生息的主要空间。实施乡村振兴战略是建设现代化经济体系的重要基础、建设美丽中国的关键举措、传承中华优秀传统文化的有效途径、健全现代社会治理格局的固本之策、实现全体人民共同富裕的必然选择。乡村振兴战略的主要任务是：建设产业兴旺、生态宜居、乡风文明、治理有效、生活富裕的社会主义新农村。可见，新村振兴规划意义重大。加之，作为集中连片贫困山区的主要扶贫区域，贫困地区乡村通常是原生态乡村自然资源与原生态乡村文化景观资源的富集区域，基于生态旅游的乡村振兴规划具有重大现实和理论意义。

（一）旅游乡村振兴的背景

《全国乡村振兴战略规划》[①]围绕乡村振兴战略、目标和任务，提出了乡村振兴的九大板块、三十五个部分框架（如表 1 所示）。其中，九大板块分别是：总体要求和发展目标、构建乡村振兴新格局、加快农业现代化步伐、发展壮大乡村产业、建设生态宜居的美丽乡村、繁荣发展乡村文化、健全现代乡村治理体系、保障和改善农村民生、完善城乡融合发展政策体系。其中每个板块，均涉及诸多相应的规划内容部分（如表 1 所示）。乡村振兴战略规划的九大板块和三十五个部分内容框架，为基于生态旅游的乡村振兴规划奠定了重要基础。尤其是针对原生态自然与人文景观资源富集区的集中连片贫困山区而言，战略规划中涉及的所有板块和内容框架，均与旅游发展规划密切相关。同样表明了生态旅游在乡村振兴发展及规划中的重要作用和意义。

---

① 党中央 国务院. 乡村振兴战略规划（2018—2022）. http：//www.moa.gov.cn/ztzl/xczx/xczxzlgh/

表 1　乡村振兴战略规划核心内容

九大板块	三十五个部分
总体要求与发展目标	指导思想和基本原则；发展目标；远景谋划
构建乡村振兴新格局	统筹城乡发展空间；优化乡村发展布局；分类推进乡村发展；坚决打好精准扶贫攻坚战
加快农业现代化步伐	夯实农业生产能力基础；加快农业转型升级；建立现代农业经营体系；强化农业科技支撑；完善农业支持保护制度
发展壮大乡村产业	推动农村产业深度融合；完善紧密型利益联结机制；激发农村创新创业活力
建设生态宜居的美丽乡村	推进农业绿色发展；持续改善农村人居环境；加强乡村生态保护与修复
繁荣发展乡村文化	加强农村思想道德建设；弘扬中华优秀传统文化；丰富乡村文化生活
健全现代乡村治理体系	加强农村基层党组织对乡村振兴的全面领导；促进自治法治德治有机结合；夯实基层政权
保障和改善农村民生	加强农村基础设施建设；提升农村劳动力就业质量；增加农村公共服务供给
完善城乡融合发展政策体系	加快农业转移人口市民化；强化乡村振兴人才支撑；加强乡村振兴用地保障；健全多元投入保障机制；加大金融支农力度

由于生态旅游理论的先进性和科学性，加之生态旅游的关联性、带动性、辐射性、综合性、环保性等特点，尤其是生态旅游与乡村之间与生俱来的内在成因相关性，生态旅游在乡村振兴战略实施所涉及的9大板块乃至35个部分内容中，将发挥比其他产业或学科更为强大的特色和优势。基于生态旅游的乡村振兴是我国集中连片贫困山区乡村振兴战略实施的最佳的重要途径，因此基于生态旅游理念的乡村振兴规划对我国乡村振兴发展，具有重要理论和重大现实意义。基于生态旅游理念的乡村振兴规划，这里简称为旅游乡村振兴规划，特指以生态文明观为统领，从生态旅游可持续发展的视角进行乡村振兴发展指导的宏观战略性与综合性规划。生态乡村振兴规划主要解决如下五个方面的重大问题：一是战略问题；二是时空问题；三是专项问题；四是落地问题；五是保障问题。与之相对应的旅游乡村振兴规划的层次分为五个级别类型：一是旅游乡村振兴战略规划；二是旅游乡村振兴总体规划；三是旅游乡村振兴专项规划；四是旅游乡村振兴项目规划；五是旅游乡村规划保障规划。

其中，旅游乡村振兴战略规划，涉及基于生态旅游理念的乡村振兴规划的宏观、战略、长远与高度问题，规划内容包括指导思想、基本原则、发展目标、远景谋划，乃至空间用途管制、战略部署、城乡布局结构、城乡协调统一规划等。旅游乡村振兴战略规划涉及某一地区甚至区域乡村振兴的大方向性问题，主要解决乡村振兴发展的战略方向及宏观指导问题。

旅游乡村振兴总体规划，涉及基于生态旅游理念的乡村振兴规划的时间、空间、布局与功能区划等问题，包括目标要求、时空格局、重要任务、优化乡村发展布局（生产空间、生活空间、生态空间）、分类推进乡村发展（集聚提升类村庄、城郊融合类村庄、特色保护类村庄、搬迁撤并类村庄）、旅游带动乡村振兴（景区带动型、乡村旅游型、旅游商品型、综合驱动型）等各个方面。旅游乡村振兴总体规划主要涉及某一地区乡村振兴规划的时空框架问题和产业空间发展布局问题。

旅游乡村振兴专项规划，涉及基于生态旅游理念的乡村振兴规划的某个侧面、重点、专项、领域等问题，包括以生态旅游理念为指导的规划的五个专题方面：一是区域旅游乡村振兴发展规划，相当于以生态旅游促进的区域乡村振兴旅游发展规划；二是贫困乡村三产融合发展规划，相当于以生态旅游促进的贫困乡村三产融合发展规划；三是美丽乡村及智慧乡村建设规划，相当于以生态旅游促进的美丽智慧乡村规划；四是人居环境与乡村治理规划，即以生态旅游促进的乡村综合环境治理规划；五是乡村人才振兴专项规划，即以生态旅游促进的乡村振兴人才专项规划。

旅游乡村振兴项目规划，就是以生态旅游引领的乡村振兴各级项目开发建设规划。涉及基于生态旅游理念的乡村振兴发展的支撑、项目、落地、抓手等关键问题，也是乡村振兴战略计划实施的重要突破口。相关规划具体包括：田园综合体规划、特色小镇规划、国家农业科技园规划、乡村产业融合发展示范区规划、国家农业科技园规划、乡村产业融合发展示范区规划、乡村创业创新基地规划、国家农业公园规划、国家乡村生态文明示范区规划等。不同地区乡村，其规划项目的侧重点不同。

旅游乡村振兴保障体系规划，涉及基于生态旅游的乡村振兴规划的制度、政策、机制、支持、保障等问题，包括制度框架设计、政府主导规划、支持保障规划、体制机制规划、资金来源规划、人才保障规划等。旅游乡村振兴保障体系规划是乡村振兴发展规划实施和实现的前提和重要保障，没有相应的强大的组织机构、制度体系、政策框架、法规配套、资金到位、财政支持、体制机制和人才保障，乡村振兴发展这个重大战略部署和世纪工程就成为空中楼阁和海市蜃楼。

（二）旅游乡村振兴规划体系

旅游乡村振兴规划体系可定义为旅游乡村振兴规划从规划编制到规划实施，再到规划成果应用，以及规划实施情况及其效果评估系列过程中的实施管理体系。根据规划不同阶段、内容、目标及任务，旅游乡村振兴规划体系包括旅游规划编制体系、旅游规划管理体系、旅游规划评估体系三个子系统（如图1所示）。

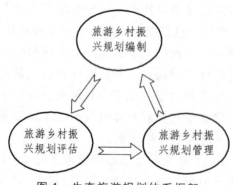

图1　生态旅游规划体系框架

旅游乡村振兴规划体系应遵从多规合一原则，即强化国民经济和社会发展规划、城乡规划、土地利用规划、环境保护、文物保护、林地与耕地保护、综合交通、水资源、文化与生态旅游资源、社会事业规划等各类规划的衔接，确保多规确定的保护性空间、开发边界、城市规模等重要空间参数一致，并在统一的空间信息平台上建立控制线体系，以实现优化空间布局、有效配置土地资源、提高政府空间管控水平和治理能力的目标。

旅游乡村振兴规划之间应遵循下级服从上级、局部服从全局、专项规划服务发展规划的原则。旅游乡村振兴规划体系应当坚持可持续发展和市场导向的原则，注重对资源和环境的保护，防止污染和其他公害，因地制宜、突出特色、合理利用，提高旅游产品的吸引力和竞争力，提高旅游业发展的社会、经济和环境效益。

在进行旅游乡村振兴规划过程中，必须严格遵守有关法律、法规的规定；符合资源、生态保护和文物安全的要求；尊重和维护当地传统文化和习俗；维护资源的区域整体性、文化代表性和地域特殊性；考虑国防设施和特殊设施等的保护需要。

旅游乡村振兴规划体系要遵守国家有关标准和技术规范；鼓励采用先进的科学技术或者理论，增强旅游规划的科学性和可操作性，提高旅游规划实施及监督管理效能；旅游规划培训教材、宣传材料等要符合旅游行政主管部门制定的旅游规划技术规范的要求。

旅游乡村振兴规划编制体系，详称旅游乡村振兴规划报告编制技术规范体系。旅游乡村振兴规划编制体系特指旅游乡村振兴规划报告编制背景—过程—成果的技术规范体系，包括旅游乡村振兴规划编制的类型、层次、主要内容、成果要求等，按层次和类型细分为旅游乡村振兴战略规划、旅游乡村振兴总体规划、旅游乡村振兴专项规划、旅游乡村振兴项目规划和生态旅游区保障规划五个编制体系（如图2所示）。

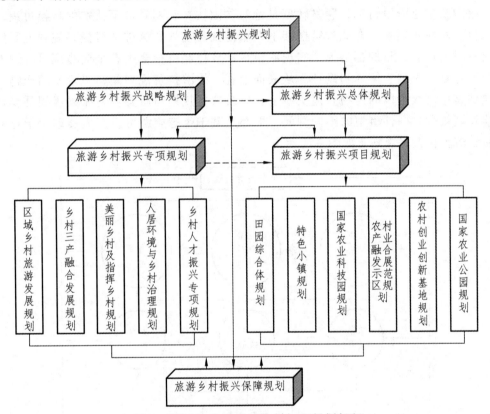

图2　基于生态旅游的乡村振兴规划框架

旅游乡村振兴规划管理体系，指旅游乡村振兴规划从编制到旅游规划实施过程的组织管理体系的简称，具体包括旅游乡村振兴规划编制管理和旅游乡村振兴规划实施管理两方面。前者包括旅游乡村振兴规划报告编制实施实现的过程组织管理体系，按照工作内容具体包括旅游乡村振兴规划编制的组织协调、委托关系、编制程序、评审体系以及修编和与其他规划的衔接等。后者包括从旅游乡村振兴规划编制评审通过后，在当地旅游乡村振兴发展具体指导的一系列过程，包括旅游乡村振兴规划公示、发布、具体实施以及实施效果等。

旅游乡村振兴规划评估体系。旅游乡村振兴规划评估体系特指旅游乡村振兴规划从编制、管理、实施及其效果的评价过程，具体包括对规划报告成果的评估和对规划应用实施及效果的评估。前者针对编制机构，后者针对地方政府。规划报告成果的评估主要评价规划成果的科学性、合理性和可操作性；规划成果实施及效果的评估主要包括规划实施情况及其效果的评估。

三、旅游扶贫规划与旅游乡村振兴特点比较分析

综上所述，生态旅游、旅游规划、旅游扶贫、脱贫转型、乡村振兴、旅游扶贫规划、旅游乡村振兴规划等，表面上看好似毫无关系的词语排列，但实际上是具有某种与生俱来的成因联系的五个关联概念。其内在联系就是以生态文明观为统领；以生态旅游可持续发展理念为指导，进行旅游扶贫规划和旅游乡村振兴规划；以乡村生态旅游业为战略性支柱产业，通过旅游扶贫和旅游乡村振兴规划指导乡村扶贫与振兴发展，进而带动旅游扶贫、脱贫转型和乡村振兴的综合作用过程。在此过程中，生态旅游发展是前提和主线，旅游扶贫和旅游乡村振兴规划是纲领和原则，旅游扶贫是阶段目标，脱贫转型是绝对贫困扶贫和相对贫困扶贫的转换过程，乡村振兴是最终目标和总体要求。在此时空框架下，旅游扶贫规划和旅游乡村振兴规划就是同一个过程中不同阶段的产物，目的都是为了实现旅游带动乡村经济社会生态全面协调可持续发展而制定的谋划、计划、规划、策划和设计。从表面上看，旅游扶贫规划是初级阶段的产物，旅游乡村振兴规划是中高级阶段的产物。但实质上，旅游扶贫规划与旅游乡村振兴规划是乡村区域空间可持续发展规划这一件事情的不同侧面，即都是基于生态旅游可持续发展理念指导的旅游扶贫规划和旅游乡村振兴规划（如图3所示）。

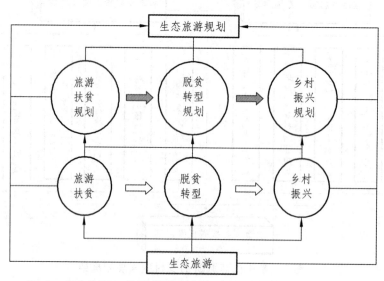

图3　生态旅游、旅游扶贫规划与乡村振兴规划之间的关系

旅游扶贫规划和旅游乡村振兴规划，除了具有上述基于PPT战略要求的特点以外，还有一个最明显的特点，就是规划本身以生态旅游业可持续发展作为规划的要求和目标，即以生态旅游发展、生态旅游产业为主线，进行旅游扶贫和旅游乡村振兴规划，尊重生态旅游在扶贫和乡村振兴规划中固有的特殊意义和作用。也就是说生态旅游产业可持续发展是旅游扶贫和旅游乡村振兴的前提和基础，这里强调的是，如果贫困山区缺乏旅游资源、没有生态旅游业发展，就谈不上生态旅游扶贫和旅游乡村振兴，因为贫困山区旅游发展主要是以原生态旅游发展为导向，而不倡导"大开大建的"主题公园式的发展模式。至于生态旅游规划、旅游扶贫规划和旅游乡

村振兴规划之间，是一个以旅游为主线的同一个系统中相互独立又相互联系的不同子系统。旅游扶贫规划和旅游乡村振兴规划，自始至终以生态旅游业可持续发展规划为核心支撑，以指导旅游发展、旅游扶贫和乡村振兴的科学规划为主线（图 3）。在这里需要强调的是，旅游扶贫规划由于贫困性质和类型的不同时期，旅游扶贫规划包括绝对贫困时期的绝对贫困旅游扶贫规划，以及相对贫困时期的相对贫困旅游扶贫规划。两者之间是与脱贫转型时期相对应的脱贫转型旅游扶贫规划，绝对贫困旅游扶贫规划、脱贫转型旅游扶贫规划与相对贫困旅游扶贫规划之间，三者具有承上启下、前因后果的成因与时空联系。

　　旅游扶贫规划与旅游规划之间，只有"扶贫"二字之差，但彼此之间是有明显不同的（如表 2 所示）。旅游扶贫规划是基于 PPT 战略要求、有利于贫困人口发展的特殊旅游专项规划，旅游扶贫规划把贫困山区、贫困社区、贫困群体的需求以及参与旅游过程、获取发展机会作为规划的主要内容，以提高贫困人口在旅游过程中获得更多的发展机会和净收益为核心。其目标是致力于贫困人口发展机会开发，强调通过旅游业发展及其关联带动效应规划，为增强贫困地区自身发展的能力提供科学指导，最终进入良性循环的可持续发展的轨道，从而使贫困人口群体最终受益和健康发展。旅游扶贫规划不是一种旅游产品规划，也不是作为一种旅游业规划，更不是全面扩展的整个旅游产业规划，而是通过发展旅游作为扶贫攻坚的一种方式和途径的一种规划形式，规划自始至终围绕着一个核心目标展开，这个核心目标就是贫困山区自身的发展能力和机会，规划的关键要求是"查漏补缺""填平补齐""适当创新"，核心是"造血功能"，因而从某种程度上讲，旅游扶贫规划是一种受约束的不自由的规划。而旅游规划是根据某一个地区旅游资源品质、丰度及特性，以市场为导向、以政府为主导、以产品为核心、以经济发展为主要目标，为指导旅游资源开发建设而编制的规划报告，是某一个地区在未来一段时期内规划指导旅游资源开发建设发展的纲领性文件。旅游规划可以是一种特殊的旅游产品规划，也可以作为一种旅游业的规划，甚至可以作为全面扩展的整个旅游区域空间规划和时空全域规划。旅游规划不受目的地其他附加责任和义务的"绑架"，从某种程度上讲，旅游规划是一种完全自由的规划，具体包括区域旅游规划、旅游区总体规划（含详细规划）和旅游专项规划三个方面。

表 2　旅游规划、旅游扶贫规划与旅游乡村振兴规划的比较

指标	旅游规划	旅游扶贫规划	旅游乡村振兴规划
内涵	某一个地区未来一段时期内指导旅游资源开发建设发展的纲领性文件	有利于贫困人口发展的特殊旅游专项规划，为旅游扶贫服务	促进乡村振兴的特殊旅游专项规划，为旅游促进乡村振兴服务提供指导
外延	所有需要旅游规划的地区	针对贫困山区，尤其是 14 个集中连片贫困山区	广大乡村地区
前后联系	旅游规划原则上不涉及旅游扶贫规划和乡村振兴规划	旅游扶贫规划通常在理由乡村振兴规划之前	乡村振兴规划通常在旅游扶贫规划之后
特点	不受 PPT 战略影响	受 PPT 战略的直接约束和影响	受 PPT 战略的间接约束和影响
规划对象	区域旅游、旅游区、旅游项目	贫困山区、贫困县、贫困村、贫困户、贫困人口	乡村区域，核心是"三农"

指标	旅游规划	旅游扶贫规划	旅游乡村振兴规划
基本原则	生态旅游规划以经济、社会、生态效益统一为基本原则	以有利于贫困人口发展机会和能力为基本原则	以促进乡村区域协调可持续发展为基本原则
规划核心	通过旅游业发展带动区域经济社会全面发展	以提高贫困人口在旅游过程中获得更多的发展机会和净收益为核心	建设产业兴旺、生态宜居、乡风文明、治理有效、生活富裕的社会主义新农村
规划目标	充分发挥旅游业先导产业和龙头产业作用,明确旅游业在国民经济社会发展中的重要地位和作用,促进旅游业快速、持续、健康、和谐发展	致力于贫困人口发展机会开发,强调通过旅游业发展及其关联带动效应规划,为增强贫困地区自身发展的能力提供科学指导,最终进入良性循环的可持续发展的轨道,从而使贫困人口受益和发展	充分发挥旅游业的综合性、关联性、主导型、拉动性、辐射性等独特作用及意义,促进乡村快速、持续、健康、和谐发展、全面振兴与长治久安
主要内容	旅游目标、发展战略、战略定位、市场目标、产品体系、保障体系、体制机制	把贫困山区、贫困社区、贫困群体的需求,以及参与旅游过程、获取发展机会作为规划的主要内容	旅游乡村振兴战略规划、总体规划、专项规划、项目规划、保障体系规划
重要特征	生态旅游规划要求经济、社会和生态效益统一	"查漏补缺""填平补齐""适当创新",核心是培育"造血功能"	为乡村振兴与可持续发展提供指导
技术要求	旅游规划通则等相关条例、法律法规、政策文件、行业标准、规范、上位规划	PPT战略为主的相关条例、法律法规、政策文件、行业标准、上位规划	乡村区域可持续发展指标相关要求为主的相关条例、法律法规、政策文件、上位规划
基础前提	没有明显的基础要求和前提	适宜性特点:具备旅游发展资源条件	适宜性特点:具备旅游发展资源条件
相关性	旅游规划是旅游扶贫规划和旅游乡村振兴规划的基础	旅游扶贫规划是旅游乡村振兴规划的初级阶段	旅游乡村振兴规划是旅游扶贫的升级和拓展
共同性	发挥生态旅游的特色和优势,基于旅游的区域专项规划	发挥生态旅游的特色和优势,基于旅游的扶贫专项规划	发挥生态旅游的特色和优势,基于旅游的乡村振兴规划

所谓旅游乡村振兴规划,就是以生态文明观和可持续发展理念为指导,从生态旅游理念的视角进行编制的乡村振兴发展规划,其目的是便于科学指导乡村振兴与可持续发展(如图4所示)。以生态旅游理念的视角进行编制的乡村振兴发展规划,就是以生态旅游理念为指导,充分发挥生态旅游产业理念的先进性和产业的关联优势性,实施乡村振兴战略的总体目标是农业农村现代化,坚持农业农村优先发展,最终实现"产业兴旺、生态宜居、乡风文明、治理有效、生活富裕"目标的顶层战略规划。旅游乡村振兴规划是贫困山区当前和今后一段时期乡村振兴发展的纲领性文件和相关规划编制的重要依据。贫困山区乡村旅游开发、建设、发展、管理及相关产业发展,均应符合旅游乡村振兴规划的要求。更明确地说,未来乡村区域旅游规划应以旅游

乡村振兴规划等为上位规划加以实施。

由于"产业兴旺"是乡村振兴的经济基础,是产业体系、生产体系、经营体系有机结合的产业发展与兴旺,需要基于生态旅游的乡村产业振兴规划加以指导。"生态宜居"是乡村振兴的环境基础,是针对城市居民开放、城乡互通的乡村百姓生态宜居,亟待基于生态旅游的美丽乡村建设规划加以指导。"乡风文明"是乡村振兴的文化基础,是传统文明和现代文明相互融合与发展的乡风文明,需要基于生态旅游的乡村文旅融合发展规划加以指导。"治理有效"是乡村振兴的社会基础,是体现法治、德治、自治的"三治合一"的国家治理体系现代化和乡村"治理有效",需要基于生态旅游的乡村综合治理规划加以指导。"生活富裕"是持续增加乡村居民收入、缩小城乡居民在收入和公共保障方面的差距,实现乡村人口全面小康基础上的"生活富裕",需要基于生态旅游的乡村生活—生产—生态"三生"综合规划加以指导。

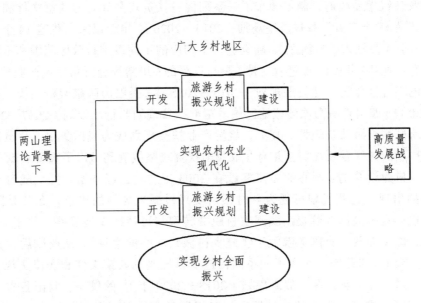

图 4 旅游乡村振兴规划在乡村振兴战略规划实施中的作用

要实现旅游扶贫和旅游乡村振兴的科学规划,确保贫困地区旅游业发展和贫困人口的持续就业和脱贫,必须以生态旅游产业发展为战略支柱产业。生态旅游业由于其产业的综合性、关联性、带动性和发射性,在贫困地区贫困人口脱贫、就业和致富中发挥最佳效用。在基于生态旅游的扶贫规划和乡村振兴规划框架下,发展生态旅游产业。中西部山区生物多样性和文化多样性及其相关的丰富的原生态自然山地和人文景观旅游资源,与平原地区形成了明显的比较优势,可通过不成为沿海地区经济飞地的形式,获得区域经济社会的发展[①](张辉,2017)。在基于生态旅游的扶贫规划和乡村振兴规划框架下,发展生态旅游产业,乡村独特的生态资源和环境形成了沿海大都市和内陆平原城市所不具备的比较优势,在保持固有乡村风貌基础上,农业通过旅游提升农业生产的附加值,壮大农业生产的能力,推动农业现代化发展。在基于生态旅游的扶贫规划和乡村振兴规划框架下,发展生态旅游产业,使中西部山区扬长避短,发挥山区自然生态和人文景观资源的特色和优势,使中西部山区旅游资源向旅游产业再向生态旅游经济转化,实现工业化以外我国另一种可持续发展方式——生态旅游经济发展模式。在基于生

---

① 张辉. 旅游产业已成为国民经济一大产业. http://travel.cntv.cn/20101204/104830.shtml

态旅游的扶贫规划和乡村振兴规划框架下,发展生态旅游产业,不仅弥补了工业化"不能上山"的短处,而且发扬了中西部山区生态旅游资源富集的长处,并能很好地实现发展与保护的协调统一。

四、旅游扶贫规划及旅游乡村振兴规划历程的比较

正如前所述,旅游扶贫研究开始得很早。我国旅游扶贫开发与扶贫攻坚实践是在 2000 年左右,也开始出现零星的旅游开发规划。但区域旅游扶贫开发规划在 2005 年开始出现,如作者于 2005年开始的"秦巴山区旅游产业扶贫规划"。而跨区域、大规模的集中连片贫困山区的旅游扶贫规划则是在 2011 年以后的事。自《中国农村扶贫开发纲要(2011—2020)》文件于 2011 年发布,党中央、国务院以及各级党委政府,制定颁布了一系列促进扶贫攻坚计划的政策文件和法律法规(如表 3 所示,尤其是《"十三五"脱贫攻坚规划(2015—2020)》出台以来,我国 14 个集中连片贫困地区以及相关各省(直辖市、自治区),陆续进行了相应的不同级别行政区范围和不同专项的扶贫攻坚规划和旅游产业扶贫规划。如笔者主持、参与进行的《川黔渝金三角旅游产业扶贫规划(2008—2015)》《秦巴山片区旅游产业发展规划(2015—2025)》《秦巴山区旅游精准扶贫规划与行动计划(2017—2020)》《四川青藏高原涉藏地区旅游精准扶贫规划与行动计划(2017—2020)》等,以及各种各类的跨区域旅游扶贫规划。其中,旅游产业扶贫规划成为我国集中连片贫困山区扶贫规划最广分、最热点的扶贫专项规划,并为夺取我国扶贫攻坚战胜利做出了重要贡献。

诸如美丽乡村建设等的乡村振兴零星实践在 2003 年左右已经开始,并伴随着自由式的美丽乡村发展规划的出现,这些规划可视为乡村振兴及兴村振兴规划的雏形。尤其是随着扶贫攻坚计划向深入推进,党中央国务院提出我国农村脱贫转型与可持续发展战略,并于 2018 年发布了中央一号文件,即《中共中央国务院关于实施乡村振兴战略的意见》。从此以后,党中央、国务院以及各级党委政府,陆续制定颁布了一系列促进乡村振兴的政策文件和法律法规,尤其是 2018年 9 月,中央、国务院《乡村振兴战略规划(2018—2022 年)》的发布,我国各省(直辖市、自治区)各级政府陆续进行了相应的乡村振兴战略规划和乡村振兴专项规划。上述旅游扶贫及乡村振兴国家战略、相关政策文件及法律法规的发布,以及一系列旅游扶贫规划及乡村振兴规划成果,为本研究奠定了重要基础。

表 3　我国旅游扶贫及乡村振兴规划相关背景文件及要求

年份	相关文件	旅游扶贫及乡村振兴规划相关政策要求
2011	《中国农村扶贫开发纲要(2011—2020)》	充分发挥贫困地区生态环境和自然资源优势,推广先进实用技术,培植壮大特色支柱产业,大力推进旅游扶贫
2014	《国务院关于促进旅游业改革发展的若干意见》	要"加强乡村旅游精准扶贫"
2014	七部委《关于实施乡村旅游富民工程推进旅游扶贫工作的通知》	到 2020 年年末,扶持约 6000 个贫困村开展乡村旅游
2015	国家旅游局、扶贫办《全国乡村旅游提升与旅游扶贫推进会议》	要通过发展乡村旅游、精品化扶贫,打造农家乐升级版
2015	《关于促进旅游改革发展的若干意见》	大力发展乡村旅游,加强乡村旅游精准扶贫,扎实推进乡村旅游富民工程,带动贫困地区脱贫致富

续表

年份	相关文件	旅游扶贫及乡村振兴规划相关政策要求
2015	《关于进一步促进旅游投资和消费的若干意见》	加大对乡村旅游扶贫重点村的规划指导、专业培训、宣传推广力度。到 2020 年，全国每年通过乡村旅游带动 200 万农村贫困人口脱贫致富；扶持 6000 个旅游扶贫重点村开展乡村旅游，实现每个重点村乡村旅游年经营收入达到 100 万元
2015	《农业部等11部门关于积极开发农业多种功能大力促进休闲农业发展的通知》	支持农民发展农家乐，闲置宅基地整理结余的建设用地可用于休闲农业。鼓励利用"四荒地"（荒山、荒沟、荒丘、荒滩）发展休闲农业，对中西部少数民族地区和集中连片特困地区发展休闲农业，其建设用地指标给予倾斜
2015	《国土资源部住房和城乡建设部国家旅游局关于支持旅游业发展用地政策的意见》	积极保障旅游业发展用地供应，加大旅游扶贫用地保障；明确旅游新业态用地政策；加强旅游业用地服务监管
2016	《关于印发乡村旅游扶贫工程行动的通知》	制定了"八大行动"：乡村环境综合整治专项行动、旅游规划扶贫公益专项行动、乡村旅游后备厢和旅游电商进行专项行动、万企万村帮扶专项行动、百万乡村旅游创客专项行动、金融支持旅游扶贫专项行动、扶贫模式创新推广专项行动、旅游扶贫人才素质提升专项行动
2016	国家旅游局发布通知要求	实施旅游万企万村帮扶专项行动，组织动员全国 1 万家规模较大的旅游景区、旅行社、旅游饭店、旅游车船公司、旅游规划设计单位、乡村旅游企业等旅游企业及旅游院校，对 2.26 万家乡村旅游扶贫重点村进行帮扶脱贫
2016	《国务院关于加大脱贫攻坚力度支持革命老区开发建设的指导意见》	依托老区良好的自然环境，积极发展休闲农业、生态农业，打造一批具有较大影响力的养生养老基地和休闲度假目的地
2016	国务院《"十三五"脱贫攻坚规划》	实施"六大工程"：旅游基础设施提升工程、乡村旅游产品建设工程、休闲农业和乡村旅游提升工程、森林旅游扶贫工程、乡村旅游后备厢工程、乡村旅游扶贫培训宣传工程
2016	《旅游景区质量等级的划分与评定标准》	凡旅游扶贫工作取得良好效果的景区，在申报 5A 级评定时，可以优先纳入工作程序并给予适当加分奖励
2016	国务院 2016 年中央一号文件	强化规划引导，扶持休闲农业与乡村旅游业发展，积极扶持农民发展休闲旅游业合作社。引导和支持社会资本开发农民参与度高、受益面广的休闲旅游项目
2016	《关于金融助推脱贫攻坚的实施意见》	积极支持能吸收贫困人口就业、带动贫困人口增收的乡村旅游等特色产业发展。有效对接特色农业基地、现代农业示范区、农业产业园区的金融需求，积极开展金融产品和服务方式创新
2016	《乡村旅游扶贫八大行动方案》	确定了乡村旅游扶贫工程的五大任务、提出了将实施乡村旅游扶贫八大行动
2016	《"十三五"脱贫攻坚规划》	在产业发展脱贫的规划中，提出了因地制宜发展乡村旅游、大力发展休闲农业、积极发展特色文化旅游

年份	相关文件	旅游扶贫及乡村振兴规划相关政策要求
2016	国家旅游局 120 亿旅游基建基金申报启动	重点支持休闲度假旅游、乡村旅游、文化旅游、研学旅行、旅游小城镇和新产品、新业态项目
2016	国家旅游局《中国旅游发展报告（2016）》	设立"国家旅游扶贫试验区"；加强资金支持；积极推进智力扶贫工作；组织开展旅游规划扶贫公益行动
2017	关于深入推进农业供给侧结构性改革加快培育农业农村发展新动能的若干意见（国务院 2017 年中央一号文件）	大力发展乡村休闲旅游产业，扎实推进脱贫攻坚；优化产品产业结构，着力推进农业提质增效；推行绿色生产方式，增强农业可持续发展能力；壮大新产业新业态，拓展农业产业链价值链；强化科技创新驱动，引领现代农业加快发展；补齐农业农村短板，夯实农村共享发展基础；加大农村改革力度，激活农业农村内生发展动力
2017	《关于深入推进农业领域和社会资本合作的实施意见》	将农业田园综合体作为聚焦重点，支持有条件的乡村建设以农民合作社为主要载体、让农民充分参与和受益的田园综合体，推进农业领域 PPP 工作
2017	《关于推动落实休闲农业和乡村旅游发展政策的通知》	旨在促进引导休闲农业和乡村旅游持续健康发展，加快培育农业农村经济发展新动能，壮大新产业新业态新模式，推进农村第一、二、三产业融合发展
2017	《促进旅游产业发展，支持旅游扶贫工程合作协议》	深化金融支持旅游业发展政策措施，共同推进旅游金融服务创新，共同支持乡村旅游扶贫工程，促进旅游产业发展
2017	《关于政策性金融支持农村一二三产业融合发展的通知》	支持农业多种功能开发，增加农村产业融合发展拓展力
2018	《国家旅游局关于进一步做好当前旅游扶贫工作的通知》	要组织规划编制单位因地制宜、科学编制一批旅游精准扶贫规划，策划推出一批旅游扶贫重点项目
2018	《生态扶贫工作方案》	将在贫困地区打造具有较高知名度的 50 处精品森林旅游地、20 条精品森林旅游线路、30 个森林特色小镇、10 处全国森林体验和森林养生试点基地等
2018	国务院 2018 年中央一号文件	到 2020 年，现行标准下农村贫困人口实现脱贫，贫困县全部摘帽，解决区域性整体贫困。积极开发观光农业、游憩休闲、健康养生、生态教育等服务
2018	《中共中央国务院关于打赢脱贫攻坚战三年行动的指导意见》	加大产业扶贫力度，因地制宜加快发展对贫困户增收带动作用明显的种植养殖业、休闲农业和乡村旅游等产业，积极培育和推广有市场、有品牌、有效益的特色产品
2018	《促进乡村旅游发展提质升级行动方案（2018—2020 年）》	实施"三区三州"等深度贫困地区旅游基础设施改造升级行动计划，在"十三五"文化旅游提升工程中增补一批旅游基建投资项目，专项用于支持"三区三州"等深度贫困地区旅游基础设施和公共服务设施建设

续表

年份	相关文件	旅游扶贫及乡村振兴规划相关政策要求
2018	中央一号文件，即《中共中央国务院关于实施乡村振兴战略的意见》	农业农村农民问题是关系国计民生的根本性问题，必须始终把解决好"三农"问题作为全党工作的重中之重，实施乡村振兴战略。到2020年，乡村振兴取得重要进展，制度框架和政策体系基本形成；到2035年，乡村振兴取得决定性进展，农业农村现代化基本实现；到2050年，乡村全面振兴，农业强、农村美、农民富全面实现
2018	党中央 国务院《国家乡村振兴战略规划（2018—2022年）》	按照产业兴旺、生态宜居、乡风文明、治理有效、生活富裕的总要求，对实施乡村振兴战略作出阶段性谋划，分别明确至2020年全面建成小康社会和2022年召开党的二十大时的目标任务，细化实化工作重点和政策措施，部署重大工程、重大计划、重大行动，确保乡村振兴战略落实落地
2019	《关于促进乡村旅游可持续发展的指导意见的通知》	突出重点，做好深度贫困地区旅游扶贫工作，支持在贫困地区实施一批以乡村民宿改造提升为重点的旅游扶贫项目，引导贫困群众对闲置农房升级改造，指导各地在明晰产权的基础上，建立有效的带贫减贫机制，增加贫困群众收益
2019	《关于实施乡村旅游富民工程推进旅游扶贫工作的通知》	要加强基础设施建设，改善重点村旅游接待条件；大力发展乡村旅游，提高规范管理水平；发挥精品景区辐射作用，带动重点村脱贫致富；加强重点村旅游宣传推广，提高旅游市场竞争力；并且加强人才培训，为重点村旅游发展提供智力支持
2019	《关于印发乡村旅游扶贫工程行动的通知》	即乡村环境综合整治专项行动、旅游规划扶贫公益专项行动、乡村旅游后备厢和旅游电商推进专项行动、万企万村帮扶专项行动、百万乡村旅游创客专项行动、金融支持旅游扶贫专项行动、扶贫模式创新推广专项行动、旅游扶贫人才素质提升专项行动
2019	国务院中央一号文件：大力发展休闲农业和乡村旅游	大力发展休闲度假、旅游观光、养生养老、创意农业、农耕体验、乡村手工艺等，发展具有历史记忆、地域特点、民族风情的特色小镇，建设一村一品、一村一景、一村一韵的魅力村庄和宜游宜养的森林景区
2019	《关于加大脱贫攻坚力度支持革命老区开发建设的指导意见》	要求各地区各部门结合实际认真贯彻执行。依托老区良好的自然环境，积极发展休闲农业、生态农业，打造一批具有较大影响力的养生养老基地和休闲度假目的地
2019	七部委发文落实金融助推脱贫，打通旅游扶贫路	提出了金融助推脱贫攻坚的细化落实措施，包括各金融机构要立足贫困地区资源禀赋、产业特色，积极支持能吸收贫困人口就业、带动贫困人口增收的绿色生态种养业、经济林产业、林下经济、森林草原旅游、休闲农业、传统手工业、乡村旅游等特色产业发展。健全和完善区域信贷政策，在信贷资源配置、金融产品和服务方式创新、信贷管理权限设置等方面，对连片特困地区、革命老区、民族地区、边疆地区给予倾斜
2020	乡村振兴战略规划实施报告（2018—2019年）	农业农村部、国家发改委会同规划实施协调推进机制27个成员共同单位，提出乡村振兴新格局加快构建，城乡布局结构不断完善，村庄分类发展有序推进

（2020年10月）

参考文献

[1] 中共中央、国务院. 乡村振兴战略规划（2018—2022）. 北京：人民出版社，2018.

[2] 覃建雄. 旅游扶贫及乡村振兴规划理论与实践. 北京：科学出版社，2021.10.

[3] 王向东，刘卫东. 中国空间规划体系：现状，问题与重构. 经济地理. 2012，32（5）：7-15

[4] 苏强，韩玲. 浅议国家空间规划体系. 城乡建设. 2010（02）.

[5] 曲卫东，黄卓. 运用系统论思想指导中国空间规划体系的构建. 中国土地科学. 2009（12）

[6] 谢敏. 德国空间规划体系概述及其对我国国土规划的借鉴. 国土资源情报. 2009（11）.

[7] 刘飞. 城乡规划的法律性质分析. 国家行政学院学报. 2009（02）.

[8] 王利，韩增林，王泽宇. 基于主体功能区规划的"三规"协调设想. 经济地理. 2008（05）.

[9] 王金岩，吴殿廷，常旭. 我国空间规划体系的时代困境与模式重构. 城市问题. 2008（04）.

[10] 王纺，唐燕，克劳兹·昆斯曼. 德国著名城市规划学者克劳兹·昆斯曼教授访谈. 国际城市规划. 2008（01）.

[11] 张志强，黄代伟. 构筑层次分明、上下协调的空间规划体系——德国经验对我国规划体制改革的启示. 现代城市研究. 2007（06）.

[12] 李远. 德国区域规划的"区域管理"及其组织结构. 城乡建设. 2006（02）.

[13] 曲卫东. 联邦德国空间规划研究. 中国土地科学. 2004（02）.

[14] 姜雅，彦卫东，黎晓言，等. 日本最新国土规划（"七全综"）分析. 中国矿业，2017，26（12）：70-74.

[15] 杨振之. 论旅游功能区规划——以四川汶川地震灾后恢复重建为例. 民族研究，2006，（2）：39-46.

[16] 吴必虎. 区域旅游规划原理[M]. 北京：中国旅游出版社，2001.

[17] GUNN C A. Tourism Planning. 2nd ed. Tayor and Franeis, New York, 1998：25-29.

[18] MARK TEWDWR-JONES, NICK GALLENT. An anatomy of spatial planning：Coming to terms with the spatial element in UK planning. Janice Morphet. European Planning Studies, 2010（2）：10-25.

[19] JOHN FRIEDMANN. Strategic spatial planning and the longer range. Planning Theory & Practice, 2004（1）：48-57.

[20] SCOTT CAMPBELL. Green cities, growing cities, just cities?：Urban planning and the contradictions of sustainable development. Journal of the American Planning Association, 1996（3）：103-117.

[21] GODSCHALK D. Land use planning challenges：coping with confliction visions of sustainable development and livable communities. Journal of the American Planning Association, 2004：243-254.

[22] CAMPBELL S. Greencities, growingcities, justcities：urbanplanningandthecontradiction

of sustainable development. Journal of the American Planning Association. 1996.

[23] ONES M T GALLENT N, MORPHET. An anatomy of spatial plan-ning: coming to terms with the spatial element in UK planning. European Planning Studies. 2010.

[24] FRIEDMANN JHON. Strategic spatial planning and the longer range. Planning Theory&Practice. 2004.

[25] Council of Europe. European regional/spatial planning charter.Torremolinos Charter, 1983. http: //www.coe.int/t/dg4/cultureheritage/heritage/ cemat/versioncharte/Chartebil.pdf.

[26] KUWAHATA K, ITOGA R. The rural area revitalization by tourism related to town development: A case study town of Nishikawa, Yamagata. Journal of Rural Planning Association, 2001, 20 (2): 91-102.

[27] GARCÍA-QUINTANA A, GARCÍA-HIDALGO J F, MARTIN-DUQUE J F, PEDRAZA J, GONZÁLEZ-MARTIN J A. Geological factors of the Guadalajara landscapes (Central Spain) and their relevance to landscape studies.Landscape and Urban Planning, 2004, 69 (430): 417-435.

[28] NODAR ELIZBARASHVILI, GIORGI DVALASHVILI, NINO SULKHANISHVILI. Selection principles and focuses of landscape planning of protected areas. International Journal of Geoheritage and Parks, 2019, 7 (1): 33-44.

[29] HANA AYALA. Ecoresort: A 'green' masterplan for the international resort industry. International Journal of Hospitality Management, 1995, 14 (3-4), Pages 351-374.

[30] NOVELLI M, Scarth A. Tourism in protected areas: Integrating conservation and community development in Liwonde National Park (Malawi) . Tourism and Hospitality Planning & Development, 2007, 4 (1): 47-73.

乡村振兴战略背景下民族地区农旅融合发展响应调整及路径选择

罗　丽　覃建雄

在国家大力实施乡村振兴战略背景之下,民族地区农旅产业发展要响应乡村振兴战略总体要求,对产业定位、开发模式、主客交流、运行机制及经济效益等方面进行调整,实现农旅融合的提升发展,推进乡村振兴战略的深入实施。针对当前民族地区农旅融合发展中存在的农旅融合基础薄弱、基础设施不完善、融合深度不够、主体作用发挥不充分等问题,构建农旅融合提升逻辑框架,并提出通过夯实农旅融合产业基础、优化农旅融合产品体系、提高农民有效参与能力、充分发挥政府主导作用、优化利益分配机制等路径实现农旅融合提升。

一、背景意义

党的十九大报告将乡村振兴上升为国家战略,明确指出要加快推进农业农村现代化,促进农村三产融合发展,支持和鼓励农民创业就业,拓宽农民增收渠道,提振农村经济。随着经济的高速发展,我国社会主要矛盾转化为"人民日益增长的美好生活需要和发展不平衡不充分之间的矛盾"。为迎合民众日益多样化的市场需求,促进农业与旅游业的融合发展,已成为我国实现乡村振兴的重要突破口。旨在通过拓展农业的旅游功能,带动农业与第三产业的互动融合,催生农村新产业和新业态,形成新的经济增长点与产业附加值,进而有效解决三农问题,促进乡村全面振兴。

民族地区是我国乡村振兴战略实施的重点和难点区域。较为落后的经济社会发展实际,特殊的生态环境与突出的民族特色,决定民族地区不能集中发展制造业,也不可能搞大工业、大开发。丰富的旅游资源使旅游业成为民族地区普遍优势产业,在推进民族地区全方位发展中发挥着巨大作用。在民族地区近四十年的旅游发展实践中,农家乐是最早、最普遍的形式,属于典型的农旅融合。在乡村振兴战略背景下,"以农促旅、以旅兴农、以旅富农"的发展目标对民族地区农旅融合提升提出了更高的要求。因此,研究民族地区农旅融合发展对乡村振兴战略的内在逻辑响应,针对现存的主要问题,探索农旅融合提升的有效路径,具有较强的理论与实践意义。

二、研究综述

国外农业旅游在20世纪60年代初起源于西班牙,最初的形式是农场主将自有农场改造后提供给外来旅游者居住。随后,这种旅游发展模式在西方国家兴起,相关研究也不断涌现,取得了较为丰硕的成果。通过梳理发现,国外对于农旅融合的研究主要集中在两个方面:一是对概念、背景、意义等基本问题的研究。Busby，Rendle（2000）提出："旅游业与农业融合催生了农业旅游业态"[1]。Pillaya，Rogersonb（2103）认为农旅融合能够为旅游扶贫提供机会[2]。二是深入细致的案例研究。Gay Y.等（2010）以以色列为案例，对农业与旅游业的耦合协同问题进行了分析[3]。Ohe Y.等（2013）以日本为例，提出要强化乡村旅游与地方品牌农产品二者间的互补关系[4]。

我国的农旅融合在 20 世纪 80 年代以"农家乐"的形式出现，逐渐发展成为现今的乡村旅游和农业旅游，取得了较为丰富的实践成果。近几年，学者们对农旅融合发展问题的研究呈现出以定性研究为主，定量研究为辅的特点。定性研究方面主要是对农旅融合的背景、内涵、意义、机制、路径及效应等方面的分析。张文建（2011）提出："农旅融合的本质属性是城乡互动及产业融合"[5]。刘亮亮（2017）认为："农旅融合是在旅游活动和农业生产相互融合的过程中所形成的一种具有低碳、绿色发展属性的产业模式"[6]。冉彬彬（2008）认为："农旅融合机制包括一个外动力和三大内动力"[7]。陈琳提出了"中心-后向-旁侧-前向"的融合路径[8]，伍婷运用模块化理论构建农旅融合路径模型[9]，丁雨莲、马大全提出了企业融合、资金融合和人才融合三种内隐融合路径和市场、资源、功能、技术四大主要融合路径[10]。张莹提出了科技模式、商业模式、乡村模式、田园模式四种农旅产业开发模式及"企业＋农户""企业＋社区＋农户""示范农户＋农户""政府＋企业＋农村旅游协会＋旅行社"四种农旅组织模式[11]。杨振之（2011）[12]；王琪延、张家乐（2013）[13]等对农业与旅游业融合发展的效益进行了探讨。对于融合度的测评，学者们采用了关联度[14]、耦合度[15]、层次分析法[16]等方法进行测评。张莞对民族地区农旅融合的内在机理，面临的障碍因素，存在的主要问题及优化路径进行了分析[17]。整体上看，国内对于农旅融合的研究起步较晚，尚未形成完整的研究体系。研究区域上，对民族地区农旅融合发展的研究相对较少，研究不够充分。乡村振兴战略提出之后，学者们普遍认识到农旅融合与乡村振兴战略间存在着相互促进的关系，并对如何利用乡村振兴战略实施机遇优化促进农旅产业深度融合，提升产业融合效应进行了探讨。但由于乡村振兴战略实施的时间较短，既有的研究更加侧重于政策解读，对于二者间的逻辑响应及互动机制等问题的阐释还较为笼统。对策研究中，产业构建、产品升级、农民参与权以及利益分配机制等问题还缺乏深入细致的分析。因此，本文尝试在前人研究基础上，梳理农旅融合对乡村振兴战略的内在逻辑响应，厘清农旅融合与乡村振兴战略实施间的互动机制，并提出选择路径。

三、农旅融合概念辨析

20 世纪 60 年代，Rosenberg 在对美国机械设备业的研究中提及"产业融合"。之后，便陆续有学者从不同视角对不同产业的融合问题进行深入研究。Freeman C.（1997）认为："产业融合的形成要经历技术融合—业务融合—市场融合的过程，三者缺一不可。"国内学者对产业融合的关注始于 20 世纪 90 年代中期，目前已取得较为丰硕的理论成果。随着研究面的拓展，农旅融合在产业融合理论基础之上逐渐发展起来。对于"农旅融合"概念的界定，学者们各抒己见，尚未形成专门的定义。潘贤丽（2009）将其界定为："将农业观光特性作为旅游资源的一种旅游形态"。陈洁（2014）认为："农旅融合是旅游业与农村环境、资源、文化、制度、居民等发生交互作用，并实现共生发展的过程"[18]。从内涵上看，农旅融合大致可以划分为农旅产业渗透、农旅产业交叉、农旅产业重组三个层次。其中，产业渗透是初级阶段，农业主动向旅游业渗透，促使农业与旅游业向更深层次融合发展；产业交叉是起步阶段，该阶段两个产业互动发展；产业重组是最高阶段，两个产业融为一体，展现出新的产业特征。从外延上看，农旅融合涵盖多种不同的业态形式，如农业观光、农业休闲度假、农耕文化体验等。

四、民族地区农旅融合作用乡村振兴战略的响应机理及调整

（一）民族地区农旅融合作用乡村振兴战略的响应机理

乡村振兴战略是我国在全面建成小康社会决胜期,针对乡村发展中出现的乡村衰落现象而提出的重大战略，包括产业振兴、生态振兴、文化振兴、组织振兴和人才振兴五个层面，旨在实现乡村在政治、经济、社会、文化、生态上的全面发展。综合利用民族地区的农业、农村的自然风光和文化景观打造农旅融合产业，能够有效激发新的经济增长点，提高经济发展质量，解决村寨居民就业问题，促进民族地区的繁荣稳定，加快城乡一体化发展。

在国家大力实施乡村振兴战略的背景下，民族地区农旅产业发展需要响应乡村振兴战略总体要求，对产业发展状态进行调整，采取切实可行的措施促进农旅产业深度融合，培育新业态和新模式，延长产业链，增加产业附加值，调整优化产业结构，形成产业竞争优势，进而推动民族地区乡村全面振兴。可见，二者之间存在着相辅相成、相互促进的关系，其发展目标也是高度一致。基于此，本文按照联合国可持续发展委员会提出的"驱动-状态-响应"（Driving-Status-Response）模型，借鉴前人研究成果，构建农旅融合发展的 DSR 模型（如图 1 所示），反映农旅融合发展推动乡村振兴战略实施的作用机理。

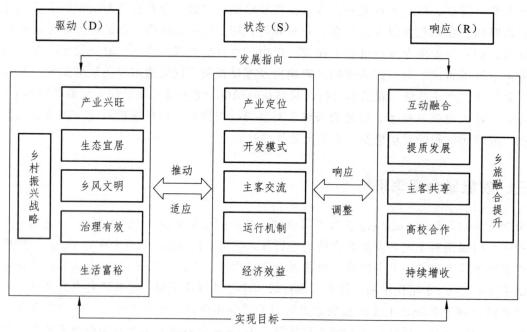

图 1　农旅融合发展 DSR 模型

乡村振兴战略的实施从国家战略层面驱动农旅融合按照"产业兴旺，生态宜居，乡风文明，治理有效，生活富裕"二十字方针的要求，从产业定位、生态环境、主客交流、运行机制和经济效益等方面对农业与旅游业的产业发展状态进行调整，实现对乡村振兴战略的响应。农旅融

合响应乡村振兴战略作出调整后，使农业和旅游业的产业状态不断创新，实现产业融合升级。与此同时，农业与旅游业又通过互动融合来推动乡村振兴战略的实施，使乡村振兴战略的驱动力得以加强与优化。在此过程中，二者循环作用，相互促进，既在不断提高农旅融合发展水平，也有效地推进了乡村振兴战略的实施。

（二）农旅融合发展对乡村振兴战略的响应调整

1. 响应产业兴旺要求，实现良性互动和深度融合

产业兴旺是乡村振兴的关键，产业振兴能够增强乡村吸引力，引导生产要素向乡村汇聚，激发乡村发展的活力、能力、动力和竞争力，为乡村经济社会发展奠定坚实的物质基础。随着全球化的深入发展，单一产业已难以在竞争日益激烈的市场环境中良好的独立运作，这就要求打破传统经济发展模式下产业之间相互独立的状态，催生新产业和新业态。

农业是民族地区的首要民生产业，由于地理、气候的特殊性，民族地区的农业更具地域性和民族色彩，悠久的农耕文化与良好的自然生态环境成为民族地区乡村旅游和休闲农业发展的核心资源。同时，虽然我国民族地区经济社会发展相对滞后，但特殊的生态环境与突出的民族特色，使民族地区的旅游业在大众休闲旅游时代背景下获得了极大的关注度和发展空间，一些民族地区还将旅游业作为先导产业来培育，在推进民族地区社会经济全方位发展中发挥着不可替代的作用。可见，民族地区的农旅融合具备良好的产业基础。在乡村振兴战略的实施推进中，民族地区乡村应当充分利用农业和村寨的优势资源，拓展农业功能，创新发展方式，促进农业旅游、休闲农业、村寨旅游的发展，打造乡村生态旅游产业链。

2. 响应生态宜居要求，实现村寨提质发展

生态宜居是提高农村居民生态福祉的重要保障。在乡村振兴战略背景下，民族地区农旅融合要响应生态宜居的要求，调整产业开发利用模式，改善村寨基础设施和旅游服务设施，加强村寨环境治理，优化村寨居民生活环境。在开发过程中，为了避免因无序盲目发展，造成资源过度使用及环境破坏，民族地区的农旅融合项目应统筹规划，突出地域性和民族特色。加强监督，将生态与旅游有机结合，在扩大经济效益的同时，注重村寨生态环境保护。

3. 响应乡风文明要求，实现主客共享

保留、继承、发展乡风文明是实现乡村振兴的关键。乡风文明是乡村社会文明程度的体现、乡村旅游的重要吸引物和乡情乡愁的重要载体。其核心是提升农民的精神面貌，突出农民的主体地位。在农旅融合项目开发过程中，首先要突破单向"游客至上"的认识，充分考虑村寨居民的权益和利益。其次，要加强对村寨居民的专业技能培训，提升农旅发展参与能力，增强村寨居民对当地传统文化的自信心，营造良好的旅游氛围。再次，要注重村寨景观的本土化。一是"乡村的本土"。按照城市居民的消费需求，根据村寨自身条件，对农业、村寨环境与文化资源进行重组和再造，促进村寨的内生发展[20]。二是"差异化的本土"。注重村寨旅游景观的异质性，塑造地方形象，打造具有地方特色的旅游产品体系。三是"本土的开发"。以农耕文化为基础，以村寨居民为主体，通过农旅项目开发，唤醒文化记忆，推动农耕文化与旅游的深度融合，促使农耕文化在农旅项目发展过程中得以有效传承。

4. 响应治理有效的要求，实现高效合作

治理有效是乡村振兴的重要基石。只有乡村治理能力得到提升，乡村振兴才能说"有了效果"。乡村既是当地居民的生活空间，也是外来游客的消费空间，还是乡村旅游经营者的生产空间，空间的叠加性决定乡村旅游的发展需要多重主体的共同参与，参与主体间的利益协调成为乡村治理的重要内容。近年来，乡村旅游有效带动了民族村寨社会经济发展。但是，农民由于参与方式、参与能力和参与程度的不同，在乡村旅游收入上存在着明显差距。在开发经营中存在着利益分配机制不健全，农民权益保障不充分等问题。因此，要聚焦现代化和大众化，从体制机制和群众参与上寻求突破，构建农民权益保护机制，调动农民参与农旅融合项目的积极性。完善经济利益分配机制，有效协调参与主体的利益诉求，避免农民在利益分配中被边缘化，保障农民持续参与。同时，采取切实可行的措施充实乡村治理主体，引入新的治理主体（如企业家、大学生等）。

5. 响应生活富裕的要求，实现持续性增收

生活富裕是实施乡村振兴的根本落脚点，广大农民群众的收入问题是我国"三农"问题的核心。民族地区要落实生活富裕要求，使农民从根本上富裕起来，靠单纯的农业开发难度非常大。旅游业对少数民族村寨脱贫致富和社会经济发展具有巨大带动作用，但也表现出市场需求回应不足、经济效益不高的问题。在此背景之下，农旅融合发展成为民族地区破解农业发展困境、实现资源优势向产业优势转化的现实选择。推进民族地区农旅融合提升发展，一要打造政府服务主体，从全局观上引导农旅融合发展，完善旅游基础设施和公共服务体系建设；创新农旅融合发展体制机制，通过政策优惠引进企业，为市场的发育提供更好的环境。二要通过培育市场经营主体，加强对农民专业化生产能力和经营能力的培训，提高农旅产业人力资源素质和经营管理水平。

五、民族地区农旅融合存在的问题

（一）农旅融合基础薄弱

与非民族地区相比较，我国民族地区整体经济发展滞后，2015 年至 2019 年，民族地区生产总值占比均低于 10%（如表 1 所示）。

表 1　2015—2019 年民族地区整体经济发展情况（单位：亿元）

年 份	2015	2016	2017	2018	2019
国内生产总值	688 858.2	746 395.9	832 035.9	91 9281.1	990 865.1
民族自治地方地区生产总值	665 26	70 283	73 936	77 668	84 027
民族地区生产总值占比（％）	0.097	0.094	0.089	0.084	0.085

注：数据来源于《中国统计年鉴 2016—2020》。

农旅产业融合发展过程中，农业是基础产业，农业发展态势直接影响着农旅融合水平。虽然农业是民族地区的首要民生产业，但由于地势构造特殊、土地资源分布区域生产条件不佳、农业生产方式落实、抵御风险能力较弱、基础设施不完善等因素的限制，现代化进程较为缓慢，

制约着农业与旅游产业的协同发展和有效融合。旅游业是主要推动力产业，但当前民族地区的旅游发展大多停留在观光为主的浅表层，旅游产品同质化严重，文化资源挖掘力度不够，高附加值旅游活动欠缺，导致旅游业核心竞争力不足。

（二）农旅融合基础设施不完善

完善的基础设施和公共服务体系是农旅融合发展的必要条件。民族地区由于地理位置、经济条件、交通状况等因素，公共基础及公共服务体系建设面临着诸多掣肘。受制于特殊的地理位置及复杂的地质结构，产业机械化建设难度大；村民受教育水平不高，现代化生产机械及技术应用推广难度大，导致民族地区产业发展机械化、技术化、现代化水平较低。

（三）农旅融合深度不够

在农旅融合发展过程中，由于资源挖掘不足、整合不充分、创新性缺乏，导致农旅融合形态单一。民族地区资源禀赋好，融合产品拓展空间宽裕。但从目前的农旅融合发展情况来看，融合产品较为单一，村寨景观、特色农产品、农家乐偏多，具有特色及市场竞争力的融合产品尤为缺乏。融合形态、融合产品单一反映出融合深度不够，融合水平不高，这就导致融合效应不明显，尚未形成可持续效应。

（四）农旅融合主体作用发挥不充分

村民、专业合作社及企业作为农旅融合主体，虽然出发角度、参与程度和发挥作用各不相同，但都会在一定程度上对产业融合的产生、形成过程及发展形态产生影响。村民虽然参与意愿较强，但受制于文化水平整体偏低、没有足够的市场意识、对农旅融合发展的理解与关注度欠缺、资金不足等因素，在农旅融合发展过程中难以完全发挥其主体作用。农户专业合作社是自愿加入、自主管理，具有互助性的组织，可以促进农旅产业融合良好稳定发展。但由于村民对农户专业合作社的性质、功能、目的等不了解，存在一定程度的误解，而且合作社自身发展后劲不足，在农旅融合发展中的桥梁与纽带作用没有得到发挥。旅游合作社有关农旅融合的服务功能缺失，有关农业的专业合作社产品研发、市场拓展、品牌打造能力欠缺，对农旅融合发展的促进作用较难发挥。企业作用呈空缺状态，导致旅游业难以形成长期、稳定的运营规划和管理，进而影响农旅融合发展的进度与水平。

六、民族地区农旅融合提升逻辑及路径

（一）农旅融合提升逻辑框架

针对当前民族地区农旅融合发展中存在的问题，基于农业、农村、农民"三农"本位，响应乡村振兴战略总体要求，构建农旅融合提升逻辑框架（如图2所示）。即以乡村度假需求、农旅资源充分利用、农户有效参与为支撑条件，农旅融合项目本身的效益、生态环境监控、乡土文化保护、农户权益机制为保障机制，通过农业观光、乡土民俗风情、家庭农场体验、乡村生活旅居、农业亲子研学等融合发展模式，使农旅产业相互促进、农村提质发展、农民持续增收、

农旅产业结构不断优化，打造具有地域特色、具有市场竞争力和可持续发展的乡村休闲度假地，以产业升级、农村环境与条件改善、农民素质和收入综合提升，推动乡村振兴战略的实施。

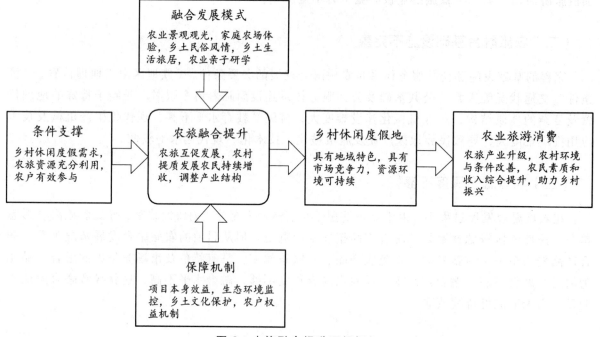

图2　农旅融合提升逻辑框架

（二）民族地区农旅融合提升路径

1. 夯实农旅融合产业基础

发展现代化农业，提升农业质量，增强农业与旅游业的融合深度是实现民族地区农旅产业融合提升的必由之路。具体可以从以下几方面入手：其一，我国少数民族地区多分布于山区、高原、草原、森林等地区，提高其农业产业效率，需要推广适合这些区域地势特点的基础设施和现代农耕技术。其二，这些区域生态环境极为脆弱，必须始终贯彻可持续发展理念，不能以牺牲生态环境来换取高产量、高质量的生产目标。其三，鼓励村寨居民"走出去"，加强与外界的学习交流，及时更新思想观念、农业技能、经营理念等，引导他们逐步从传统农民向能够适应消费市场变化和社会经济发展需要的现代化农民转型，从而更好地理解和参与农旅融合项目。其四，随着"绿色"消费群体的不断扩大，绿色农业市场需求急剧增长，成为农旅融合项目中具有较大吸引力的重要项目之一。因此，民族地区的农旅融合提升应当通过生产技术创新、绿色农产品研创、政策扶持等措施推动农业的绿色发展。

2. 优化农旅融合产品体系

充分利用大数据，将互联网、VR等技术融入农业旅游体验项目，创新发展"智慧旅游""数字旅游""虚拟旅游"等，全方位提升游客参与度和体验感。以农业为基础，充分挖掘和利用民族地区的自然和文化资源，探索以生态、康养、休闲度假为主题的融合形态，促进农旅产业多元融合。开发参与体验性强、特色明显的农旅产品和项目，利用品牌效应提升市场竞争力。

3. 提升农民有效参与能力

农旅融合肩负着解决农民再就业、转移农村剩余劳动力的使命,然而从现阶段的发展来看,农民由于技术和能力的匮乏,在农旅融合发展过程中更多地体现出被动接纳,缺乏主动融入。因此,为了体现农民的主体性,增强农民的积极性,应当加强对农民的科技文化教育。在具体实施中,应当根据农旅融合发展的阶段性需求,分层分目标推进。首先,重点培养一批带头人或新乡村精英,发挥示范作用,提供可借鉴的效仿经验。其次,培育一批既有技术又懂经营管理的新型农民。通过短期技能培训,让农民在短期内实现技能提升;通过中期习惯养成,提高农民的文明素质及文化素养;通过长期产业教育,提高农民的专业化生产及经营管理能力。

4. 充分发挥政府主导作用

强化政府的"后勤"工作,为民族地区农旅融合发展提供强有力的政策支持,培育和激励新业态发展,确保农旅融合项目的规范性,创新财政、金融、土地、税收等相关政策,支持民族地区农旅融合项目发展。探索组建综合性治理机构,协调解决农旅融合项目中遇到的问题,定期对农旅融合项目发展情况进行追踪记录。通过优待政策引进农旅融合项目发展所需的专业人才,与高校、研究院合作培养定向专业人才,对农旅融合项目经营者开展业务培训,吸引外出劳动力返乡创业、就业。

5. 优化利益分配机制

农旅融合项目的开发涉及地方政府、投资商、村集体组织、农民、游客等多重主体的利益,任何一方利益的受损都将不利于农旅产业的可持续发展。因此,在农旅产业融合过程中,应当关注各方利益主体的利益诉求,平衡他们之间的利益关系。从目前的情况看,农民作为直接生产者,他们的利益往往容易受到忽视,而在乡村振兴战略下,富民是根本。因此,需要进一步优化农旅融合项目的利益分配机制,确保农民能够通过参与农旅融合项目获取持续性的收益。

七、结 语

农旅融合与乡村振兴战略之间存在着相辅相成、相互促进的关系,其发展目标也是高度一致,二者循环作用,既可以不断提高农旅融合发展水平,也有效地推进了乡村振兴战略的实施。农旅融合对乡村振兴战略总体要求作出调整后,可以实现农旅深度融合、村寨提质发展、主客共享、高效合作、持续增收的目标。结合民族地区农旅融合发展中存在的问题,基于农业、农村、农民"三农"本位,响应乡村振兴战略总体要求,构建农旅融合提升逻辑框架,并提出相应的提升路径。今后,还应从业态创新、商业模式创新等层面,结合民族地区的实际案例进行更为深入细致的研究,以更好地推动乡村振兴战略在民族地区的深入实施。

(2021 年 2 月)

参考文献

[1] BUSBY G, RENDLE S: The transition from tourism on farmd to farm tourism, Tourism Mangement, 2000: 635-642.

[2] PILLAYA M，ROGERSONB M：Agriculture-tourism Linkages and pro-poor impacts：The accommodation sector of urban coastal Kwazulu Natal，South Africa.Applied Geography，2013：49-58.

[3] YOAV GAL，ADIV GAL，EFRAT HADAS：Coupling tourism development and agricultural processes in a dynamic environment，Current Issues in Tourism，2010.

[4] YASUO OHE，SHINICHI KURIHARA：Evaluating the complementary relationship between local brand farm products and rural tourism：Evidence from Japan，Tourism Management，2013.

[5] 张文建.农业旅游：产业融合与城乡互动.旅游学刊，2011（26）：11-12.

[6] 刘亮亮.农旅融合背景下国家农业公园的建设构想与探索实践.江苏农业科学，2017（45）：320-324.

[7] 冉彬彬.统筹城乡发展中的农业与旅游业融合研究.成都：西南交通大学，2008.

[8] 陈琳.基于产业融合的农业旅游新模式研究.上海：华东师范大学，2007.

[9] 伍婷.农业与旅游产业融合模型及实证研究.桂林：广西师范大学，2014.

[10] 丁雨莲，马大全.旅游业与现代农业融合路径实证研究——以芜湖大浦乡村世界为例.中国农学通报，2012（28）：157-163.

[11] 张莹.农业与旅游业互动发展研究.济南：山东师范大学，2006.

[12] 杨振之.城乡统筹下农业产业与乡村旅游的融合发展.旅游学刊，2011（26）：10-11.

[13] 王琪延，张家乐.国内外旅游业和农业融合发展研究.调研世界，2013（03）：61-65.

[14] 田晓霞，刘俊梅，闫敏.基于产业融合度的新疆农业与旅游业融合发展研究.安徽农业科学，2013（41）：3482-3484+3569.

[15] 袁中许.乡村旅游业与大农业耦合的动力效应及发展趋向.旅游学刊，2013（28）：80-88.

[16] 牛若铃.创意农业与旅游产业融合发展研究.金华：浙江师范大学，2014.

[17] 张莞.乡村振兴战略下民族地区农旅融合提升发展研究.农业经济，2019（04）：44-46.

[18] 陈洁.益阳市旅游业与农业融合度评价研究.湘潭：湘潭大学，2014.

[19] 刘立军.走出传统农业.兰州：甘肃人民出版社，2008：16.

[20] 房艳刚，刘继生.基于多功能理论的中国乡村发展多元化探讨——超越"现代化"发展式.地理学报，2015（02）：257-270.

大熊猫国家公园生态旅游驱动社区发展转型及
乡村振兴路径研究①

覃建雄　张　哲

国家公园建设的意义不仅是要保护动植物物种的多样性，同时要充分挖掘当地社区的农业、文化、旅游价值，将绿水青山转变为"金山银山"，这是解决保护与发展间矛盾的重要途径。大熊猫国家公园不仅是中国大熊猫栖息地、自然遗产地，也是融民族地区、贫困山区、革命老区、生态脆弱区于一体的特殊地理空间，在乡村振兴和高质量发展战略不断推进、迫切要求破解农村产业困境的现实诉求下，进行大熊猫国家公园生态旅游驱动社区转型升级和乡村振兴研究的意义重大。然而，目前国家公园有关社区生态旅游、社区农文旅融合及其驱动社区发展转型升级和乡村振兴研究文献不多，但同时又成为备受学界高度关注的研究热点。

文章针对国家公园当前研究热点，以大熊猫国家公园四川片区为例，从国家公园社区参与的国外实践与国内外研究现状，国家公园社区参与生态旅游理论研究，大熊猫国家公园发展历程及背景意义，大熊猫国家公园建设对社区发展及转型升级对策研究，基于生态旅游的大熊猫国家公园社区农文旅融合驱动乡村振兴框架，大熊猫国家公园生态旅游驱动社区乡村振兴机制与路径研究等五个方面，对大熊猫国家公园生态旅游驱动社区发展及乡村振兴路径进行研究。

一、国家公园社区参与的国外实践与国内外研究现状

自从全世界首个国家公园——黄石国家公园于 1872 年在美国创建以来，国家公园以其运营管理和制度设计上的优势产生了广泛影响，被世界上超过 100 个国家借鉴。总体而言，国家公园在国外的实践要早于其理论研究，国外国家公园的研究起步也远早于我国的实践和研究。

（一）国家公园建立与社区关系的国外实践

不同国家，其经济发展、政治体制状况不同，所面临的社区管理问题也有所不同。芬兰、瑞典、挪威等北欧国家不考虑社区发展问题，但爱沙尼亚等发展中国家公园则肩负着消除贫困的任务。

早期国外许多国家在处理国家公园保护问题时，主要采取强制干预，排斥社区居民的态度，通过强制搬迁的手段，将其迁移出保护区范围外。最典型的案例是，加拿大普遍采用从公园迁走居民和人工建筑的方式，引发了园区内原居民与国家公园管理的冲突（蓝心戴，2020）。

① 本文系四川省社科重点研究基地国家公园研究中心重点项目"大熊猫国家公园生态旅游研究（GJGY2019-ZD002）"的研究成果。

目前一般不采取强制搬迁方式,而是以与相关方协商谈判和共同管理的方式对公园进行管理和保护。《国家公园行动计划》明确社区农户必须有机会参与到国家公园规划制定、管理决策的过程中,得到了国家公园重视与社会各类组织、研究所、园区居民等多方合作。

经过多年的实践管理,各国面对管理冲突问题多数采取合作管理。由于认识到了社区居民利益需求对于建设社区参与的重要性,当遇到国家公园与社区居民发生利益冲突时,首先选择保护社区居民利益。为了解决社区冲突问题,提出了缓冲区管理冲突解决策略,生态旅游和资源适度经济利用刺激等解决机制(蓝心戴,2020)。

美国是世界上最早建立国家公园与国家公园管理体制的国家。在黄石国家公园建立的初期,主要是保护野生动植物资源以及独特的地质地貌,并未牵涉到公园的开发利用。随着游客的不断增加、公园开发活动的增加,生态环境保护与资源开发利用的矛盾也不断增加,国家公园的功能分区模式应运而生。随着公园建设开发的不断广泛和深入,黄石公园建立了完善的功能分区模式,较好地协调了生态环境保护与资源开发利用之间的矛盾,主要分为原始自然保护区、特殊自然保护区、公园发展区和特别使用区四个区域。

社区参与主要是通过和社区居民共享相关法律和政策规定、公园存在的问题、管理目标等信息,让其参与公园规划的编制、环境的评估、公园资源和环境的保护等问题的决策。美国的世界自然遗产地大多属于国家公园。国家公园或世界遗产资源属于一种特殊的公共资源,对于公共资源的治理,现行理论有三种解决方案,即强权政府治理、社区自治和产权私有化,而选择方案的三个关键指标是产权主体、产权设置与法律监督机制。

在日本,自然公园管理的合作伙伴主要为社区居民,主要通过组织观鸟会、观花会、讲座等活动,引导社区居民参与(周建华和温亚利,2006)。除保证园区项目开发决策的民主性,社区居民有权参与决策,同时在项目实施中对环境保护进行监督(蓝心戴,2020)。日本的《合作保护协议》指出,政府对国家公园实施管理权、经营形式多样化、社区积极参与三者有机结合。《自然公园法》中规定公园由国家公园管理者、公园其他工作人员,地方政府官员和公园各类土地所有者合作完成,这种地域制的管理模式是针对日本复杂土地权属的现实状况提出来的。

新西兰和英国主要为第三方组织保障社区参与。新西兰采取保护委员会模式,在国家公园管理体制构建中充分重视公众参与,专门成立了非政府保护组织——保护委员会。委员会独立于政府,代表公众利益,负责监督和立法(蓝心戴,2020)。闫水玉、孙梦琪等(2016)指出英国国家公园管理局鼓励成立社区旅游组织,每年召开居民会议进行沟通,并就管理局的管理措施进行公众咨询,以寻求与当地社区居民的有效沟通、理解与合作。

(二)国家公园社区参与的国外研究现状

Colcbester(1997)指出世居居民应该拥有更多的权利,比如领土所有权、自我决策权等,但是政府在开展保护计划时常常会忽视世居居民的权利,土地权经常遭到否定。Adeniyi等(2000)强调了社区参与的重要性,他们认为在国家公园管理的过程中需要社区参与,这样有利于公园的可持续发展。Trakolis(2001)指出,由于 Prespes Lakes 国家公园建设缺乏居民的参与和决策过程,因此通过问卷向居民调查研究了公园及其目标的知识、目标信息的来源、工作和设施的必要性,对某些政策的态度以及行政和管理计划的有效性,间接地对国家公园建设与管理的成效做了评估。

Ryan(2005)指出,只有在社区参与并获得利益的情况下,社区居民才乐于接受管理,就是指获得实际利益能成为居民保护国家公园的动力。Mbile（2005）认为，公园的管理和社区生计有关联，总结出社区参与是国家公园成功管理的重要途径之一。Co-chrane（2006）指出美国等发达国家的保护模式为"孤岛式"，将人与自然隔离为两个分别独立存在的部分，采取合作管理模式达到生态保护和旅游发展平衡和谐状态。Barker 和 Stockdale（2008）以发展中国家作为研究对象，验证了合作管理模式运用的有限性。

Maxl（2009）分析中国和印度尼西亚后，认为发展中国家除了肩负环境保护目标外，也需要从公园中获取经济效益以支持公园社区居民发展。Higham（2013）指出，卡卡杜国家公园的关注世居居民的权利保护问题，保护公园内的自然文化遗产，通过旅游的形式对这些文化进行宣传，吸引游客来公园内游玩。Laura Schuft 等（2013）以权利关系和差异性社会学为理论基础，探讨了世居居民的户外活动对法国国家公园建设产生何种影响。Stevens（2013）认为，尼泊尔国家公园的建立，使得边缘化世居居民的人权未能得到充分的尊重。

沃里克·弗罗斯特等（2014）提出，澳大利亚乌鲁鲁-卡塔曲塔国家公园由世居居民土地业主和非世居居民管理机构（澳大利亚国家公园管理局）共同管理，共同管理政策规定世居居民要参与到国家公园的管理中来，将世居居民的活性文化遗产与西方化的权益融合在一起。Sophia Imran（2014）在对发展中国家公园进行分析后得出，"发展中国家国家公园建设、旅游可持续发展、生态保护和民生之间呈动态正向关系"。Charlotte 等（2015）认为，埃尔贡山国家公园采取协同资源管理协议可以改善人们与公园之间的关系和提高农村生计，也可以解决环境、土著文化保护等问题。Tuan Phong Ly（2015）从越南国家公园的共管模式中分析出居民对国家公园管理决策的参与，有利于更好地维护他们的权利，并且巩固居民在国家公园内的地位。

Agnes Sirima（2016）评估鲁阿哈国家公园扩张对相邻的社区产生影响，公园的建设导致居民遭受物质损失，例如可能发生资源所有权改变和对生活资源限制等情况，指出建设国家公园时也要注重世居居民的生存发展。邹晨斌和李明华（2017）在越南丰芽-格邦国家公园在总结越南国家公园管理模式与发达国家国家公园管理经验的基础上，设立共存管理模式，推动了管理主体的演进。高燕等（2017）针对菲律宾伊格里特-巴科国家公园，从法律保障、政策制度定、日常管理等方面巩固社区居民的地位。Kevin（2018）提出，国家公园建设管理必须要促进当地的自然和文化遗产保护，促进当地经济的发展，同时也要注重采取解释措施培养越来越多的具有自然经验的游客，使游客能够更好地理解和认识当地文化，更好地融入当地的游客享受景点。

（三）大熊猫国家公园社区参与的国内研究进展

尽管各种国家公园生态旅游研究成果斐然，但有关大熊猫国家公园生态旅游的研究文献较少。安童童等（2017）通过对国家公园和生态旅游关系进行梳理，认为生态旅游是国家公园游憩发展的最佳形式，同时调查分析发现，大熊猫国家公园陕西秦岭区存在旅游开发影响生态资源质量、忽略社区有序参与、没有进行规范化管理等问题，进而提出了划定游憩科普区发展生态旅游，重视原有基础设施的使用，加强环境规划教育，引导社区参与，重视游客管理等发展策略。杨金娜、尚琴琴、张玉钧等（2018）分析了我国国家公园建设面临的社区人口基数大、社区经济欠发达、土地权属问题、保护地遗留问题等社区背景，在借鉴国外保护地管理中社区参与的先进经验的基础上，从"谁来参与""参与什么""怎么参与"三个基本要素构建了我国国家公园的社区参与机制。

李怀瑜等（2018）进行了基于福利经济学视角下大熊猫国家公园社区生态旅游开发的实证研

究，认为社区生态旅游资源丰富，但资源闲置严重，导致社区生计水平低下，影响了大熊猫国家公园的建设管理。从福利经济学角度，分析了社区生态旅游资源开发不足的主因，提出了利用市场规律激励社会资本投入实现生态旅游资源的高效开发，以及建立保障当地社区、投资商和大熊猫国家公园管理部门等关键利益相关者公平受益的机制等建议，不仅提升了社区生态旅游资源开发的品质状态，更有利于大熊猫国家公园的建设管理。

韩雪（2018）以白水江片区为例，从生计资本、生计策略、生计结果三个方面，进行了大熊猫国家公园体制建设下的社区生计路径选择研究，认为对于社区而言，要不断推动自身发展，要推动基层组织管理制度的完善，加大对政府政策的践行力度，创新管理理念，保持社区活力。王玉琴（2018）认为，国家公园范围内社区居民收入普遍低下，对自然资源的依赖程度高，正确处理国家公园建设与当地经济社会发展及社区居民增收脱贫的关系，是国家公园体制试点的重要工作任务。

罗丹丹（2019）根据国家公园社区参与面临的困境与挑战，从规范社区参与法律机制、健全社区参与动力机制、创新社区参与多元合作机制、加强社区参与能力建设机制等四个方面，提出了国家公园建设中社区参与机制完善的路径。蓝心戴（2020）以卧龙保护区为例，从传统习俗、生态观念、当地政策等多个层面对大熊猫国家公园社区参与的问题进行分析研究，通过研究共生与社区参与理论，结合卧龙地区独特的地理、人文、社会环境，构建互惠共生一体化模式。王玉君等（2019）采用问卷调查法，对大熊猫国家公园建设范围内卧龙国家级自然保护区生态旅游客源特征及行为进行调查研究。研究认为，应注重基础消费行业投资，提高游客基础消费品质；积极开发游客可参与性项目；建立完善游客信息管理体系，监测客源动态变化。

薛云丽（2020）在剖析国家公园建设对世居居民一些不利影响基础上，提出了在国家公园立法中对世居居民权利保护的制度设计，主要通过专章规定世居居民权利保护、明确世居居民权利具体内容、明确权利行使途径和救济措施来完善法治体系，以及提出配套制度进一步建立健全权利保护体系。秦添男和贾卫国（2020）选取四川大熊猫国家公园试点和金寨天马国家级自然保护区为案例点，从社区参与的环节、途径和方式等角度分析了两地社区参与情况并比较了两地参与情况的差异。在此基础上提出了建立中央统一管理、完善保护地社区共管机制、加强社区参与能力建设、提高社区发展公平性等建议。

（四）大熊猫国家公园社区参与的国内外研究述评

纵观大熊猫国家公园社区参与方面的研究文献，涉及大熊猫国家公园的管理、生态多样性及生态服务、时空格局、产权与权益、生态旅游、规划策划、生态教育、社区参与、生态补偿、生态监测、公园建设等方面的研究，并主要呈现以下 11 个方面：

① 国家公园管理方面的研究，如探索跨省域大熊猫国家公园管理体制和运行机制（向可文，2019）、大熊猫国家公园管理单位机构的设置现状及模式选择（张小鹏和孙国政，2020）、我国国家公园管理体制研究（赛晓娜，2020）、大熊猫国家公言生态旅游管理研究（X.Y. Duan，2020）、大熊猫国家公园保护区进一步精简的管理研究（Q.Y.，Huang，2020）。② 大熊猫国家公园生态相关研究，如宝兴县大熊猫栖息地生态系统服务价值评估（胥媛媛等，2019）、保护生物多样性助力大熊猫国家公园建设（柳素，2019）、大熊猫保护区森林生态服务价值评估研究进展（刘天宏等，2020）、大熊猫国家公园白水江片区珍稀濒危植物资源调查（兔燕栋等，2020）、大熊猫国家公园秦岭片区生物多样性保护对策（范俊荣，2020）、大熊猫国家公园四川片区生态价值实

现机制研究（张丛林等，2020）、基于 GIS 大熊猫活动区域环境特征分析（梁玉喜等，2018）、基于 In VEST 模型的大熊猫国家公园生态系统服务空间格局研究（马双，2020）、县域大熊猫栖息地生态系统服务价值评估（胥媛媛，2020）等。③ 大熊猫国家公园时空格局研究方面，如庄鸿飞等（2020）以大熊猫国家公园四川片区内的自然保护地为案例，基于 ArcGIS 空间数据的处理、分析与可视化表达等功能，结合韦恩图在空间层面上量化分析了公园范围内各类自然保护地的空间关系，并进一步揭示了不同保护情景下大熊猫的分布格局、秦青等（2020）以四川省为例，选取被划入或将来可能被划入大熊猫保护地的典型县域，构建大熊猫保护地生态安全评价指标体系，采用熵权法层次分析法进行综合评价，并结合空间相关性分析，从时间和空间两个维度对大熊猫保护地生态安全状况进行时空动态分析。④ 大熊猫国家公园产权与权益方面的研究，如大熊猫国家公园世居居民权益的制度保障研究（苟轶萍等，2020）、国家公园建设中世居居民权利保护研究（薛云丽，2020）、大熊猫国家公园内集体土地产权配置研究（潘学飞，2020）。⑤ 大熊猫国家公园生态旅游发展研究，大熊猫国家公园门户小镇旅游发展研究（林泽东，2020）、新时期大熊猫保护地可持续发展对策研究（张志忠等，2018）、基于大熊猫国家公园体制的熊猫文化品牌建设的意义、现状及对策（袁邦尧，2020）、基于网络文本分析的大熊猫国家公园公众体验感知研究（崔庆江等，2020）。⑥ 大熊猫国家公园旅游规划策划方面研究，如 ROS 理论在国家公园功能区划中的应用—以大熊猫国家公园陕西秦岭区为例（安童童，2017）、大熊猫国家公园四川成都片区功能分区研究（叶菁，2018）、生态文明下的大熊猫国家公园景观设计探究（张竟芳，2020）。⑦ 大熊猫国家公园生态教育方面的研究，如大熊猫国家公园生态教育和自然体验发展思路研究（黄骁等，2020）、大熊猫国家公园自然教育工作研究（李杰等，2020）。⑧ 大熊猫国家公园社区参与方面的研究，如我国国家公园建设的社区参与机制研究（杨金娜等，2018）、国家公园体制建设下的社区生计路径选择研究（韩雪，2018）、大熊猫国家公园体制建设及社区发展初探（王玉琴，2019）、国家公园建设中的社区参与机制构建（罗丹丹，2019、大熊猫国家公园卧龙保护区社区参与研究（蓝心戴，2020）、大熊猫国家公园内社区的乡村振兴策略研究（李碧莹等，2020）、国家公园体制下自然保护地建设社区参与研究（秦添男等，2020）。⑨ 大熊猫国家公园生态补偿领域研究，如基于利益相关者视角构建大熊猫国家公园生态补偿机制（罗丹丹，2018）、大熊猫国家公园矿业权退出补偿探讨（田雨婕，2021）。⑩ 大熊猫国家公园生态监测方面的研究，如大熊猫国家公园监测指标体系构建研究（叶菁等，2020）、农户参与生态旅游的能源碳排放测算及影响因素研究（雷硕等，2020）。⑪ 大熊猫国家公园建设方面的研究，大熊猫国家公园系统试验区建设探讨（J.W. Ni，2020）、大熊猫国家公园（四川部分）数字化建设对策探讨（王旭等，2020）。

综上所述，关于传统的国家公园研究取得了重大进展，有关国家公园的研究文献几乎面面俱到。然而，大熊猫国家公园作为人类目前已知的最高物种保护体制，现代生态旅游是当今世界最先进和最高端的生态旅游理论，大熊猫国家公园试点体制的实践与实施亟待现代生态旅游理论进行指导。然而，至今基于大熊猫国家公园的现代生态旅游研究，或者大熊猫国家公园与现代生态旅游研究，国内外相关资料都寥寥无几。相关文献主要是依托传统生态旅游理念对大熊猫国家公园某个方面、某个侧面、某种现象的常态研究，有关突出大熊猫国家公园特色的高端、现代、国际生态旅游的研究亟待取得进展。

亟待研究的方面主要包括：大熊猫国家公园生态旅游驱动社区发展转型升级机制及路径研究；基于现代生态旅游驱动的大熊猫国家公园农文旅融合研究；基于现代生态旅游驱动的大熊

猫国家公园社区乡村振兴路径研究。

二、国家公园生态旅游社区参与理论研究

社区是大熊猫国家公园重要的组成部分之一,社区生态旅游及生态旅游社区参与活动与大熊猫国家公园融合、协同程度,直接影响着大熊猫国家公园的可持续发展。大熊猫国家公园作为统一的国际性生态旅游目的地,包括若干生态旅游功能分区,任一功能分区又分为各级各种生态旅游景区。对于任一生态旅游景区而言,通常由如下两个端元构成,一是作为核心保护对象的大熊猫核心区域,这是旅游景区的核心吸引力,即核心旅游产品;二是在大熊猫核心区域周围的一般保护区域,或缓冲区、外围区。这个区域就是所谓的社区所在的乡村区域,也可以是民族村寨、乡村甚至乡镇所在地,在社区的周围也可以是其他自然生态旅游环境。

(一)社区生态旅游背景及意义

Clande Molin(1980)首次提及社区参与旅游的概念。Robert H. Harwich(1993)指出,真正的生态旅游必须考虑社区参与,将当地居民视为合作者,保证居民在生态旅游产品设计、规划、实施等过程中参与和发挥作用,并使居民在旅游景区保护和社区发展中获利,同时强调当地居民必须成为环境保护的倡导者、管理者和监督者,只有通过支持社区的发展,才能实现对生态旅游目的地生态环境和文化的保护。生态旅游目的地社区是生态旅游景区周边的那些与旅游地紧密关联的有着共同利益的人群的聚居区(刘静艳,2008)。

生态旅游社区就是指在生态旅游目的地中具有相对稳定和完整的结构、功能、动态演化特征以及具有一定认同感的社会空间,是生态旅游目的地社会的基本构成单元和空间缩影(陈玲玲,2012)。一个较大的功能相对完备的村落可以构成一个生态旅游社区。几个邻近的村落,彼此相互联系,设施配套建设和利用,社区居民有一种共同的归属感,也可成为一个大的社区。生态旅游社区管理指的就是对生态旅游目的地所在社区加强管理,促进社区参与生态旅游业,让生态旅游区与社区共同繁荣和可持续发展(陈玲玲,2012)。

生态旅游目的地与生态旅游社区的关系可以表述为,社区构成生态旅游目的地的重要组成部分,但并非所有的生态旅游目的地都分布有社区,如原始森林深处、原生态大草原、高原山地、荒漠深处,或者遥远的海岸与岛屿等。然而,绝大部分的生态旅游目的地都会存有相应的旅游社区,原生态的自然生态资源与原生态人文景观恰恰构成一个美妙绝伦的完整的生态旅游目的地,如太平洋岛屿与热带雨林社区、东非与马赛族(the Maasai)社区部落、南非原始资源保护区与世居居民聚落、西非原始森林与原生态社区、东南亚与山区部落,乃至青藏高原与周边相关国家当地民族社区。

鉴于强调当地利益,基于社区的生态旅游(CBET)应运而生。其特点主要表现为:社区拥有、社区收益、生态可持续、小规模、低环境影响、解说原真性。CBET被认为是更接近真正意义上的生态旅游,是基于社区的自然资源管理(CBNRM)的实现形式,是保护和发展一体化项目的基本组成部分,能够最大限度地维持自然资源的可持续性、防止经济漏损和保护当地传统文化。

社区生态旅游就是建立在社区基础上的生态旅游,是一种不同于以往的旅游发展模式的旅游,它的独特之处就在于生态旅游的发展以社区为中心形成生态旅游发展的新途径。社区生态

旅游是一种注入文化的旅游形式，以充分展示当地的自然、人文特色、自然环境和当地民风民俗、传统文化为目的，并且保障当地居民的参与利益，主导当地社区的生态旅游开发。社区生态旅游管理模式研究牵涉到多门学科。其理论依据涉及社会人类学、经济学、管理学等。

生态旅游社区参与是指旅游目的地社区及其居民以其自有的各种生产要素进入生态旅游的决策、管理与执行体系，对生态旅游活动进行广泛参与，以此获得利益的分配，同时促进环境的保护和社区的全面发展。生态旅游社区参与既具有一般社区参与的特点，又遵循生态旅游发展的基本原则，秉承生态旅游对环境的关注，达到以社区参与的方式使生态旅游活动更符合可持续发展的要求。

社区参与是生态旅游业可持续发展理论的一部分，是一种生态保护与旅游发展战略，鼓励社区居民亲自参与，利用社区自然资源发展社区，充分体现旅游业的科学发展观。社区生态旅游是以社区为主体开发的生态旅游方式，旅游主要收益留在社区，部分支持生态保护。社区参与有助于原生态文化资源的保护、有利于旅游者获得更为真实的旅游体验，并可以确保目的地居民享有经济利益。社区参与可以提供多元化的接待设施服务，开发旅游吸引物，从而进行文化交流，促进了社区经济发展，加强了社区与生态旅游区环境和文化保护。社区参与管理有利于促进生态旅游业可持续发展，有利于促进社区和谐发展。国际生态旅游协会（TES）将社区参与作为检验生态旅游的重要标准之一。Andy Drumm（2003）认为，生态旅游本身就包含了保护、教育、负责任和积极的社区参与，这也是生态旅游与自然旅游的区别所在。社区参与是生态旅游的特点之一，社区参与是实现生态旅游目的的理想途径（高峻，2013）。

（二）社区生态旅游利益相关群体

主要从生态旅游性质的经济学分析、生态旅游中的利益相关者、生态旅游利益相关者框架、生态旅游利益相关者评价方法四个方面，对国家公园社区生态旅游利益相关者进行系统研究。

1. 生态旅游利益相关者

生态旅游动力学系统包含主体（旅游者）、客体（旅游资源）、媒体（旅游产业）、载体（旅游环境）四个子系统，这四个子系统构成了生态旅游活动的市场链条。生态旅游的公共属性使生态旅游系统不仅包含旅游者、旅游资源和旅游产业，也包含当地社区以及公共部门（政府和NGO）。这些要素及其管理部门共同构成了核心内容，它们成为生态旅游的核心利益相关者，另外还有一些作为紧密层和松散层的利益相关者（如表1和图1所示）。

表 1　社区生态旅游利益相关者分类

层次	核心层	重要层	外围层
利益相关者	旅游者：包括大众旅游者 生态旅游投资者：包括国际捐赠者、非政府组织、私人投资者 生态旅游核心企业：包括开发商、经营商 当地社区：包括在生态旅游业就业的居民 政府：包括中央政府、地方政府 自然保护区机构：包括各级自然保护区机构	生态旅游外转企业：包括交通经营商、餐饮、旅游零售商、金融体系等学术组织 咨询机构：包括商业咨询、认证机构、规划机构 媒体：包括广告与传媒	国际旅游企业旅游者网络：包括网上旅游论坛、自驾车组织、受生态旅游业影响的社区居民……

注：来源于谭红杨和朱永杰（2007），有补充。

（1）核心利益相关者

生态旅游者作为生态旅游的主体，其利益是寻求与自然（如动物、植物、水域等）及社区亲近的体验，通过这种感受消费，成为实现生态旅游经济活动的不可或缺的利益相关者，与自然保护区形成了主体和客体的关系。

在生态旅游投资者中，相当一部分生态旅游项目投资源于公益渠道如国际非政府组织、国际多边援助等。非政府组织和社区组织是生态旅游活动的重要组织者，反映出其行为具有社区扶贫和保护当地居民生态环境的公益性。生态旅游的投资者和经营者构成了生态旅游活动的重要媒介。

作为开展生态旅游的重要载体，社区在生态旅游目的地中成为旅游吸引物的一部分。在适当条件下发展生态旅游，有助于保护生物物种的多样性，帮助农村地区消除贫困，也能维护居住在自然保护区和附近的社区居民的各种利益。社区和自然保护区的利益关系是唇齿相依的"鱼水"关系。

政府行为包括政策和规划制定、制度和管理体系的建立等。但从生态旅游实践看，某些政府行为现实与理论规范之间还存在较大偏离。利益驱动性使政府在制定旅游规划决策时，特别是对一些生态敏感区和脆弱区进行旅游开发时，造成了生态旅游资源开发的短期经济行为，导致生态旅游的"标签化"（刘静艳，2006）。

自然保护区机构作为政府为保护自然资源设立的专门组织，其目标就是保护生态环境。但有的地方政府为了短期的经济利益，与自然保护区在"保护"与"发展"的问题上存在着矛盾（如图1所示）。

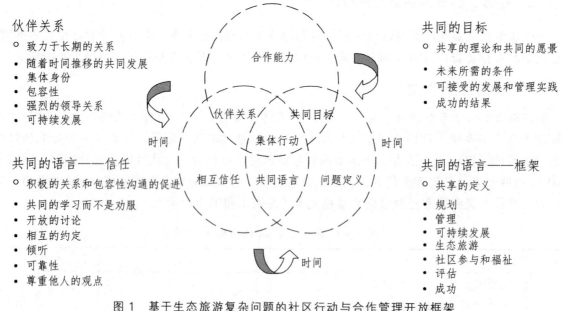

图1　基于生态旅游复杂问题的社区行动与合作管理开放框架
（据 Jeffrey J. Brooks 等，2006；2012）

（2）重要利益相关者

包含了生态旅游的外围企业、学术组织、咨询机构和媒体。其中，外围企业是旅游服务业链上的基础企业，它们追求利润最大化目标。学术组织包括生态旅游相关科研人员，为生态旅游实现可持续发展目标，为合理利用自然资源提供理论依据和实践指导。追求学术成果和社会名誉。咨询机构包括生态旅游项目策划、规划、商业咨询，或者是提供生态旅游认证的非政府组织。通过提供不同的服务，为生态旅游有序开展提供管理上的标准和具体保证措施。在追求生态旅游有序发展的同时也追求经济目标。媒体包括报纸、杂志、电视、网络、广播等形式，进行直接的旅游线路广告和旅游地宣传推广，通过传媒网络推动生态旅游事业的发展，同时获取经济收益。

（3）外围利益相关者

松散层包括国际旅游企业、旅游者网络和邻近社区等，生态旅游客户群具有收入高、专业人士和管理人员居多、受教育程度高等特点（刘静艳，2006）。所以在发展中国家的生态旅游景区，目前以发达国家的旅游者为主。国际旅游企业在生态旅游中所获得的利益颇为可观。另外，在互联网如此发达的今天，旅游爱好者通过网络中的论坛、俱乐部等平台组成自助团体进行自驾游和徒步游活动呈快速增长趋势，其目标是通过网络寻找组团出游的机会。

2. 生态旅游利益相关者框架

根据利益相关者对组织影响力的主动性、重要性及紧迫性来进行判定，生态旅游利益相关者可以分为核心利益相关者、蛰伏利益相关者和边缘利益相关者（高峻，2013）。

生态旅游开发和发展所获取的经济利益一般在当地居民、当地政府、开发经营者之间进行分配。其所获取的利益主要是生态旅游者在旅游景区内的旅游消费收入及旅游地产收入。当地居民、当地政府、开发经营商在开展生态旅游中扮演了不同角色，当地政府提供土地、政策及公共服务，开发经营者提供了资金及经营设施，当地居民提供土地、劳动力及服务等，生态旅游景区所获得的整体效益是由当地居民、当地政府、开发经营者的共同付出获得的，为了补偿他们的付出，开展生态旅游所得的经济利益应在当地政府、开发经营者、当地居民之间进行分摊。当地居民利益在此理论框架下能得到保护（如图2所示）。

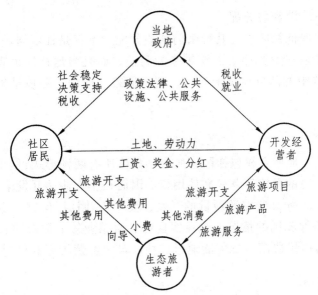

图 2 生态旅游核心利益相关者关系
（据高峻等，2013，有修改）

生态旅游的利益相关者除了核心利益相关者之外，其他还包括蛰伏利益相关者和边缘利益相关者。蛰伏利益相关者指生态旅游的供应商、生态旅游者、生态旅游的投资人（债权人）、生态旅游区分销商、上级政府。边缘利益相关者指那些往往被动地受到企业的影响，对发展生态旅游来说，他们的重要程度很低，其实现利益要求的紧迫性也不强，他们是特殊利益集团和社区属边缘利益相关者。

（三）社区生态旅游管理

加强对生态旅游社区管理，首先应确定其管理的目标，然后找到目标实现的途径。生态旅游社区管理的总目标是生态旅游区与社区协调、持续发展，具体包括：社区居民生活质量的提高；生态旅游者高质量体验；生态环境质量得到维护。

1. 参与规划和决策

生态旅游发展应立足当地，让社区积极参与旅游开发规划过程，让社区成为旅游产业的核心力量，让社区成为生态旅游并发的主要负责者之一，主要包括：① 让社区了解生态旅游发展未来状态；② 倾听社区和当地居民对生态旅游的希望和看法，并将其意见纳入旅游开发规划中；③ 与社区一起制定开发规划，让社区深入了解旅游项目可能对当地带来的社会、经济、环境影响；④ 让社区和当地居民做好心理准备以及初步的应对策略；⑤ 让当地人知晓生态旅游项目的进展情况。

2. 参与管理和分配

（1）社区参与生态旅游培训教育

保证社区有机会参与生态旅游知识、环保知识以及相关技能的培训，以提高居民的生态旅游意识和环境观念，增强居民在生态旅游发展中的参与能力，规范居民的旅游服务活动。提高居民合理利用资源的能力。

（2）社区参与生态旅游利益分配

生态旅游发展必须保证社区参与其带来的利益分配，不仅是社区居民通过参与住宿、餐饮、接待等实业经营途径能够分享到生态旅游带来的利益，而且当地社区也有权要求政府将利益开发所获得的税收等利益中的部分反馈给当地，用于道路、通信、环境维护等公共基础设施建设和维护等。

3. 参与投资和经营

生态旅游目的地的土地所有权包括国家所有和集体所有两种形式，但不论是归国家还是集体所有，社区一般拥有土地的具体经营权和使用权。因而在生态旅游开发中，一定要处理好国有、集体与私营的比例关系，如某些旅游项目的开发，要为当地社区保留一定的份额，当地居民应占有一定的股份，在条件相同的情况下，在饮食业和旅馆业等方面应实行当地人优先原则，通过倾听居民的意见和与居民协商，尽可能地形成社区自主经营管理的机制。

4. 建立参与协商制度

应建立有效协商制度。成立专门的机构，不一定是常设机构，可以是民间组织，倾听当地居民对旅游产业发展中的一些要求，及时反馈给自然保护区管理部门。根据这些意见或建议及时调整生态旅游中的某些措施，创造一个保证居民参与的咨询机制，充分反映居民的建议和社情民意。包括成立社区成员与旅游局联席会，定期开会商谈旅游发展相关问题，成立当地各阶层参加的旅游业组织，在社区居民就其他利益主体之间实现沟通和协调（董阿丹和吴郭泉，2008）。

5. 社区参与生态补偿

鉴于旅游对资源与环境的影响，而居民又是外部性的直接承担者，所以作为旅游的开发者、经营者应该对此给予一定的补偿即生态补偿。生态补偿受众可以是居民个人，也可以是当地的学校、交通设施、医院等公共事业部门，补偿的方式可多样化（董阿丹和吴郭泉，2008）。

（四）社区生态旅游参与模式

高峻（2013）总结了生态旅游社区参与模式，包括墨菲（Peter E.Murphy）社区旅游战略构成模式、"卡尔多改进"生态旅游社区参与应用模式、生态旅游社区化管理模式和 WTO 生态旅游社区参与管理机制模式。

1. 墨菲社区旅游战略构成模式

墨菲（Peter E.Murphy）曾提出社区旅游战略构成模式。他认为发展旅游产业应该将社区作为一个整体旅游产品，从四个方面来考虑，即：① 可进入性环境模式。这是开展生态旅游的基础，直接关系到旅游资源的利用程度和环境的保护问题。② 商业经济模式。经济利益是旅游活动最原始的本质所在。③ 社会文化模式。指旅游产业发展必须依靠当地的设施和文化，在规划和管理中要充分考虑到当地的风俗和民情。④ 良好的管理模式。这是旅游产业预期目标和社区目标顺利实现的保障。

2. "卡尔多改进"社区参与生态旅游应用模式

"卡尔多进"是指受益量大于受损量并通过受益者向受损者补偿实现有人受益无人受损的改进方式。李周和孙若梅（1996）采用"卡尔多改进"理论来处理生态旅游中自然保护和社区发展的关系，通过控制生态旅游景区内资源的利用程度，对受影响的社区居民给予经济补偿和就业等支持，从而实现有人受益无人受损的最佳状态。妥善处理自然保护和社区发展关系的关键是要通过新技术推广，减轻传统资源利用方式对受保护目标的冲击，并对实行资源利用管制造成影响给予经济补偿。

3. 生态旅游社区化管理模式

社区化是生态旅游的一种管理模式，其核心是生态旅游目的地社区化。从社区的角度考虑旅游目的地建设，以社区的互动理论指导旅游景区的总体规划和布局，通过优化旅游社区的结构提高旅游流的效率，谋求旅游产业及旅游目的地经济效益、环境效益和社会效益的协调统一和最优化。同时还强调旅游社区的开发要保证当地居民的参与，旅游社区必须以当地居民为主体，若没有社区参与，生态旅游社区就不存在。

4. 生态旅游社区参与管理机制模式

世界旅游组织在 1994 年曾提出社区参与必须有一定的机制作为保障，如建立旅游管理委员会，实行委员会负责制。国内学者刘纬华也认为社区参与生态旅游的管理必须通过建立一定的机制来实现，如创造保证居民参与的咨询机制，创造居民参与利用分享的机制，创造培养居民旅游意识和培训居民旅游专业技能的机制。建立公平合理的社区参与利益机制和平衡利益关系，构建"政府+管理局+公司+村委会"社区参与模式。

三、大熊猫国家公园发展历程及背景意义

（一）规划区范围

根据中共中央办公厅、国务院办公厅印发的《大熊猫国家公园试点方案》，大熊猫国家公园试点区（以下简称"试点区"）规划范围跨四川、陕西和甘肃三省，涉及岷山片区、邛崃山-大相岭片区、秦岭片区、白水江片区。总面积为 27 134 平方千米，涉及 3 个省 12 个市（州）30 个县（市、区）。其中，四川 20 177 平方千米，占总面积的 74.36%，涉及 7 个市（州）20 个县（市、区）；陕西 4386 平方千米，占总面积的 16.16%，涉及 4 个市 8 个县（市、区）；甘肃 2571 平方千米，占总面积的 9.48%，涉及 1 个市 2 个县（区）（如表 2 所示）。

表 2　大熊猫国家公园试点区表

涉及省	涉及市（州）	纳入国家公园面积（平方千米）	涉及县（市、区）
四川省	眉山市	512	洪雅
	阿坝州	5964	汶川、茂县、松潘、九寨沟
	成都市	1459	崇州、大邑、彭州、都江堰
	雅安市	6219	天全、宝兴、芦山、荥经、石棉
	绵阳市	4560	平武、安州、北川
	德阳市	595	绵竹、什邡
	广元市	868	青川
陕西省	宝鸡市	1709	太白、眉县
	汉中市	936	佛坪、洋县、留坝
	安康市	910	宁陕
	西安市	831	周至、鄠邑
甘肃省	陇南市	2571	文县、武都

注：资料来源于《大熊猫国家公园试点方案》。

（二）自然环境条件

1. 地形地貌

试点区地处秦岭、岷山、邛崃山和大小相岭山系，在地质构造上处在滇藏地槽区的松潘-甘孜皱褶系和昆仑-秦岭地槽区的秦岭皱褶系的交界带，西北高、东南低，地形呈现山大峰高、河谷深切、高低悬殊、地势地表崎岖等特点，常见相对高差 1000 米以上的深谷，是全球地形地貌最为复杂地区之一。大部分山体海拔在 1500~3000 米之间，最高海拔 5588 米，最低海拔 595 米。有龙门山-岷山等多条断裂带，地质灾害多发。近三百年来，仅龙门山-岷山断裂带就发生 6 级以上地震 23 次，特别是近十年发生了 3 次 7 级以上大地震。地震导致岩石破碎，加上表层土

质疏松，且山坡陡峭，相对高度大，遇暴雨易发生滑坡、泥石流等地质灾害。

2. 气候条件

试点区位于我国中纬度地区，受东亚季风环流影响明显，处在大陆性北亚热带向暖温带过渡的季风气候区内，由东南向西北，随着海拔的升高，依次从河谷亚热带湿润气候，经暖温带湿润气候过渡到温带半湿润和高寒湿润气候。由于山脉纵横，地势复杂，形成多种复杂的小气候。全年平均气温为 12 ~ 16 ℃，极端最低温 – 28 ℃，最高温 37.7 ℃。全年降水量 500 ~ 1200 毫米，季节分配不均，夏秋季多、冬春季少；降水的空间分布也不均匀，西南区域多于东北区域，山区多于河谷，并随海拔升高而增加。

3. 水文特征

试点区内水系发达，水资源丰沛。河流属长江流域的嘉陵江、岷江、沱江、汉江和黄河流域的渭河等 5 个水系，以短、直为主要特征，多瀑布、急流和险滩。山高坡陡，河道自然落差大，水能资源蕴藏量十分丰富，其中涪江干流水能资源最为丰富。

4. 土壤环境

根据中国土壤区划，四川、甘肃属青藏高山草甸、草原土壤区域和东部森林土壤区域的过渡带，山地土壤为分布最广泛的土壤。主要土壤类型有山地棕壤、黄棕壤、水稻土、潮土、山地褐土、亚高山草甸土、高山草甸土等。陕西山体高大，北坡陡峭，南坡徐缓，致使南北坡土壤地带谱有明显的差异。北坡土壤垂直的基带土是褐土、淋溶褐土、棕壤、暗棕壤、亚高山草甸土；南坡基带土壤为黄褐土、黄棕壤、棕壤、暗棕壤、亚高山草甸土。这些土壤类型随着地形地貌、气候、植被等要素的垂直变化，体现出明显的垂直分布规律。

5. 自然资源

根据森林资源调查数据，试点区内森林面积 19 556 平方千米，其中乔木林 19 211 平方千米，竹林 75 平方千米，森林覆盖率 72.07%。草地面积 1809 平方千米，占总面积的 6.67%，以高山灌丛草甸草原为主，主要分布在岷山海拔 3900 米乔木上线以上的区域。根据全国第二次湿地调查数据，试点区内河流、湖泊、湿地面积 224 平方千米，湿地率 0.83%。有河流、湖泊、沼泽和人工库塘等，人工库塘以中、小型水库为主。

（三）大熊猫保护状况

大熊猫目前主要分布于我国秦岭、岷山、邛崃山、大小相岭和凉山山系，根据全国第四次大熊猫调查报告，全国野生大熊猫种群数量 1864 只，大熊猫栖息地面积 25 766 平方千米，试点区内有野生大熊猫 1631 只，占全国野生大熊猫总量的 87.50%；大熊猫栖息地面积 18 056 平方千米，占全国大熊猫栖息地面积的 70.08%。大熊猫栖息地被山脉和河流等自然地形、植被和竹子分布、居民点和耕地以及交通道路等隔离成 33 个斑块，其中试点区内涉及 18 个斑块，面积最小的不到 100 平方千米。因栖息地隔离形成了 33 个大熊猫局域种群。

其中，试点区内涉及 18 个局域种群，种群数量大于 100 只的种群 6 个，主要分布在岷山中部、邛崃山中北部和秦岭中部；种群数量 30 ~ 100 只的种群有 2 个；种群数量小于 30 只的种群有 10 个。从种群规模分析，种群规模小于 30 只的种群具有灭绝风险。此外，大于 30 只的局域种群中，大相岭中部大相岭 B 种群和岷山南部岷山 L 种群。由于种群密度低和受汶川大地震影响，保护形势不容乐观。

（四）经济社会状况

1. 土地权属与利用状况

根据 2016 年全国土地调查数据，试点区内国有土地面积 19 378 平方千米，占总面积的 71.41%；集体土地面积 7756 平方千米，占总面积的 28.59%。按照《土地利用现状分类》（GB/T 21010—2017），试点区土地利用现状见表 3。

表 3　大熊猫国家公园土地利用现状表

土地类型	面积（平方千米）	比例（%）
耕地	214	0.79
园地	91	0.34
林地	23 231	85.61
草地	1809	6.67
工矿仓储用地与住宅用地	28	0.1
特殊用地	8	0.03
交通运输用地	8	0.03
水域及水利设施用地	144	0.53
其他土地	1601	5.89

注：资料来源于《大熊猫国家公园试点方案》。

2. 经济发展

地方经济产业结构较为单一。以矿山开采、水力发电等资源开发型产业为主的收入，是地方财政收入的主要来源。共有矿业权 263 处（含采矿权和探矿权），其中四川 238 处、陕西 25 处。社区居民经济来源以传统种植收入为主，部分居民还从事矿山开采和加工劳务。随着自然保护区社区共管项目的实施，一些社区开展了蜜蜂养殖、中草药种植加工、山野货采集加工、农家乐等项目。

试点区经济收入水平总体较低。北川、平武、青川、汶川、理县、茂县、松潘、九寨沟、周至、太白、洋县、留坝、佛坪、宁陕、文县和武都等 16 个县（区）是我国集中连片特殊困难县和国家级扶贫开发重点县，主要依靠财政转移支付。2017 年，除什邡市外，其余 29 个县（市、区）年人均地区生产总值低于全国平均水平；除洪雅、崇州、大邑、彭州、都江堰、绵竹、什邡、鄂邑等 8 个县（市、区）外，其余 22 个县（市、区）农村居民年人均收入低于全国平均水平。

3. 人口和民族文化

试点区涉及 151 个乡镇 12.08 万人，其中四川涉及 119 个乡镇，户籍人口 8.99 万人，占总人口的 74.42%；陕西 18 个乡镇，户籍人口 0.77 万人，占总人口的 6.37%；甘肃 14 个乡镇，户籍人口 2.32 万人，占总人口的 19.21%。有藏族、羌族、彝族、回族、蒙古族、土家族、侗族、瑶族等 19 个少数民族。其中，阿坝藏族羌族自治州是四川省第二大藏族聚居区和主要的羌族聚居区，北川羌族自治县是我国唯一的羌族自治县。民族风俗习惯、宗教信仰多元化，民族文化、传统习俗绚丽多彩，有多项民族文化遗产被列入国家级非物质文化遗产目录。

4. 基础配套设施

（1）交通设施

穿过试点区的主要交通干线有西成高铁、成兰高铁、兰渝铁路、G5 京昆高速、武罐高速，已建的高速有雅安至西昌、都江堰至汶川，在建的有绵阳至九寨沟、雅安至康定、德阳至都江堰、蒲江至都江堰，近期拟纳入地方相关规划的有彭州至汶川、茂县至江油、雅安至马尔康。还有 G213、G350、G543、G544，S208、S308、S410、S421、S433。西成高铁在试点区内设有新场街高铁站和菜子坪高铁检修站。

试点区在建或完成设计待建的有绵九高速、汶九高速、文广高速余凡段、汶川至川主寺、绵竹至茂县、川藏铁路、G545 绵茂公路、省道 S216 平武县至松潘、盛大 S410 线青川至秦家垭（川陕界）、雅康高速、G351、S432（宝康路）、S431（芦灵路）、西成高铁、成兰高铁、兰渝铁路、G5 京昆高速、武九高速、都江堰至四姑娘山轨道交通，还有 G108、G212、G318、G247、G347、S216、S210、S206、S301、S302、S303、S313、S417、阳平关至九寨沟铁路文县段、S226 范坝至刘家坪段、S226 马泉至刘家坪段、平武至铁楼公路、江口双河至皇冠庙坪、碧口至李子坝公路等。

（2）公共服务设施

试点区内有公共服务设施 315 处，其中四川 196 处、陕西 71、甘肃 48 处。主要分布在乡镇政府所在地，是由政府修建并为公众提供教育、医疗卫生、文化娱乐、交通、体育、社会福利与保障管理与社区服务、邮政电信和商业金融等服务的公共建筑。

5. 旅游设施

试点区内依托丰富的景观资源，部分区域开展了形式多样的旅游活动。成规模的有王朗、虎牙、牛背山、龙苍沟、瓦屋山、唐家河、西岭雪山、喇叭河、红灵山、白水河、光头山、神木垒（达瓦更扎）、东拉山、邓池沟、空石林、太白山、青峰峡、佛坪熊猫谷、农博园、老县城、李子坝茶园和让水河等 22 处，主要开展观光游览、民族文化探秘、探险体验等活动，年访客量约 4620 万人次。服务设施主要集中分布在国家公园周边的乡镇政府所在地。但总体上成规模、知名度高的体验点少，大部分设施零散且小。部分自然保护区建设了宣教中心、自然展示馆、自然学校以及森林体验基地等科研宣教设施，并布设了健行步道。

（五）主要景区景点

大熊猫国家公园系自然保护区、风景名胜区、遗产地、地质公园、森林公园、水利风景区集聚区（如图 3 所示），涉及的自然保护地较多，主要有四川卧龙国家级自然保护区、四川千佛山国家级自然保护区、四川王朗国家级自然保护区、陕西太白山国家级自然保护区、陕西佛坪国家级自然保护区、甘肃白水江国家级自然保护区等。

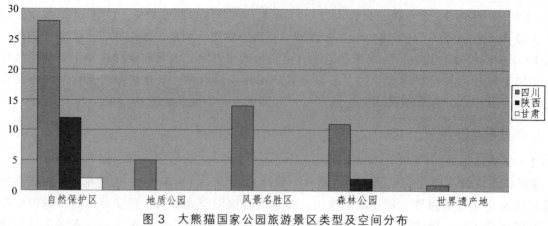

图 3　大熊猫国家公园旅游景区类型及空间分布

四川卧龙国家级自然保护区位于四川省阿坝藏族羌族自治州汶川县西南部，邛崃山脉东南坡，始建于 1963 年，面积 20 万公顷。区内共分布着 100 多只大熊猫，还有金丝猴、羚牛等 50 多种其他珍稀濒危动物。四川千佛山国家级自然保护区位于绵阳市安县、北川羌族自治县境内，始建于 1993 年，面积 11 083 公顷，主要保护对象是以大熊猫、川金丝猴为主的珍稀野生动物及其栖息地。四川王朗国家级自然保护区位于四川省平武县，始建于 1965 年，面积 32 297 公顷，是中国最早的四个大熊猫自然保护区之一。

陕西太白山国家级自然保护区位于陕西省太白、周至、眉县三县交界处，始建于 1965 年，面积 56 325 公顷，是大熊猫分布的最北界。陕西佛坪国家级自然保护区位于陕西省佛坪县东北部，在秦岭中段南坡，面积 35 000 公顷，是 1978 年国务院批准建立的以保护大熊猫及其栖息地为主的森林和野生动物类型自然保护区（如图 3 所示）。

甘肃白水江国家级自然保护区位于甘肃省最南部，在文县和陇南市武都区境内，始建于 1978 年，面积 223 671 公顷，是甘肃省面积最大的大熊猫自然保护区。

（六）规划功能分区现状

1. 核心保护区

将大熊猫野生种群的高密度分布区以及其他重点保护栖息地等优先划入核心保护区，基本包括现有自然保护区核心区和部分缓冲区、世界自然遗产地核心保护区、森林公园生态保育区、风景名胜区受保护区域、国家一级公益林中的大熊猫适宜栖息地。核心保护区是维护现有大熊猫种群正常繁衍、迁移的关键区域，也是采取最严格管控措施的区域。

核心保护区面积 20 140 平方千米，占总面积的 74.22%。有大熊猫栖息地 14 456 平方千米，野生大熊猫 1519 只，分别占国家公园内大熊猫栖息地面积的 80.07%、野生大熊猫数量的 93.13%。

2. 一般控制区

一般控制区是实施生态修复、改善栖息地质量和建设生态廊道的重点区域，也是国家公园内森工企业、林场职工、社区居民居住、生产、生活的主要区域，是开展与国家公园保护管理目标相一致的自然教育、生态体验服务的主要场所。

一般控制区面积 6994 平方千米，占总面积的 25.78%。其中，四川 4659 平方千米，陕西 1235 平方千米，甘肃 1100 平方千米（如表 4 所示）。

表 4　大熊猫国家公园管控分区表

管控分区		面积 （平方千米）	其中耕地面积 （平方千米）	其中集体土地面积 （平方千米）	人口
大熊猫 国家公园	一、核心保护区	20 140	20	3724	5553
	二、一般控制区	6994	194	4035	115 285
	小计	27 134	214	7758	120 838
四川	一、核心保护区	15 519	13	2974	4009
	二、一般控制区	4659	109	2532	85 924
	小计	20 177	122	5506	89 933
陕西	一、核心保护区	3151	2	418	1157
	二、一般控制区	1235	15	471	6514
	小计	4386	17	889	7671
甘肃	一、核心保护区	1470	5	332	387
	二、一般控制区	1100	70	1032	22 847
	小计	2571	75	1364	23 234

注：资料来源于《大熊猫国家公园试点方案》。

（七）发展背景及历程

自从首个国家公园—黄石国家公园于 1872 年在美国创建以来，国家公园以其运营管理和制度设计上的优势产生了广泛影响，被世界上超过 100 个国家借鉴，用以保育各自具有优势的自然生态地域。

党的十九大进一步提出"建立以国家公园为主体的自然保护地体系"的要求。2015 年，国家发展改革委等 13 个部委联合发布了《建立国家公园体制试点方案》，先后在 12 个省市设立了三江源、东北虎豹、大熊猫、祁连山、神农架、武夷山、钱江源、湖南南山、普达措和北京长城等国家公园体制试点区。

在此背景下，于 2016 年 4 月，中央经济体制和生态文明体制改革专项小组召开专题会议，研究部署在四川、陕西、甘肃三省大熊猫主要栖息地整合设立国家公园。2016 年 12 月，中央全面深化改革领导小组第三十次会议审议通过《大熊猫国家公园体制试点方案》。

2017 年 1 月，中共中央办公厅、国务院办公厅印发《大熊猫国家公园体制试点方案》。2017 年 9 月，中共中央办公厅和国务院办公厅共同发布了《建立国家公园体制总体方案》。国家公园研究和实践的核心是有关公家公公园的发展理念、功能分区及定位、管理体制、资源权属、法律法规、专项管理、社区参与、规划体系等问题。2017 年 12 月，国家林业局印发《大熊猫国家公园体制试点实施方案》的函（林函护字〔2017〕181 号）。

2018 年 5 月，国家发展改革委把国家公园体制试点工作整体移交给国家林业和草原局。2018 年 10 月 29 日，大熊猫国家公园管理局在四川成都成立。

2019 年 1 月，大熊猫国家公园四川省管理局的七个分局在相关市（州）同时举行挂牌。明确了三级管理体制，大熊猫国家公园四川省管理局实行国家林业和草原局与省政府双重领导，以省政府管理为主的管理体制。四川省管理局的 7 个管理分局，作为大熊猫国家公园四川省管理局的派出机构。实行省林业和草原局（大熊猫国家公园四川省管理局）与市（州）政府双重领导，以市（州）

政府管理为主的管理体制。2020 年 8 月 17 日，大熊猫国家公园汶川管理总站挂牌成立。

大熊猫是中国特有物种，建立大熊猫国家公园，有利于增强大熊猫栖息地的连通性、协调性和完整性，实现大熊猫种群稳定繁衍；有利于加强大熊猫及其生物多样性和典型生态脆弱区整体保护，打造国家重要生态屏障，维护国土生态安全；有利于创新体制机制，解决好跨地区、跨部门的体制性问题，实现对山水林田湖草重要自然资源和自然生态系统的原真性、完整性和系统性保护；有利于促进生产生活方式转变和经济结构转型，全面建成小康社会，形成生态保护与经济社会协调发展、人与自然和谐共生的新局面。

（八）重大理论与现实意义

1. 具有重要的实际意义

大熊猫国家公园涉及绵阳、广元、成都、德阳、阿坝、雅安和眉山 7 个市州、19 个县，17.22 万名当地居民。一方面，公园所在地区为边远山区，生产力发展水平落后，世居居民对自然资源的依存度较高，保护与发展的矛盾突出，核心区 6000 多世居居民需要逐步实施生态移民，274 处矿权、308 处水电站及其他生产设施亟待清理。另一方面，国家公园所在地市发展不均衡，经济发展水平滞后，保护目标与脱贫攻坚、乡村振兴之间面临着各种矛盾和困难。如何通过大熊猫国家公园生态旅游发展带动社区乡村振兴，具有重要的理论和现实意义。

首先，大熊猫国家公园首要的目的是有效保护珍稀物种、促进生物多样性保护，而生态环境（包括物种）保护和生态教育是现代生态旅游的重要功能特征之一。因人类活动加剧、特大自然灾害、气候变化等因素，其种群已退缩至秦岭、岷山、邛崃山、大相岭、小相岭和凉山六大山系。同时，野生大熊猫也被分割在 33 个局域种群，部分小种群有高度灭绝风险。大熊猫栖息地是全球地形地貌最为复杂、气候垂直分带最为明显的地区之一，拥有包括大熊猫、川金丝猴等在内的 8000 多种野生种植物，具有全球意义的保护价值。

一方面，大熊猫国家公园提倡统一规划统一保护统一管理的理念，有利于现代高端生态旅游实践和发展。另一方面，现代高端生态旅游的系统动力学为大熊猫国家公园的具体实施和实现，提供了崭新途径。现代高端生态旅游不仅有利于园区内自然保护区、自然遗产地、森林公园、风景名胜区、水利风景区、地质公园、国有林场、森工企业等 106 个自然保护地、7600 余名职工的全面整合，而且有助于大熊猫国家公园四个功能分区尤其是核心保护区和生态修复区的实施和落实，尤其对科普游憩区和传统利用区的具体实施展现了独特的优越性。

再次，大熊猫国家公园提倡用科研成果引领大熊猫保护事业，这为生态旅游的发展和应用提供了理想场所和难得机会。生态科普、生态科考及生态研修旅游是现代高端生态旅游的重要形式，而国家公园倡导的大熊猫科研机构、科研课题、国家合作交流和现代科技管理就是生态旅游的具体实施过程。诸如大熊猫谱系、基因库、数据库建立，大熊猫种群、栖息地、廊道实时监测和追踪，生态环境及生物多样性保护、应对气候变化、社区共建以及大熊猫科研保护攻关等，为现代高端生态旅游的具体实践和应用提供了难得机遇。

最后，大熊猫国家公园主导的实施协同保护促进生态经济社会协调发展理念，与现代高端生态旅游的功能特征相吻合，两者的目标和过程具有匹配性。一是公园内生态格局重建和公园外特色小镇和美丽乡村建设，现代高端生态旅游由于自身的产业特点而将发挥用武之地。二是将符合条件的世居居民纳入最低生活保障范围优先安排世居居民就业，让世居居民成为公园的建设者和受益者，建立大熊猫国家公园公益基金，允许个人、企业和社会组织通过捐款、捐建等形式参与公园建设，与现代高端生态旅游的本质特征不谋而合。三是现代高端生态旅游有利于积极调整公园周边产业结构，建立和推广大熊猫友好型林农产品和大熊猫国家公园林农产品原产地标识认证体系，在大熊猫国家公园周边社区发展特色林农产品生产和加工。四是推进大熊猫文化品牌建设方面，进一步提升大熊猫文化品牌在全世界的影响力，在国际上树立保护环境、珍爱自然的大国形象。这也是现代高端生态旅游的特长所在。

2. 具有重要的理论意义

大熊猫国家公园的定位是构建生物多样性保护示范区域、生态价值实现先行区域、世界生态教育展示样板区域。最终目的是让大熊猫国家公园成为全球生物多样性热点地区保护典范。大熊猫国家公园体制试点的意义是稳定大熊猫繁衍生息、促进生物多样性保护、探索生态文明建设新模式、实现人与自然和谐共生。大熊猫国家公园体制试点主要内容是以大熊猫为核心开展生物多样性保护，转变区域生产生活方式。具体工作上，围绕以大熊猫为核心的生物多样性保护、创新生态保护管理体制、探索可持续的社区发展机制、构建生态保护运行机制、开展生态体验和科普宣教等五个方面展开试点。

大熊猫国家公园与现代高端生态旅游均强调生态文明观与可持续发展。一方面，主张由真正的生态旅游者、生态旅游地、生态旅游业及生态旅游环境组成的现代高端生态旅游理论框架体系，是生态旅游理论发展的必然趋势，也是全球可持续发展的客观要求。另一方面，现阶段我国生态旅游者、生态旅游地、生态旅游业、生态旅游环境及其组成的生态旅游系统，其级别低、质量不高、实践不足、发展滞后，亟待通过大熊猫国家公园试点来引领现代高端生态旅游的实践和实施，引领构建全新的社区生活生产方式，增强国家文化软实力。

通过大熊猫国家公园视点与现代高端生态旅游的互补、互动式的鼎力相助，不仅有利于建立对栖息地原真性、完整性的全方位保护体系，高质量建设大熊猫国家公园，探索人与自然和谐共生新模式。探索生态文明建设新模式、实现人与自然和谐共生。并实现园区内居民发展方式与生活方式的转变。同时借助大熊猫的品牌和影响力，大力倡导现代高端生态旅游意识、理念、方式、责任、权益和行为规范。更重要的是，通过大熊猫国家公园视点探索与生态旅游研究，进而有利于促进现代高端生态旅游理论的丰富和发展。

四、大熊猫国家公园建设对社区生态旅游影响及其转型升级对策研究

（一）对社区发展经济社会发展的影响

1. 对社区经济收入与就业方面的影响

积极影响主要表现在：① 国家公园设立带动解决一部分人的收入问题，社区农户可以通过生态体验、环境教育、森林巡护及生态保护、安保、卫生保洁等而获得固定收入。② 社区农户依托国家公园发展观光旅游业，可以为农户提供许多就业机会，如吃住一体的农家乐、导游、交通、纪念品售卖等。③ 国家公园设置及生态旅游业发展大大丰富农户的生计多样性，如当地农户可以不再仅仅依靠打工、茶叶种植等主要方式获得收入了。④ 政府、非政府组织等可能针对社区居民的保护行为，给予一定的生态补偿，进一步增加农户收入（韩雪，2019）。

消极影响主要包括：① 由于国家公园设置改变了社区农户传统生活生产方式，导致农户生活生产成本明显提高，如野生动植物对农户的庄稼、家禽、蜂箱造成一定的破坏，社区农户不得不采取

诸如站岗、设立围栏、种植一些不易受破坏的作物，或者选择搬迁等成本更高昂的防护措施，其成本甚至会超过相关的补偿款、工资或旅游业收入。② 由于国家公园相关法律法规的不断"刚性化"，使社区农户的生活生产难度加大，自然保护区社区农户传统的生计方式如捕鱼、砍柴、林间采集药材等已被杜绝，为保持水源清洁，大规模的家禽饲养不被允许。一些社区进行易地搬迁，农户生计日后面临较大不确定性。③ 农户承担了国家公园建设中的一些机会成本（韩雪，2019）。

2. 对社区参与生态旅游业发展方面的影响

积极的影响是有利于促进社区增权。通过国家公园建设，倒逼社区在积极参与生态保护、生态旅游过程中，社区的凝聚力和组织力会得到增强，通常表现为社区中组织能力较强的团体组织的出现，也就是所说的社区增权（韩雪，2019）。也就是说，生态旅游会使无序的、分散的居民个体组织起来，通过合作行为增加农户间的信任，并形成一定的社会规范，从而提高社会效率，这就是社区增权所发挥的作用。出于保护与发展目的公共设施也会建立起来，因此会间接的提高农户的生计水平。此外，社区参与国家公园建设也会增加农户对社区文化的认同感与自豪感，但也存在一定的负面影响。

同时也带来不同程度的消极影响。如一些学者认为的生态旅游会给社会资本带来消极的影响。地方政府和旅游公司将农户排斥在外，挤占农户收益，收益的分配不公会导致农户对外来投资者持敌对态度。社区精英控制会加剧社区精英与一般农户之间的纠纷、矛盾，削弱了社区凝聚力，不利于社区的长期发展（韩雪，2019）。还有，若只一味迎合游客的需要，将会失去传统文化的本真。由于外来游客的涌入，外来文化对当地文化会造成一定的冲击。

3. 对社区参与及收益分配方面的影响

国家公园建立会对社区居民自然资源所有权问题、旅游发展的决策权都会产生影响。地方社区的权属问题将会发生变化，涉及地方政府权力的让渡、目标规划等方面，从而对政治经济等领域都将会产生影响（韩雪，2019）。

居民对资源的所有权问题决定其对旅游发展的决策权，权力的重新分配将会影响社区在旅游发展决策方面的话语权，也就决定了社区在旅游等相关收益分配方面的多少。只有处理好利益相关者的权益分配问题，充分保障社区参与旅游发展决策方面的合法权益，才能真正处理好保护与发展之间的关系（韩雪，2019）。

对于国家公园的建设来说，收益分配和经济发展问题是尤为关键的。参与、付出最多的利益相关者理应得到最多的收益。但现实生活中，由于我国基层制度的不完善，往往存在收益漏损问题，如地方政府、旅游企业往往会利用自身权利，攫取社区居民的应得利益，挤压居民获利空间（韩雪，2019）。此外，还存在社区精英控制这样的问题，如一些权力较大、资源较多的社区精英往往会获得更多的收益，且拒与其他成员分享。

4. 对社区农户参与能力建设方面的影响

由于与农户所从事的传统农业相比，农户参与国家公园建设往往需要更高水平的知识和技能。国家公园生态旅游业发展则为农户学习相关知识和技能提供了良好的平台，农户通过技能和创收培训、领导力培训、自我学习和"干中学"，可大大促进人力资本的提升，人力资本的积累与提升又会促进更高水平的农户参与，进而又使人力资本提升进入新阶段，当地居民的保护教育和意识也在这个过程中不断提高（韩雪，2019）。国家公园建设对社区能力和组织能力有较高的要求，因此随着保护工作的开展，社区组织能力建设会发生各种显著变化。此外，源于旅游收入的小额贷款不仅可以为农户培训提供费用，也可以为农户从事有关的生计活动提供资金支持。

（二）国家公园体制给社区带来的机遇和挑战

1. 为社区参与带来的机遇分析

首先是政府对生态文明的重视。国家将生态文明建设摆在越来越重要的位置上，习总书记明确指出，"绿水青山就是金山银山"。强调自然保护区周边的社区应转变经济发展方式，真正处理好保护与发展间的关系。这句话为保护区发展带来了契机。

其次是对"三农"问题的重视。国家"精准扶贫"的战略支持，体现了国家下大力气、花大功夫解决十几亿人的贫困问题，保护区周边的社区由于贫困现象较为普遍和集中，因此也受到格外关注。十九大报告明确提出了"乡村振兴"战略。"美丽乡村"与"特色小镇建设"等战略则是将生态保护与经济发展相结合的科学发展模式，对于白水江保护区的社区，也是一次重要的战略机遇。

再次是绿色、低碳消费观念深入人心。绿色消费观念在消费者中盛行，生态产品需求潜力巨大。随着人们对更高品质的生活消费水平的追求，绿色、有机、无公害的生态产品受到消费者欢迎。越来越多的人选择在乡村度假，避暑，自驾游，都为乡村发展带来了机遇。

最后，国家公园的品牌效应显著。大熊猫国家公园成立后，大熊猫成为当地一张重要的"名片"，围绕熊猫文化这一热点，可以带动相关的旅游、消费及生态产业的发展，同时也提升了保护区的旅游价值与地位。

2. 为社区带来的挑战分析

首先，野生动物入侵会给农户生计带来损害：由于野生动物受到保护，所以保护区内动物繁殖速度增加，数量增多，野生动物频繁入侵，使得庄稼、家禽损失严重，长期下去，这对农户来说将是很困扰的问题。

其次，外来文化对当地文化造成冲击：由于当地外出务工人数较多，当地人会有更多机会接触到外界的生活习惯、思想文化，宣传、通信设备的普及都会使当地人的思想受到潜移默化的影响，导致当地传统文化无形之中受到影响。其次，旅游业的发展、外来游客的涌入，都会给当地文化带来冲击。

再次，劳动力流失严重：越来越严格的保护措施使得农户的生计方式受到限制，因此不得不外出寻找谋生方式。当地青壮年劳动力外出打工人数较多，劳动力流失严重。村里往往剩下一些老人、妇女或者儿童，这部分人文化程度较低，对许多新事物的接受能力较差，对国家政策的知晓程度较低，使社区经济发展受阻，造成"空心村"，加剧社区的衰落。

最后，农户对资源的利用受到限制：国家公园成立后，一些保护政策更加严格。以往，林间采集草药及菌类、砍柴、捕捞是农户重要的传统生计方式。但是现在，这些传统的依赖于自然资源的生计方式都被禁止，农户只得另谋出路。

（三）大熊猫国家公园社区参与现状与主要问题

1. 经济基础交叉，社会发展相对落后

绝大多数居民居住在河谷或者低山缓坡地带，由于耕地密度较大，所以人均耕地资源较少。社区农户生活生产活动以自然生产状态下的传统农业为主，生产活动对环境的依赖性还是较大。

保护区内居住人口约 11 万,有 15 个乡镇。居住人口以传统农业为主,农业人口占比 90%~92.5%,分布有汉、回、藏等民族。保护区内人口自然增长率极低,据统计,人口增长率仅为"10‰~15‰",为典型的"低出生率、低自然增长率"的特征。

2. 产业结构单一、生产力低,成仙小散弱差

由于保护区内 80%~82.4% 以上的耕地都分布在坡度大、土层稀薄的山区,土壤肥力低,加之保护区内耕地限制或禁止农药的使用,因此农产品产量低。目前还存在农产品结构老化、商品化程度低等问题。第二、三产业水平发展空间较大,但是由于保护区的缘故,其发展受限于严格的环境政策。

当地旅游资源虽然丰富,经营旅游相关产业的却很少。如白水江社区之一——李子坝村位于乔庄河上游,是重要的水源给养地,迫于环境保护的压力与游客量的限制,旅游业也不适宜大规模发展。

3. 社区农户文化水平总体较低,医疗、卫生条件相对滞后

社区办学条件和办学水平需要不断改进,与周边地区相比,教育经费、教育资源匮乏,社区拥有的专业技术人员较少,科技推广以及普及度较低,农业技术投入的力度还是十分有限。调研结果显示,社区农户受教育水平以初中为主,占 34.35%~48.67% 不等。大学及以上文化程度仅占 15.5%~23.2%。不论是医疗状况还是卫生水平,都与四川省内其他地区有较大差距。医疗、卫生、教育条件等基本公共卫生服务的完善,很多人选择去附近的城市看病,送孩子上学,甚至就业。

4. 基础配套设施落后,当地信息闭塞

交通状况较差,通达度低,路况易受天气影响,通信工具少,雨季多发季节往往会切断与外界的联系,因而严重限制了保护区与外界的交流,限制了保护区经济的发展。尽管信息技术明显进步,但公园社区较外界而言信息明显落后。受当地地形条件的限制,当地各个农户间相距较远,而且山路狭窄,路况还极其易受天气影响,信息较为闭塞。调研结果显示,6.4%~8.75% 的农户认为,信息闭塞是限制农户增收的重要因素。

5. 农业机械化水平亟待加强

由于区位、自然、历史、理念、技术等原因,社区农业机械化水平总体偏低,亟待加强,以便提高社区农户的劳动生产力。应对有意愿增加农业机械化投入的村民要加强农机补贴力度,从而提高农户生产效率,提高农业机械化水平。

6. 产业经营困难,农户增收面临困境

一是缺少农产品销售渠道。调查数据表明,80%~88.75% 的农户认为,缺少农产品销售渠道是农户提高收入面临的最大挑战;二是农业产业链尚处于初级阶段,农产品销售渠道非常单一,主要渠道是自己零售、卖给加工企业或者商贩。

7. 农户就业单一,生计落后

社区主要是农业生计和非农生计。国家公园的建立不同程度地给当地社区农业生计带来冲击。随着公园体制的不断实施,社区农户的非农生计不断增加。现今社区农户的非农生计类型并不均衡,打工成为最主要的非农生计类型。打工是当地农户的重要生计方式,农户常在农闲

时间选择打工，生产活动的季节性分布较为明显。

其他的非农生计类型，如养蜂、核桃种植等生态友好型产业尚未成熟。传统的茶叶种植目前面临品种老化、单一的问题，购买机械设备、雇佣劳动力又需要耗费很大成本，狭小的利润空间不得不使当地农户寻找更多的生计出路。

（四）国家公园体制下社区参与生态旅游发展对策

1. 农户生计路径的拓展

（1）基于生态旅游的传统发展方式转型升级。

在大熊猫国家公园许多社区，都有自己延续下来的传统发展方式，发展基础较好，且传统发展方式更容易适应环境承载力与生态系统的弹性极限。在延续传统生产方式的同时，并推动传统产业转型升级。如茶产业，茶农应增加对生态茶、有机茶的种植，注重传统的制茶手艺的传承，丰富茶叶内涵，可以通过引进新品种、新工艺，丰富产品种类，在原有的手工艺基础上推陈出新，从源头上改善茶叶品质；充分利用国家公园的品牌效应，通过结合当地特色小镇建设、产品加工业、电子商务与物流业的发展，为茶叶种植打开销路，促进茶的产业化发展，从而促进传统产业的复兴与创新，使得当地经济发展由粗放型转变为集约型。

（2）基于生态旅游的从事传统产业世居居民人口数量的稳定性。

国家公园建设的意义不仅要保护动植物物种的多样性，同时要充分挖掘当地的生态与文化价值，将绿水青山转变为金山银山，这是解决保护与发展间矛盾的重要途径。而生态价值与文化价值的充分挖掘，很大程度需要依靠当地社区。因此，保持当地常住人口及从事传统产业人口数量的稳定，是当地传统人文景观活态保存的重要前提，也对提升当地的茶文化具有宣传带动作用。应通过对社区文化的解读，与大熊猫国家公园的主体联系起来，确定社区文化产业发展的方向（韩雪，2018）。

（3）构建基于生态旅游的绿色生态友好型产业。

依托大熊猫国家公园，结合国家公园的品牌影响力。发展生态旅游相关产业，如食品及手工艺品加工、导游服务、农家乐经营等。旅游业为农产品提供独特的市场渠道。农户自产的蔬菜、鸡蛋、茶叶、蜂蜜、核桃等产品可以用于经营农家乐，或者加工后售卖给游客。当地人有很多方法可以制造增值产品，而不是销售原材料。除发展绿色农业、生态旅游、休闲度假业外，还可以通过打造特色林业、特色小镇、生态服务体验、熊猫文化等，构建生态友好产业体系。同时政府应该鼓励引进民间资本推动当地产业发展。

（4）构建基于生态旅游理念的社区全域发展方式。

以生态旅游可持续发展理念为指导，大力推动社区使用清洁能源，降低农户对自然资源依赖性，促进资源的循环利用，提高资源的利用率，提倡"绿色低碳"。加快社区交通、电力、通讯、网络等基础设施建设；推进教育、医疗、卫生等基本公共服务的改善；支持和保护生物多样性保护，促进生态旅游业发展。引入新的社区管理理念与方法，增加社区活力，不断完善社会保障体系。同时，提高农户的文化水平，从而全方位提高社区的实力。

（5）生态旅游驱动落实生态补偿和绿色治理机制。

引导农户参与并促进生态旅游、绿色产业的发展，落实生态补偿机制，为农户提供合理的补偿。构建适宜当地的《绿色公约》和绿色资产清单。《绿色公约》即社区和村民间制定的一种契约形式，即制定好村民们共同遵守的乡规民约，推动村民由被动应对到主动参与保护。绿色资产清单，即通过辨析社区可以利用的资源（山、水、林、草、湖等）与社区的文化遗产方面的优势，将这些资源建档立案，实行绩效考核机制。通过这些方式，可以激励农户、游客都参与到保护行动中（韩雪，2018）。

（6）加强国家公园建设中世居居民权利保护立法。

在剖析国家公园建设对世居居民带来一些不利影响的基础上，提出在国家公园立法中对世居居民权利保护的制度设计，主要通过专章规定世居居民权利保护、明确世居居民权利具体内容、明确权利行使途径和救济措施来完善法治体系。提出配套制度进一步建立健全权利保护体系，主要包括：签发世居居民证书，赋予世居居民诉讼主体资格以及管理和保护方面的优先权，建立世居居民社区自治管理机制（薛云丽，2020）。通过以上制度设计和配套措施的辅助，建立健全国家公园建设中世居居民保护法治体系。

（7）构建基于生态旅游理念的国家公园建设中社区参与机制完善的路径。

关于国家公园社区参与机制构建，实际上是理顺是否可参与、为什么参与、怎么参与、是否有能力参与的问题，即从社区参与的法律保障，参与动力、程度、能力来分析我国目前所面临的困境。针对社区参与法律缺失、社区参与动力不足、社区参与程度有限、社区参与能力偏差等问题，从规范社区参与法律机制、健全社区参与动力机制、创新社区参与多元合作机制、加强社区参与能力建设机制四方面，构建基于生态旅游理念的国家公园建设中社区参与机制完善的路径。

五、基于生态旅游的大熊猫国家公园社区农文旅融合驱动乡村振兴研究框架

（一）大熊猫国家公园生态旅游引领的农文旅融合的优势

乡村振兴最艰巨、最迫切的任务在民族地区，民族地区乡村振兴的关键是产业"造血功能"。民族乡村的产业"造血功能"在哪里？如何充分挖掘民族村寨的生态价值、民族文化价值和旅游价值等特色资源优势，通过农文旅融合激发内生动力，实现民族村寨农文旅高质量融合发展驱动乡村振兴？这是学界一直在关注和探索的热门科学问题。有关这方面的研究，前人从不同视角和层面，主要进行了如下三个方面的工作。

首先，有关民族村寨农文旅融合研究。较多的研究把文旅融合或农旅融合当作民族地区旅游发展的重要抓手。这样，相关的质疑出现了：无论文旅融合或农旅融合乃至文农融合，都人为地把民族村寨作为"农、文、旅三统一"的整体性割裂开了。文旅融合无法发挥"农"的重要意义，农旅融合无法体现"文"的灵魂作用，而农文融合则缺少了"旅"的驱动功能。实践证明，只有农（生态价值）、文（民族文化价值）、旅（旅游价值）的完美融合，民族村寨的特色资源优势才能得到充分发挥，才能更好地促进民族地区乡村高质量发展和乡村振兴。民族村寨农文旅融合是民族地区的产业"造血功能"和乡村振兴的关键突破口。

事实上，民族村寨与农文旅融合之间具有天然的成因相关性。民族村寨作为与自然生态环境和谐共生的独具民族文化特色底蕴的少数民族生活生产聚居点，是农业、民族文化及旅游资源的高度和谐统一，是农文旅融合的天然场域空间[4]。作为农业资源、民族文化与旅游市场融合互动的产物，农文旅融合并非传统的"农旅+文旅+农文"或简单的"农+文+旅"模式，而是基于民族村寨农、文、旅三者之间高质量、高效率互动而产生的"1+1+1>3"综合效应。农文旅融合的驱动力源于民族村寨作为"农文旅"三者高度和谐融合体的整体性和统一性，民族村寨农文

旅融合具有独特的内涵和意义，有其自身的成因联系和内在规律性。然而，真正基于民族村寨的农文旅融合研究，仍寥寥无几。

其次，有关民族村寨农文旅高质量融合发展研究。目前仍缺乏这方面的研究，但前期间接相关的研究主要有：① 农文旅一体化发展研究。吴昌和彭婧[5]提出了黔东南农文旅一体化发展的长效机制和政策建议；孙美琪、孙从榕和肖志雄[6]提出了安徽歙县基于农文旅一体化综合产业链的农文旅融合发展模式；邱婧佩和李锦宏运用层次分析法对贵州省农文旅一体化发展进行了评价研究。② 基于不同视角的农文旅融合发展模式研究。曹莉丽[8]进行了乡村振兴背景下浙江省农文旅融合发展模式及对策研究；冯巧玲、张江勇和李萃提出了"以农业为基础，以文化为灵魂，以旅游业为引领，加速'农文旅'产业融合"的城市近郊乡村农文旅融合发展路径；王家明、闫鹏、张晶鑫等[10]提出了基于改进耦合协调魔性研究的山东省农文旅产业协调发展模式。③ 有关高质量发展的研究。主要包括：区域经济高质量发展评价指标体系[11]和水平测度分析[12]；新时代高质量旅游业发展的动力和路径；乡村旅游高质量发展评价指标体系；文化与旅游高质量融合发展的对策建议以及旅游业高质量发展的评价指标。上述研究从不同侧面讨论了农文旅一体化发展、农文旅融合发展模式及高质量发展问题，但真正从民族村寨视角研究农文旅融合的文献不多，尤其是至今仍缺乏有关民族村寨农文旅高质量融合发展的研究成果。

再次，有关民族村寨农文旅高质量融合驱动乡村振兴机制及路径研究。目前仍缺乏有关这方面的研究，但从乡村振兴驱动因素相关的文献，可获取间接相关的三方面的信息：① 乡村旅游与乡村振兴内在联系研究。李志龙研究了乡村振兴-乡村旅游系统耦合机制；陆林、任以胜、朱道才等探讨了乡村旅游与乡村振兴关系研究框架；卢俊阳和邓爱民研究了乡村旅游助推乡村振兴的机制；李盼讨论了乡村振兴与民族村寨旅游发展的互动关系；Gao J.和Wu B. H.[21]研究了乡村旅游与传统乡村振兴研究。② 旅游与乡村振兴的关系研究。Filippo R.和Federico M.[22]探讨了旅游促进乡村区域城乡发展模式；Kuwahata K.和Itoga R.提出了旅游发展促进乡村振兴对策；麻学锋、刘玉林和谭佳欣[24]提出了张家界旅游驱动的乡村振兴实践路径。③ 乡村振兴其他关系研究。Jean J，Shelly K.和John D.探讨了民族旅游促进乡村生活改善问题；Wang Y. Y.和Shen H. L. 进行了民族旅游与乡村宜居互动研究；李忠斌和陈小俊分析了特色村寨文化产业高质量发展与乡村生态振兴的互动关系。上述研究大都认为，旅游、乡村旅游及民族旅游是村寨发展、农业转型、农民致富的重要渠道，是实现乡村振兴最有效的发展模式之一。事实上，民族村寨农文旅高质量融合作为以质量和效益为价值取向的发展[27]，具有激活乡村产业、复兴乡村文化、优化乡村生态、促进乡村治理的能力。然而，至今仍缺乏有关民族村寨农文旅高质量融合与乡村振兴之间的耦合机理研究。

综上，前人主要研究了农文旅融合对策、农文旅一体化发展模式、区域经济和乡村旅游高质量发展，以及旅游、乡村旅游及民族旅游与乡村振兴的关系，但有关民族村寨农文高质量旅融合发展、民族村寨农文旅高质量融合与乡村振兴耦合机理研究的文献不多，特别是缺乏有关民族村寨农文旅高质量融合驱动乡村振兴的机制及路径研究。可见，如何通过民族村寨农文旅高质量融合驱动民族地区乡村振兴，尤其在疫情和内循环[28]背景下，借助我国超大规模市场优势和内需潜力，发挥民族村寨农文旅融合发展在促进升级消费、拉动内需、复工复产复业中的独特作用，至关重要。本课题的目的就是，充分挖掘民族村寨的生态价值、民族文化价值和旅游价值，通过民族村寨农文旅高质量融合驱动乡村振兴机制及路径研究，从而为民族地区乡村高质量发展和乡村振兴提供理论指导和科学依据。

（二）大熊猫公园社区农文旅融合驱动乡村振兴研究框架及研究思路

1. 研究框架

（1）民族村寨农文旅融合的背景、基础及现状分析。

在室内文献分析和田野调查基础上，阐述川西民族村寨农文旅融合发展背景；从区位条件、自然条件、历史文化、经济社会等方面探讨民族村寨农文旅融合发展环境；从农文旅资源、产业发展水平、市场发育程度等方面分析农文旅融合发展基础条件；从产品、市场和管理等探讨农文旅融合形态、发展现状以及存在的主要问题，从而为民族村寨农文旅融合内在机理研究奠定基础（如图4所示）。

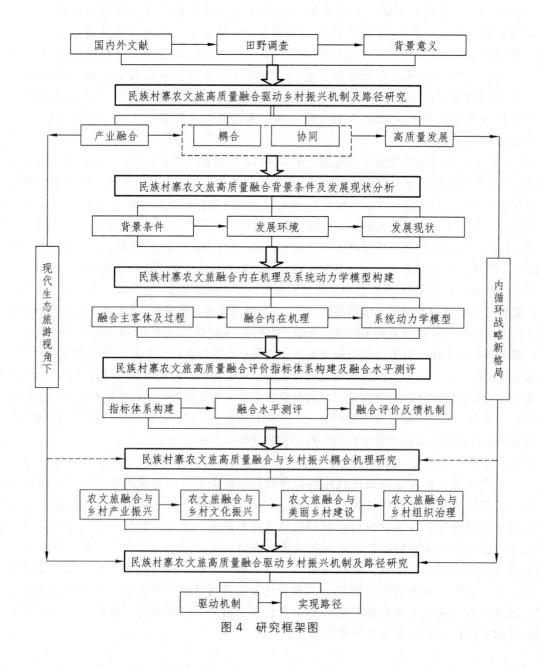

图 4 研究框架图

（2）民族村寨农文旅高质量融合的机理及系统动力学模型构建。

　　结合产业融合理论，通过融合主客体、融合过程，以及融合制约因素等的综合分析，进行民族村寨农文旅融合的内在动因分析，探讨农文旅融合产业链的形成机理。在此基础上，根据旅游产业融合系统研究[2]，结合高质量发展相关指标[11][14][16]，构建民族村寨农文旅高质量融合系统动力学模型。从而为民族村寨农文旅高质量融合评价指标体系构建及融合效应测评奠定框架（如图 5 所示）。

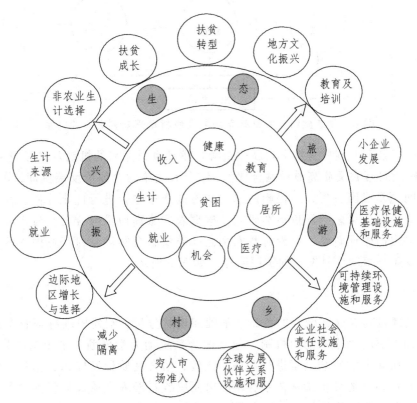

图 5　生态旅游与社区乡村振兴之间的内在联系

（3）民族村寨农文旅高质量融合评价指标体系构建及融合效应测评。

　　根据民族村寨农文旅融合系统结构分析，结合田野调查结果和高质量发展相关标准[11][14][16]，建立民族村寨农文旅高质量融合评价指标体系，对民族村寨农文旅融合水平进行评价。在此基础上，结合融合效应评价反馈机制和实证研究结果，深入分析民族村寨农文旅高质量融合存在的问题、制约因素及其成因，进而构建民族村寨农文旅高质量融合发展的评价标准体系（如图 6 所示）。

（4）内循环背景下民族村寨农文旅高质量融合与乡村振兴的耦合机理研究。

　　通过疫情背景下内循环对民族村寨农文旅高质量融合及乡村振兴背景影响分析，构建民族村寨农文旅高质量融合与乡村振兴之间的耦合动力学关系，主要从如下几方面进行研究：① 农文旅高质量融合与乡村产业振兴之间的关联机制、耦合过程及演化规律；② 农文旅高质量融合与美丽乡村建设之间的耦合机制和互动关系；③ 农文旅高质量融合与乡村文化振兴之间的内在机理；④ 农文旅高质量融合与农村社会组织治理之间的耦合关系（如图 6 所示）。

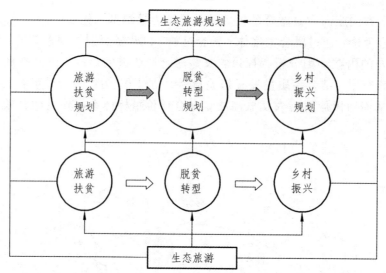

图 6　生态旅游与脱贫转型规划及乡村振兴规划之间的关系

（5）内循环背景下民族村寨农文旅高质量融合驱动乡村振兴的机制及路径研究。

通过前述民族村寨农文旅高质量融合评价，结合农文旅融合评价反馈机理，分析农文旅高质量融合存在的问题及成因分析，对民族村寨农文旅高质量融合进行优化分析。在此基础上，结合民族村寨农文旅高质量融合评价标准研究，根据农文旅高质量融合与乡村产业振兴的耦合机理研究结果，提出内循环背景下民族村寨农文旅高质量融合驱动乡村产业振兴的动力机制，以及农文旅高质量融合驱动乡村振兴的实现路径（如图 6 所示）。

2. 研究思路

通过川西民族村寨农文旅融合的背景、基础和现状分析，阐述民族村寨农文旅融合的内在机理、系统结构、驱动因素和动力机制，建立融合系统动力学模型。采用层次分析法（AHP）对民族村寨农文旅融合的影响因素进行分解、比较，结合高质量发展相关指标，建立川西民族村寨农文旅高质量融合的评价指标体系，评价川西民族村寨农文旅高质量融合程度。根据实证研究的结果，探究川西民族村寨农文旅高质量融合存在的问题、制约因素和成因，提出川西民族村寨农文旅高质量融合发展的优化对策。在此基础上，结合民族村寨农文旅高质量融合与乡村振兴耦合机理研究，提出川西民族村寨农文旅高质量融合促进乡村振兴的机制和路径（如图 6 所示）。

（1）民族村寨农文旅融合的背景、基础及现状的研究思路。

利用 ProQuest、Elsevier、Springe、CNKI 等数据库，通过农文旅融合相关研究文献的梳理，结合民族村寨农文旅融合的田野调查数据，介绍川西民族地区的资源、历史、文化、社会、经济等基本情况，分析川西民族村寨农文旅融合的基础条件、业态现状，以及存在的主要问题，进而为课题下一步研究奠定基础。

（2）民族村寨农文旅融合的机理及系统动力学模型构建的研究思路。

在民族村寨农文旅融合的背景、基础及现状分析基础上，结合民族村寨农文旅融合发展的特色与优势分析，探讨川西民族村寨农文旅融合的产生过程和驱动因素，深入研究川西民族村寨农文旅融合的内在机理和动力机制。结合旅游产业融合系统，分析川西民族村寨农文旅融合系统的结构和要素，进而得出川西民族村寨农文旅融合系统的动力学模型。

（3）民族村寨农文旅高质量融合评价指标体系构建及融合效应测评的研究思路。

采用层次分析法（AHP）对民族村寨农文旅融合的影响因素进行分解、比较，参考高质量发展相关标准[11][14][16]，选取评价指标，并确定各因子权重，根据民族村寨农文旅融合动力学系统，结合民族村寨农文旅融合田野调查结果，建立民族村寨农文旅高质量融合的评价指标体系（如表5所示）。在此基础上，结合民族村寨农文旅融合基础条件、融合业态和路径，采用构建的民族村寨农文旅高质量融合评价指标体系，对川西民族村寨农文旅高质量融合水平进行评价。

表5　大熊猫社区农文旅融合评价指标体系

总目标	一级指标	二级指标	三级指标
大熊猫社区农文旅融合系统	供求质量亚系统	人居环境子系统	卫生环境
			生态环境
			农户参与旅游的意愿
		乡村治理子系统	基层组织
			土地利用
			公共服务
		资源条件子系统	交通可达性
			综合区位条件
			农文旅资源条件
	环境质量亚系统	社会环境子系统	教育文化水平
			农户的收入水平
			农文旅融合政策
		经济环境子系统	经济发展状况
			经济政策
			消费水平
		科技环境子系统	农业科技示范点
			农业种植技术
			科技政策
	产业质量亚系统	产业效益子系统	旅游总收入
			旅游收入结构
			三产业增加值占比
		产业融合子系统	农业产值
			文化产业产值
			农文旅融合产品数量
		产业产出子系统	从业人员数量
			从业人员人均收入
			农文旅周转量

（4）内循环背景下民族村寨农文旅高质量融合与乡村振兴耦合机理的研究思路。

分析疫情防控常态背景下内循环（尤其是超大市场、消费升级、扩大内需）对民族村寨农文旅融合及乡村振兴的背景影响分析，构建民族村寨农文旅高质量融合与乡村振兴之间的耦合动力学关系。主要从如下几方面进行研究：①民族村寨农文旅高质量融合与乡村振兴之间的关联机制、耦合过程及演化规律；②民族村寨农文旅高质量融合与美丽乡村建设之间的耦合机制和互动关系；③民族村寨农文旅融合与乡村文化振兴之间的内在机理；④民族村寨农文旅高质量融合与农村社会组织治理之间的耦合关系。

（5）内循环背景下民族村寨农文旅高质量融合驱动乡村振兴机制及路径的研究思路。

在融合效应测评研究基础上，运用融合效应评价反馈机制，结合实证研究结果，对民族村寨农文旅融合存在的问题、制约因素和成因进行深入分析，提出民族村寨农文旅融合创新发展和优化升级对策，进而构建民族村寨农文旅高质量融合发展的标准体系。在此基础上，根据农文旅高质量融合与乡村振兴耦合机理研究结果，探究内循环背景下民族村寨农文旅高质量融合发展驱动乡村振兴的动力机制，进而提出川西农文旅高质量融合发展驱动乡村产业振兴的实现路径。

六、大熊猫国家公园社区生态旅游驱动乡村振兴机制与路径研究

李碧莹、李怀瑜、昌宇玺等（2020）从乡村振兴战略目标要求出发，以大熊猫国家公园内联合村和草坪村为样本，探讨了通过发展社区生态旅游促进大熊猫国家公园内社区乡村振兴的具体策略。

（一）社区生态旅游驱动国家公园乡村振兴的特殊作用

1. 特殊的发展模式

生态旅游提倡利益相关者的责任感、重视环境资源保护、关注社区居民根本利益、倡导环境伦理教育，以及构成生态旅游的四大基本功能特征，构成了生态旅游与传统大众旅游之间在层次、要求和高度上的最主要差别。由于生态旅游在扶贫及乡村振兴应用过程中独特的理念、思想、战略、路径、对策等，使其成为我国集中连片贫困山区最佳的扶贫选择方式，主要是因为：① 集中连片贫困山区往往就是生态旅游资源聚集区。贫困地区具有原生态自然及人文资源以及独具特色的和良好的生态环境，通过这些资源生态加工而成的生态旅游产品，与其他旅游产品的扶贫与乡村振兴价值差异大，市场潜力与综合作用明显。② 生态旅游是保护我国中西部集中连片贫困山区传统城乡结构、原生态环境资源的有效工具和方法途径。③ 开展生态旅游可实现集中连片贫困山区经济、社会、生态协调可持续发展。④ 只有通过基于生态旅游的扶贫及乡村振兴，才能真正充分发挥集中连片贫困山区的资源环境优势，这种发展模式、扶贫方式及乡村振兴路径才是与贫困山区具体实际相结合，才能最终实现可持续发展。

2. 特殊的经济作用

传统的观点认为，生态旅游就是追求以生态效益为主的旅游发展模式。事实上，生态旅游不是不追求经济效益，而是强调在追求经济效益的前提条件是让经济-生态-社会综合效益实现统一。因为不讲究综合效益前提下的经济发展是短视的眼前利益。生态旅游业就是坚持综合效益前提下的经济发展模式，具有资源友好、生态保护的可持续经济发展模式。生态旅游功能、促进社区经济发展，是生态旅游最基本、最重要的两大功能特征。生态旅游扶贫和乡村振兴就是在确保原生态自然资源与原生态文化保护前提下的地方生态经济发展与社区社会民生进步。集中连片贫困山区一方面经济基础和发展条件滞后，第一、二、三产业结构不合理，农民持续增

收困难，城乡发展不平衡，地区发展极度不平衡。另一方面，贫困地区经济发展必须坚持走生态旅游业为主导产业之路，通过调整经济结构，转变增长方式，实现经济协调可持续发展。生态旅游在扶贫及乡村振兴过程中独特的经济作用主要包括：① 提升贫困地区区位价值，培育国民经济战略性支柱产业，发挥旅游综合先导产业作的作用和地位；② 扩大服务业规模，增加服务业在国民经济中的比重；③ 加快经济增长方式转变，改善投资消费关系；④ 加快城市建设步伐，推动新农村建设；⑤ 统筹区域协调发展，促进区域间发展要素流动；⑥ 扩大服务贸易，平衡外汇收支；⑦ 推动服务专业化，促进生态工业化发展。

3. 特殊的文化作用

生态旅游的旅游功能、环境保护功能、促进社区功能、环境教育功能四大特征，是建立在原生态文化基础之上的。生态旅游包括自然生态与文化生态，尤其是边远山区、民族地区、革命老区等集中连片贫困山区，往往就是原生态自然文化和历史文化最为富集的区域，是这个地区甚至国家软实力的重要体现。生态旅游扶贫和乡村振兴最重要的内容之一，就是要通过生态旅游发展促进该地区原生态自然文化与历史人文景观资源的可持续保护与发展。贫困山区往往是生物多样性和文化多样性富集的地区，资源底蕴深厚、特色突出，是构成博大精深中华文化的重要组成部分。如青藏高原区域的生物多样性和文化多样性，分别占全球生物多样性和文化多样性的 85% 和 65%（Haether D. Zeppel，2005），我国广大的西部民族地区，不仅原生态自然山水构成我国重要的生态屏障，而且拥有独具特色的少数民族文化景观资源，文化底蕴深厚且源远流长。同时，贫困山区文化发展，尤其是文化产业及其与旅游业互动效果滞后，未能发挥应有的作用。基于生态旅游的扶贫及乡村振兴的独特文化作用主要包括：① 生态旅游业的实质是文化促进社区就业、脱贫致富与可持续发展，是生态旅游产业化发展的直接推动力；② 生态旅游扶贫及乡村振兴是弘扬城乡传统文化，扩大文化交流的主要载体；③ 生态旅游扶贫及乡村振兴是满足人民精神文化需求，提升公民素质的重要手段。

4. 特殊的社会作用

强调社会综合效益是生态旅游的主要内容和重要任务，也是生态旅游区别于传统大众旅游的标志之一，其重要特征就是将生态旅游发展作为贫困山区社区实现脱贫、就业致富和乡村振兴可持续发展的重要方法和路径。国内外实践业已证实，生态旅游业发展对贫困地区当地就业、扶贫、致富等作用尤为突出，具体主要表现在：① 生态旅游有利于扩大社会就业，帮助弱势体脱贫。生态旅游业直接就业和相关产业就业系数为 1∶4.0；旅游部门直接收入 1 元，相关行业收入就能增加 4.3 元；直接就业∶间接就业∶导向就业 = 1.0∶0.46∶0.61。同时，在生态旅游业新增的就业人数中，转移的农村劳动力占 70%，吸收的下岗职工再就业比重约占 6%，而妇女在旅游业就业人员中的比例占 58.4%，比全国妇女就业比例高出 10 多个百分点（Regina Scheyvens，2011）；② 生态旅游有利于推动二次分配，缩小城乡收入差距。一般地，生态旅游资源富集的地区多数经济发展滞后，旅游客源地区大多经济条件较好。伴随着旅游的流动将带来财富从高收入者向低收入者的流动。因此发展生态旅游业意味着通过经济手段推动国民财富的分配朝公平方向靠拢，非常有利于缩小地区之间、不同人群之间的收入差距。

5. 特殊的环境作用

倡导生态环境保护与环境伦理教育是生态旅游固有的四大功能之一，综合的环境生态意义及作用是生态旅游的重要标志。生态旅游强调旅游业发展与旅游扶贫及乡村振兴必须在生态环境资源得到保护的前提下进行，极力强调经济效益、社会效益与生态效益的统一。以秦巴山区为代表的我国集中连片贫困山区往往位于大江大河的源头，面积大、涉及区域广泛，系长江、黄河等的上游生态屏障和生态涵养区，作为我国 14 个集中连片贫困山区，也是我国限制开发区、禁止开发区及生态功能区，对我国、亚洲乃至北半球的可持续发展具有重大战略意义。要有效减少这些地区缓解日益紧张的生态环境压力，建设资源节约型、环境友好型的生态产业是贫困山区现实可持续发展的客观需要。生态环境是生态旅游业赖以生存的根本，保护环境是生态旅游业发展的内在要求。生态旅游业是对资源可持续利用，对环境影响友好的产业。通过生态旅游业替代资源破坏性产业，有利于大大改善生态环境，反过来促进区域生态环境与可持续发展。这里特别强调的是，生态旅游的环境作用不仅仅体现在原生态环境的保护方面，而且涉及贫困山区原生态人文氛围和精神生态理念的构建等领域。

（二）社区生态旅游与国家公园乡村振兴耦合机制研究

生态旅游的核心理念是可持续发展，本质特征是自觉责任心，同时具有四大功能，即旅游功能、环保功能、社区功能及教育功能。也就是说，生态旅游的重要责任和义务之一，就是帮助促进目的地社区经济社会可持续发展。或者说，旅游扶贫和乡村振兴是生态旅游自身的重要功能和应该担负的责任和义务。因此，旅游扶贫和乡村振兴成为贫困山区生态旅游发展的重要使命和目标，而基于生态旅游基础上的旅游扶贫和乡村振兴规划则成为贫困山区实现脱贫和乡村振兴的理想途径（如图 7 所示）。

一方面，通过生态旅游产品的规划、开发、包装、出售，给贫困社区带来实际的经济收益增加。另一方面，在促进社区经济效益增长的同时，推动社区资源合理利用、生态环境保护与地域文化自信的同步提升，从而实现经济效益、社会效益与生态效益的和谐统一。更重要的是，生态旅游主张以生态文明观为统领，统筹贫困山区科学扶贫和乡村振兴，促进区域经济社会可持续发展。生态旅游扶贫和乡村振兴不仅强调旅游者、经营者、管理者、旅游业对贫困社区的自觉责任心，更要关注贫困社区生态旅游发展过程中经济发展、环境保护、社区服务和生态教育等功能效益的统一性（如图 5 所示）。

大熊猫国家公园处于川陕甘交界处的边远山区和革命老区，多样化的自然地理条件及区域空间差异性，决定了工业化发展模式无法完美地解决其发展的根本问题。这些地区有其独特的自然环境条件、历史人背景和经济社会特性，客观上要求走符合当地具体实情的生态旅游经济发展道路和模式。通过发展生态旅游业，使贫困山区扬长避短，发挥原生态自然和人文景观资源的特色和优势，有利于促进贫困山区旅游资源优势向旅游产业优势再向旅游经济优势转化，实现我国工业化以外的另一种可持续发展之路——生态旅游经济发展模式。通过发展生态旅游业，贫困山区生物多样性和文化多样性，及其相关的丰富的原生态自然山地和人文景观旅游资源，相对于平原和沿海地区形成了明显的比较优势，有利于促进区域经济社会的发展。通过发展生态旅游业，贫困山区多样化的地理空间和多元化的环境要素形成了沿海和平原城市所不具备的比较优势，在保持山地乡村固有风貌基础上，通过旅游发展提升农业生产的附加值，有利于壮大农业生产的能力、推动农业现代化发展。通过生态旅游业发展，不仅弥补了工业化"不能上山"的短处，而且发扬了贫困山区生态旅游资源富集的长处，并能很好地实现发展与保护的协调统一，从而在解决贫困山区乡村扶贫和乡村振兴的过程中发挥特殊的作用和意义（如图 6 所示）。

大熊猫国家公园作为旅游资源富集的限制开发与禁止开发的贫困山区,科学扶贫和乡村振兴的关键是培育"造血"功能,要有突出当地资源特色的产业带动,这个产业就是绿色产业,严格讲就是生态旅游业。生态旅游由于其产业特色与优势,能够在促进贫困山区经济社会全面发展的同时,实现资源与生态环境的保护与可持续发展,并在 2020 年后脱贫转型及乡村振兴过程中,仍将发挥其独特的优势产业和主导产业的独特作用。贫困山区乡村振兴与可持续发展战略思路是,坚持生态文明观,以生态旅游业作为战略性支柱产业,带动整个中西部贫困山区城乡建设、空间形态、产业布局、经济发展、社会进步、资源利用和环境保护等全面协调发展。通过生态旅游业发展,带动当地经济社会全面发展,实现精准扶贫和全面小康。在此基础上按照高质量发展要求,进一步充分发挥生态旅游业在乡村振兴发展过程中的优势和龙头作用。要实现这个目标,关键是要创新体制机制,为确保实现生态旅游业作为区域战略性支柱产业的地位保驾护航,确保区域生态旅游战略性支柱产业的健康可持续发展(如图 6 所示)。

生态旅游与乡村振兴存在互动机理,生态旅游由于其游客需求驱动系统、旅游客体系统、旅游媒体系统、旅游环境系统四大系统,以及自身独有的融旅游功能、教育功能、社区功能、环保功能、科普功能、研学功能为一体的可持续发展系统特点,具有激活乡村产业、复兴乡村文化[10]、优化乡村生态、美化乡村生活、促进乡村治理的功能,通过生态旅游-乡村振兴系统耦合机制研究,有助于精准探寻生态旅游驱动社区乡村振兴的实现路径(如图 7 所示)。

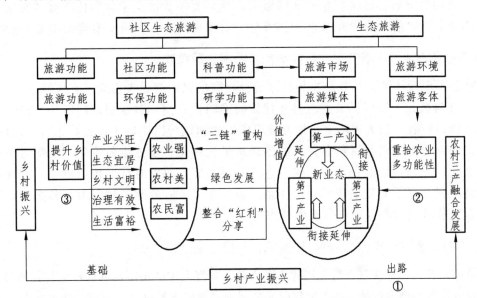

图 7　生态旅游与乡村三产融合及乡村振兴之间的耦合机理

(三)社区生态旅游促进国家公园乡村振兴路径研究

1. 大力发展社区特色村寨生态旅游经济,推动社区产业兴旺

大熊猫国家公园社区特色村寨的振兴首先是经济的振兴。经济发展是实现社区特色村寨可持续发展的重要保障,是大熊猫公园不同社区各族群众的强烈愿望。社区特色村寨的乡村振兴,重点是要有产业的支撑,尤其是要培育特色产业。社区特色村寨优美的自然环境、原生态的民族文化、浓郁的风土人情,是发展乡村旅游不可多得的优势资源。少数民族特色村寨建设过程中应当充分利用村寨自然、人文景观优势,把乡村振兴与特色民居保护、民族文化传承、生态

环境保护有机结合起来，发展壮大特色优势产业。

2. 改善社区特色村寨人居环境，助推社区生态宜居建设

大熊猫公园特色村寨是各族群众在历史发展进程中与自然和谐共处的智慧结晶，大熊猫公园的重要任务之一，就是除了重点保护以大熊猫及生活生态环境以外，还要保护与"熊猫家园"高度和谐共生的社区特色村寨，就是保护良好的生态环境和优美的田园风光。在实施乡村振兴的过程中，要把社区特色村寨建设成为生态宜居的美丽生态熊猫特色社区。深入挖掘社区农村生活内涵和文化传承，加大传统村落和历史文化名村保护力度。注重乡土味道，保护乡情美景，让村民"看得见山、望得见水、记得住乡愁"。

3. 实施基于生态旅游的农文旅融合发展，助推社区乡风文化复兴

大熊猫国家公园社区特色村寨因其独特的熊猫文化和地域、民族文化而充满神奇魅力。通过实施农文旅融合发展，传承和弘扬社区特色村寨传统文化，能够使社区特色村寨保持长久的生命力。把以熊猫文化为引领繁荣社区特色村寨传统文化与乡风文明相结合，是实现社区特色村寨乡村振兴的重要途径。大熊猫国家公园社区特色村寨的传统文化资源不仅体现在村庄的布局、风貌、自然田园景观等整体空间形态和环境，也体现在文物古迹、传统民居，还体现在民族风俗、语言、服饰等方面。社区特色村寨的振兴，就是要保护熊猫文化和传承好传统文化资源，并将社区传统文化中蕴含的优秀思想、人文精神、道德规范融入乡风文明建设中去（金晶，2020）。

4. 提高社区特色村寨能力水平，推动乡村组织治理有效

在国家公园现行体制下，政府主导社区特色村寨的保护与发展方向。在实践中，地方政府，尤其是市、县两级，是社区民族特色村寨建设的推动者，而乡镇基层是社区特色村寨保护和发展项目的具体执行者。很大程度上，地方政府的理念和执行力决定了社区特色村寨建设的水平。因此，要提高地方政府对社区特色村寨的治理水平。首先，要加强各级领导干部对中华传统文化、民族文化的学习，增强民族文化保护意识，提高地方政府对社区特色村寨的治理水平。要建立社区特色村寨保护和发展指标评价体系，提高基层政府的政策执行力。其次，要发挥地方立法在少数民族特色村寨保护与建设中的作用。

5. 加强社区特色村寨人才培养，助推富裕美好生活建设

人才是社区特色村寨实现乡村振兴的主要力量，要将人才的培养与社区特色村寨的经济发展，与村民增收致富紧密结合起来。在大熊猫国家公园规划框架下推进乡村道路，给水排水、绿化环卫、清洁能源、供电通信等基础环境设施达村到户，医疗卫生、文化体育、科技教育等社会服务设施配套齐全、功能完善。大力发展社区特色村寨文化事业和文化产业。扶持社区村寨文体协会，培养农村文艺骨干，实现村村建立农民业余文艺宣传队伍，挖掘保护民族民间文化遗产，加强对民族民间文化尤其是少数民族优秀传统文化的保护和传承，促进社区农村文化繁荣发展。

（2021 年 3 月）

参考文献

[1] 张玉钧，张海霞. 国家公园的游憩利用规制. 旅游学刊. 2019，34（03）：5-7

[2] 张玉钧，薛冰洁. 国家公园开展生态旅游和游憩活动的适宜性探讨. 旅游学刊. 2018，33（08）：14-16

[3] 张玉钧. 共同而有区别的责任——生态旅游利益相关者的协同作用[G]//中国生态文明研究与促进会. 生态文明重在践行——第二届（珠海）年会资料汇编. 北京：中国环境出版社，2013：358-371.

[4] 张玉钧. 生态旅游的发展：存在问题与实现途径. 风景园林，2012（5）：105-107.

[5] 安童童，张玉钧，丛丽，等. 大熊猫国家公园陕西秦岭区生态旅游发展策略. 河北林果研究，2017，32（1）：87-92.

[6] 李怀瑜，吴芷茹，翁宗源，等. 福利经济学视角下大熊猫国家公园社区生态旅游开发的实证研究. 农村经济与科技，2019，30（1）：113-115.

[7] 王馨荃，谢泽夏，范倪雨馨. 基于大熊猫国家公园生态保护与精准扶贫的研究. 饮食科学，2018.（16）：92.

[8] 陈举，严贤春. 四川大熊猫栖息地生态旅游发展中的问题与对策. 大众科技，2016（207）：85-88.

[9] 张黎明，夏绪辉，罗安民. 等. 四川卧龙国家级大熊猫自然保护区大熊猫生态旅游发展的经验与模式. 四川动物，2007，26（4）：865-868.

[10] 刘维玲. 大熊猫保护区社区管理模式的现状与发展. 社会与公益，2019（6）：59-61.

[11] 张志忠，李伟，张明春，等. 新时期大熊猫保护地可持续发展对策研究. 林业资源管理，2018，5：1-7.

[12] 王玉琴. 大熊猫国家公园体制建设及社区发展初探. 甘肃林业，2019（03）：28-30.

[13] 蓝心戴. 大熊猫国家公园社区参与研究——以卧龙保护区为例. 北京：北京林业大学，2020：05.

[14] 李碧莹，李怀瑜，昌宇玺，等. 大熊猫国家公园内社区的乡村振兴策略研究. 城乡建设与发展，2020，31（15）：291-292.

[15] 张琼锐，王忠君，黄涛. 保护区生态旅游发展的社区参与模式探索——对九寨沟自然保护区和马索拉国家公园的比较研究. 安徽农业科学，2017，45（14）：159-177.

[16] 韩雪. 国家公园体制建设下的社区生计路径选择研究——以白水江片区为例. 兰州：兰州大学，2019：05.

[17] 秦添男，贾卫国. 国家公园体制下自然保护地建设社区参与研究. 中国林业经济，2020（05）：23-26.

[18] 周睿，曾瑜皙，钟林生. 中国国家公园社区管理研究. 林业经济问题，2017（4）：45-50.

[19] 薛云丽. 国家公园建设中世居居民权利保护研究. 兰州：兰州大学，2020：05.

[20] 廖凌云，杨锐. 美国国家公园与世居居民的关系发展脉络. 园林，2017（2）：26.

[21] 陈涵子，吴承照. 社区参与国家公园特许经营的模式比较. 中国城市林业，2019（4）：100-106.

[22] 王劲松，杨阿莉. 利益相关者视角下国家公园旅游生态补偿机制构建研究. 中国经贸导刊（理论版），2018（14）：18-20.

[23] 程绍文，张晓梅，胡静. 神农架国家公园社区居民旅游感知与旅游参与意愿研究. 中国园林，2018，34（10）：103-107.

[24] 杨金娜，尚琴琴，张玉钧. 我国国家公园建设的社区参与机制研究. 世界林业研究，2018，31（04）：76-80.

[25] 高燕，邓毅，张浩，等. 境外国家公园社区管理冲突：表现、溯源及启示. 旅游学刊，2017，32（1）：111-122.

[26] 邹晨斌，李明华. 我国国家公园多方化管理探析：以越南丰芽-格邦国家公园共存管理模式为例. 世界林业研究，2017，30（4）：63-67.

[27] 张琼锐，王忠君，黄涛. 保护区生态旅游发展的社区参与模式探索——对九寨沟自然保护区和马索拉国家公园的比较研究. 安徽农业科学，2017，45（14）：159-177.

[28] 沃里克·弗罗斯特，迈克尔·霍尔. 旅游与国家公园：发展、历史与演进的国际视野. 王连勇，译. 上海：商务印书馆，2014.

[29] 覃建雄. 现代生态旅游：理论进展与实践探索. 北京：科学出版社，2018.01.

[30] 金晶. 乡村振兴视域下的云南少数民族特色村寨建设. 云南社会主义学院学报，2020（01）：55-62

[31] NAKAKAAWA, CHARLOTTE, MOLL, RICARDA, VEDELD, PAUL. Collaborative resource management and rural livelihoods around protected areas：A case study of Mount Elgon National Park, Uganda. Forest Policy and Economics, 2015（57）：134.

[32] SIRIMA A. The social and economic impacts of Ruaha National Park Expansion. Journal of Social Sciences, 2016, 4（6）：177.

[33] STAN STEVENS. National parks and ICCAs in the High Himalayan Region of Nepal. Conservation & Society, 2013, 11（1）：66.

[34] TUAN PHONG LY, HONGGEN XIAO. The choice of a park management model：A case study of Phong Nha-Ke Bang National Park in Vietnam. Tourism Management Perspectives, 2016, 17：84.

[35] KEVIN MEARNS, ELRICKE BOTHA. The roles of interpretation in the management of national parks in South Africa. Intech Open, 2018.

[36] STAN STEVENS. National parks and ICCAs in the High Himalayan Region of Nepal. Conservation & Society, 2013, 11（1）：25-36.

[37] SIRIMA A. The social and economic impacts of Ruaha National Park Expansi on. Journal of Social Sciences, 2016, 4（6）：58-66.

[38] NAKAKAAWA CHARLOTTE, MOLL RICARDA VEDELD PAUL. Collaborative resource management and rural livelihoods around protected areas：A case study of Mount Elgon National Park, Uganda. Forest Policy and Economics, 2015（57）：96-102.

[39] XUE Chenyang, SHAO Chaofeng, GAO JUNLI. Ecological compensation strategy for SDG-based basin-type national parks：A case study of the Baoxing Giant Panda National Park. International Journal of Environmental Research and Public Health, 2020, 17（11），

[40] DUAN Xiaoyu, YANG Shuhui. Discussion on ecotourism management of Giant Panda National Park in China, 2020, 143.

[41] XU Ding, LI Cong, GEOFFREY WALL. Tourists' spatio-temporal behaviour and concerns in park tourism：Giant Panda National Park, Sichuan, China. Asia Pacific Journal of

Tourism Research, 2019, 24（9）: 924-943.

[42] ZHAO Yan, CHEN Yiping, AARON M ELLISON, LIU Wangang, CHEN Dong. Establish an environmentally sustainable Giant Panda National Park in the Qinling Mountains. Science of The Total Environment, 2019, 668: 979-987.

[43] KANG Dongwei, LI Junqing. Giant panda protection: challenges and hopes. Environmental Science and Pollution Research, 2019, 26（18）: 18001-18002.

[44] ELLISON, LU Chen. Establish a special conservation zone for the captive giant panda. Ecosystem Health and Sustainability, 2018, 4（2）: 29-33.